本书出版由广东省人文社会科学重点研究基地：
暨南大学海外华文文学与华语传媒研究中心资助

台港澳及海外华文文学与华文传媒研究丛书

王列耀 主编

寻找新的学术空间
——汉语传媒与海外华文文学研究

王列耀 颜敏 等著

中国社会科学出版社

图书在版编目(CIP)数据

寻找新的学术空间：汉语传媒与海外华文文学研究 / 王列耀等著 . —北京：中国社会科学出版社，2016.12

（台港澳及海外华文文学与华文传媒研究丛书）

ISBN 978 - 7 - 5161 - 7641 - 2

Ⅰ.①寻… Ⅱ.①王… Ⅲ.①汉语 - 传播媒介 - 研究②华文文学 - 文学研究 - 世界 Ⅳ.①G206.2②I106

中国版本图书馆 CIP 数据核字（2016）第 032692 号

出 版 人	赵剑英
责任编辑	曲弘梅
特约编辑	薛敏珠
责任校对	郝阳洋
责任印制	戴 宽

出　　版	中国社会科学出版社
社　　址	北京鼓楼西大街甲 158 号
邮　　编	100720
网　　址	http://www.csspw.cn
发 行 部	010 - 84083685
门 市 部	010 - 84029450
经　　销	新华书店及其他书店
印　　刷	北京君升印刷有限公司
装　　订	廊坊市广阳区广增装订厂
版　　次	2016 年 12 月第 1 版
印　　次	2016 年 12 月第 1 次印刷
开　　本	710×1000　1/16
印　　张	18.5
插　　页	2
字　　数	313 千字
定　　价	69.00 元

凡购买中国社会科学出版社图书，如有质量问题请与本社营销中心联系调换
电话：010 - 84083683
版权所有　侵权必究

目 录

序言:汉语传媒与海外华文文学的发生、发展与转型 …… (1)

第一章 境内文学期刊与"媒介"视角 …… (1)
  第一节 文学现场:"选择性传播" …… (1)
  第二节 研究现状与问题的提出 …… (4)
  第三节 时代语境、受众需要与文学传播 …… (6)
  第四节 媒介与文学:载体或结构性因素 …… (9)

第二章 境内文学期刊与"华文文学" …… (12)
  第一节 "华文文学"传播的重要媒介 …… (12)
    一 首起之功 …… (12)
    二 传播优势:速度与流量 …… (15)
    三 刊中有书:引导方向 …… (16)
  第二节 "华文文学"的结构性因素 …… (18)
    一 文学期刊与"华文文学"的大众化 …… (18)
    二 文学期刊与"华文文学"的经典化 …… (19)
    三 文学期刊与"华文文学"的学科化 …… (21)
  第三节 传播的基本阶段与主要趋势 …… (25)
    一 窗口期(1979—1984年) …… (25)
    二 高峰期(1985—1988年) …… (30)
    三 转型期(1989—1993年) …… (36)
    四 整合期(1994—2002年) …… (42)
  第四节 期刊策略与"华文文学" …… (49)
    一 学术视野下的文学传播——《华文文学》研究 …… (50)
    二 纯文学视野下的"华文文学"——《收获》[朝花夕拾]栏研究 …… (58)

  三 大众视野下的文学传播——《台港文学选刊》…………（67）
  四 《四海——世界华文文学》的"世界性"及其限度 …………（76）
  五 征文评奖中的"中国意识" ……………………………………（84）

第三章 作为"引桥"的《香港文学》……………………………………（88）
 第一节 《香港文学》在"殖民地"语境中的崛起 …………………（88）
  一 "殖民地"语境中的文化氛围 …………………………………（88）
  二 刘以鬯与《香港文学》的诞生 ………………………………（91）
  三 《香港文学》的办刊宗旨 ………………………………………（96）
 第二节 《香港文学》与"香港文学" ………………………………（98）
  一 《香港文学》与香港作家 ……………………………………（98）
  二 "香港品牌"新动作 ……………………………………………（104）
 第三节 《香港文学》与海外华文文学 ……………………………（109）
  一 《香港文学》对海外华文文学的关注 ………………………（109）
  二 凸显"文化"的东南亚华文文学 ……………………………（112）
  三 推介北美华文文学"经典" ……………………………………（120）
  四 新动向:亦编亦谋"弱势"区域华文文学发展 ………………（126）

第四章 马来西亚华文报纸副刊与 1990 年代马华文学 ……………（133）
 第一节 参与的政治:华文报纸与华人话语权 ……………………（133）
  一 "为承认而斗争":华人社会与华文报纸 ……………………（133）
  二 时间帷幕:《星洲日报》《南洋商报》 ………………………（135）
  三 文艺副刊:夹缝中的文化空间 ………………………………（139）
 第二节 马华报纸副刊与作家代际演变 ……………………………（141）
  一 副刊改版与秩序重构 …………………………………………（141）
  二 文学专辑、专栏与"新生代" …………………………………（144）
  三 文坛论争与副刊运作 …………………………………………（147）
 第三节 马华报纸副刊与新生代写作 ………………………………（150）
  一 文艺副刊与新生代诗人 ………………………………………（150）
  二 栖身于副刊的新生代小说 ……………………………………（155）
  三 副刊"换帅"与新生代散文 ……………………………………（159）
  四 副刊语境中的文学论争 ………………………………………（164）
 第四节 "花踪"与新生代群体的崛起 ………………………………（168）

一　《星洲日报》与花踪文学奖 …………………………………… (168)
　　二　"花踪"与新生代的成长 ……………………………………… (171)
　第五节　反思1990年代马华报纸与新生代文学的关系 ………… (175)
　　一　依附或互动？ ………………………………………………… (175)
　　二　抵抗与妥协：艰辛与悲情的"文化表演" ………………… (180)
　　三　互动之后的深层思考 ………………………………………… (182)

第五章　《美华文学》与北美华文文学 ……………………………… (184)
　第一节　从《美华文化人报》到《美华文学》 …………………… (184)
　　一　《美华文学》的前身：《美华文化人报》 ………………… (185)
　　二　《美华文化人报》的更名与《美华文学》的发展 ………… (186)
　　三　《美华文学》的网络化 ……………………………………… (189)
　第二节　《美华文学》的编者、作者和读者 ……………………… (193)
　　一　《美华文学》的编辑 ………………………………………… (193)
　　二　《美华文学》的作者 ………………………………………… (196)
　　三　《美华文学》的读者 ………………………………………… (198)
　第三节　《美华文学》的发展与贡献 ……………………………… (200)
　　一　小说、散文与诗歌：百花园中的三株奇葩 ………………… (200)
　　二　传记文学与评论：敢与奇葩争奇斗艳 ……………………… (207)
　　三　《美华文学》与北美华文文学的传播 ……………………… (213)
　　四　《美华文学》与北美华文文学的发展 ……………………… (215)

第六章　北美华文网络与"华文文学" ……………………………… (218)
　第一节　近二十年北美新移民网络写作 …………………………… (218)
　　一　"借船出海"：在英文网络系统中发泄苦闷 ……………… (218)
　　二　"造船环游"：在汉化视窗系统中回望故国 ……………… (220)
　　三　"四海欢腾"：全球华文网络中的多元创作 ……………… (221)
　第二节　代表性网络作家与作品 …………………………………… (223)
　第三节　开放性写作与文学新变 …………………………………… (229)
　　一　新文体类别：诗歌对吟与小说接龙 ………………………… (230)
　　二　新写作手法：对写、戏拟、续写、仿作 …………………… (231)
　　三　开放性文学文本结构 ………………………………………… (232)
　　四　开放性文本与北美华文文学的新与变 ……………………… (233)

第四节　跨媒体:网纸两栖写作 …………………………………… (235)
第七章　消费语境下的大众传媒与海外华文文学
　　　　——以虹影为例 …………………………………………… (238)
第一节　"媒眼"中的"宠儿" ……………………………………… (238)
　一　"墙外开花" ……………………………………………… (238)
　二　"墙外开花墙里也香" …………………………………… (239)
　三　新的评论权威诞生 ……………………………………… (240)
　四　纸质媒体:书籍的包装与营销 …………………………… (241)
　五　影视媒体:文学作品与"梦工厂"的联姻 ………………… (244)
　六　网络媒体:文学官司、文学事件的复制、强化、放送 …… (247)
第二节　"文眼"中的"弃儿" ……………………………………… (250)
　一　畅销元素与模式化写作 ………………………………… (251)
　二　眼球效应与想象力束缚 ………………………………… (255)
　三　生产效应对文学立场的逼迫 …………………………… (259)
第三节　"符号化"的虹影 ………………………………………… (262)
　一　"个性"追求与偶像气质 ………………………………… (262)
　二　符码化背后的创作危机 ………………………………… (264)
第四节　当下语境中的虹影现象及其启迪 ……………………… (266)
第八章　传媒在海外华文文学场域的重新定位 …………………… (269)
　一　从理论预想回到文学现场 ……………………………… (269)
　二　研究范式更新的可能性 ………………………………… (271)
　三　创作意义的清理与突围 ………………………………… (274)
结论 …………………………………………………………………… (279)
后　记 ………………………………………………………………… (280)

序言:汉语传媒与海外华文文学的发生、发展与转型

海外华文文学作为学科命名至今存在争议,但作为流散在中国之外的汉语文学的总称,其有效性的论证与呈现过程也正是其成为一种引发关注的文学现象乃至一门新兴学科的过程。

从20世纪70年代末期至今,中国内地有关海外华文文学的研究已有30多年的历史,大致可分为三个阶段:1979—1988年为作家作品评介期,以作品鉴赏和文本批评为主,整体意识和理论意识都较为缺乏;1988—1997年为整体研究和诗学建构初期,出现不少文学史著述及有关命名合法性的论证文章,在研究方法上也有所突破,但不少论述仍失之粗糙平面;1998年后至今为方法更新和理论突围期,研究者一面深入反思以往的研究局限,一面努力吸纳新的话语资源与理论方法,以求建立稳固的学术研究根基,扩大学术影响力度,进入文学研究前沿。正是在这一研究动向之下,世纪之交,受到国内日益兴盛的"媒介研究"的影响,海外华文文学研究领域也相应地出现了"媒介转向"(在这里媒介特指文学传媒,而非广义上的包括语言本身的媒介概念)。那么在海外华文文学研究中的"媒介"研究究竟获得了怎样的新经验?从这一问题出发,我们能否以此为起点建立起一种有关海外华文文学的诗学话语与研究范式?能否找到解决当前研究与创作困境的可能途径?

广义而言,传媒可指包括语言在内的所有传播文化信息的媒介。这里,我们所要关注的是狭义的传媒,即指报刊、杂志、影视、网络等承载与传播文学的场域与手段。传媒不但在一定程度上决定着文学生产的思维方式、传播方式和接受方式;同时,传媒要素的增加,还将使我们对文学活动要素之间的结构关系、存在态势的认识发生根本性变化。可以说,传媒作为文学的"第五要素"的观点已经打破了自艾布拉姆斯以来的围绕文学四要素而进行的文学研究范式,借助传媒视野重新思考有关文学的种

种问题已经势在必行。在 20 世纪末到 21 世纪初，受到文学研究中传媒研究热度的影响，海外华文文学研究领域也出现了传媒转向，出现了不少研究论文与论著。然而，多数传媒研究仍停留在史料整理和传媒文本研究的实证阶段，对有关传媒与海外华文文学的关系命题仍未形成深入系统的理论论述。我们试图借助传媒作为第五要素的理论视野对此作出初步探索，以促进海外华文文学的发展。

一　汉语传媒与海外华文文学的发生

海外华文文学的出现与形成，与华人移民、华文教育与华文报刊关系密切。早期华人移民多是苦力和商人，难以出现自觉意识的华文创作，铭刻在天使岛木屋中的华文诗歌不过是困境中的先民不自觉的控诉和宣泄。华文文学的真正发生还是在 19 世纪中期以后华人移民知识分子群体的出现以及华文教育与华文报刊的蓬勃发展。近现代以来，在数量不断增加的海外华人移民群体中，正是华文报刊的存在促进了想象的共同体之形成。一些人通过华文报刊发表见解、关注现实、宣泄情感；另一部分人则通过华文报刊获取信息、解决问题和慰藉思乡之情，对华文报刊的持续阅读促成了共同的文化认同与身份意识的形成与稳固。因此，华文报刊不但提供了作品的发表园地，也培育和稳定了读者群体。从 1881 年薛有礼创办的《叻报》到以康有为、梁启超和孙中山为首的改良派和革命派以宣扬政治理念、弘扬民族精神为根基，在世界各地办起的一大批以海外华人为受众的现代意义上的报刊[1]，奠定了海外华文文学发生的社会氛围与受众基础[2]。从早期的文言报到"五四"之后的白话报，附设文学副刊的海外华文报纸逐日兴盛，以报纸文学副刊为中心的海外华文文学生产机制开始形成。在很长一段时间内，依赖报纸副刊便成为了海外华文文学基本的生存语境，副刊运作模式对海外华文文学发生期的语言选择、题材体裁以及表现手法等方面都有深刻的影响与限定。

海外华文文学在东南亚地区最早形成气候，也较具有代表性。从方修所编撰的《马华新文学史稿》以及《马华新文学大系》中，我们可以看

---

[1] 世界上第一份华文期刊是 1815 年由外国传教士米怜主编的宗教刊物《察世俗每月统纪传》，世界上第一份华文报纸是 1854 年在旧金山创刊的《金山日新录》，持续时间很短。从主体性生成和其影响力的角度来看，应从《叻报》开始。

[2] 但这些报刊上为数不多的文学写作仍只能称为中国文学。

到，滥觞时期马华新文学的整体面貌不但是通过整理副刊为主的报刊资料呈现出来的，同时，马华新文学的特色也是受制于副刊情境而被模塑出来的。李志认为"早期的南洋华文文坛，实际上就是指当时南洋各家报刊的文艺副刊"。[1] 早期的副刊运作制度正在形成之中，作为人事因素的编辑往往成为影响其运作的关键所在。在方修的文学史著述中，便着重描摹出副刊的编辑构成与编辑方式对早期马华文学的决定性影响。李志也充分肯定了马华新文学滥觞时期副刊编辑们的作用："内行的评点与介绍，高屋建瓴的分析与评论，往往具有画龙点睛的艺术效力，有力地指引了早期南洋华文新文学的艺术发展方向及审美趣味的流向"[2]；的确，进入文学生产活动流程中的现代媒体不仅是文学信息的传递者，也是文学价值的二度创造者，而这一创造过程首先表现为编辑等"把关人"对文学作品的把关选择与内容加工，从而使得文学创作的特点与编辑个人的审美爱好、思想倾向等紧密地连接起来。早期的新马副刊编辑大多是中国南下新马的作家、编辑和文化人，他们将"五四"新文化运动的成果与思路带入新马地区，使新马地区的早期华文创作在形式与内容上都紧跟中国内地的风气。根据李志对南洋地区最早的新文学杂志《新国民日报》的副刊《新国民杂志》的研究，以该刊主编张叔耐为代表的南洋华文新文学倡导者们，积极倡导以白话文创作替代文言创作，刊载作品不但注重以"剪稿"名义发表的大量中国国内著名作家的小说及译作，而且凸显了反封建、平民情怀、社会改良等与内地新思潮相呼应的主题与思潮。[3] 不过，作为南洋本土的文学副刊，要面向的主要受众是南洋华人，因而这些南下的副刊编辑们，也入乡随俗以适应当地特殊的语境。从张叔耐、许杰、马宁到郁达夫，这些南下的著名编辑不但自觉发现和培养了不少当地的文学新人，也多少注意到了文学中的南洋色彩问题，如当地方言土语的渗透、风土人情的描摹以及当地特殊经验与事件的文学再现等，都可以在萌芽期的南洋新文学创作中找到大量例证。可以说，本土色彩与中国经验的交织并存也成为南洋新文学的总体特色。

其实，除了通过编辑环节对海外华文创作作出指引与规范外，副刊的

---

[1] 李志:《海外华文报刊对滥觞期海外华文文学建设的贡献》，《学术研究》2002年第10期。

[2] 同上。

[3] 同上。

出版特点和版面局限，也对海外华文文学的题材体裁、创作手法等产生了直接的影响。我们所能看到的早期海外华文创作多以短小篇制为主，这并非当时的作者没有创作长稿，而是因为副刊容量有限，一般情况之下很难刊载这些长稿。郁达夫 1939 年间在主编《星洲日报》的《晨星》副刊时，曾一再向投稿者说明，"因为版面容量的问题不得不舍弃长稿，至于连续刊载长篇的形式，也难以实现，故特别欢迎短小精悍的论文、随笔、小说和独幕剧"①。在这种副刊运作模式中，短小篇制的作品被肯定、刊载与流播，进而促成作家调整自己的创作策略，致力于短篇创作，最终使之成为存留在文学历史中的主体样式。此外，作为报纸副刊的文学园地，受出版周期和主刊思路影响很大，同时具有新闻性和文学性的双重属性，因而所刊载的作品不免与现实问题形成或明或暗的呼应关系，甚至在表现手法和主题意旨方面接近于新闻，这样便促成了以现实主义为主的文学创作手法的繁盛。现在看来，早期新马文坛以现实主义为主的创作风格的形成，虽有多方面的成因，但也与其随副刊生成的特殊境遇是分不开的。

在东南亚以外的其他海外华人聚集地，当时在北美的夏威夷、旧金山，大洋洲的墨尔本、悉尼，法国的巴黎，日本的东京、神户、横滨等地，当华文文学萌芽时其主要的园地与载体都是当地的华文报刊。根据现有的研究，如据陈贤茂等著的《海外华文文学史》的描述，它们基本上也呈现与东南亚华文文学相似的面貌，在整体风格、题材体裁、创作手法、语言表述上的总体特性都与副刊运作水乳交融。

二 汉语传媒与海外华文文学的发展

进入 20 世纪 70 年代末，尤其是 80 年代之后，随着国际政治气候的变化、各国文化政策的变动以及世界文化交流的深化，海外华文文学进入了快速发展期。一方面，随着经济力量的介入，传媒商业化趋势的加剧与功能的转向改变了其文学运作的方式，海外华文文学与传媒的关系更加直接和复杂；另一方面，封闭、单一的本土传播模式被打破，本土和本土以外的华语传媒构成了互动性的传播场，它们共同介入到海外华文文学的生产之中，并使得这一流播过程成为重塑汉语文学观念的过程。此时，传媒深度介入海外华文文学的文体嬗变、思潮与经典制造之中，产生了全方位

---

① 参见《郁达夫全集·第 8 卷·杂文下》，浙江出版社 2007 年版，第 6、14 页。

的影响。

　　微型小说在东南亚的崛起与兴盛说明了文体嬗变与传媒功能转向之间的关系。20世纪80年代以来，东南亚华文报刊的数量急剧下降，但作为维系民族文化、提供身份认同感和文化归属感的重要纽带，其重要性仍在保持，主要的文学园地依然是报纸副刊。从新加坡的《联合早报》、马来西亚的《星洲日报》到菲律宾的《世界日报》等报刊所设置的各类"文艺副刊"都为当地华文创作留出了发展空间。但随着各国经济发展的加快，传媒的功能也由意识形态宣传为主逐渐走上了商业化的道路，其刊载的作品也力求大众化、趣味性。微型小说的出现与繁盛就与这一转变过程直接相关。人们认可微型小说，最直接与最重要的原因是它的篇幅短小、贴近生活、易于接受与阅读等因素，正如《小小说选刊》的主编所言，微型小说是平民艺术，"是大多数人都能阅读（单纯通俗）、大多数人都能参与创作（贴近生活）、大多数人都能从中直接受益（微言大义）的艺术形式"[①]。说到底，微型小说是快节奏社会里人们乐于接受的文化快餐形式，它表现的未必都是都市生活题材，却表现出都市的节奏与都市审美文化的价值取向，是商业社会中的宁馨儿。因此，微型小说逐渐成为最适合东南亚商业环境的文学体裁，率先在新加坡和马来西亚崛起，然后蔓延至其他东南亚国家，逐渐成为主打的文学样式。

　　为了适应变化的时代语境，传媒甚至不惜制造事件、引发轰动效应以拓展生存空间，一些文学报刊也往往会实现角色的转换，从潜伏的幕后操纵者变成前台的演员和导演。在这种情势下，一些由传媒参与制造的海外华文文学思潮就应运而生。20世纪80年代后，前往欧美等发达国家的留学和学留群体的文学创作日益与中国内地传媒一体化，其中具有思潮性的留学生文学和新移民文学热就与《小说界》、《作品与争鸣》等期刊的运作难以分离。如《小说界》在80年代末面临市场竞争的压力，选择了世界性作为刊物立场，率先推出留学生文学专栏，策划了一系列的专题座谈会，组织了专门的文学评论，并通过设立海外编辑以及征文评奖等多种方式积极参与了这一文学潮流的建构。从1988—2004年，该栏先后刊载了百余篇作品，推出和培养了不少新作者，成为了"留学生文学"成长壮

[①] 李永康：《小小说任重道远———访中国微型小说学会副会长杨晓敏》，《南方日报》（网络版）2003年3月10日。

大的重要园地。20世纪90年代在以新生代为主体的马华文学现代主义风潮中，本土意识不断强化的报纸副刊《星洲文艺》和《南洋文艺》不仅是参与者，也是策划者和导演者，这些副刊主动引发"炮火"与"战事"，以带有情绪性和煽动性的方式引发了一系列的文坛论争，诸如断奶论、本土中心论等论断被认定为是文学革新的基本起点，从而使得文学创作努力发掘南洋想象资源，努力建构自身主体性和独特性，推动了马华文学审美风格的现代转型。

任何文学现象、作家作品如果不通过大众媒介的传播以及这一过程中的过滤和筛选，是很难形成文学"经典"的。正是通过选择性传播、征文评奖活动等策略，大陆、台湾等地的文学传媒也介入海外华文文学经典化过程之中。由于大陆和台湾等汉语文学传播中心的巨大影响力，从1970年代末开始，它们逐渐成为了海外华文文学首选的出版园地，华文作家与媒体也建立了更为频繁密切的交流；文学传媒实现了从引荐平台到生长园地的功能转换，因而对海外华文文学的经典化有着越来越重要的作用。大陆的一些权威性文学杂志，如《十月》、《当代》、《收获》、《花城》、《上海文学》等对"海外华文文学"的选择性传播，为某些作家作品在大陆主流文学评价系统中得到认可，进而成为可能的文学经典，做出了重要贡献。白先勇、余光中、严歌苓等就逐渐被大陆文坛认可，其作品已经或有望成为汉语文学的经典。

相比一般的选择性传播，文学评奖是一种更为权威而重要的过滤机制，它是快速而便捷的经典化工序。对于海外作家而言，参与全球性的华文文学评奖活动，既是其作品经典化的第一步，也是他们由边缘走向中心，并打破边缘与中心的某些成见的重要途径，尤其是那些具有民间性质和公共领域性质的传媒大奖，能够成为推动海外华文创作的巨大动力。20世纪七八十年代台湾的《联合报》、《中国时报》的一些副刊作为文学组织者，对于海外华文文学的发展起到过不可估量的作用。这些副刊奖项注重专业性和公正性、地域视野灵活宽泛，并设有奖金非常高的各类文学奖，如1988年"联副"的征文比赛活动，以"鼓舞全世界中国人，开创文学新纪元"为标杆，奖金最高曾增加到170万元。因此，很多海外作家通过参与此类文学评奖活动脱颖而出，其作品由此获取了示范性和经典意义。如严歌苓《扶桑》和《人寰》分别获得1995年"联合报文学奖"长篇小说奖和1998年第二届"中国时报百万小说奖"，极大地提升了作家及其作品在华人世界的影响力。在中国内地也设立了有关海外华文文学创作的专门奖项，如《四海》的"海峡情"征文与首届"台港澳暨海外华文文学游记征文徐霞客奖"活动、《世界华文文学》的"盘房杯"世界华文文学大赛、《海峡》的"故乡水"征文活动以及《台港文学选刊》的读者推荐奖活动等。通过这些评奖活动，一部分海外华文作家作品凸显出来，获得了知名度。

世界华语文学传媒对海外华文文学生产的共同介入，营造了交流与碰撞的良好机遇，不但拓展了海外华文文学的生存空间，使其获得快速发展并缩减与主流汉语文学的距离；同时主流汉语文学也遭遇了一次自我反思与前进的绝好机遇，在不断吸纳新鲜养分的过程中变得丰富多元。随着交流与传播的深入，单一封闭的主流汉语文学观逐渐转化为整合流动性的世界华文文学观念，边缘与中心界限森严的文学秩序和生态开始遭遇质疑。

三 汉语传媒与海外华文文学的转型

20世纪90年代末以来，传统印刷媒介衰落，文学传播向以纸质文本、影像文本、网络文本交互的多元传播方式转变。如今并不只"读"文学，而是在一种由电视、报纸、互联网、移动网、电影、纸质书本等交织构成的泛媒介场中多方面地"体验"文学。这种泛媒介传媒语境的出现，已经引发了文学发展模式的重新定位。文学单一的语言文本将更多地让位于影视文本和网络文本，文学被动的线性文本将更多地转化为互动的非线性超文本。对于海外华文文学来说，也正是影视和网络的强势力量推动着其发展模式的全面转型，影视化和网络化成为其主要的发展方向。

影视正成为力量强大的大众传播媒介，体现了视觉文化中美学感知方式的转变，它不但培育出了崇拜图像的新型文学消费者，也使得文学文本向数字影像文本转化，或是强化图像与文字的出版模式，或是依靠影视改编来获得市场认可。海外华文文学正是借助影视而插上传播的翅膀，超越地域隔阂，从边缘走向中心，不断产生轰动性效应。从20世纪90年代开始，一些作品经过影视改编而风靡一时的现象陆续出现，从《北京人在纽约》到《一个女人的史诗》、《玉卿嫂》，从《天浴》、《少女小渔》到《唐山大地震》、《山楂树之恋》，曹桂林、严歌苓、张翎、艾米其人其文通过影视传播深入到了千家万户，屡屡成为内地文化领域的中心话题。

然而，更重要的是，由于影视思维的渗透，海外华文文学创作中还出现了跨媒介写作与间接写作等新型写作方式。所谓跨媒介写作，从直观层面来看，是指影视声、画、字同一的思维将渗透到写作之中，原有的单一线性的语言表述模式转换成为图片、符号和文字的多媒体写作形式。从深层影响来看，影视强烈的图像思维和蒙太奇手法将成为作家的前思维，其文学创作越来越具有影视性，形成影像性文本。跨媒介写作使得影视与文学两种艺术界限缩小，文学更容易改编成影视作品，这正是张翎、严歌苓等海外作家的文学作品屡屡被影视导演看好的原因之一。所谓间接写作是指文学写作与影视写作的主次关系的颠倒，文学不再是影视艺术之母，而是影视艺术的"继子"。在以影视传媒为前台和中心的传播语境中，为了追求轰动效应，海外华文写作可能逐渐演变成为隐藏在影视屏幕后的"阴影"，它的光芒与价值依附于影视及其传播的成功与否，从而可能催生一大批以屏幕为假想生存空间的文学写手，使得海外华文创作成为了一种不与读者直接对话的间接写作。

随着技术的突飞猛进，影视、广播、报刊和互联网开始走向一体化，网络已经成为传媒中的航空母舰。它以迅猛的传播速度，无阶梯的阅读与书写模式，强大的渗透力和穿越力量，极大地改写了传统时空观念与认知模式，重新塑造着我们的生活过程和模式。同样，对于海外华文文学而言，网络意味着前所未有的发展自由和广阔天地，不止是新的传播模式、作家读者结构的大洗牌，还催生了全新的语言风格、文体风格和写作模式。

我们看到，20世纪90年代后，海外的华文网站如雨后春笋般出现，如北美早就在90年代初便涌现了《华夏文摘》、《新语丝》、《橄榄树》等第一批华文网站；一些传统华文报刊如新加坡的《联合早报》、马来西亚的《星洲日报》和《南洋商报》、菲律宾的《世界日报》等也相继进入因特网。网络的巨大容量和流量改写了传统媒介的记录，极大地丰富了海外华文作家群体的数量与结构（从民间高手到自弹自唱的"街头艺人"，各形各色的作者应有尽有），造就了不受地域局限的全球性读者，海外华文文学第一次完全具有了大众化传播的模式。例如，1991年第一个华文网络文学园地《华夏文摘》在美国诞生时，盛况空前，"一天的点击量就有几万人"，聚集了五洲四海的华人与留学生，涌现了大量网络文学作者与作品。

依赖网络生存的海外华文文学创作在语言书写、内容表述、文体风格等方面也有独特性。由于很多海外网络平台都供了匿名写作的自由,从而孕育了网络写作坦诚、自白的血统,随意而生活化的语言,浅显直白的表述,"幽默诙谐"的调侃风格成为网络华文文学语言表述的重要特质。这也正是周腓力、吴玲瑶等幽默作家在网络时代持续走红的文化背景。网络无门槛进入机制、纯粹游戏化等特质,带来海外华文创作在表现内容上的自由度和多样化。北美地区的华文网络作家就凸显了于文化边际之上获得的自由与深刻,在调侃中实现了对社会全方位的审视,从政府黑幕的揭露、文化忌讳对象的观照到美国新移民的黑暗里程等无所不涉,在笔调和文化精神上明显区别于传统传播体制内的作家。文体风格也受到网络自由散漫性格的影响,走向拼贴化、碎片化,很少刻意经营结构与文风。

网络生存也催生了海外华文文学新的写作思维与写作模式。首先是互动式写作的出现。这是一种写作主体与受体界限消弭、文本处在未完成状态的开放式写作,它热衷于对写、戏拟、续写、仿作等带有集体性和交互性的写作手法,以娱乐和游戏精神共同完成某一主题或构思,带有狂欢和后现代色彩。其次是多媒体写作的风行,由于网络具备查找资料、建立连接、容量自由等特点,很多华文作家开始运用粘贴、复制、链接等手段将音乐、图片等多媒体元素与文字一道来完成文学叙述,产生了图像时代的视听文学。最后是"网纸两栖写作"。也就是说华文作家充分利用传媒联合传播的优势,首先在网络媒体上发表文学作品,迅速引起关注和获得知名度,然后再接受纸质媒体的策划编辑、出版发行与营销宣传,获得更丰厚的回报,形成从"虚拟到现实"的完整产业链。

泛媒介的传媒语境极大地拓展了海外华文文学的生存空间和发展空间,使得海外华文文学突破了本地生活的限制,走向一种全球性生存境界,这是一次前所未有的转型。在这样相对开放和自由的生存空间里,地域不再成为限制文学发展的界限,传统的中心与边缘对立的格局被彻底打破,一种有关汉语文学的整合性观念成为了主流,海外华文文学也越来越深入地融入到世界的文化与交流之中。

当然,新的媒介环境也意味着新的挑战,海外华文文学的发展也不可避免地面临新的命题与问题,如依赖影视网络传媒在获得巨大发展空间的同时,又如何在竞争性环境中异军突起?随着网络时代地域感的消失,海外华文文学个性如何保持?

传媒对海外华文文学的塑造贯穿了海外华文文学近百年的发展里程。从封闭到开放、从本地到全球、从单一到多元、从幕后到前台,传媒及其运作方式的变化,使得海外华文文学出现不同的发展阶段,并在其发生、发展和转型时期呈现不同的特点与问题。对这一历史过程的梳理,目的在于引发我们对于当前处境的警觉与反思。传媒"把传播与文化凝聚成一个动力学过程,将每一个人裹挟其中",在这样一种互相交织的动力学过程中,海外华文文学的创作者和批评者们,都必须树立反思意识,重建传媒与自身的关系,以促成文学创作、传播和研究的良性发展。

第一章　境内文学期刊与"媒介"视角

尽管海外各国的华文文学①各有特性与差异，但对于大陆研究者而言，它们的共同特性之一是其创作活动发生在中国大陆之外，从创作到接受研究、从生产到消费，发生着语境的迁移与转换，传播环节变得必不可少，也至关重要。媒介不是中介，这一现代传播学的标志性口号，已经成为文学研究者重审文学存在的理论视野。传播媒介与传播过程影响的不止是文学功能的纬度，也建构出不同的文学存在。梳理文学史，人们发现传播方式的变化，往往不断从整体上冲击与改变着文学的结构、精神与形态，使之产生了众多的审美新特征与新问题。因此，当我们将文学视为传递文学信息，并对执行以审美功能为核心的社会文化功能的社会传播活动加以审视时，传播视角和传播环节就获取了本体论的意义。同样，在大陆语境中，"华文文学"与其说是一种"独立自足的存在"②，不如说是一种受制于各种传播机制与传播意识形态的文学存在。

第一节　文学现场："选择性传播"

文学期刊又称文学杂志（literature magazine or literature periodical），目前对于它并没有清晰的定义。从事现代文学期刊史研究的刘增人先生将其分成纯文学期刊与准文学期刊两大系列，并指出"纯文学期刊指发表各体文学创作（小说、诗歌、散文、戏剧文学、电影文学等）、文学理论、文学批评、文学研究、文学译介、民间文学、儿童文学等作品的期

---

① 论述境内文学期刊对海外华文文学的传播时，不可避免要涉及港澳台文学的存在，鉴于海外华文文学与港澳台文学的关联，在第一章与第二章，我们用带引号的"华文文学"来指称港澳台暨海外华文文学。

② 吴奕锜、彭志恒、赵顺宏、刘俊峰等学者曾经强调，"华文文学"是一种独立自足的存在，参见 2001 年 2 月 26 日的《文艺报》华馨版的同名文章。

刊；准文学期刊主要指由文学家参与策划、编辑、撰稿、发行的，开设专栏或以相当篇幅发表文学类作品的综合性、文化类期刊，以及主要刊登书目、刊目、书评、刊评、读书指导、读书札记、出版消息等书评类刊物，摘登文化——文学类稿件的文摘类刊物。"[①] 刘先生这种悬置文学期刊的内涵，而只限制其外延的定义方式不够严谨与准确，而他对于文学期刊品类的描述也过分随意与芜杂，几乎所有的社科类期刊都涵盖其中，并不妥当。笔者认为，文学期刊应定位为以发表文学作品为主的期刊，应将刊载理论类文章的学术期刊与综合性的文化娱乐刊物排除在外，否则就大而不当了。在本研究中，考察的文学期刊也是以发表文学作品为主的这一类期刊。

文学期刊一向被认为是文学作品的发表园地，是文学史家自由出入的资料库，是一个载体性的因素，但越来越多的学者借助"媒介即信息"的理论视野，发掘到了文学期刊与文学之间的深层关系。人们发现，文学期刊通过有选择地呈现文学的鲜活历史，书写了特定时代的文学思潮与文学观念，成为文学历史的结构性因素。正如应凤凰在回顾台湾1984年创刊的《联合文学》的历史时所言："从这些文艺杂志一家接一家前仆后继、起落兴衰之际，发现这些杂志的变迁图，其实正是另一种形式的文学史导览图，因为，杂志既是文学作品发表的地方，因此这几十年的文学潮流起伏同杂志的兴衰起落，完全是合拍的。"[②]

然而，文学期刊的存在历史作为另一种形式的文学历史，它的特点在于"像是一片新鲜的处女地，因未经爬梳而混沌一片，可又处处饱含着生命，期刊式的文学历史不呈任何线型的态势，一本一本，就是一个块状的结构，而且无清晰的边沿"[③]。确实，作为文学与社会的扭结点，文学期刊在时间上的延续性与空间上的杂生性使得它构成了鲜活流变、杂语共生的文学现场，在看似光滑整一的表面之下，往往还涌动着无数具有颠覆力的波涛暗流，它本身就是充满张力的文学文本。

---

① 刘增人：《现代文学期刊的景观及其研究历史回顾》，《中国现代文学研究丛刊》2005年第6期，第158页。

② 应凤凰：《人与杂志的故事——文艺杂志与台湾文学主潮》，台湾《联合文学》2001年6月号总第200期，第17页。

③ 吴福辉：《作为文学（商品）生产的海派期刊》，《中国现代文学研究丛刊》1994年第1期，第1页。

所以，文学期刊不仅是一个资料库，一个话语空间，也是一个具备多种阐释可能的文学文本，它构成了充满内外张力的、历史化和动态化的文学现场。

选择性传播是传媒运作的基本方式。一方面，任何传媒在时间和空间上都是有限的，它所能承载的信息也是有限的，这意味着在传播中选择是不可避免的；另一方面，通过有选择性地告诉我们世界的情况，媒介"就能控制受众所能得到的信息，从而潜移默化地形成或限制受众的社会知识，构建他们生活世界的映象"①。因此，媒介就是通过选择性传播建立起自身主体性的。

一种观点（一般的传媒组织和新闻记者）认为，传媒是透明的中介，是透亮的窗口，它通过选择具有代表性的内容，尽可能地展现事物的全貌，如实地反映了真实世界，实现了传播的正义与公平；另一种观点则认为，传媒是破碎的镜子，是歪曲的镜头，它放大了世界上一些事件的某个部分，却缩小了其他部分，根本没有真实地反映世界。其实，对于传媒选择性在道德上作出价值判断并无意义。因为选择性不是传媒的偶然性特点，"它是我们用来描述世界的语言不可避免的特征，是我们抓拍图象看得见的技术的不可避免的特征，是通过报纸电视传诵世界万物的传播过程不可避免的特征"②；它既是传媒有限性的必然产物，也是传媒力量的主要源泉。那么，传媒选择性研究的核心不是探讨传媒是否具有选择性（偏见），而是看传媒选择了什么和怎样选择，它提供了怎样的"用以理解信息的框架"③。

本研究试图借助"选择性传播"这一术语及其后面的传播理念鉴定大陆文学期刊与"华文文学"建立联系的方式，在研究过程不作道德上的先决评价，而将研究重心放在对事实的梳理和敞开之上，试图探讨在选择性传播中文学期刊"选择了什么？"、"怎么选择？"、"为什么选择？"以及如此选择对"华文文学"乃至汉语文学的存在形态与发展趋势有何影响等问题。

---

① ［美］麦克莱著：《传媒社会学》，曾静平译，中国传媒大学出版社2005年版，第14页。
② 同上书，第16页。
③ 同上书，第117页。

第二节　研究现状与问题的提出

从 1970 年代末至今,"华文文学"的大陆流播已有近 30 年的历史,对于这段传播历史,已有不少学者开始进行资料考证并作出理性思考,有关"大陆文学期刊与'华文文学'"的这一话题,也在 1990 年代中期后逐渐浮出水面,被人们所关注。相关论述在资料整理、研究路径和理论观点上为本研究打开了视野。

在一些有关"华文文学"研究的历史回顾与综述中,文学期刊对学术研究的影响已经被描述出来。1994 年 4 月的《世界华文文学论坛》发表了白舒荣的《台湾文学研究在大陆》,从文学出版与文学研究的关系,较为系统地探讨了《当代》、《华人世界》、《海内外文学》、《海峡》、《台港文学选刊》、《四海——世界华文文学》(《四海》与《世界华文文学》是一本杂志在不同时期的不同命名,故统称之)、《华文文学》等文学期刊在大陆的台湾文学研究中做出的重要贡献。2000 年第 3 期的《台湾研究辑刊》发表了刘登翰的《走向学术语境——祖国大陆台湾文学研究二十年》,该文用详尽的统计数字总结了 1979 年刊发台湾文学的期刊及作品数量,指出这些文学期刊对于台湾文学作品的引入,使得中国当代文学研究出现结构性的变化。[①] 2002 年第 1 期的《广东教育学院学报》中饶芃子的《大陆海外华文文学研究概说》也指出《台港文学选刊》、《华文文学》、《世界华文文学》等刊物在学科建设中的重要作用。2006 年王文艳在《台湾文学的出版与大陆的台湾文学研究》[②] 一文也提出,在 1980 年代中前期,文学期刊等作为出版的一个组成部分,对台湾文学的研究起到直接的推动作用。这些研究者都体察到了大陆文学期刊与"华文文学"

[①] 刘先生的原文是:"据手头资料统计,1979 年最早发表台湾文学作品的大陆刊物共有 9 家,它们是《当代》(第 1 期、第 2 期、第 3 期)、《上海文学》(3 月号、4 月号)、《长江》(第 2 期)、《清明》(第 2 期)、《十月》(第 3 期)、《新苑》(第 3 期 2 篇)、《收获》(第 5 期、第 6 期各 2 篇)、《作品》(9 月号)、《安徽文学》(11 月号),共刊登 5 位作家的 16 篇小说,他们是:聂华苓 7 篇、白先勇 3 篇、於梨华 2 篇、李黎 2 篇、杨青矗 2 篇。"见刘登翰先生的《走向学术语境——祖国大陆台湾文学研究二十年》,《台湾研究辑刊》2000 年第 3 期,第 84 页。

[②] 王文艳:《台湾文学的出版与大陆的台湾文学研究》,《华文文学》2006 年第 6 期,第 42—47 页。

学术研究的联系，不过其论述都是只言片语，点到为止，并未深入分析文学期刊的具体运作及其对学术研究的影响。①

来自传媒界的声音则弥补了学者的不足，展现了文学期刊传播"华文文学"的具体方式及其社会影响。1994年，身为期刊编辑的思悠、雨萌在《世界华文文学论坛》发表了《八十年代以来大陆出版的台港及海外华文文学期刊述评》一文，他们主要从文学期刊看"华文文学"在大陆20世纪八九十年代的传播情况，粗略探讨了刊物定位、稿源获取、刊载方式、专栏设置等对传播活动的影响，并将文学期刊的传播活动放在大陆"文化生产"的大背景之下，超越了就刊论刊的思路。于青在1998年第2期的《世界华文文学》发表的《海外华文女作家作品在大陆出版概况》（她用的海外华文实际上包括了台港）有意识地将文学期刊与出版社的传播作了一番比较，突出了文学期刊的时效性、影响力以及对于文学精品的推举之功。文章指出，"对海外华文作家的介绍，最早是出现在一些专业杂志上。如80年代初期的《收获》、中期的《四海》、《台港文学选刊》、《小说界》等，都对海外华文女作家尤其是台港女作家的优秀作品进行了介绍"；而且"这一特点一直持续着"。② 此外，各文学期刊的主编在编后记或是办刊回顾文章中，都一定程度上梳理了刊物在特定历史阶段的传播特色、策略与实效。如杨际岚在1990年第1期的《台港文学选刊》发表的《交叉点上》，介绍了五年来《台港文学选刊》刊发的作家和作品总量，并对刊物的选稿原则、稿酬制度、栏目设置做了概述。1994年第10期《甘苦寸心话十年》则对"选刊"的办刊历史、办刊理念以及

---

① 大陆研究者率先关注的是大陆以外华文报刊与"华文文学"的关系，如陆士清的《略论〈现代文学〉杂志》（《复旦学报》1994年第6期），以及1993年其学生杨幼力硕士论文《台湾报纸副刊与文学的关系》；2000年暨南大学郑彩红的硕士论文《澳门文学之大众传播现象》；2004年南京大学陈嵩杰（朱寿桐的学生）的硕士论文《独立前马来西亚报章对文化与文学本土化建设的贡献》；李志的《海外华文报刊对滥觞期海外华文文学建设的贡献》（《学术研究》2002年第10期）和《境外的新文学园地——五四时期南洋地区文艺副刊〈新国民杂志〉研究》（《中国现代文学研究丛刊》2004年第4期）；扬松年的《研究东南亚华文文学的新方向：文学传播探讨的意义》（《华文文学》2005年第3期）；计红芳的《改版前后的〈香港文学〉》（《当代文坛》2006年第1期）等；这些论述为本研究提供了一些参照性的理论话语，但他们都偏重文学史料整理，在方法论上尚未有新的突破，也未将"华文文学"的大陆传播作为潜在的参照系。

② 于青：《海外华文女作家作品在大陆出版概况》，《世界华文文学》1998年第2期，第78页。

产生的社会影响作了简略回顾。白舒荣在 1998 年第 1 期的《世界华文文学》上发表《任重道远——从四海到世界华文文学》，呈现了八年来《四海》传播"华文文学"之功，详细列举出刊载的各国作家作品的数量和类别、而且深入分析了"华文文学"的传播价值所在。这些办刊人的经验之谈重在展现文学期刊的内部运作，也对几十年来大陆文学期刊传播"华文文学"的情况做了初步的梳理，但他们都是针对个别刊物而做出的事实描述，还没有自觉的理论升华与方法意识。因此，总的说来，有关大陆文学期刊与"华文文学"的系统性、理论化论述还没有出现。

第三节 时代语境、受众需要与文学传播

另一部分论述，探讨了特定"华文文学"作品或区域华文文学（特别是台港文学）大陆流播的情况及原因，注重分析这种传播对大陆文学文化、社会心理等方面造成的影响，对本研究也有直接的启迪意义。1980 年代末 1990 年代初，金庸热、琼瑶热、三毛热、席慕容热、亦舒热、尤今热、梁凤仪热、《北京人在纽约》热等一系列的"华文文学"作品所引发的热潮，引起了学者们对于大陆语境与文学接受之间关系的深刻反思。对于金庸小说热，人们纷纷从集体意识和时代裂变等因素去探索。1990 年第 1 期的《华文文学》上，竺亚在《自古英雄出少年——金庸武侠小说及金庸迷一解》一文中指出金庸小说唤醒了中国人"英雄崇拜"的集体无意识，获取了独特的快感。费勇则认为，传统文化的断裂、人们普遍精神失落所形成的文化怀乡的心灵诉求是武侠小说热的深层原因[1]。关于《北京人在纽约》热，论者认为它敏锐地捕捉到了当时社会生活中的"出国"和"经商"两大热点，并以情感线索将之串联起来，从而赢得了一片认同之声。[2] 夏德勇在《梁凤仪为何走红大陆》一文也认为，大陆在 90 年代以经济活动为中心，人们强烈的致福欲望使得梁凤仪的财经小说得以走俏[3]。1993 年第 1 期《华文文学》上樊星的《话说"台港文艺热"》一文则将文学视为文化的一个组成部分，对 20 世纪八九十年代大

---

[1] 刘登翰等著：《香港文学史》，人民文学出版社 1999 年版，第 267 页。
[2] 青萍：《〈北京人在纽约〉，你好在哪里》，《中国戏剧》1993 年第 11 期，第 50 页。
[3] 夏德勇：《梁凤仪为何走红大陆》，《华文文学》1993 年第 2 期，第 25—26 页。

陆的台港文艺热作了整体的考察与思索，他指出，邓丽君的爱情之歌、费翔的校园歌曲、金庸的武侠小说、琼瑶的言情小说、三毛的异域游记、白先勇的怀旧小说、余光中的诗歌散文等契合了大陆人对非政治化生活的渴望，从而产生了轰动效应，文章还进一步阐发道："台港文艺作为他者，为世纪末的中国人重塑自我形象与时代精神提供了很好的参照系。"① 孟繁华则从大众文化的形成机制方面探讨了大陆接受台港文学文化的原因，她认为，大陆大众文化的出现及成型，是港台文化反哺的结果。而这种反哺是"在尚未产生本土消费文化的时候，外来文化执行了它的休闲功能"②。

这些论述凸显出"华文文学"大陆流播的时代与社会因素及其后果，给我们粗略绘制出了时代语境、受众需要与文学传播之间的互动关系图，从而揭示了大陆文学期刊传播"华文文学"的语境因素与动力机制。

另一种思路则倾向于从"华文文学独特性"视角出发，以"批判"的视角审视这种传播活动，大体可以定位为"遮蔽说"——即认为大陆的传播活动遮蔽了区域华文文学自身的独特性。这种声音首先在大陆之外的学者那里发出，1990年代末之后逐渐流散到大陆研究界，并产生了一定影响。在台湾和香港，认为大陆对台港文学存在偏见的观念流播甚广，但多是泛泛而谈的臆断性文章，少见严谨深入的探讨；因而1997年黄子平《香港文学在内地》③值得重视。该文粗略勾勒出香港文学在大陆的流播历史，在研究方法上，他强调"媒体、符号、受众之间的复杂关系，如何卷入了意义的生产、经验的重构和身份意识的聚散，都需要回到历史脉络中去——追溯"，提出在充分语境化、历史化的视野中去审视文学传播活动，颇具理论高度。但是，他在追溯大陆（内地）接受香港文学的

---

① 同时，他还认为，"台港文艺热"对于大陆当代文学转型有着重要影响，正是在台港文艺的推动下大陆文学实现了以下转变：一是主题的转变，化沉重的政治主旋律为轻松平常的生活轻音乐，使生命从压抑紧张状态转向柔情柔和的生活原态。二是人物类型的转变，高大全的英雄人物变成了自在、潇洒的普通人。三是创作手法的转变，由激情洋溢的革命浪漫主义到古典浪漫主义。

② 孟繁华：《"伤寒玛丽"与文化带菌者》，选自朱大可、张闳主编《21世纪中国文化地图》第2卷，广西师范大学出版社2004年版，第224页。

③ 黄子平：《香港文学在内地》，选自《害怕写作》，江苏教育出版社2006年版；原文写于1997年，见《市政局公共图书馆·香港文学节研讨会讲稿汇编》，香港市政局公共图书馆，1997年。

过程和原因时发现，无论是从民族主义到新民族主义的接受路径，还是在官方与民间的需求悖论中，"香港文学"在大陆虽不可或缺，但面貌却始终模糊不清，是一种暧昧的存在，香港文学始终处于"他者"的位置。1999 年古远清的《20 年来香港文学在内地的传播》更为详尽地勾勒了香港文学大陆流播的阶段、路径与动力。[①] 他认为 1979—1983 年是意识形态视角时期，1984—1993 年是商业视角时期，1994 年至今为商业视角与文化视角并列时期，并论及海关、公开出版物、大学内部教材和地下出版物、出租屋等具体传播途径的作用。该文在思路与观点上显然受到黄子平的直接影响，强调的仍然是大陆对于香港文学的遮蔽。古、黄两人对于"香港"大陆流播的反思，在理论层面与事实层面都有启迪意义，为"华文文学"的大陆流播这一命题开拓了更多可能的具体研究路径。但古、黄两人虽提出了命题的框架，展示了可能的理论深度，还尚未自觉运用专门化的传播学理论与具体方法，大陆新生代学人许燕在这方面有所超越。许燕娴熟运用了传播学的定量分析方法和相关理论，重新审视了美国华文文学在大陆的传播情况。她的观点散见于《论美华文学在大陆的传播特征及其过滤》(《广东社会科学》2003 年第 6 期)、《美华文学在大陆的传播与过滤状况》(《华文文学》2005 年第 1 期)、《从媒介文化角度看美华文学的生成》(《广东社会科学》2005 年第 2 期)、《跨语境传播与身份差异——美华文学在大陆语境过滤的作家因素分析》(《世界华文文学论坛》2005 年第 3 期) 等学术期刊上，并在其博士论文《美华文学在大陆语境的过滤与传播》一文中有过系统论述（2003 年，中山大学）。不过，许燕尽管在研究方法上有自己的特色，其思路与具体观点仍未超越古、黄两人，她得出的结论是"大陆语境对美华文学的传播，一直伴随着过滤机制，由此，美华文学的多元混生特征被消解，并且延伸成为一种边缘存在"[②]，强调大陆语境对于"美华文学特性"的遮蔽。

这三位研究者的共同特点在于他们侧重从宏观层面去把握区域华文文学的流播现象，尚未涉及传播媒介的特性及其具体运作，因而失之笼统，其结论也不无偏颇之处。实际上，大陆对于华文文学的传播是否基于

[①] 此文原载香港《纯文学》1999 年 8 月到 9 月，选自《古远清自选集》，马来西亚爝火出版社 2002 年版，第 199—212 页。

[②] 许燕：《美华文学在大陆的传播过滤及其特征》，《广东社会科学》2003 年第 6 期，第 45 页。

"汉语中心主义"与"大陆中心主义",区域华文文学是否与大陆文学有着绝对化的差异,都是随着时代语境和创作情况的变迁而游离不定的。因此,这一部分学者尽管在方法论和理论话语方面有一定高度,但其对"区域华文文学"独特性神话的捍卫,以及对具体传播媒介研究的忽视,阻碍了其全面考察的步伐。

第四节 媒介与文学:载体或结构性因素

由此看来,前人的研究已圈出了"华文文学"大陆流播这一现象的学术意义,也指出了其中隐藏的诸多问题,但明显缺乏对大陆有关"华文文学"传播媒介的具体深入考察,相关文学期刊的论述不过浮光掠影,没有系统性、缺乏理论意识。然而,传播活动位于错综复杂的文学活动场域,其中既涉及作品作家因素的制约与时代语境的变化,又与传播媒介的特性与具体运作关系甚大。实际上,传播媒介作为一定时期文学与社会的耦合点,更能清晰地呈现文学传播场的内外交织性与复杂流变性。因此,本研究试图以大陆文学期刊的传播活动为切入点,通过系统爬梳和深入剖析文学期刊的具体运作去重新解读"华文文学"在大陆的发生历史,并对将之简单化、固定化、单一化的"制度性"想象表示质疑与否定。确定地说,本研究在梳理文学期刊传播"华文文学"的历史阶段、具体策略与传播效应之时,还试图追问:大陆文学期刊作为一种传播媒介,它如何和特定时代与社会发生能量交换?如何介入大陆人对于"华文文学"的想象与建构之中?对"华文文学"与汉语文学的发展又有什么样的影响与作用?或许,在这样的探究中,大陆接受与想象"华文文学"的精神史轨迹将呈现出更细腻复杂的样态。

在中国,文学研究中的"媒介视角",是 1980 年代才逐渐凸显的。八九十年代之交,最初在古代文学研究领域,出现了有关一些经典文学文本或文类在民间与异域的传播途径、过程等的研究成果。而后,一大批学人加入了这一行列,其中王晓明、陈平原、王一川、黄奋鸣、欧阳友权等都颇有建树。1993 年王晓明于《上海文学》第 4 期发表了《一份杂志与一个"社团"——重评五四文学传统》一文,虽较为笼统,但将传播媒介研究置于研究方法论的高度,对文本中心的"文学观"作出了批判。1980 年代后期,陈平原深化了 1950 年代阿英对于晚清小说与出版业关系的论述；而 2003 年他和日本学者山口守编著的《大众传媒与现代文学》一书，则明确标示出了"大众媒介与现代文学"这样一个命题，为众多研究者打开了一个初具学术范式的研究领域。王一川在其丰富的当代文学批评实践之上，明确指出"媒介性"是文学的基本属性之一，强调媒介视角对于理解文学现象的重要作用。[①] 欧阳友权、黄鸣奋侧重关注网络传播与文学存在的关系，较为深入地揭示了网络文学和网络传播中的某些基本规律。[②] 到 21 世纪之初，随着一大批有关"文学传播"的硕博士论文的出现，在各大高校等研究机构中，文学研究者的"媒介"转向已渐成气候。

文学研究中的"媒介"视角的出现，既受到文化研究与新闻传播学的影响与推动，也有文学研究领域人手日稀、研究资源急需拓展的外在原因，但更重要的是文学研究范式危机的内在驱使。1940 年代以来的意识形态批评和政治批评自遭质疑，而 1980 年代高举的纯粹审美性研究也逐渐失去了合法性，对新的研究范式与话语方式的渴求，使得研究者在几乎穷尽的作品、读者、作者和世界之外独辟蹊径，期待在新的研究领域中寻找新的研究路径。"媒介与文学"命题的确立也就不仅仅标记了一个新研究领域的出现，还似乎预示了文学研究中新的话语方式与研究范式的可能性。

将媒介作为载体还是结构性因素，曾经而且现在仍是文学研究中两种处理媒介的对立思路，在笔者看来，超越这两种思路的方式是将媒介作为内外力量交织的接触地带，从中重审文学存在的复杂性与流变性；同时，在具体研究方法上也应出现相应的转换，建立新的范式。

在当前的文学研究中，存在着两种对立的处理"媒介"的具体方法。一种受到中国传统学术重材料、嗜考据学风的影响，又融合了西方的统计、量化等自然科学方法，对媒介的表现特征表现了兴趣，罗列数据、得出结论，但多如调查报告而缺少思想的灵光。另一种则忽视个案与材料的整理收集，侧重宏大叙事，在概念和符号中兜圈子，时见思想的流动而少

[①] 参见王一川《文学理论》，四川人民出版社 2003 年版。

[②] 参见欧阳友权的《网络文学论纲》（人民文学出版社 2003 年版）和《数字化语境中的文艺学》（中国社会科学出版社 2005 年版）；此外还有黄鸣奋的《超文本诗学》（厦门大学出版社 2002 年版）与《网络时代的许诺："人人都可以成为艺术家"》（《文学评论》2000 年第 4 期，第 4—9 页）。

事实的根基。在笔者看来，出色的研究者必须取这两者之长，把理论阐释与经验再现融合起来，细腻且具有活力的细节材料将构成理论探讨的基础，而带着体温与深度的理论意识将升华前者的琐碎与平面。换言之，文学领域中的媒介研究，必须建立在对媒介研究具体方法的娴熟把握之上，同时，它应该对文学存在作出新的洞悉和理论指引，只有这样，才能在文学与媒介之间开拓出一个独特的意义空间。这一意义空间不应该只是社会思想史的，还应该归属于文学的历史，或者说，将它定位为文艺传播学或者媒介诗学这样的交叉领域，新的知识与研究范式才可能出现。

第二章 境内文学期刊与"华文文学"

第一节 "华文文学"传播的重要媒介

提及"华文文学"大陆流播问题时，很多研究者都把目光定格在"出版社"出版的书籍上，如许燕在梳理大陆对北美华文文学的传播、古远清在梳理内地对香港文学的传播时，皆用的是出版社书籍的相关统计资料，而忽略了其他媒介。[①] 尽管从普遍意义上来看，书籍给人更加厚重稳定的感觉，图书出版也在整个出版市场占有越来越大的分量，无疑可作为重点考察的对象，但对于"华文文学"而言，这种思路就未必合理。从1970年代的首开风气到世纪之交的持续耕耘，无论是在速度、流量与深度方面，大陆文学期刊的影响都不逊于报纸与出版社。由于大陆刊载"华文文学"作品的报纸较少，时间上也缺乏连续性，仅在1980年代有《深圳特区报》、《广东侨报》、《羊城晚报》、《厦门日报》、《福建侨乡报》、《人民日报·海外版》等有少量作品，下面主要以出版社有关"华文文学"的书籍出版[②]作为潜在的比较对象，来探析文学期刊的重要性与独特性。

一 首起之功

新中国成立之初，已有不少的华侨华人在国内报刊发表文章，如印度

[①] 参见许燕《大陆对北美华文文学的传播与过滤情况》(《华文文学》2005年第1期)；古远清《十五年来香港文学在内地的传播》(原载香港《纯文学》1999年8月到9月，选自《古远清自选集》，马来西亚爝火出版社2002年版)。

[②] 花城出版社、中国友谊出版社、暨南大学出版社、海峡出版社、中国文联出版社，以及稍后的鹭江出版社以"台港与海外华文文学"图书出版为主打特色。另有人民文学出版社、福建人民出版社、广东人民出版社、春风文艺出版社等也在出版台港与海外图书中做出重要贡献，其他偶尔出书的出版社则不计其数。

尼西亚的黄东平,从20世纪五六十年代,就在北京《人民日报》、《人民文学》等几十家报刊发表文章几十篇。但到了"文化大革命"期间,海内外的文化交流基本处于停顿状态:一方面是大陆各地出版机构基本上处于瘫痪状态,不少老牌的文学期刊,如《诗刊》、《人民文学》、《收获》、《上海文艺》、《北京文艺》、《作品》等都在1966年前后停刊;到1967年,全国只剩下23种期刊,文艺刊物除《解放军文艺》外,全部被迫停刊。另一方面则是台港等地以及海外华侨华人作品被视为地雷与炸弹,不可能轻易流播进入大陆,更不允许公开刊载,只有少量以走私携带的方式在民间流传①。

十年荒芜过后,当国门重新打开时,外面的世界,包括文学的世界,已是"那边风景独好"。长期处于高度一统化、政治化发展路径中的大陆文学,迫切需要"他者"的镜照以实现自我超越;于是通过引荐大陆以外的文学作品,推动大陆的文学创作,也就成为文学界的共识。鉴于当时电子媒介的不发达不普及,使得文学期刊等印刷类媒介成为文学传播的主导媒介,在文学文化交流中成为"前沿阵地"。20世纪70年代末80年代初不但出现读书热、译介热,还出现了"文学期刊"热,各地文学期刊如雨后春笋般涌现,从1976年到1980年短短几年间,文学期刊种类就达到了100多种②。因此,新时期以来"华文文学"的大陆流播历史的起点,由文学期刊来书写,也就有着必然性。

1978年元旦叶剑英的《告台湾同胞书》发表后,出现了一股台港与海外华人的"回乡潮",这一股回乡热潮,使得一些华文作家能出访大陆,并与大陆文学界进行交流对话,"华文文学"作品由此能够流入大陆。如於梨华、聂华苓和李黎等人都是较早回来探亲访问的作家,他们的

---

① 1961—1963年,文艺调整时期至"文革"前夕,香港作家唐人的《金陵春梦》在广东等地已随处可见,"文革"后期,金庸、梁羽生的新派武侠小说,也有相当数量伴随着回乡探亲的港澳同胞流入闽粤等沿海地带。参考黄子平的《香港文学在内地》。

② 从1975年开始,随着国家文艺政策的调整,多数文学期刊又纷纷复刊,到1980年文学期刊达到了100多种。如《人民文学》、《诗刊》1976年1月复刊;《收获》1979年1月复刊;《上海文艺》1977复刊,1979年10月更名为《上海文学》;《作品》1978年7月复刊等。同时,还涌现了一批新创刊的文学期刊,如1978年8月《十月》创刊;1979年有《花城》、《当代》、《随笔》、《天涯》创刊,1980年有《小说月报》、《名作欣赏》创刊等,参见《1949—2000年期刊出版记事》,张伯海、田胜立主编,《中国期刊年鉴》(编辑部)2002年卷创刊号。

作品也得以率先被刊载①。1979年3月,《上海文学》刊载了聂华苓的《爱国奖券——台湾轶事》,并附上张葆莘的评介性文章《聂华苓二三事》,新华社和中国新闻社都向海外发了消息②,创下了台湾文学在大陆(也可说是海外华文文学)之先。尽管这一事件在国内反响并不强烈,甚至在专业研究者那里也没有留下多少印象③,但鉴于当时还相当谨慎刻板的出版理念,它无疑表现了文学期刊运作者的胆略及其对大陆文艺政策动向的准确把握。1979年4月创刊的《花城》刊载阮朗的《爱情的俯冲》与曾敏之的《港澳及东南亚汉语文学一瞥》也成为标志性的事件。然而真正引起轰动效应的是1979年6月《当代》创刊号上刊发的《永远的尹雪艳》。由于作家身份的敏感性——作者白先勇作为国民党大将白崇禧之后、作品自身审美价值的高度以及《当代》所占据的特殊地理位置,反响相当强烈,使得该文的刊载得到了普遍关注,成为一个出版界的新闻事件。《当代》创刊号印行7万份,很快销售一空,人们广为传阅。除了在国内有很大反响之外,在国际上也引出一些猜测的声音。据该文的责任编辑,当时《当代》的副主编孟伟哉回忆,此举被认为是"中共在文艺方面有新动向"④。更重要的是,这一事件在海内外所产生的积极效应,使得国内出版界有了胆略和信心广泛关注传播相关作品。由此,在1970年代末,中国大陆出版界,掀起了一股传播"华文文学"的热潮。据笔者统计,仅1979年就有《当代》、《上海文学》、《长江》、《清明》、《十月》、《收获》、《新苑》、《安徽文学》、《作品》、《花城》、《长江文艺》、《边疆文艺》、《榕树文学丛刊》、《广西文艺》、《广州文艺》、《西湖》、《福建文艺》等18种文学期刊,刊载"华文文学"作品共计55篇,作家

---

① 1975年於梨华最先访问大陆,1978年后,又有为数较多的华文作家聂华苓、李黎、秦松等回大陆探亲访友,带来不少文学信息,其中影响最大的文学信使是聂华苓,因其主持美国的爱荷华写作工作室的缘故,带动了世界各地文学创作的深入交流。

② 张葆莘,《聂华苓二三事》,见《台湾轶事——聂华苓短篇小说集》,北京出版社1980年版,第144页。

③ 人们在追溯原点时,很多学者倾向于认定1979年6月《当代》创刊号刊发的白先勇的《永远的尹雪艳》乃是"第一只报春的燕子"。

④ 孟先生在和笔者多次电话联系后,还就当年刊载该文的情况写成了一篇专文,邮寄给笔者。在信中他提到,大约就在1979年7月,新华社的《参考消息》转载了一篇西方通讯社的述评报道,认为《当代》发表的白崇禧之子白先勇的小说《永远的尹雪艳》似乎中共在文艺方面有新动向。

20多位，涵盖了小说、诗歌、散文、文艺评论等体裁。到1984年，增加到近80家文学期刊竞相刊载相关作品，作家超过180多位，影响日见广泛。这一股悄悄在地下流动的文学交流之潮终于汇成在大地上欢快嬉戏的林间溪流。

二 传播优势：速度与流量

与书籍出版相比，文学期刊是时效性、新闻性较强的媒介，它的目光是流动变化的，也是"勇往直前"的。在传播"华文文学"时，大陆文学期刊表现出了时间上的绝对优势。如前所述，1979年3月开始，文学期刊已刊载了多篇文学作品，但大陆最早的有关"华文文学"的书籍《台湾小说选》与《台湾散文选》，尽管在1978年就开始酝酿，却因多种原因，一直到1979年12月才由人民文学出版社出版发行，到与广大读者见面之时，已经是1980年春天了。

从20世纪70年代到90年代末，不少"华文文学"的作家皆是先在文学期刊上发表其代表作品，然后才出版个人文集。如70年代末的白先勇、聂华苓、於梨华、阮朗、陶然、陈浩泉等，80年代初的陈映真、林海音、余光中，90年代的曹桂林、周励、虹影、严歌苓等[1]，大体都遵循从文学期刊到出版社的传播路径。就连三毛、琼瑶等风靡大陆出版市场的作家，最先发现者也为文学期刊。《海峡》1981年第1—2期上的《人在天涯》（琼瑶）和1982年第2期上的《哭泣的骆驼》（三毛），分别是这两位作者在大陆正式刊载的首篇作品；而1983年5月福建人民出版社的《三毛作品选》和1985年5月江西人民出版社的《彩云飞》[2]则分别是她们在大陆正式出版的第一本小说集，期刊与书籍出版保持了相当的时间差。这种时间上的优势，直到90年代末随着大陆出版市场的逐步开放以及网络媒介的逐渐兴盛，才不复存在；此时，大陆传播"华文文学"的黄金时代也已过去。

连续性传播是文学期刊基本和重要的传播特性，在定期出版的规

---

[1] 如陈映真第一篇小说《云》由1981年第2期的《花城》刊载，随后1981年6月的《海峡》创刊号刊出其《一绿色之候鸟》，1982年第1期的《特区文学》与1982年8月的《福建文学》分别刊出《乡村教师》，而他的第一本小说集《陈映真小说选》，直到1983年才由福建人民出版社出版。

[2] 1985年，共有14家出版社分别出版了琼瑶的小说。

律之下，文学期刊注重不断地推出新人新作，在同一时期，不同刊物之间也避免重复同一作家的同一作品，以增强竞争力。相比之下，出版社则受到各种因素影响，难以对"华文文学"作品制定规律性的出版周期，一般采取不定期集中推出少数作家作品集的方式，因而其涉及的作家作品总量远远逊于文学期刊。因此，流量大也构成了文学期刊的一个重要传播优势，使它在"华文文学"的大陆流播中有着重要的作用与位置。

三　刊中有书：引导方向

处于同样的文化生产场中，文学期刊与出版社之间并非"井水不犯河水"，而是相互影响、彼此牵制。而大陆文学期刊对"华文文学"的传播与相关图书出版之间也存在多种联系，在某种意义上，文学期刊还在"华文文学"大陆流播中起到了"引导方向"的作用。

首先，在大陆，"华文文学"图书出版的稿源问题、版权问题都比较复杂，文学期刊的有关"华文文学"责任编辑，由于掌握了丰富的作者与文本资源，往往就成为"华文文学"图书出版的重要参与者与策划者。如《海内外文学》、《四海》、《世界华文文学》期刊的编辑白舒荣参与了中国文联出版社、人民文学出版社近百种"华文文学"图书的编辑工作，1987—1999年，《台港文学选刊》的主编杨际岚参与海峡文艺出版社的《台湾当代爱情诗选》等10余种作家作品集的选编工作等，相关书籍的主要内容往往就是期刊编辑中的重点作家作品。再者，由于不少文学期刊与出版社本来就是上下关系（如《当代》与人民文学出版社、《四海》与中国文联出版社、《海峡》与海峡文艺出版社、《小说界》与上海文艺出版社、《花城》与花城出版社），因而其编书与编刊者往往是同班人马——如孟伟哉既是人民文学出版社现当代文学编辑室的主任，又是《当代》杂志的副主编；《海峡》期刊的编辑林承璜（后曾担任期刊副主编）同时也是该社台港文学编辑室的主任；《花城》有关"华文文学"的重要编辑范汉生与林宋瑜都是花城出版社的成员——因此，期刊编辑思路与图书出版思路不可能不相互影响。其实对于出版社来说，创办期刊往往就是建立一个读编著交流的便捷平台，及时迅速地把握读者的阅读流向，为图书出版指引方向。如上海文艺出版社产生较大影响的留学生文学丛书与旅外系列长篇小说，海峡文艺出版社推出的大量港台言情小说，便都是发挥刊社联合的优势,在《小说界》与《海峡》杂志上刊载后读者反映热烈再乘势推出单行本的。① 正因为文学期刊周期短,反映更为迅速,读者的旨趣所归、作者的创作动向都可能先被期刊获取,才可能通过编辑中介无形中对图书出版起到引导作用。

其次,文学期刊通过不断传递出版信息、发行年度合订本、推出所刊载的作家作品的单行本等方式,实现刊书的联合,扩展与强化了有关"华文文学"的"传播效果"。《台港文学选刊》、《海峡》、《世界华文文学》和《华文文学》等通过设立"信息窗"、"好书大家读"、"新书架"、"世华沙龙"、"文讯"等专栏、第一时间传递海内外出版社有关"华文文学"的新书及其反响,《花城》、《海峡》、《四海》等则以夹页与封底广告方式对大陆出版的"华文文学"图书进行持续性的宣传②。

此外,众多文学期刊还推行了"先刊后书"的整体传播路径。如刊载在《海峡》上的三毛、琼瑶、廖辉英、亦舒等人的作品后来均被海峡出版社一一翻印成书;《花城》、《小说界》中刊载的多数"华文文学"文本都是其后续图书的主打作品;《收获》"朝花夕拾"栏等也由主持人李子云整理成书籍出版;《台港文学选刊》在 1996 年出版了《台港文学选刊》十年精选,包括散文卷、短篇小说卷和中篇小说卷;从 1880 年代末后开始,有关"华文文学"的专门性期刊还开始发行年度合订本,这样就形成了"刊中有书、书中有刊、书刊一体"的连锁反应,无形中也扩大、强化了文学期刊的传播效应。

文学期刊在有关"华文文学"的大陆文学传播场中的独特性与重要性,使它作为"华文文学"大陆流播的点,大致可以折射到"华文文学"在整个大陆文学传播场的流变状况。

---

① 在 1980 年代中后期,《海峡》杂志几乎成为海峡文艺出版社的橱窗或预告片,很多刊载的中长篇小说都发行了单行本。如琼瑶的《我是一片云》在刊载后,反响强烈,故编者就推出单行本。在 1985 年第 1 期编者言:"《我是一片云》在海峡文学期刊 1983 年第 3、4 期刊载后,深为读者喜爱,现应读者要求,本刊将这部小说和作者的另一小说《人在天涯》合为单行本,即由海峡文艺出版社出版。"但到 1990 年代后,多数作品因反映寥寥则止于期刊。

② 如《海峡》1981 年在创刊号的封底简介了 1980 年福建人民出版社出版的《香港小说选》与於梨华的《又见棕榈,又见棕榈》,1990 年第 2 期则对海峡文艺出版社的百部台湾小说做了全面宣传。

第二节 "华文文学"的结构性因素

经由大陆传播媒介的选择与过滤，一种大陆视角下的"华文文学"不可避免地出现与形成。自 20 世纪 70 年代末以来，大陆有关"华文文学"的想象与建构主要遵循以下路径：一是以"通俗文学"的形象出现，从 80 年代的琼瑶热、金庸热、三毛热、席慕容热到 90 年代的尤今热、梁凤仪热、《北京人在纽约》热，部分文本逐渐成为大众文学文化的重要组成。二是以"潜在的文学经典"的面貌出现，因其深邃的思想、精湛的技艺或影响的广度等，一些作家作品如金庸、白先勇、余光中等被主流文学界容纳与认可，逐渐成为了汉语文学的精粹。三是以"研究对象"的形式存在，不少文本进入学科的规训体系之中获取了经典意义与学术价值。三种想象经常处在重叠交错之中，共同呈现了大陆语境下"华文文学"的三种存在方式：大众化、经典化与学科化。处于这一大的语境之下，作为重要的传播媒介，大陆文学期刊及其传播活动也成为"华文文学"的结构性因素。

一 文学期刊与"华文文学"的大众化

在 20 世纪 70 年代末 80 年代初的前媒体时代，文学的影响力绝不逊于新闻，甚至超过了新闻，文学期刊也充当了新闻媒体的角色，其影响力之强和辐射面之广，常让今天处于边缘状态的文学期刊界嘘唏不已。

在 80 年代，"华文文学"产生大众效应，自然与文学期刊的传播有一定联系。早期以"海洋性"著称，着重引荐香港文学的《花城》，1979 年创刊号一出来就创造了三次再版的奇迹。第一次印刷的十来万份很快被抢购一空，经过两次加印后创刊号最终卖出了 30 多万份[①]。80 年代初，《海峡》作为祖国大陆第一份刊载台湾、香港暨海外华文文学作品的大型刊物，率先把一批台湾作家的作品介绍到祖国大陆，成为两岸文学交流不可多得的窗口，产生了广泛的社会影响。[②]《华文文学》在 1985—1987

---

① 田志凌：《〈花城〉杂志——以先锋的姿态守望文学高地》，南方都市报网络版（http://www.nanfangdaily.com.cn/southnews/tszk/nfdsb/gzzz/gzzz/200404160528.asp）。

② 汪毅夫：《殷切中的期待——〈海峡〉百期寄语》，《海峡》1999 年第 2 期，第 6 页。

年，介绍港台通俗文学与东南亚华文文学，走过大众化之路，月发行量曾高达20万份。《台港文学选刊》在1980年代月发行量最高达40多万份，平均10万份左右，其读者有学者、大中学生、政府公务员、解放军战士、普通工人，甚至还有农村读者，获取了大众的认可与赞许①。

1990年代后，尽管文学期刊的传播效应有所减弱，但赖于生存危机，商业视角在很多文学期刊中却继续强化，有关"华文文学"的专门性期刊《海峡》、《台港文学选刊》、《四海》等还继续强化大众路线，使其读者定位进一步多样化，继续为"华文文学"的大众化而努力。《海峡》结合出版社的图书出版，每期推出言情小说中长篇，以吸引更多的普通阅读者，《四海》也开始努力拓展传播渠道，吸纳各种读者，朝市场进驻②。《台港文学选刊》则从1980年代末开始设置"选刊之友"和"读者推荐奖"活动，营造出了大众参与"华文文学"传播的氛围。

尽管主观愿望未必能够代替实际传播效果，但因为一些文学期刊读者定位的宽泛和大众意识的凸显，注意到了各种层次读者的需要，其所传播的"华文文学"文本，才注意雅俗共赏，甚至特意对一些通俗文学作品进行重点关注③，文学期刊也就成为"华文文学""大众化"的重要媒介力量。

二 文学期刊与"华文文学"的经典化

对于文学经典的理解，众说纷纭，并未有定论。不同时代、不同民族与不同人群心目中的"经典"都可能不同，我国封建社会并未登大雅之堂的"红楼""西厢"，一跃成为当前时代的"不朽经典"，美国学者哈罗德·布鲁姆心中的某些西方现行经典被亨利·路易斯·盖茨看作是体现性别与种族歧视的低劣之作。之所以会出现种种差异的声音，原因在于经

---

① 参见楚楚整理的《相期相勉，千里同行》，《台港文学选刊》1987年第5—6期的读者广场，第168—170页。

② 在1990年第1期的《四海》中有《致读者》言："本刊可以满足各个层次读者的需要，广大的工人、农民、部队官兵、知识分子、广大的文艺工作者、大专院校及中等学校的师生员工、文学艺术爱好者和关心港澳台及海外的各界读者，机关、企事业单位、公共文化机构、社会研究机构和教育机构均可订阅。"这样宽泛的读者定位，正是其运作追求雅俗共赏的前提与原因。

③ 1990年代，《四海》的刊载中心之一为尤今等人的游记散文、梁凤仪的财经小说，以及一部分武侠小说，《海峡》1990年代到2002年也以刊载台港言情中长篇为主要特色，《台港文学选刊》也以大众刊物定位，刊载较多的言情、纯情小说。

典本就是建构的结果（经典化），各种力量交织碰撞，才形成了文学经典。随着大众传媒的日益发展，作为文化机构的某些文学期刊也逐渐掌握了经典化的巨大权力，它们通过引导文学思潮、参与文学评奖、推出知名作家等方式参与了时代文学的经典化过程①。

"华文文学"大陆流播的过程，也是一些文本在大浪淘沙中被突显出来，获取可能的经典地位的过程，或者说是"华文文学"被经典化的过程。其中一些文学期刊以其位置的独特性与重要性，参与了这一进程。

在有关"华文文学"的非专门性刊物中，有不少期刊具备这种"经典化"的权力。如《人民文学》、《十月》、《当代》、《收获》、《花城》、《上海文学》等期刊不但在大陆文坛具备某种权威性，在台港与海外也有一定影响力②。一般而言，这些权威刊物比较注重文本的思想内涵与美学价值，倾向于建构"美学意义"上的经典，他们对白先勇、余光中、陈映真、严歌苓、钟怡雯等作家作品所作出的共同关注和重点传播，为这些作家与文本在大陆主流文学评价系统中得到认可，进而成为可能的文学经典，做出了重要贡献。如《收获》在 2000 年中设立了"人生采访"栏，主要介绍当代一些知名作家，分别推出了白先勇、余光中与金庸三个作家专题，这应是他们进入了主流文学评价系统并得到了认可的表征。

专门性文学期刊则以三种方式参与"华文文学"的经典化，一是设立［名家名作］专栏，突出某些作家作品的重要性，对之加以重点推荐和反复评述，为这些文本进入主流文学评价体系中，并成为汉语文学经典制造声势。《台港文学选刊》的［名家名作回顾展］、［名家新作］、［名家案卷］等栏与"20 世纪台港及海外华文经典专号（1999 年第 12 期）"，推出了近 60 个作家的相关作品。《四海》的［名篇赏读］与《世界华文

---

① 根据皮埃尔·布迪厄的《艺术的法则——文学场的生成和结构》的观点，一些权威的文学杂志也是文学经典化的参与者；参见［法］皮埃尔·布迪厄《艺术的法则——文学场的生成和结构》，刘晖译，中央编译出版社 2001 年版。

② 《收获》、《花城》与先锋小说的关系，《上海文学》与寻根小说的关系，《人民文学》与伤痕文学的开山之作《班主任》，蒋子龙《乔厂长上任记》的渊源、《十月》与张承志的《黑骏马》、张贤亮的《绿化树》等重要文学作品之间的联系、《当代》与"茅盾文学奖"的关联等现象与事实，逐渐奠定了这些文学刊物的权威地位，从而具有某种合法化文学经典的权力，在海内外文坛上很有声誉。尽管随着 1990 年代中期文学期刊的自我裂变与大语境的变化，这种权威性已经受到挑战，但一些海外华文作家仍以得到这些刊物认可为荣耀，如张翎等作家就表现出了这种权威情结，她曾为在《收获》等刊物上发表了一篇作品而兴奋异常。

文学》的［名作回眸］栏则推出了近 10 名作家的相关作品。《海峡》的［名家特稿］［两岸名人］栏目也不定期地推出了 10 多名作家的代表作品。尽管各期刊所设定的名家名作名单不尽相同，但白先勇、余光中、陈映真依然是出现频率最高的作家，这无疑是这些作家的经典性得到了凸显和确认的符号表征。二是还通过设立文学奖项来突出某些作家作品。如《四海》的"海峡情"征文与首届"台港澳暨海外华文文学游记征文徐霞客奖"活动、《世界华文文学》的盘房杯世界华文文学大赛、《海峡》的"故乡水"征文活动以及《台港文学选刊》的读者推荐奖活动等。通过这些评奖活动，一部分作家作品被凸显出来，获得了一定范围内的知名度。[1]

然而，对于专门性期刊而言，更重要的经典化方式是通过参与文学历史的书写，确定作家作品在"华文文学自身发展历史"中的地位，奠定出一类文学史意义上的经典作品。在专门性期刊的编辑群体中，大多是各种"华文文学"研究协会的主要成员[2]；有不少还是"华文文学"研究领域的知名学者，如《华文文学》的编辑陈贤茂、吴奕锜等；还有部分编辑直接参与了大陆相关"华文文学"史的写作工作，如《台港文学选刊》主编杨际岚、《海峡》台港文学的责任编辑林承璜参与了《台湾文学史》的部分章节的写作，《华文文学》的几任主编与编辑也都是《海外华文文学史》的主要参与者。"编辑学者化、学者编辑化"的倾向使得期刊运作中贯穿了强烈的文学史意识，通过对作品进行区分与鉴定，凸显出了具有代表性和独特性的作品，从而对引导某些文本进入文学史起到了关键性作用。

三　文学期刊与"华文文学"的学科化

"华文文学"在大陆的学科化，是在学科理论基础的成熟、文学历史的著述、学术团体的建立、学术成果的凸显等一系列的制度建设中出现的，而文学期刊与这些活动交织在一起，成为学科化的重要力量。

从学者们有关学科历史的概述中，文学期刊早期的传播活动已被认定

---

[1]　通过设立文学奖项来突出某些作家作品，多是为了调动作者和读者对期刊的关注热度或出于意识形态的需要，这些奖的影响也较小，并不能起到太大的经典化作用。

[2]　白舒荣、杨际岚、陈贤茂等期刊主编都是"世界华文文学学会"的重要成员。

为各种学术研究或学科建设的起点。李娜认为，1979 年第 3 期《上海文学》发表的张葆莘的《聂华苓二三事》乃大陆台湾女性文学研究的发轫之作①，刘登翰认为，《当代》创刊号刊发的《永远的尹雪艳》是大陆"台湾文学"研究中的"第一只报春的燕子"②；钱虹认为，《花城》及其"香港文学作品选载"是香港文学受到大陆研究者关注的开始③；《花城》创刊号上的曾敏之《港澳及东南亚汉语文学一瞥》被认为是大陆海外华文文学研究④和世界华文文学研究⑤的滥觞之作，吴奕锜也把《当代》刊载《永远的尹雪艳》和《花城》刊载《港澳与东南亚汉语文学一瞥》两大事件作为"华文文学"进入了大陆现当代文学研究者视阈的标记⑥。正如 2005 年版的《二十世纪中国社会科学文学卷》中指出的，"台港澳与海外华文文学研究与二十世纪中国文学其他一些学科（指二级学科）不同的是，中国大陆学者对此文学新领域进行接触进而加以研究和论述，几乎是与 20 世纪 70 年代末文学期刊发表生活在海外或台港澳地区的作家及其作品同时起步的，这构成了 20 世纪中国文学其他一些学科所从未有过的奇特景象"⑦。

文学期刊除了最早引荐文学作品，开启一个新的学术研究领域之外，还在学科的发展历程中持续努力，起到了重要作用。它们不但为研究者提供文学资料、研究信息，也提供研究成果的发表园地，而且以参与学术论争、组织学术会议等方式，深入到了学术研究之中。正如季仲在评价《海峡》所言：如果把《海峡》放在福建文化建设范畴来考察，她和稍后

---

① 李娜：《大陆近二十年台湾女性文学研究述评》，《河南教育学院学报》（哲社版）2000 年第 1 期，第 32 页。

② 刘登翰：《走向学术语境——祖国大陆台湾文学研究二十年》，《台湾研究集刊》2000 年第 3 期，第 84 页。

③ 钱虹：《香港文学研究纵横谈（1979—2003）》，《华文文学》2006 年第 6 期，第 54 页。

④ 饶芃子：《大陆海外华文文学研究概说》，《广东教育学院学报》2002 年第 1 期，第 29 页。

⑤ 古远清：《中国 15 年来世界华文文学研究的走向》，《南方文坛》1999 年第 6 期，第 52 页。

⑥ 吴奕锜：《近 20 年来台港澳及海外华文文学研究述评——以历届学术年会及其论文集为例》，《汕头大学学报》（人文科学版）2001 年第 2 期，第 89 页。

⑦ 王铁仙主编：《二十世纪中国社会科学·文学卷》，上海人民出版社 2005 年版，第 313—314 页。

创办的《台港文学选刊》一起，已经成为一门新兴学科——台港暨海外华文文学的园地。[1]

在 1980 年代中期以前，因为读者和研究者对于"华文文学"的陌生，几乎所有文学期刊在文学史料的整理与发掘方面都有自觉意识。《收获》、《当代》、《上海文学》等在刊载"华文文学"作品时，都附加作家作品简介，还注意标明作品出处，保存了形式简略的大量史料；而另一些期刊则以作家作品评论或专栏形式来积淀文学史料。如《海峡》的〔作家之页〕与〔文学论坛〕栏目中，刊载了不少作家作品的系统评介，从 1982 第 3 期到 2002 年间该刊还设立了〔台湾文讯〕专栏，集中推出大量文坛信息。《花城》在 1979—1984 年，也刊载了不少具有史料性质的区域华文文学综论和作家论。如曾敏之的《尊严与追求》（1979 年第 2 期）和《新加坡汉语文学掠影》（1979 年第 3 期）、原甸的《香港诗坛一瞥》（1980 年第 5 期）都属于区域华文文学的扫描，作家论则有艾芜的《悼念华侨诗人兼翻译家黄绰卿》（1979 年第 2 期）、许翼心的《陈映真和他的云》（1981 年第 2 期）、白舒荣的《火在胸中燃烧——三十年代留学日本的白薇》（1983 年第 4 期）、阎纯德的《小说家聂华苓》（1984 年第 1 期）等。

此外，一些文学期刊特，别是专门性期刊还设置了刊载研究性论文的空间，积极参与了文学批评和学术论争，推进了学科建设的进程。如《海峡》的〔海峡论坛〕、《台港文学选刊》的〔文苑纵横〕与〔争鸣台〕、《华文文学》的〔海外华文文学研究〕与〔台港文学述评〕、《四海》的〔理论评介〕与〔海上文存〕、《世界华文文学》的〔百家言论〕与〔四海笔会〕等栏目，都成为学术研究的重要话语空间。其中很多论文涉及各阶段学科建设的热点、难点问题，学术价值颇高。如《海峡》《论 80 年代台湾小说的新的格局与特点——兼与叶石涛先生商榷》（林承璜，1989 年第 6 期）；《台湾文学研究之价值尺度》（刘登翰等，1990 年第 4 期）；《华文文学》的《研究香港文学的态度与步骤》（黄维樑，试刊号）、《马华独特性的争论及其他》（韩萌，1986 年第 4 期）、《南洋为何没有伟大作品产生——回忆战前新马文坛的一次文艺论争》（林文锦，1988 年第 1 期）、《〈华夏诗报〉的报道》（1996 年第 3 期，6 篇）和"大

---

[1] 季仲：《大海的胸怀——贺〈海峡〉一百期》，《海峡》1999 年第 2 期，第 8 页。

陆的台湾诗学"的争鸣（1995年第1期，1997年第1期，1999年第2期，13篇）；《台港文学选刊》的《中国文学的分流和整合》（刘登翰，1993年第7期）、《两岸诗评家关于"大陆的台湾诗学的论争综述"》（依闻，1994年第12期)、《世界华文文学研究现状七人谈》（张炯等，1993年第10期）；特别值得一提的是《四海——世界华文文学》组织的几次笔会和话题探讨，对于"华文文学"的学科化进程是不可忽略的大手笔。

刊以文传，文学期刊所载作品是期刊价值的集中体现，文学期刊的生命在于所刊载作品的内在含量。[①] 期刊中学术论文的价值，文学史料的丰富多样，决定了文学期刊在学科建设中不可或缺的地位与影响。而期刊学术性的强度，是由编辑者来保证的，很多编辑同时也是各地乃至全国性的"华文文学"学术团体的成员[②]，主持或频繁参与本专业领域的学术活动，这样，通过编辑的中介环节就把期刊与"华文文学"的学科化进程紧密地联系在一起。

更重要的是，一些专门性文学期刊所传播的"华文文学"的内容及其策略的变化，本身就是学术历史的另一种版本，从零散到系统，从随意到专门，从单一到多元，从台港到海外，清晰显现了大陆"华文文学"学科的发展脉络及路径，这则需要回到具体时空中作出历史的考察和个案的分析。

自1970年代末以来，文学期刊对于"华文文学"的大陆流播做出了重要贡献，它紧密地锲入了大陆人对于"华文文学"的想象与建构过程之中，其中呈现的"华文文学"成为不可忽略的文学图景。因而作为解读"华文文学"的媒介文本，文学期刊的视角至关重要。

[①] 李频：《真善美，从个人出版转向市场》，选自李频《大众期刊运作》，中国大百科全书出版社2003年版，第328页。

[②] 《台港文学选刊》主编杨际岚是中国世界华文文学学会的副秘书长，也是福建台港澳暨海外华文文学研究会的秘书长。林承璜是《海峡》台港文学编辑室的主任，参与编辑了数部"华文文学"史，也是福建台港澳暨海外华文文学研究会和世界华文文学学会的成员。《海峡》[台湾文讯] 栏的重要编辑武治纯是大陆第一部台湾文学史的著者之一，也是台湾文学研究领域的开拓者之一。《四海》主编的白舒荣、《华文文学》的数任主编都是世界华文文学学会的重要成员，《特区文学》有关"华文文学"的编辑丹圣、《小说界》的主编江曾培等也频频参与国内外有关"华文文学"的学术研讨会。

第三节 传播的基本阶段与主要趋势

期刊与时代的同步性，意味着在时间纬度下对同一语境之下的文学期刊作整体观照的可能性；本章梳理从 20 世纪 70 年代末到 21 世纪初期大陆文学期刊有关"华文文学"的传播历史；按照传播内容、传播策略以及传播效应的差异，将之大致分为四个阶段，同时，在这一变化过程中，作为整体的"华文文学"也在大陆文学传播场中，经历了从形成、强化、瓦解到消隐的游移变化过程。

一 窗口期（1979—1984 年）

从 1979 年《上海文学》刊载的单篇作品到 1982 年《福建文学》设置的"台湾文学之窗"专栏乃至 1984 年《台港文学选刊》明确提出"瞭望台港社会的文学窗口、联系海峡两岸的文化桥梁"的刊物口号，大陆文学期刊对"华文文学"的传播都徘徊在"窗口"阶段。1970 年代末 1980 年代初，由于国家对出版市场尚实行严格控制，大陆以外的图书杂志无法直接进入大陆市场（主要是大陆人前去香港等地购买或由回大陆探亲的作家们携带进来），所能获取的华文作品相当有限，也弥足珍贵，在这扇向无限的文本世界推开的小小的窗子里，文学期刊只能有什么传播什么，作家作品显得单一零散，同时又以"特殊化"的刊载策略中被凸显出来。"华文文学"变得面目不清，意义暧昧，既是充满"新奇感"的差异性文学存在，也是被挪用转喻的政治与文化文本。

（一）作家作品的单一零散

这一阶段文学期刊所刊载作品的主题和创作手法、体裁等方面相对单一，能传播的作家作品总量也相对有限。

由于文学期刊被看作是"文化统战"的阵地，必须反映主流意识的需要，编辑人员相当谨慎，在选择作品时有鲜明的主题倾向，强调凸显"爱国思乡情绪"和揭露"资本主义黑暗面（主要是批判蒋家王朝和揭露香港社会黑暗面）"[1]，除了大量刊载诸如黄河浪的《故乡的榕树》、秦岭

---

[1] 这里指的是作品在大陆的接受效应，而非作家作品的本意。如香港作家陈浩泉对大陆读者看了他作品以后产生的刻板印象——香港社会到处是抢劫杀人现象——感到非常不理解。

雪的《乡思》、云鹤的《野生植物》、阮朗的《爱情的俯冲》这样主题比较明确的文本之外，在少数意蕴相当丰富、艺术成就较高的文本的编辑过程，也避免完全偏离这两大主题。

而大陆还在推行现实主义甚至革命的现实主义[①]，也成为文学期刊衡量"华文文学"作品传播价值的主要标准。王拓、杨青矗、王祯和等侧重反映台湾社会"劳工"生活的乡土派小说家和陶然、白洛、陈浩泉、阮朗等揭露香港社会黑暗面的作品，都因鲜明的现实主义色彩，获取了同等地位，成为文学期刊的刊载重心。而一些活跃着多种创作意识与艺术手法的文本，也常被定位为现实主义作品[②]，如白先勇、聂华苓、陈映真等人的一些小说，渗透着强烈的现代主义色彩，但《福建文学》、《海峡》的编辑却坦言，当初都是在现实主义的旗帜下刊载的[③]。

体裁方面也比较单一，以小说和诗歌为主，夹带少量散文和文学评论。根据笔者的不完全统计，在大陆有关"华文文学"的主要文学期刊中，从1979年到1984年刊载作品共399篇（诗歌以作家出现次数为准），其中，小说181篇，诗歌121篇，散文64篇，文学评论30篇。

这一阶段，所介绍的作家虽然逐年上升，但视野仍受限制。1970年代末，文学期刊的注意力几乎集中在极少数作家身上，如1979年刊载台湾文学作品22篇，其中聂华苓占了7篇，李黎、於梨华各3篇；刊载香港文学作品共33篇，陶然、黄河浪各5篇，曾敏之4篇，阮朗3篇，何达、彦火各2篇。1980年代初开始，作家数量不断增加，到1984年已达180多位，除增加云鹤（菲律宾）和高虹（马来西亚）等个别东南亚华文作家之外，台湾乡土派小说家、台湾旅美作家和香港南来作家仍是主要阵营。这些作家除了其作品的主题倾向与创作风格较能被主流意识容纳的共同特点之外，多数都与大陆有着较为密切的人际联系，在稿源获取方面较为便捷，这也构成了其作品得以优先传播的重要契机。重点传播的作家中，除王拓、杨逵、白洛、海辛等主要因作品倾向而受瞩目外，聂华苓、

---

① 如《当代》与《特区文学》都在发刊词中强调"革命的现实主义"。

② 在当时出版的相关书籍的简介、后记、序言中，也强调其"反映"功能，突出现实主义的评判标准。如聂华苓由北京出版社出版的《台湾轶事》被认为是"写实主义的"，见该书的相关简介。

③ 1980年代初，杨际岚是《福建文学》[台港文学之窗]栏的责任编辑，林承璜是《海峡》台港文学编辑室的主任，笔者曾就这一问题询问过他们。

李黎、於梨华等海外作家屡次回国访问，与国内文坛与传媒界建立了稳定联系；彦火、曾敏之、陶然、张诗剑、东瑞、黄河浪、碧沛、陈浩泉、阮朗都属20世纪70年代前后去港的作家，与大陆文化圈交往甚为密切；原甸、梁羽生、白先勇等也与大陆文坛有直接或间接接触。

作家作品的单一零散，说明大陆文学期刊对"华文文学"的传播仍处于非自主状态，难以造成大的影响。但文化产品的相对稀缺，也就是价值；作为"新来者"的"华文文学"虽然徘徊在大陆文学传播场的边缘地带，却呈现出作家阵容不断扩展、作品色彩日趋丰富的趋势。

（二）特殊化策略与"华文文学"整体感的隐现

刊载策略是文学期刊的独特语言——即运用怎样的方式来传播"华文文学"作品，它实际是对作品进行再次编码的过程，而编码就是将目的、意愿或意义转化为符号的过程①，传播主体的动机、需求、态度等都可能融合在信息之中，影响传播的结果；可见，不同的刊载策略可能体现了不同的编辑意图，从而对可能的传播效果产生引导与影响。

1970年代末到1980年代初，多数文学期刊都对"华文文学"采取了"特殊化"的传播策略。所谓的特殊化，是指运用编者按语、专栏及其他期刊编辑语言将文本或文本群标记出来，在众声喧哗的文学期刊中形成一个相对独立的意义空间。

"特殊化"策略，一是在作者名字前用括号标记出其所属的国家与地区，以凸显作家在区域所属上的独特性——不属于大陆②，这一期刊语言，也可以说是最简洁的作者介绍，引导读者在文本内容与空间差异之间建立联系。二是附加编者按语，由编辑现身说法，对作家作品进行简略评说。作为期刊辅文中的一种，编者按语不仅仅是编辑的声音，也反映了当时人们对于"华文文学"的独异视角，是文学生产过程中一种不容忽视的手段。在此阶段，《十月》、《新苑》、《安徽文艺》、《长江》、《作品》、《收获》等期刊均采取这一策略来郑重地推出"华文文学"作家作品。三是附加一定的评介文章，以帮助读者对作品进行更深入广泛的理解。如《上海文学》对聂华苓的评介，《特区文学》对陈映真、彦火、白洛等作

---

① ［美］沃纳·赛佛林、小詹姆斯·坦卡德：《传播理论：起源、方法与应用》，郭镇之等译，华夏出版社2000年版，第88页。

② 在中国，对少数民族作家和外国作家也有这样的特殊记号，前者以区别于大陆的汉民族文学，后者区别于中国文学。

家的介绍，《福建文学》对台湾作家作品的系列性评介等都具备这种编辑意图。四是设置专栏。专栏是最重要的期刊语言，它就读者而言专栏是阅读单位，就编辑人员而言意味着编辑分工，就期刊本身而言，乃是大于文章、图片、背景材料等单个构成要素而小于版块的有一定的内容与形式意义的构成单位，它既有时间的连续性，又有空间版面上的延展性，构成了相对独立的传播空间；因此，"华文文学"专栏的出现，是其获得独特性的重要标志。从《当代》的［台湾省文学作品选］、［港台文学作品选］、［海外诗情］与《诗刊》的［台湾诗选］到《花城》的［香港作品选载］、《特区文学》的［港澳作家之页］、［港澳及海外作家之页］、《福建文学》的［台港文学之窗］，文学期刊传播"华文文学"逐渐专栏化。

　　采用"特殊化"的刊载策略，编者的直接目的都是为了帮助读者加深对相对陌生的"华文作家作品"的了解[①]，遵循了认识上的"差异性"原则。在此一阶段，相对高度政治化、一体化的大陆文学，台湾、香港、澳门及海外华文文学都具备艺术与思想上的独特性与新鲜感，因而被一同划入差异性的意义空间。就在这种想象中，本来分歧纷繁的"台湾文学、香港文学、澳门文学及海外华文文学"产生了整体感[②]。

　　这种朦胧的整体意识，并非纯粹的文学想象，1970年代末1980年代初，正是中国大陆从多年的隔绝禁锢中醒来之时，大陆以外的世界，无论台湾、香港、澳门还是外国都是"奇观"，因而被定格在"他者"的位置，有了共同特性，从而萌发出了"台港澳及海外"的整体想象。因此，"特殊化"的传播策略也可谓社会心理的文学表征。

　　然而，"特殊化"策略并不能完全凝固"华文文学"独特性的想象，其障碍在于"华文文学"文本的选择标准，如前所述，一些文学期刊所

[①] 当时，人们对于大陆以外的文学世界了解甚少，认识角度也有所偏颇。如直到1985年《收获》第2期刊载张爱玲的《倾城之恋》时，还有读者来信说，不知道从哪个工厂里冒出个作家，一动笔就不同寻常，一时成为笑话流传于大陆文坛。

[②] 朦胧的"整体感"还体现在期刊对作家的区域定位和专栏命名中。在界定作者身份时，编辑往往习惯运用"台湾、港澳及海外"这样的含混词语。《当代》云"聂华苓，台湾六十年代涌现出来的女作家，在台湾、港澳和海外文坛上较有影响"（1979年第2期）。《十月》这样写道：聂华苓是在台湾、港澳和海外文坛上有影响的中国作家（1979年第3期）。《收获》介绍白先勇、於梨华："白先勇原籍广西，台湾大学外文系毕业，是台湾及海外当代较有影响的小说家。於梨华，原籍浙江镇海，一九五三年毕业于台湾大学历史系……是台湾及海外较有影响的女作家。"（1979年第5期）1984年的《特区文学》专栏也命名为"台港及海外作品"。

刊载的"华文文学"文本,在思想和手法上与大陆文学文本并无显著差异,这实际上是对"特殊化"的传播策略进行自我否定。因此,"华文文学"若想在大陆文学传播场中占据位置,不能只依赖这种策略本身。

(三) 文学传播的政治与文化功能

"窗口"的隐喻表征了特定时期"我与世界"的关系。如同深圳、珠海这些特区作为"改革开放"的窗口,提供了"我与世界"相互想象的接触地带一样,大陆文学期刊也通过传播"华文文学"建构出了文学特区,打开了一扇海内外交流的窗口,"我与世界"在如此新奇但却狭窄的文学空间开始了对话。

1981 年的《海峡》杂志在创刊词中阐明了文学宗旨是"立足福建、面向全国、兼顾海外,努力展现海峡风貌,成为大陆、台湾以及港澳、东南亚、欧美等海外华侨作家百花争妍的园地"后,又接着说"台湾是祖国不可分割的神圣领土,台湾回归祖国是两岸人民的心声",文化统战的用意已跃显于纸面。其他文学期刊对于"华文文学"的传播,虽然未有如此直截了当的表白,但鉴于当时意识形态的一体化,鲜有能超越这一总体氛围的。不过,这种强烈的政治意识对"华文文学"的传播尽管会带来如前所述的局限——作品、主题乃至作家构成上的单一,但同时也造就了"华文文学"在大陆传播的重要历史机遇。

1970 年代末 1880 年代初,大陆文学具有强烈的新闻性,文学文本被当作了历史文本,文学的认识功能远远超过了美学功能,无论是"伤痕文学"与"反思文学",都成为批判与反思"文革"这一社会运动的表现形式与重要组成。同样,此时大陆文学期刊也充当了新闻媒介的作用,人们通过阅读期刊上的文学作品,了解现实、参与现实;正如《当代》创刊词所言之"透过艺术形象了解今日之世界",也如《台港文学选刊》的读者所言"我从文章中了解台港社会,它们的繁华程度,以及一切是从何而来的;从文章中了解生活在台港的人们,他们的喜怒哀乐,他们想什么、追求什么,日常生活是怎么过的等等"①。在这样的语境中,"华文文学"作品也不是纯粹的文学文本,而是大陆人眼中的"世界"。透过这扇文学的窗口,大陆人看到了一个五彩斑斓、摇曳多姿的外部世界。无论是物欲横流、声色犬马的资本主义世界,还是思乡怀旧、颠沛流离的离散经

---

① 读者来信五封,《台港文学选刊》1988 年第 6 期,第 89 页。

验，都成为躁动不安的"远方"意象，暗暗吻合了一个长期处于禁锢中的民族的内在欲望，主流意识形态的诉求与大众的诉求得到了暂时的统一。由此，文学期刊的传播活动也具备了文化功能，成为慰藉民族心灵、参与社会文化心理变革的重要力量。

因此，政治与文化的力量，左右与干扰了文学期刊的运作，也为"华文文学"的进一步传播奠定了基础。

二 高峰期（1985—1988 年）

20 世纪 80 年代中期，随着改革开放步伐的加快，邓小平一国两制构想的形成，国家政策有了较大的松动，文学期刊的运作与政治的关系也日渐松散与隐匿，在稿源获取方面阻力减少，途径也趋向多样化，人际传播方式一定程度上还存在，但多数文学期刊都与台港海外等地的媒介组织、文学团体建立了直接联系，获取稿件的速度与数量都远远超越了过去。一些文学期刊的发行周期也大大缩短，由季刊改成双月刊①，能够容纳的"华文文学"文本也大幅度增加。这样，文学期刊在传播"华文文学"时自主性大大增强，其传播也开始走向个性化与系统化。

（一）台港通俗文学的凸显

这一阶段，从传播的作家作品来看，无论是从区域、手法、题材、体裁、篇幅、性别等角度观之，都呈开放多元的趋势。从区域来看，尽管台港文学仍占绝对优势，但已从台港拓展到澳门，从北美拓展到了欧洲②、澳洲③、南美④等国，东南亚地区则从新马拓展到了印尼、泰国等国，扫描区域遍及全球。从手法来看，也超越了单一的现实主义视角，现代主义与后现代主义等也得到关注。从题材来看，历史、政治、旅游、情感、校园、儿童等视角被全面展现。从体裁来看，除了小说与诗歌之外，杂文、

---

① 《小说界》在 1984 年改为双月刊，《台港文学选刊》、《特区文学》、《海峡》都在 1985 年改为双月刊。

② 瑞士华文作家赵淑侠的作品被多家期刊刊载，此外，《华人世界》还刊载了英国、法国、德国等国的华文文学作品。

③ 澳大利亚华文文学作品有姜孝慈的散文《有如何使你快乐起来》（《华人世界》1987 年第 1 期）；方劲武的诗歌《并非易事》（《华人世界》1987 年第 4 期）；欧阳昱的短篇小说《月下》（《小说界》1988 年第 4 期）。

④ 南美有巴西张玫珊的短篇小说《镜框》等（《华人世界》1987 年第 6 期）。

游记、电影文学、戏剧文学、报道文学（报告文学）、纪实文学等都得到了普遍关注，带有实验性的文体如报告小说、新闻小说、电影小说也有所刊载。从篇幅看，突破了文学期刊侧重刊载短中篇小说的局限，以专号或连载的方式刊载了大量的长篇小说①。《华文文学》、《收获》、《小说界》、《台港文学选刊》、《华人世界》等文学期刊还刊载了少量微型小说，对这一文体作了关注。从性别角度来看，一些文学期刊已经意识到"华文文学"中女性写作的普遍性，凸显了性别特征，如《台港文学选刊》设立的女作家专号（1986年第5期）便为一例。

在文学期刊呈现的有关"华文文学"的多元化景观中，"台港通俗文学"更令人瞩目。何谓通俗文学呢？定义不一。但在1980年代，相对于特别重视实验性、技巧性却缺乏可读性的"纯文学"文本而言，通俗文学的特点就在于它能为大众所喜爱，具有情节上的曲折性、可读性和文字技巧上的平易性，它几乎可以与流行文学等同。而通俗文学本就是台港文学的一大特色。1980年代中期开始，大陆的社会与文化进入转型时期，人们充满了对世俗生活的渴望；消遣娱乐性的、有关日常生活的大众文学，成为读者的第一需要。在大陆通俗文学还没有发育完全之时②，大陆以外的通俗文学就具有明显的传播优势；因而在国门进一步开放后的1980年代中期，台港通俗文学大势入驻，成为出版市场的"宠儿"，掀起了一阵又一阵的传播热潮。

《台港文学选刊》《海峡》两本杂志对台港文学作了重点呈现，在紧跟市场热点刊载相关作品之时，还有意识地推出新人新作，试图引导与制造消费热点。如廖辉英、曹幼兰、李月仪、彭树君与吴淡如等言情小说新秀便由这些杂志推出。《华人世界》连载了张君默、颜陈静惠等流行作家的数部长篇小说，通俗文学作品的分量不少。《花城》、《特区文学》、《当

---

① 《特区文学》在1985—1989年先后连载了数部长篇小说（白洛的《飘飘在花花世界》、陈连心的《大香港》、马森的《生活在瓶中》和冯湘湘的《娱林外史》）；《花城》在1985年第1期到第3期连载过陈浩泉的长篇小说《选美前后》；《台港文学选刊》在1985年第1期刊载了梁羽生的长篇小说《冰川天女传》；《海峡》从1984年底开始除了将台港与海外地区的长篇小说作为每一期的主打作品之外，还陆续推出港台中长篇小说专号；《华人世界》也推出了多部长篇小说。

② 直到1990年代初，在王朔等作家出现后，大陆的通俗文学才暂成气候，一批典型的言情小说作者如万方等陆续浮出水面。

代》等期刊也刊载了琼瑶、亦舒、三毛、廖辉英、光泰、郭良蕙等作家的情感类作品，与阅读热点紧密契合。《华文文学》这本学术色彩较为浓烈的期刊，也在1985—1988年向台港通俗文学倾斜。连当时高举纯文学旗帜的《收获》也无法对此潮流充耳不闻，对红极一时的三毛等作家也曾在女性文学的旗帜下作出专门介绍（1987年第4期）。可见当时多数文学期刊都与出版市场上的"台港文学热"产生了呼应[1]。

总体而言，文学期刊中的台港通俗文学作品门类之多、作家之众、影响之大是同期的严肃文学作品所难以比拟的。其中又以龙应台、三毛、琼瑶、亦舒、廖辉英、张晓风、席慕容等人的作品刊载力度最大，形成了持续的阅读热点[2]。这些门类多样、内容手法不一的文本呈现了某种相似的审美趣味——远离政治宣教、面向世俗人生，化压抑紧张为柔情柔和，散发出暖融融的人间气息，满足了特定时期大陆读者的需要。

值得注意的是，与出版社相比，在"言情与武侠"两大热点之间，文学期刊更重视言情小说。除了梁羽生连载的两部作品外，文学期刊中基本没有出现武侠小说，连金庸、古龙这样的名家也榜上无名，而言情小说则比比皆是。

这种情况的出现，可能与图书出版市场上武侠小说更为饱和有一定关系，但更是"注重时效性、需要不断推出新人新作"的期刊特性使然。到1980年代初中期，金庸、梁羽生、古龙等武侠作家都渐渐歇笔，后起者甚少且影响甚微；而言情小说作者却新人新作辈出，阵容庞大，为文学期刊提供了充足与持续的文本资源。因而文学期刊中，"风花雪月与现代情缘"压倒了"刀光剑影与古典浪漫"。

（二）专门化策略与"华文文学"整体感的强化

专门化策略是文学期刊分类意识的体现，它是为了帮助读者了解某一特定领域的文学作品而采取的编辑手段，它体现了编辑思路的深化与细化，必须建立在对创作动态与文本属性的准确把握之上。1980年代中期到1980年代末，大陆文学期刊在传播"华文文学"时最突出的刊载策略

---

[1] 1983—1988年通俗文学报刊高峰期曾达270种以上，1988年也有190种，相信应有足够分量的台港文学作品夹杂其中。但因这些报刊在1988年起的期刊整顿与扫黄运动中此起彼伏，很快就销声匿迹（1990年便下降到90种），故未能进入本研究视野。

[2] 此一阶段，期刊中这些作家的作品数量较多，在1985—1988年，大致篇次如下：龙应台12篇、三毛10篇、琼瑶10篇、亦舒10篇、廖辉英8篇、张晓风6篇、席慕容5篇。

就是"专门化"。

专栏是运作专门化策略的基本形式。1980年代初虽有不少文学期刊设置有关"华文文学"的专栏,但多因稿源不稳定的影响,在刊载时间与作品数量上随意变化,在命名时也是根据作品区域来源随意更改①。这样,专栏的专门化程度大打折扣。但1980年代中期后,多数期刊的专栏在命名、栏目宗旨等方面都相对稳定,刊载思路清晰明确。《当代》1985—1986年的专栏[台港作品]与《花城》的[港台文学],以台、港两字的先后排序强调了各自的刊载重心;《收获》1985年的[文苑纵横]与1986—1990年的[朝花夕拾]都强调"文学精品"意识。《特区文学》的[港澳及海外作品]将重点放在香港、澳门与东南亚华文文学之上。

此外,专门性期刊相继面世乃"专门化"策略的集中体现。1984年9月,《台港文学选刊》创刊,正如其主编杨际岚言,名曰"台港文学选刊",介绍的区域,除了台港还涵盖海外,主要指东南亚、北美和西欧等②,可谓大陆第一本专门刊载"华文文学"的文学刊物。1985年4月《华文文学》试刊,从1986年起刊物副题为"台港及海外",侧重传播海外华文文学,也顾及台湾、香港文学,乃第二本有关"华文文学"的专门性刊物。1986年《四海》丛刊在北京面世,它采取以书代刊的形式先后出版发行10期,初具期刊的规模与内容;丛刊全称为"四海:港台海外华文文学",注重对台港澳及海外各国华文文学的广泛关注,可谓第三本专门性的刊物。由人民文学出版社主办,于1986年和1988年相继创刊的《华人世界》与《海内外文学》,均用一半以上的篇幅刊载"台港澳及海外华文文学",可称之为半专门化的刊物。《海峡》从1984年开始,进一步强化"港台海外"特色,不定期地推出"台港文学专号",大量刊载

---

① 《当代》1979—1981年间设置的相关专栏可为一例。《当代》1979年第1期、第2期各刊载了台湾小说一篇,1979年第3期却一口气刊载了13篇作品,其中包括香港诗人何达10首并不短的诗。1980年第1、4期以及1982年第2、3、4期又取消了专栏,也没有刊载任何"华文文学"作品。1979年第1期叫"台湾省文学作品选载",1979年第2期叫"台湾省文学作品选",1979年第3期叫"港台文学作品选",1980年第3期又叫"台湾省文学作品",1981年第5期又变成了"海外诗情"。同样,《特区文学》、《花城》的专栏也存在这些问题;就连策划较为充分的《福建文学》的"台湾文学之窗"也不得不预先澄清"陆续刊载的作品,并不以作家和作品的影响大小为序"。

② 杨际岚:《交叉点上》,《台港文学选刊》1990年第1期,第90页。

中长篇小说，也可称为半专门性的刊物。"专门化与半专门化刊物"的相继出现及其在刊载作品时的区域结构意识，意味着"华文文学"的独立传播空间处于稳定与持续扩展状态，也强化了有关"华文文学"的整体想象①。

值得重视的是，无论是专门性还是非专门性的期刊，对"华文文学"文本都有了更为细腻深入地处理把握，编辑者根据"华文文学"文本的来源、性别、区域、作家、所属文学流派和文学团体等维度进行细分，出现了各种专题专辑专号的形式，同时掺杂以适当的理论评述，划分出了更为细致的专门领域。如《收获》的［朝花夕拾］下有"极短篇小说十一篇"（1986年第1期）、"联合报中长篇小说奖专题"（1986年第3期）、"陈映真小说专题"（1988年第1期）、"联合文学奖专题"（1988年第4期）、"台湾少数民族作家专题"（1989年第3期）；《特区文学》有香港青年作者协会专辑（1984年第4期，1985年第1期）、李昂专题（1986年第5期）、萧飒专题（1987年第4期）等。专门性期刊中，专栏之内的文本细分现象更为普遍。《台港文学选刊》中，既有整体性的专号——女作家专号、《联合文学》小说专号、新生代专号、文学夫妻专号、幽默文学专号、中长篇小说专号、纪实小说专号；也有专栏之下的各种专辑专题——如梁实秋、吕伦、曾敏之、高阳、西西、洛夫、余光中、三毛、张大春、林耀德等作家专题，以及以作品主题、区域属性、所获奖项为尺度的众多专辑。这些"专栏"之中的专题专辑，既是编辑者策划意识的初步显现，又意味着理论意识和学术规划的渗透与起始：当编者将文学文本以某种框架、理念组装起来，并辅以评述性的文字时，特定文本就被融入某些宏大的整体想象中，获取了新的意义。

在普遍的"专门化"策略之下，不同作家、不同流派、不同创作手法的作品都得到凸显，不仅展现了"华文文学"的丰富性，也突出其内部组成的特殊性。由此，我们看到，一方面，"专门化策略"标志着一个独立传播"华文文学"的媒介空间的出现，是"华文文学"传播走向系统化、学科化的内在要求与外在表征；另一方面，这一策略也展现差异与

---

① 专门性或半专门性的期刊，不管是刊物口号还是刊载文本的实际构成，都涵盖了台湾、香港、澳门文学及海外华文文学，如《海峡》创刊词：它将成为大陆、台湾以及港澳、东南亚、欧美等海外华侨作家百花争妍的园地。此外，非专门性刊物也在强化这样的想象，如《特区文学》的港澳及海外作品，《收获》的"朝花夕拾"宣称主要刊载台港与海外华文文学作品等。

个性,将"华文文学"内部组成复杂性、多元性与流变性毕露无遗。如果说前者试图通过学术话语将众多文本构建成整体的话,后者却表明了整体想象存在解构的潜在可能。

(三)文学传播的多重效应

20世纪80年代中期到80年代末,大陆文学期刊对于"华文文学"的传播活动产生了多重效应,在政治、文化、美学、学术和商业各个向度都有存在的合法性。

此时,尽管政治与文学之间的直线型关系已被打破,但多数文学期刊尚未"断奶",其直接或间接的主管机构都为"文联与出版局"等官方的权力机构[①],文学传播仍然在"文化统战"的视野之中,也在其中充当着合适的角色——作为文化交流的"窗子或桥梁"——这一隐喻不但继续流行,且带着着暧昧的政治气息[②]。

80年代中期后,随着各地研究机构和学术团体的建立,"华文文学"专业研究者的队伍逐渐扩大,他们需要相对独立的媒介空间,有关"华文文学"的专门性或半专门性期刊便充当了这一角色。文学期刊不但成为研究者了解创作动态的有效途径,也是研究者展现其研究成果的重要平台[③]。除了刊载帮助读者理解作品的评介性文章之外,一些文学期刊还设立了研究性的专栏,前者如《收获》[朝花夕拾]的"主持人的话"、《华人世界》的[作家与作品]、《四海》的[理论与评介];后者如《海峡》的[海峡论坛]、《选刊》的[文苑纵横]、《华文文学》的[海外华文文学研究]、《四海》的[海上文存]等。因此,文学期刊既及时传递

---

① 虽然各期刊主管部门不一(如1986年的《华人世界》由人民文学出版社与统战部合办、1988年的《海内外文学》由统战部主管主办,《四海》由中国文联主管主办,《海峡》由海峡文艺出版社主办,《选刊》由福建省文联主办,《花城》由花城人民出版社主办,而《收获》与《上海文学》则成立了专门的杂志社),但仍不能完全脱离上一级权力部门的监督。

② 《海峡》成立五周年之际,原福建省出版局副局长、《海峡》的创办人之一杨云肯定了《海峡》在文化统战中的种种实际效应,并针对不足提出几点意见,认为只有"这样,《海峡》便可进一步促进台港文学与大陆文学的交流,在实现祖国和平统一大业中,更好地发挥'窗口'与'纽带'的作用"。见1986年第6期的《海峡》扉页。

③ 专门性的理论刊物《台湾香港与海外华文文学评论与研究》在1990年到1995年间属内部发行阶段,1995年才正式创刊,改为《台港澳与海外华文文学评论与研究》,1998年更名为《世界华文文学论坛》。《华文文学》也在2000年才转化为理论性学术期刊,因而此阶段有关"华文文学"的独立学术平台相对有限。

了丰富的作家作品信息,成为研究者的动态资料库,也提供了研究性文章的重要发表园地,其传播活动成为专业研究与相关知识生产过程不可缺少的链条。

如果说,20世纪70年代末到80年代,西方现代派小说的大陆流播孕育出了"先锋小说"及纯文学观念的话,那么80年代以来的"台港通俗文学"的传播则对大陆纯文学观念进行了解构。通俗文学的盛行引发了文学的雅俗之争,两者由势不两立观念、界限分明转向和平共处、界限模糊①。由此引发了对于文学审美性的一种思考,文学标准是否可以多样化?文学标准是否本身就是变化的?从这一层面来看,文学期刊对于"华文文学"的传播,也参与了大陆文学观念变革的过程。

可以说,从社会影响来看,80年代中期到80年代末,大陆文学期刊对于"华文文学"的传播达到了鼎盛期,尽管文学期刊之内与文学期刊之间充满了裂缝、差异与变动,但"华文文学"还是借助政治、文化、美学、学术和商业等多重合力在大陆文学传播场中有了相对耀眼的位置。

三 转型期(1989—1993年)

80年代末开始,一方面,由于经济效应的衰减和出版市场的激烈竞争以及国家财政支持力度的减弱等诸多原因,大陆文学期刊出现生存困境,很多文学期刊处在重新定位、不断改版的过渡含混状态之中,这也必然影响其对"华文文学"的传播内容、传播策略以及传播效应。另一方面,由于所在地区与国家华文媒体也在转变功能与走向,"华文文学"创作也处在急剧的变化与分化过程之中,其与大陆传播媒介的关系也进行了重新结构与定位,这一阶段可称为转型时期。

(一)传播重心:留学生文学与东南亚华文文学

80年代末到90年代初中期,大陆文学期刊对"华文文学"的传播在面和量上仍呈拓展趋势,既重视老作家及其作品的刊载,也不断推出新人新作;台港文学继续流行之时,海外华文文学逐渐凸显,形成了新老作家并存,台港与海外争艳的局面。不过,从区域构成来看,海外华文文学作

---

① 这一论争在1990年代初见分晓,通俗文学似乎获取了其合法地位,金庸的小说也被认定为文学经典,如1994年王一川等主编的《二十世纪文学大师文库》中,金庸赫然被排在第四位,排名仅在鲁迅、沈从文和巴金之后。

品所占比例明显上升，其中，留学生文学与东南亚文学备受青睐，成为文学期刊的刊载重心与亮点。

表2-1　　　　大陆主要文学期刊中海外华文文学作品数量变化

年份 区域	1979—1984	1985—1988	1989—1993
台港澳	346	756	1499
海外	40	225	652
两者比	8.7∶1	3.4∶1	2.3∶1

在白先勇、於梨华、聂华苓等老一辈留学生文学还余音缭绕之时，中国大陆等地涌现的新留学移民潮又催生了新一代的留学生文学。在80年代初中期，这一文学动向已在一些文学期刊可寻到端倪：如1982年第6期《十月》上留美学生史咏、陈冲的电影剧本《大洋彼岸的思念》与1983年5月《花城》上留美学生顾月华的短篇小说《三个女人的公寓及其他——留美生活剪影》，从题材与作者身份来看，都可归属于留学生文学；但零星出现的这些作品，尚未产生足够的社会回响，也未引发有关"留学生文学"的整体想象。直到80年代末到90年代初，随着创作群体的扩展与创作实绩的提升，经由《小说界》树立旗帜与自觉倡导，以大陆留学生为主体的留学生文学开始热起来。如曹桂林的《北京人在纽约》（长篇小说，《十月》1991年第4期）、刘观德的《我的财富在澳洲》（中篇小说，《小说界》1991年第3期）、周励的《曼哈顿的中国女人》（纪实文学，《十月》）1992年第1期、王周生的《陪读夫人》（长篇小说，《小说界》1992年第6期、1993年第1期）等都引起了广泛关注，产生了轰动效应。

总体来看，留学生文学多以欧美、日本等发达国家为背景，主题也集中在文化冲突和异国风情等层面，在手法上则多富有纪实性与自叙性。尽管其中不乏有深度、审美意味较强的力作，但不少文本仅以"纪实性"的新闻功能和"西方奇观与物质财富"的幻象来满足人们的"窥视"欲望，在结构章法、语言表达和精神品位上都有所缺失，这些作品在圆了人们精神上的出国梦与财富梦之时，也沦为了稍纵即逝的文学快餐。留学生文学的这些特点却与特定的大陆语境相得益彰。在1980年代到1990年代初持续升温的"出国热"中，欧美和日本等发达国家是"众望所归"，人们急需了解这些国家的风土人情、生活习俗；因而这类带有个人体验色彩的纪实性文学便充当"出国指南"、"留学必读"之类的实际功用，有了更多的读者，刊载这一类文本也成为文学期刊谋求影响的举措之一。

此阶段的另一个传播亮点是东南亚华文文学。从作家作品的数量上看，在70年代末80年代初，文学期刊中的东南亚华文作品是屈指可数，80年代中期略有拓展，到80年代末90年代初，随着东南亚国家自身政策的改变，双方交流更为深入，文学传播力度增大，从以新马为主到兼顾其他各国①，全面铺开，刊载作品的数量也大为提升。

表2-2　　大陆主要文学期刊中东南亚各国华文文学作品数量变化　　单位：篇

时间＼国家	新加坡	马来西亚	泰国	菲律宾	印尼	总数
1979—1984年	3	5	0	4	0	12
1985—1988年	56	23	24	14	3	120
1989—1993年	193	54	90	17	16	370

其次，文学期刊对东南亚华文文学的传播，其视角也从零散走向系统化，专题专栏专辑形式较为常见。《华文文学》创刊伊始就很重视东南亚华文文学，但到1988年之后研究意识更为凸显，推出了更多作家专题与国别专辑，如泰国华文文学专辑（1989年第1期）、印尼华文文学专辑（1989年第2期）（由于主编陈贤茂先生的泰国归侨身份，对"泰华文学"更是重点关注）。《台港文学选刊》1988年起设立了不定期的［东南亚小说界］，在东南亚的整体视野中刊载相关作品。《四海》丛刊1988年发行的第4辑为"东南亚专辑"，1990年《四海》期刊面世后，又设有泰华小说专辑（1991年第6期）、新加坡文艺协会（1992年第6期）、新加坡微型小说专辑（1994年第6期）与菲律宾华文小诗1束（1991年第1期）等东南亚华文文学的专题专辑。《特区文学》设有新加坡微型小说专辑（1992年第1期）、泰国华文文学专辑（1993年第5期）、新加坡

---

① 1979年以黄孟文博士为团长的新加坡作家代表团首次出访北京，带来新加坡华文创作信息，从而使新加坡华文文学较早较多地被关注。1991年6月，云里风率领马华作协访问团到北京、上海、厦门等城市，戴小华等人在1990年9月马来西亚政府开放中国旅游之后出访中国，则对马华文学作品的大陆流播起到重要作用。

《锡山文艺》作品选专辑（1994年第2期）等；《上海文学》有"新加坡华文小说选"（1990—1992）、《小说界》在1987年就以专题形式推出马来西亚的商晚筠与菲律宾的施约翰两位作家，稍后，其"微型小说"栏中也多次推出东南亚作家专题和国别专辑。

此阶段，一些东南亚华文作家因其作品的倾向性及与大陆的密切联系等多重原因，被文学期刊重点传播，脱颖而出。新加坡有尤今、周粲、张挥、黄孟文、郭永秀、方然、陈瑞献（牧羚奴）等；马来西亚有戴小华、朵拉、商晚筠、云鹤、吴岸、潘雨桐等；泰国有年腊梅、司马攻、梦莉、林牧、子帆、白令海、孙爱玲等；菲律宾有柯清淡、张放、施约翰等；印尼有黄东平、袁霓、冯世才等[①]。其中，被称为三毛传人的尤今，以其沙漠主题的系列游记散文，广受人们喜爱，再次形成消费热点，在文学期刊中其作品的刊载篇数与传播力度也居于前列。

东南亚华文文学的整体凸显，与大陆学术界方兴未艾的东南亚热及其具体动向之间也有一致性。自1987年厦门大学组织举办了第一届"东南亚华文文学研讨会"后，学界逐渐有了对东南亚华文文学的整体关注；进入1990年代以后，则出现了不少有关"东南亚华文文学"的综合性研究，对文学现象、流派和思潮进行初步归纳、描述和剖析[②]。因而文学期刊中"东南亚华文文学"的刊载形式，与大陆的学术动态相当一致。

（二）刊载策略的多元多变和"华文文学"的分化趋势

1980年代末至1990年代中，文学期刊有关"华文文学"的刊载策略处在多元分化与不稳定状态。

在非专门性期刊中，强化与弱化两种趋势并存，不相上下。《小说界》和《特区文学》开始加强对华文文学的传播力度。1988年，《小说界》打出了"世界性"的鲜明旗帜，设置了［港台文学］、［海外华人文学］与［留学生文学］三个专栏，"华文文学"作品成为刊物特色与重

[①] 新加坡：尤今18篇，周粲17篇，张挥10篇，黄孟文9篇，郭永秀7篇，方然6篇，陈瑞献（牧羚奴）4篇。马来西亚：戴小华6篇，朵拉5篇，云鹤4篇，吴岸4篇，潘雨桐3篇，商晚筠2篇，李永平2篇。泰国：年腊梅7篇，司马攻6篇，梦莉5篇，林牧6篇，子帆5篇，白令海4篇，孙爱玲4篇。菲律宾：柯清淡2篇，张放2篇，施约翰2篇。印尼：黄东平8篇，袁霓2篇，冯世才1篇。

[②] 朱文斌，《20世纪后期中国大陆对新马华文文学的研究综述》（http://lib.zscas.edu.cn/rwxy/jpkc/zgxddwx/news.asp?id=233）。

心。《特区文学》减少了总容量（1989年由192页减为160页），［港台海外作品］专栏却更为厚重，密度也更大，每期都有2篇以上作品。但《花城》、《上海文学》与《收获》等则呈弱化趋势，有关"华文文学"专栏在1980年代末密度递减，到1990年代初期均被取缔、1991年《收获》的［朝花夕拾］栏取消、1992年《花城》的［港台文学］栏退出、1992年《上海文学》的［新加坡华文小说选］结束。同时，在《当代》、《十月》、《福建文学》、《人民文学》、《诗刊》中，"华文文学"作品也早成零散的存在，传播"华文文学"的特色不再凸显。

受到市场冲击与学术力量的双重影响，专门性期刊也处在不稳定状态。《海峡》、《台港文学选刊》在雅俗之间挣扎，刊载策略摇摆不定。《台港文学选刊》在1989年到1994年间不断调整刊物版式，或单双月分版或每月不同版本，其文本内容受读者需求影响起伏不定。《海峡》以专题形式呈现"华文文学"创作动态之时，也在强化台港言情小说的位置，以求经济效应。《华文文学》在1988年后实现了第一次转型，大陆研究者的评论赏析文章与"华文文学"作品兼半，但有时作品为主，有时评论为主，很不稳定（如1991年第1期只有一篇评论文章，其余均为作品；1990年第2期则均为带有史料性质的文坛回忆与评介性文章，没有一篇文学作品）。

由于受到纸张价格上涨以及编辑人事纠纷的影响，半专门性期刊《华人世界》在1988年停刊；出了7期的《海内外文学》也在1989年全国性的期刊整顿运动中被取缔，这两本刊物由于营运时间短，在刊载风格上也处于求索游移状态，规律性不强。但在这两本期刊停办不久，1990年《四海》获取了正式刊号，开始大张旗鼓，代替这两本期刊成为北京地区传播"华文文学"的重要舞台。

（三）传播功能：从引荐平台到生长园地

如果说，在70年代末后到80年代中期，大陆文学期刊还处在重新挖掘与发现香港、台湾、澳门以及海外华文文学以往历史的阶段，传播还在尾随追赶创作的话；那么从80年代末开始，大陆文学期刊的功能开始发生变化，由引荐平台转化为生长摇篮，传播与创作趋向同步。

80年代中期以前，文学期刊上刊载的绝大多数"华文文学"作品都非原创，而是转载港台与海外传媒上的相关作品，由于知识产权意识淡薄，有时作品被反复刊载作者本人竟毫不知情，文学期刊与作者鲜有直接对话；但从 80 年代末期开始，原创性作品所占比例越来越大，作家们从被动"出镜"到主动"亮相"，大陆文学期刊成为其作品的首选发表空间，作者与期刊之间逐渐形成互动关系。

在 80 年代末以后，在有关"华文文学"的每一本文学期刊中，无论是专门性的还是非专门性的，都逐渐形成一批出现频率很高、异常活跃的"华文作者"，他们构成了期刊的基本作者群。如《台港文学选刊》的余光中、洛夫、三毛、张大春、王幼华、林耀德、黄凡、吴淡如、席慕容、亦舒、张晓凤、张曼娟、西茜凰等；《海峡》的廖辉英、杨小云、温小平、严沁、呼啸、杨小云、姬小苔、玄小佛、郑宝娟等；《华文文学》的郭永秀、黄东平、柯振中、周粲、黄孟文、非马、史青、池莲子、子帆、王一桃、黄维樑等；《特区文学》的汉闻、陈娟、冯湘湘、李男等；《四海》的叶子、许以淇、梦莉、吴崇兰、黄凤祝、尤今、蓬草、萧逸、张宁静、吕大明等；《小说界》的查建英、坚妮、夏云（王渝）、严力、於梨华、于濛、吴民民、小草、叶冠南等；《人民文学》的蓬丹、虹影等；《收获》的蒋濮等；《花城》的赵毅衡、黄傲云、严力等；《上海文学》的严歌苓、赵毅衡等；《诗刊》的犁青、秦松、晓帆等；《福建文学》的巴桐、黄河浪、陶然等。由于基本作者与文学期刊都变得更为积极主动，相互的通信对话互访十分频繁，两者之间也产生了持续的能量交换，作家通过其作品影响刊物风格与走向，刊物通过专栏设置，征文约稿指引作家的创作，两者之间的相互影响也日渐明显。

此时，随着策划意识与干预意识的增强，文学期刊甚至成为制造文学思潮，引领创作走向的关键性力量。如前所述的"留学生文学"，就与《小说界》的大力倡导密不可分①。

80 年代末到 90 年代初中期，大陆文学期刊与"华文文学"关系的

---

① 1984 年到 1987 年间，《小说界》陆续刊载了留学生小楂、易丹等人的作品，开始注意到这一文学动向的存在。1987 年 6 月，由小楂、王渝等组成的纽约留学生文学团体"晨边社"成立并组织了一次座谈会，正式提出了"留学生文学"这一命名，《小说界》对此迅速做出了反馈，于 1988 年 1 月特辟[留学生文学]专栏，全文登载了"晨边社"的《"留学生文学"座谈纪要》，在大陆率先亮出"留学生文学"的旗帜；1988 年 10 月《小说界》邀请北京、上海等地的作家与评论家，再次进行了有关"留学生文学"的专题座谈会，对其作了理论探讨，积极参与了这一文学潮流的建构。此后，[留学生文学]一直是《小说界》的保留栏目，从 1988 年到 2004 年间，该栏先后刊载了百余篇作品，推出和培养了不少新作者，成为"留学生文学"成长壮大的重要园地。

重建，原因是多方面的，既与海内外对话与交流进一步深入开放有关，又与大陆文学期刊的角色转换有关，但更直接与重要的原因却是以下两方面。一方面是"华文文学"在原生地的生存空间与存在方式面临巨变与考验。80 年代中期以来，在商业化与娱乐化的双重冲击下，"华文文学"的几大传播中心——台湾、香港与东南亚等地的汉语传媒都面临功能转换与重新定位。在台湾，报纸文学副刊和文学期刊引领文艺思潮的风光不再，纯文学的阵地不断萎缩；在最大的海外华文传媒中心东南亚地区，华文报刊数目也呈直线下降，剩下的大多朝经济民生方向发展，纯粹的文学报刊不多[①]；欧美与澳洲等地华文报刊虽呈上升趋势，但经济性与时尚性内容成为主打版面[②]；相比之下，尽管面临"断奶"危机却尚未"断奶"的大陆文学期刊，仍为文学的发展留下了一定空间。正是在这一背景之下，大陆文学期刊开始备受台港澳与海外作家的青睐与重视。另一方面，从文学生产与消费的角度来看，中国大陆已成为最重要的"华文文学"的消费市场，对于文学创作的影响力与反作用力日益凸显，作为文学生产中的重要环节，大陆传播媒介与"华文文学"之间的联系也更为细微与复杂，从被动到主动，从载体到结构性因素已成事实，因此，文学期刊除了担当传播的功能外，还直接参与到文学的生产过程中来，成为文学内部生产的一个要素，实现了从引荐平台到生长园地的功能转换。

四 整合期（1994—2002 年）

1993 年之后，随着改革开放的步伐更加坚定与迅速，文学期刊也被吸入了改制断奶的大趋势之中，其生产性质和经营者身份逐步强化，整体发展格局始终处在变动与不确定状态之中；但同时不同文学传播媒介的整合、文学与文化的整合成为显在趋势。在这一语境之下，1990 年代中期后大陆文学期刊对于"华文文学"的传播也出现了新的特点，进入新的阶段。

---

① 据王士谷先生的《海外华文报刊的量化分析》中统计数据显示，20 世纪 70 年代至 90 年代末，由 1082 家锐减到 655 家，参见《国际新闻界》2000 年第 6 期，第 38—39 页；吴妮的《东南亚华文传媒所遇到的机遇与挑战》，参见《传媒》2005 年第 5 期，第 63—64 页。

② 参见王士谷的《世纪之交的海外华文报刊》（《国际新闻界》1998 年第 3 期，第 60—62 页）；吴潮的《我国对海外华文报刊的研究》（《传媒》2006 年第 3 期，第 9—11 页）。

（一）新移民文学的凸显与"名家名作"重现

90年代中期后，虽然大陆文学期刊的发行量和影响力大不如前，但其刊载的"华文文学"作品总数量与前一阶段比反而有所增加，1998年到1999年间还出现快速增长的趋势，直到新世纪伊始，才出现下滑的趋势。

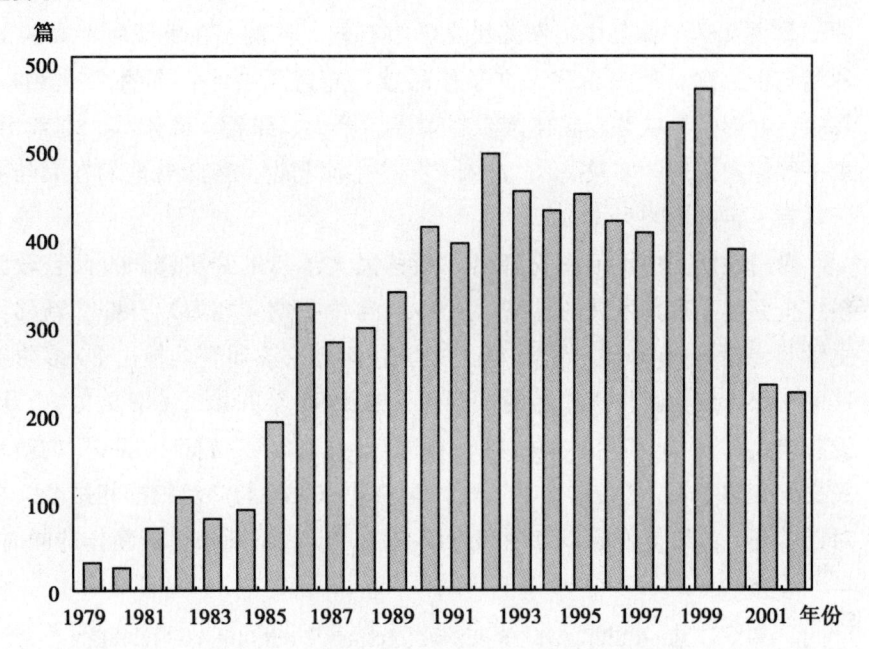

图 2-1 大陆主要文学期刊中的"华文文学"作品数量历年变化

此阶段，通过介绍新生代作家及作品①、追踪文坛热点②、策划与政治事件相关的专题③、推出网络文学文本（少君）与"泛文学"文本，文学期刊紧跟文学的新动向，呈现了时新流动的文学景观。其中，新移民文学作品的刊载与名家名作的重现最受瞩目。

---

① 如香港的董政章、黄碧云；台湾的张国立、夏宇、陈雪；马来西亚的钟怡雯、黎紫书；新加坡的张曦娜等新生代作家都在文学期刊中异常活跃。
② 1992年的顾城之死与1995年的张爱玲之死，作为文坛热点，多数文学期刊都筹划了纪念专辑。
③ 1997年香港回归，1999年澳门回归等政治事件都成为文学期刊进行专题策划的契机。

新移民文学①，作为留学生文学的延续与拓展，有关它的定义，吴奕锜的说法具有代表性，它"特指自 20 世纪 80 年代初以来，处于各种目的（如留学、打工、经商、投资等等），由中国大陆移居国外的人士，用华文作为表达工具而创作的、反映其移居国外期间生活境遇、心态诸方面状况的文学作品"②。按照这一标准，1994—2002 年，在非专门性期刊刊载的"华文文学"作品中，新移民文学占有较大比例，在笔者所考察的 10 种期刊中，有 6 种中新移民文学作品数量超过了一半，有的高达 80%。其中，虹影、严歌苓、庄伟杰、赵毅横、严力、张翎、欧阳昱、刘荒田、章平等作家出现频率较高③，进入了某些主流刊物，意味着他们在大陆文坛具有一定的影响力。

专门性期刊中不但率先打出"新移民文学"的鲜明旗帜，而且较为系统全面地呈现其发展的脉络。从 1994 年第 2 期《四海》开辟[新移民文学]专栏到 2000 年《世界华文文学》停刊，该期刊共推出 80 多位新移民作家，成为新作家作品的试验田。从 1995 年开始，《华文文学》中设有澳大利亚④、荷兰⑤、法国⑥、德国⑦、比利时⑧、丹麦⑨等多国的新移民文学专题专辑。《台港文学选刊》则将重点关注与广泛扫描相结合，在对严歌苓、虹影等作家以专题和连续关注的形式不断推出其新作的同时，

---

① 1993 年 3 月，《当代作家评论》发表潘凯雄的文章《热热闹闹背后的长长短短——关于"新移民文学"的再思考》。该文对此前出现的各种命名进行了辨析，指出各自的优劣长短后，提出了"新移民文学"的概念，并作了一定论证。从以后的研究中可以看出，这一概念获得许多论者的认同并得到广泛的使用。文学期刊对此也有所呼应，《四海》、《台港文学选刊》、《小说界》等都在 1990 年代中末期改用"新移民"的提法。1990 年代后，此类文学创作的主体与内容都远远超越了"留学生与留学生活"，命名的变化，实际反映了创作的变化。
② 陈贤茂等著：《海外华文文学史》第 4 卷，鹭江出版社 1999 年版，第 638 页。
③ 根据笔者的统计，上述作家在非专门性期刊出现次数分别如下：虹影 13 次，严歌苓 12 次，庄伟杰 7 次；赵毅衡 10 次；严力 7 次，张翎 5 次，章平 5 次，欧阳昱 4 次。
④ 《华文文学》1996 年第 2 期推出了以新移民创作为主的澳大利亚华文文学专辑，11 篇中占 9 篇。
⑤ 如池莲子的《黑客》（1996 年第 2 期）、《SORRY》（1997 年第 2 期）、《缘分》（1998 年第 2 期）。
⑥ 如吕大明的《远古的月光》（1997 年第 2 期）。
⑦ 如谭绿屏的《德国三兄弟娶三中国妻》（1997 年第 2 期）。
⑧ 如章平的《夜行的她和洛神和我》（1997 年第 2 期）。
⑨ 如池元莲的《带进棺材去的秘密》（1997 年第 2 期）。

还将顾城、谢烨、高行健、哈金、欧阳昱等较为敏感的作家也网罗其中。半专门化刊物《海峡》也注意到了这一文学动向，偶尔刊载相关作品，如澳大利亚王世彦的《我想告诉你的故事》（1997年第1期）、美国严聪的《寒星》（1997年第5期）等。

作为"华文文学"领域的新生血液，新移民文学以其艺术水准的高度和思想内容的丰厚性，逐渐取得了与大陆文学对话的资本（如严歌苓、张翎等的创作起点都很高，颇受读者和研究者的喜爱），而其面向中国的写作姿态也使得它在大陆语境下轻易地获得了存在意义。但是，它的身份实际非常暧昧，是将之视为"海外华文文学"的组成收编还是作为"中国文学"的延伸，专门性期刊与非专门性期刊之间充满了对峙与裂缝，或许这正是此时"华文文学"在大陆身份暧昧的表征。

在90年代中期以后，除了刊载新移民文学作品之外，重现"名家名作"也成为文学期刊传播"华文文学"时的重要举措。70年代末到90年代已有影响力和知名度的某些（而不是全部）作家与作品，重新活跃于期刊之中。

一些作家作品被冠以"名家或名作"之衔，组装于专栏之中。如《海峡》在1998—2000年不定期的［名家特稿］和2000年的［海外华文文学佳作欣赏］，共推出了马来西亚的朵拉与柯清淡，美国陈若曦与郑愁予，台湾的余光中、廖辉英和杏林子，法国的黎翠华，香港的陶然等多位作家[1]。《台港文学选刊》的［名家名作回顾展］（1996—1998年）、［名家案卷］（1999年）与［名家新作］（1999—2002年）共推出近50位作家的相关作品[2]。《四海》的［《世界华文文学精品库》入选作家作品选］（1994年）、［佳作赏析］（1995年）、［名篇赏读］（1995—1996年）和《世界华文文学》的［名作回眸］（1999—2000年），推出了刘以鬯、赵淑侠、彦火、戴小华、林耀德、郭玉文、黄春明、余光中、尤今、少君、

---

[1] 其中朵拉2次，陈若曦4次，余光中2次。
[2] 包括白先勇、刘以鬯、王幼华、黄春明、郑清文、陈若曦、袁琼琼、司马中原、黄凡、张系国、李昂、吴锦发、颜纯钩、七等生、萧飒、朱西宁、辛其氏、温瑞安、张大春、平路、苏伟贞、李永平、王定国、欧阳子、王文兴、杨青矗、吕赫若、孟瑶、於梨华、王祯和、段彩华、刘大任、沙究、雷骧、严歌苓、李乔、姜贵、东年、马森、司马长风、姜贵、陈残云、陈映真、余光中、张君默、梁秉钧、罗兰、琦君等，其中刘以鬯、陈映真、余光中、陈若曦、袁琼琼、司马中原各2次，张大春3次。

李敖、陈映真、罗兰、丛甦、张爱玲等作家的作品。在专栏与专门性期刊之外，老作家及其作品的出现频率也很高，如《收获》在［人生采访］（2000 年）中重新介绍了白先勇、金庸与余光中三位作家及相关作品。

"名家名作"的重复出现，似乎再次加深了某种成见——大陆出于意识形态偏见，只传播少数作家作品。但是，对于文学期刊而言，这种现象的出现，除了建构经典的自觉意识之外，还有更实际的原因。首先，"名家名作"是作为吸引读者的商业策略出现的，有些实际未必是公认度高的名家与名作，如《海峡》在［名家特稿］中推出的黎翠华的短篇小说《钟声》（2000 年第 3 期），实乃一篇平淡轻巧的言情小说，难以上至名作之列。其次，此举与文学期刊的稿源危机也直接相关。能否有好稿本是影响文学期刊生存的关键问题，但自 1990 年代以来，受到泛文化、消费化、影视化的潮流影响，"华文文学"创作走向低迷，相关的文学期刊都不同程度地感受到了稿源压力，期刊之内与期刊之间作品的重复率与重叠现象剧增，故名家经典重现成为一些文学期刊稳定稿源质量、提升期刊品位的重要策略。

（二）"整合"策略与"华文文学"整体感的消隐

所谓的"整合"策略则是指在期刊的具体运作中，对"华文文学"文本与大陆文学文本采取相同的编辑手段，从而使"华文文学"的独特性不再凸显的刊载策略。非专门性期刊中专栏的取消、国籍与地区意识的淡化和专门性期刊不专等倾向都是"整合策略"的具体体现。

在 80 年代，专门性期刊都不刊载大陆作家的文学作品，以强化其专门性与纯粹性；但 90 年代中期后，这些文学期刊中大陆作家的作品数量不断增加，"专门性期刊不专"的现象日趋明显。90 年代初中期的《四海》只偶尔刊载大陆作家的一些与"台港海外"有关的作品[①]，到 1998 年后的《世界华文文学》阶段，大陆作者在"社会写真"、"环球文摘"、"华人之星"、"缤纷世界"等栏目中却频频出现。1990 年代中后期的《台港文学选刊》中，除了学者的评论文章外，王安忆、苏童、舒婷、陆文夫、余华等大陆作家的作品也不时出现。到 2003 年初，该刊明确指出

[①] 如柯岩的中篇小说《他乡明月》（1992 年第 3 期）；霍达的《访台纪事》（1994 年第 4 期）。

"稿源不再有区域局限,台港、海外与大陆作家均可"①,在诸如["环球行走""今日新新"、"情爱变奏曲"、"心动一刻"、"灵光幽幽"]等专栏之中,"华文文学"与大陆文学共存互动,共同打造时尚的阅读风味。2003年,半专门性刊物《海峡》变成了大校园月刊,走青春阅读路线,不再凸显港台特色,偶存零散的"华文文学"作品也被整合于各专栏之中。《华文文学》虽然坚守了专门性,但自1995年起大陆作者的赏析评论文章超过了"华文文学"作品,2000年则改换为学术刊物,不再刊载文学作品了,至此,"华文文学"的独立传播空间消失。

在整合策略中,"华文文学"作品的区域特征变得无关紧要,期刊凭借作品本位原则,选择适合自身需要与风格的文本。然而,对文本个体性原则的强化与区域特性的弱化,使得有关"华文文学"乃至区域华文文学的整体想象遭遇了挑战,同时,随着大陆文学与"华文文学"界限的消弭,一种汉语文学或世界华文文学的想象在期刊中逐渐清晰。

"整合"策略的出现,或与文学创作实际有关,文学作品不再有鲜明的地区色彩,② 不同区域与国家汉语文学在传媒中的共存互动成为不可逆挡的潮流;③ 或与期刊的自我定位与生存危机有关,为迎合读者的阅读口味文学期刊纷纷做出了种种调整;更可谓全球化进程下审美与文化"非领地化"的表征。

同样,当空间的差异逐渐消除,台港与海外不再作为"他者的奇观"而引发审美的激情,"远方与距离"也许未必是文学特殊性的由来与根

---

① 2003年《台港文学选刊》在封面上明确标记出"华文全球写作",并在编者的话里明确提出:"2003年她的摄取面将继续由台港地区向海外各个华人居住地延伸,并扩大视野,包含原居大陆而迁徙海外的作家作品以及部分生活在大陆的作家的专稿"(参见《台港文学选刊》2003年第5期,第104页)。而到2005年,它的"台港"两字在封面上已经成为了一个模糊的装饰图案,强调的却是副标题——华文读者,这样的变迁未尝不是跨越区域走向整合的体现。

② 刘登翰先生指出,由于特殊的历史境遇,香港与台湾文学都曾在20世纪50年代到70年代末有过其独特的发展路径与表现形态,而到80年代后,随着交流与对话的频繁,逐渐出现了回归母体的趋势,和大陆文学产生了整合[参见其《香港文学史》和《台湾文学史》(下)的总论]。其实,就是"海外华文文学"与中国文学也未必有本质化的差异,两者之间叠加互通之处日显。

③ 由于港台海外传媒上的作品是专门性期刊稿件的重要来源,它们对于大陆作家作品的刊载,也是造成专门性期刊不专的一个重要原因。而90年代以来,在台港等地的文学报刊中,出现越来越多的大陆作家的作品,台湾一些文学大奖也屡屡被大陆作家拿走。如郭雪波的《大漠魂》获台湾第十八届联合报文学奖中篇小说首奖,《台港文学选刊》于1998年第12期转载之。

基，那么建立在空间差异纬度之上的"华文文学"的独特性与整体感也就出现了问题。

（三）传播危机及新的出路

从 90 年代中期开始，文学期刊对于"华文文学"的传播，所能产生的效应也在弱化。

90 年代中期后，很多文学期刊面临着生存危机，有关"华文文学"的专门性刊物更是危机重重。1998 年起，《世界华文文学》与出版社在经济上完全脱钩，实行自负盈亏，发行量也不过几千册，主要靠拉企业赞助维持日常开支，2000 年宣布停刊。《海峡》发行量也逐年下滑，从 1990 年中期开始基本依靠与企业、文学团体合作来填补经济不足，《台港文学选刊》从 90 年代中期开始，发行量急剧下滑，到 90 年代末不足一万份，根本难以维持生计。照主编杨际岚的话，如今传播"华文文学"只能是一项事业，却不是经营之道了[1]。

此外，随着电视、网络的出现以及交通的日益便捷，瞭望世界的窗口被行走世界的大门取代，中外文化交流达到了前所未有的广度与深度，而文学期刊在整个社会生活中的位置被边缘化了。因此，期刊作为"窗口与桥梁"的"文化交流"的作用也远不如前，政治与文化功能处在隐没状态。

作为发表学术研究成果的平台，文学期刊也有相形见绌之感。一方面，就日益体制化的学术论文评价标准而言，文学期刊中短小篇制的随感式论文已不符合规范，对研究者的重要性大为下降；另一方面，为了适应读者和市场竞争的需要，文学期刊的理论性栏目有逐渐弱化乃至消失的趋势。[2] 因此，90 年代末后，文学期刊在学术研究中的位置也逐渐被纯学术性期刊所取代。

随着时间的推移，海外图书进口比率的逐年增加、大陆大学等科研机构与海外学术团体、文学团体的联系更加自如，台湾的《联合文学》、香港的《香港作家》、新加坡的《新华文学》和印尼的《印尼文友》等杂志也进入了一些高校图书馆，全球性的华文文学网站如新语丝、华夏文

---

[1] 杨在与笔者的交流中谈到了期刊在经济上面临的困境，多次强调这一观点。

[2] 普通读者对这类评论性文章并不"感冒"，认为是搭配货，而专业读者又觉得不过瘾，失之简略。在《海峡》、《台港文学选刊》等的读者调查问卷中，理论栏目评价往往最低。

摘、橄榄树等[1]相继建立，大陆文学期刊在传播时间和传播总量上的优越性被一一打破，它作为发表园地或资料库的局限日见明显。

2000年《世界华文文学》停刊，2002年《台港文学选刊》走向时尚读物类，淡化专门化色彩，2003年《海峡》脱胎换骨，不再保持"华文文学"的特色。这些以"华文文学"为传播特色的文学期刊的走向与转变，显现了"华文文学"在大陆文学期刊中的传播进入危机与调整期。

"华文文学"在大陆的传播，文学期刊将转换角色与位置。可能的出路是，在多种媒体的整合传播中，对文本进行优择劣汰与自由组合，在整体上呈现出更为多元化、动态化的文学景观。当然，在此过程中，随着文学本位观念的突出，整合过程的继续，"华文文学"这一建立在"空间差异维度"上的术语也将可能被"世界华文文学"、"中文文学"和"汉语文学"等整合性的概念所超越。

第四节 期刊策略与"华文文学"

在大陆，"华文文学"的受众可粗分为三类：第一类是专门领域的研究者，他们看重文学作品的文学史价值，更关注与作品作家相关的背景知识；第二类是文学爱好者阶层，青睐具有较高思想价值与艺术技巧的文本；第三类是消费性阅读的大众，偏爱具备可读性与当下性的文本。这三类读者从数量上来看，正好形成了金字塔结构，第一类最多，第三类最少。注重第一类受众的文学期刊可称为研究型期刊，注重第二类读者的往往是纯文学刊物，而注重第三类受众的则是大众型刊物，在有关"华文文学"的大陆文学期刊中，也存在上述三类不同的受众策略，由此衍生出三种不同的传播模式——学术化的传播、纯文学化的传播以及大众化的传播，本章选择三本较为典型的文学期刊作为个案，以探求在不同受众策略与传播模式中，"华文文学"有着怎样的存在状态及意义，其对文学创作又有怎样的影响效力。

---

[1] 此外，还有由世界各地中国学生学者联谊会主办的电子杂志，如美国的《威斯康星大学通讯》、《布法罗人》、《未名》，澳大利亚的《网上唐人街·文化文学版》，加拿大的《联谊通讯》、《红河谷》、《窗口》、《枫华园》，德国的《真言》，英国的《利兹通讯》，瑞典的《北极光》、《隆德华人》，丹麦的《美人鱼》，荷兰的《郁金香》，日本的《东北风》等。

一 学术视野下的文学传播——《华文文学》研究

在大陆传播"华文文学"的文学期刊中,《华文文学》的独特性在于它具有强烈的研究性,那么,在学术视野下,文学期刊对于"华文文学"的传播又有怎样的特点与趋势呢?研究《华文文学》的意义就在此显现出来。

(一) 期刊历史——研究型文学期刊的游移与确定

1984年2月,汕头大学成立了"港台及海外华文文学研究中心",几乎就是同时,中心的负责人陈贤茂先生就思量筹办一本杂志,这本杂志的目的是为了建立一个与海外作家广泛交流的平台,丰富中心的资料收藏、促进研究工作[1]。经过约一年的准备,1985年4月,《华文文学》发行了试刊号,成为国内继《台港文学选刊》后第二本刊载"华文文学"的专门性文学期刊,与国内同期的传播"华文文学"的期刊相比,试刊号的特点之一是刊载作品从台港拓展到了海外,试刊号共刊载作品13篇,其中东南亚占了7篇,台港只有5篇,这种比例上的倾斜在同类文学期刊上是没有出现过的。第二大特色是作品与评论并重、创作与理论同行。试刊号共有10个专栏,其中有作品类5个,包括中篇小说、短篇小说、诗歌、散文、杂文,带有理论色彩的栏目也是5个,包括作家剪影、作品评析、论坛、海外来鸿(海外作家的文学史料笔记或论文)和台港文讯,基本平分秋色。

《华文文学》试刊号发行之后,反响不错,于是1985年9月正式发行创刊号,创刊号的思路基本不变,评论的分量却相对弱化了,从1986年到1987年间,《华文文学》仍在研究性期刊与大众化之间徘徊,甚至有趋向大众化的特点。1986年,《华文文学》正式亮出了刊物的副标题——台港与海外,刊载作品中强化了台港通俗文学的地位,亦舒、三毛、廖辉英等人的情感小说成为主打作品,研究性文章减少,研究色彩明显淡化。《华文文学》定位的波动,原因有二:一方面是时代的大氛围,1980年代中期正是台港通俗文学风靡大陆的时候,1981年创刊的《海

---

[1] 根据陈贤茂跟笔者的交流,在中心创办之后他们就开始酝酿出版一本杂志,以搜集更多的资料,试刊号发表的肖乾的《中国与新加坡文学交流的前景》一文中,肖先生也提到了陈在1984年写给他的长信,谈到了研究资料缺乏问题和筹办杂志的想法。

峡》、1984 年创刊《台港文学选刊》都以台港通俗文学打开了市场，赢得了丰厚利润，处在时代语境中的《华文文学》不可能不受影响。另一方面，依靠研究中心的经费办杂志运转相当困难，因财政问题，《华文文学》只能一年出 2 期左右，出版时间也非常不稳定，走大众化路线也是《华文文学》试图摆脱经济困境、谋求壮大的一种选择①。

但这种游移，不断遭遇大学主管者和相关研究人员的质疑，也有违《华文文学》以海外华文文学为特色的初衷②，再加上大陆文学期刊的生存危机③也露出冰山一角，1988 年，《华文文学》在办刊思路上做出了重大调整，理论研究的分量迅速提升，开辟了"台港文学述评、海外华文文学研究"等带有学术探讨色彩、理论性很强的研究专栏，在文学作品刊载方面，台港通俗文学被剔除，北美华文文学进入视野。至此，《华文文学》作为研究性文学期刊的面目已清晰可见。而 1985—1988 年的徘徊之路，对于《华文文学》来说，既是一次痛苦的自我蜕变，也是一次理智的自我回归。正是研究型文学期刊的独特定位，使得《华文文学》在大陆有关"华文文学"的期刊史上有了鲜明的个性色彩和独特的历史地位。如雨萌等人所言："《华文文学》的诞生，突破了此前大陆刊物仅登台港文学作品的局限，扩大了大陆读者接触了解海外华文文学的视野，同时也加深了理论研究的分量。这在台港与海外华文文学期刊史上是有其特殊意义的。"④

在作为研究型文学期刊的思路基本稳定之后，《华文文学》开始不断向学术研究方向倾斜。1988 年到 1994 年间，《华文文学》基本还是作品和评论并重的阶段，但作品已经倾向于专题化专辑化，如许世旭专题（1992 年第 2 期）、新加坡金狮奖获奖作品选登（1988 年第 1 期）、探亲

---

① 1986 年前后，《华文文学》开始刊载三毛、亦舒、廖辉英等通俗文学作品且大获成功，出现盗版，发行量达 20 万，该年度一口气推出了 4 本，创下了自 1985 年到 1999 年的历史记录，1987 年也出了 3 本，而以前乃至以后（1995 年为止）因所获取的经费有限，都是一年两本。但是经济上的成功却引来了研究者和大学主管部门的批评，认为这是一种自降品味的媚俗行为。《华文文学》迅速调整了即将倾斜的办刊方向，回到了研究性期刊的旗帜之下。

② 《华文文学》及所主管的研究中心都试图将"海外华文文学"作为刊物的主要特色。

③ 1988 年到 1990 年间，由于纸张、印刷等物价飞涨、读者转移，整个文学期刊界处于一阵恐慌之中。

④ 思悠、雨萌：《八十年代以来大陆出版的台港及海外华文文学期刊述评》，《世界华文文学论坛》1994 年第 2 期，第 71 页。

文学专辑（1988年第2期）、非马专辑（1988年第2期）、泰国华文文学专辑（1989年第1期）、许达然专题（1989年第1期），这些专题专辑一般包括作家作品、作家简介和作品赏读或评述三个部分，是在研究意识指导之下的作品呈现；此外，还有在[台港文学述评]、[海外华文文学研究]等专栏下的系列分析赏读文章和理论探讨文章。这些专栏、专题、专辑的出现意味着刊物对"华文文学"的传播从"抓鸡说鸡，抓鸭说鸭"式散点传播阶段转向系统化、深入化的研究式传播阶段。

1995年到1999年则到了评论为主、作品为辅的阶段，虽然仍有不少作家作品的专辑专题的形式，如越南华文文学专题（1998年第3期）、澳门文学专题（1999年第4期）、吴岸作品专辑（1998年第3期），但作品赏读性文章明显减少，综述性整体性的理论文章增加，学术含量递增，已经倾向于理论刊物。到1999年后，《华文文学》则完全转向学术研究，从以文学经验为对象的文化生产转向了以理论、知识为对象的文化生产，走完了作为"研究型文学期刊"的路程。[①]

作为研究型的文学期刊，《华文文学》一方面是传播"华文文学"作品的重要阵地；另一方面也是大陆"华文文学"研究者的学术话语空间，学术研究与文学传播并存于同一期刊之中，必然出现相互影响与互相渗透的趋势。而这种影响与趋势，突出表现在以下方面。

（二）研究与期刊同一：《海外华文文学史》的潜文本

1999年陈贤茂主编的《海外华文文学史》出版，是"华文文学"学科史上的标志性事件。《海外华文文学史》的出现，必须以"海外华文文学"作为一个独特研究领域的凸显为基础，只有在"海外华文文学"的内涵与外延都得到了廓清之后，历史意识才有可能初步形成，而《华文文学》就是这样一个提出与演绎"海外华文文学"的媒介平台。

不少研究者对《海外华文文学史》作出了正面评价，但很少有人注意它与《华文文学》期刊的联系，更没人深究文学期刊运作与文学史写作之间的互动关系。不过，同一班人马，既办杂志又写文学史，（文学史的主编陈贤茂就是《华文文学》的主编，参加文学史写作的16人，也全

[①] 从文学期刊转向学术期刊后，《华文文学》在命名方面曾引发了争议，认为若是学术刊物，就应该改换一下名称。1995年前后，期刊编者也尝试更名为"华文文学评论"，终未有结果。在1999年它变成学会会刊时，还是有人提出，仅从命名来看，江苏的《台港与海外华文文学研究》更像学术刊物，更合适。

是《华文文学》的基本作者①），两者之间就不可能毫无关联。

正是通过《华文文学》杂志，陈贤茂等人获取了大量的一手资料、并与华文作家、团体建立起稳定的联系，拥有了书写海外华文文学历史的重要优势与前提条件。但是，《华文文学》不止是获取资料的平台，它本身就是《海外华文文学史》的一种书写方式；或者说，《海外华文文学史》其实是一个早就躁动于《华文文学》腹中的胎儿，在吸纳了足够营养，历经数年成长之后，才择定时机呱呱落地。《华文文学》运作历史就与《海外华文文学史》的写作历史成为密不可分的整体。

陈贤茂在《编者的话》中对"海外华文文学"作了阐释："华文文学，顾名思义，凡是用华文作为表达工具而创作的作品，都可称为华文文学。华文文学和中国文学是两个不同的概念。中国文学包括中国大陆的社会主义文学，以及作为中国领土一部分的台湾和香港的文学。而华文文学，范围则要广泛得多，除了中国文学之外，<u>还包括海外用华文创作的文学</u>（横线乃笔者所加）。华文文学和华人文学也是两个不同的概念。海外华人用华文以外的其他文字创作的作品，不能称为华文文学；但是，非华裔外国人用华文写的作品却可以称为华文文学，根据上述定义，华文文学大致可以包括这么四个方面：（一）中国大陆的社会主义文学；（二）同属于中国文学，但由于社会形态不同，因而具有不同特色的台湾文学和香港文学；（三）海外华文文学；（四）非华裔外国人用华文创作的作品。"② 陈的这一番表白显现了以语种而非人种标准对"海外华文文学"所作出的鉴定，呈现了其基本内涵③。

---

① 据笔者不完全统计，从 1985 到 1999 年，16 个编委在《华文文学》上共发表论文 87 篇，多数论文都与其在文学史写作中所完成的主题直接相关。

② 《编者的话》，《华文文学》试刊号，第 92 页。

③ 从陈的上述论述中，可以看到此时的"海外华文文学"边界相当模糊。在国籍、语种、人种数种视角之间游移，前一种表述中"除了中国文学之外，还包括海外用华文创作的作品"中隐含的海外华文文学是以国籍和语种为基础的，而在他的分类中将"海外华文文学"与"非华裔外国人用华文创作的作品"并置起来，则是以人种与语种视角来分类的，"海外华文文学"也大致相当于秦牧所言的外国华裔的华文写作。这其实是陈想强调海外华文文学不一定是中国人写的而产生的某种笔误，它也体现了我们一般人对海外华文文学的潜意识理解，但这样的矛盾与裂缝，恐怕也与相关"海外华文文学"的理论思考尚未成熟有关。后来陈在 1988 年第 6 期的《香港文学》发表《海外华文文学的定义、特点及发展前景》以及 1990 年在《四海》上发表了《海外华文文学初探》时，理论思考才趋向成熟。

《华文文学》除了直接对"海外华文文学"做了诠释与鉴定之外,在近20年的文学期刊历史中,还不断以考古式的眼光,发掘处在边缘地区和边缘状态的作家作品,尽可能地展现了"海外华文文学"的全貌。

从区域来看,1980年代中期侧重东南亚华文文学和北美华文文学,到1990年代初则拓展到了瑞士(1990)、日本(1992)、荷兰(1992)、毛里求斯(1991)等区域的华文文学,到1990年代中后期则又延伸到德国(1996)、澳大利亚(1996)、法国(1997)、比利时(1997)、丹麦(1997)、越南(1998)等国华文文学,在不断向边缘区域拓展。从文本来看,《华文文学》所刊载的作品多数并不是以审美技巧取胜,而在于其与大陆读者或研究者的陌生化程度。或是来自边缘地区的写作者:如丹麦的元池莲(《带进棺材去的秘密》1997年第2期)、菲律宾的小华(《龙子》1991年第2期)、泰国的阿谁(《生路》1993年第1期)、越南的陈国正(《诗三首》1998年第3期)等;或算是名家但却未引人注目的作品,如白先勇的《惊变——记上海昆剧团〈长生殿〉的演出》(1988年第2期)、陈若曦的《碰到陌生女子的那个上午》(1989年第1期)、尤今的小说而非风靡一时的游记如《水牛和孔雀》(1991年第1期)等、还有非华裔华文作家作品如韩国的许世旭《移动的故乡》(1992年第2期)等。有意思的是,少数作家作品在语句、结构和文字上存在错漏,经过了编辑润饰才得以定型刊载的情况也经常存在。[①]

这种带有"发现性质"的文学传播,其作品鱼龙混杂,未必能给予读者以足够的审美享受,但对于筚路蓝缕式的海外华文文学史写作却意义重大。20世纪70年代末到21世纪初,在大陆文学传播场中,遵循着大陆主流的文学观念,以作品的艺术技巧为评判标准,一部分"华文文学"作品,特别是海外华文文学作品,被有效遮蔽,处于边缘与失语状态,而《华文文学》却在文学史写作的宏阔视野中,试图超越这一文学观念,对不同于大陆主流文学的边缘文学与文学现象表示了尊重与关注,甚至使之进入到文学史意义上的经典行列,从而使得"华文文学"的差异性和丰富性得以展现,学术研究也就成为一部分"华文文学"文本进入大陆视野的重要契机。

[①] 陈贤茂先生曾经跟笔者谈过自己经常给一些作品添色,若仔细阅读期刊,也会发现早期转载一些作品时常在文后见"略有删节、修改"之类的编辑说明。

正如一些评论者所言，《海外华文文学史初编》还存在一些在理论阐释深度缺乏、覆盖面不足[①]等方面的问题，本着精益求精的精神，在1994年陈贤茂等人一边搜集作家作品，一边不断地深化理论思考。在此期间，《华文文学》也实现了一个大的转型，如果说1994年前《华文文学》更多地以他者立场展现"海外华文文学"历史，侧重于事实本身的话；那么，1994年后则侧重于对于历史事实的理论提升，开始"史论"的结合。在不断拓展对边缘区域作家作品的关注之时，明显减少了赏析文章，增加了理论性综述性文章的分量。这些理论性的文章不少便是由《海外华文文学史》著者主笔的，如陈贤茂的《论泰国潮人作家作品之潮汕文化特征》（1994年第1期）、《海外华文文学与中国传统文化》（1997年第2期）和《海外华文文学与中国文学的关系》（1996年第2期）等；吴奕锜的《七十年来泰华文学历史发展概要》（1993年第2期）、翁奕波的《在传统的树桩上嫁接现代——论泰华新诗的美学特色》（1995年第2期）、彭志恒的《东南亚华文文学创作：文化关怀的一个程式》（1996年第3期）、陈剑晖的《越华诗歌的历史回顾及发展方向》（1998年第3期）、赵顺宏的《菲华诗歌发展论略》（1998年第1期）等。

当然，也必须看到随着文学期刊一起成长的文学史，也受到了期刊媒介特征的间接影响与制约。《海外华文文学史》的基本写作模式是区域华文文学概述加作家论。作家论的分量最大，以阐发作品的思想内容和艺术技巧的特点为己任，有解读非常细腻但用语不够严谨的倾向。姜建在评价《海外华文文学史》时也指出，"文学史写作和论文写作，是两种不同的写作，在表述方式和文字上各有不同的要求，该著大体保持了文学史的表述方式，但有时也杂糅了论文式的语言和表述方式，显得比较随意，不够严谨规范，也不够凝练"。这一表述方式上的问题，是这部文学史随期刊生成的特殊境遇所造成的。《文学史》中的很多作家作品论，包括一些评述最初都是为配合文学期刊上所刊载的作品而写[②]，作为评介性文章，侧重对作品思想内蕴和艺术技巧的细致赏读，带有较多的体验色彩与个人色

[①] 如古继堂认为初编给人留下"统论弱、个论盛、大拼盘和体裁杂混"的印象，认为在整体论述、纵向论述、规律阐释方面存在不足。

[②] 如《海外华文文学史》中第二编"泰华文学"中的第七节《陈仃的〈三聘姑娘〉》，原刊于《华文文学》1988年第1期，第三编第三章第二节的《黄东平论》原刊于《华文文学》1990年第2期等，诸如此类，不能胜数。

彩，反而能增强可读性，吸引读者的目光，但作为文学史的片段，却显得过于随意，体验性太强。这种写作特点，就算编者意识到了问题的存在，也很难完全在文学史中抹去，在正式成书前的一些思路与写作成果，必然会成为一种潜在写作，在定型的文学史著作中留下痕迹。这样的裂缝，或许也揭示了以文学期刊为学术阵地的局限性所在。

（三）深度传播——文学批评与文学论争

文学批评与文学创作的关系非常密切，正如布迪厄所说："评论家通过他们对一种艺术的思考直接促进了作品的生产，这种艺术本身也加入了对艺术的思考；评论家同时也通过对一种劳动的思考促进了作品的生产，这种劳动总是包含了艺术家针对其自身的一种劳动。"① 通过对文学作品价值的阐释，赋予文学合法性的意义，文学批评实施着对文学生产的参与，包括对文学传播的参与和影响。因此，有关"华文文学"的批评与研究本身就是一种更深入系统的传播，通过研究深化了对"华文文学"文本的理解，确立了这种文学的价值意义，从而促进了其再生产再传播的过程。作为研究型文学期刊，《华文文学》除了直接呈现文学作品之外，还刊载了大量的文学批评文章，为研究者提供各抒己见的话语空间，以推进"华文文学"在大陆的传播进程，这一用心集中体现在其对待"学术论争"的态度与方式之上。

从试刊号开始，期刊就设置了"论坛"栏，刊载了一些针对焦点问题的争鸣性文章，如1985年第1期登出的黄维樑的《研究香港文学的态度和步骤》，就对文学研究界有关"香港文学"的种种倾向做了理性清理，为当时方兴未艾的香港文学研究热注入了强心针。"学术论争相当于传播学上的热点事件，传媒通过关注甚至制造热点事件，就能迅速提升自己的影响力，因而很多报刊都将此作为基本的经营之道。因为论争首先就是能引起注意，从而达到迅速提升自己的知名度和社会影响力的效果和目的。"② 但《华文文学》却往往对"热问题、冷处理"。

1985—1999年，《华文文学》用专栏"争鸣篇"来刊载的一共有8期5题23篇文章（包括一幅漫画和一篇报道），1986年第1期"香港文学"

---

① ［法］布迪厄：《艺术的法则——文学场的生成和结构》，中央编译出版社2001年版，第207页。

② 董丽敏：《想象的现代性：革新时期的〈小说月报〉研究》，广西师范大学出版社2006年版，第49页。

（3 篇）、1993 年第 2 期"香港作家"（1 篇）、1995 年第 1 期、1997 年第 1 期和 1999 年第 2 期"大陆的台湾诗学"（13 篇）、1996 年第 3 期"《华夏诗报》的报道"（6 篇），此外还有专栏之外的争鸣性文章 3 篇，分别是试刊号上的《研究香港文学的态度与步骤》、1986 年第 4 期韩萌所写的《马华独特性的争论及其他》以及 1988 年第 1 期的林文锦《南洋为何没有伟大作品产生——回忆战前新马文坛的一次文艺论争》。

如果说 1994 年前，《华文文学》上有关学术论争的文章，主要是引导读者关注"华文文学"发展历程上的大事，了解"华文文学"的整体特点和发展趋势，编者还是"隐蔽的上帝"的话，那么，到 1994 年后，除了保持这种"史家"的公正立场外，编者有了更为明显的主体意识，通过编者按语和文章编序等方式深入到了学术论争之中。

从 1995 年刊载"大陆的台湾诗学问题"专题的争论文章，足以显现出编辑者的良苦用心和主体意识。这场被称为是台湾 1990 年代前期的十大诗事之一的论争，首先由《台湾诗学季刊》制作发起，在 1992 年创刊之时，该刊主编李瑞腾先生组织数人对中国大陆学者的几本诗学著作做了集中轰炸，一向以民间立场著称、非常重视学术论争的广州《华夏诗报》马上转载了其中向明先生的文章《不朦胧、也朦胧——评古远清先生》，从而引发了古远清的回应和辩驳，接着又有南乡子卷入其中，于是，台湾、大陆两地学者纷纷摇旗呐喊，掀起了一场持续数年的口舌之战，到 1994 年才基本风平浪静。而《华文文学》却在热潮过后，在 1995 年才做出集中呈现，可见编者并非想利用对热点事件的参与来增加知名度，而是试图通过对热点事件的反思，引发大家正视其中的关键问题。

《华文文学》这种"兼容并收、含而不露"的传播策略，无疑正是媒介作为"意见交换、信息交流和求同存异功能的载体"[①]，作为哈贝·马斯所言之公共空间应该有的立场。这种呈现与参与学术论争的方式，相对于《华夏诗报》、《台湾诗学季刊》[②] 等而言似乎过于被动，缺乏策划意识，但这种面对热点问题时所显现的沉静和理性的态度，又正好代表了典型的大陆学院派的稳健作风，也更有利于推动"华文文学"在大陆的研

[①] ［美］麦克莱：《传媒社会学》，曾静平译，中国传媒大学出版社 2005 年版，第 25 页。

[②] 《华夏诗报》经常主动挑起争端，造成圈子内的热点事件与口舌之战。而《台湾诗学季刊》的主编李瑞腾也擅长策划，常设置一些引爆式的专题专号，引出两岸三地的擂台赛。

究与传播的进程。

但是,我们也要看到,《华文文学》的学术传播模式,其局限性也是显然的。尽管从理论意义上来说,一个刊物的作者群和读者群往往是开放的、流动的,但是从刊物的实际运行来看,《华文文学》的编者、作者和读者基本是专业领域的同一群人①,根本没有意识也难以向社会大众开放。这种自我封闭的文学生产模式,实际上使"华文文学"成为知识生产的纯粹对象,难以走出学院,拓展其影响力。②

二 纯文学视野下的"华文文学"——《收获》[朝花夕拾]栏研究

《收获》③ 在大陆当代文坛有着重要地位。这本创办于 1958 年的老牌文学期刊,虽曾经历几番风雨,但鉴于主编巴金在文学界的影响力及其对文学创作的强力推动与介入,逐渐成为不可或缺的文学阵地,在一定程度上代表了当代中国文坛的水平,被称为"中国当代文学史的简写本"。

同时,《收获》也是 20 世纪 70 年代末以来大陆传播"华文文学"时间最早、力度较大的文学期刊之一。1979 年,它连续两期刊载了 5 篇"华文文学"作品,还率先选载了两部长篇小说④,同《上海文学》、《当代》、《花城》等文学期刊一道,揭开了"华文文学"大陆流播的序幕。从 1979 年至 2002 年,它还开设了多个有关"华文文学"作品的专栏,共刊载作品 78 篇,介绍作家 54 个,相关评介性文章 33 篇,鉴于《收获》在大陆文坛的中心位置,这些传播活动的影响不容忽视。其中,最引人注

---

① 1985—1999 年,历任编者都是汕头大学台港与海外华文文学研究中心的成员,作者除了华文作家之外,大都与研究中心相关,根据统计,共发表 574 篇论文,其中中心成员就占了约 90 篇,占 15%,其他大多也是世界华文文学学会会员的文章。读者方面,由于《华文文学》定位为研究性文学期刊,几乎在市场上没有影响力,发行量不过几千册,基本是在学院的"华文文学"研究者中流转。

② 其他带有一定学术诉求的文学期刊的困境也说明了这种传播模式的局限所在。如《世界华文文学》在面向"希望视野开阔的一流学者"的同时,却面临着经济危机,在大陆,它基本上没有市场发行量,其影响也主要在专业研究领域;在大陆以外,它也没有形成销售网点和固定的读者群,基本上依靠赠阅形式来影响"华文文学"创作界,随着中国文联与中国文联出版社对其经济支持的中断,最终不得不停刊。《台港文学选刊》在试图提高学术地位,刊载较多理论文章时却遭遇了普通读者的质疑和否定,不得不向更大众化的方向迈行。

③ 《收获》在海外也享有较高声誉,是海外留学生喜爱阅读和订阅的文学杂志之一。

④ 包括聂华苓的《桑青与桃红》和於梨华的《傅家的儿女们》选段。

目的是 1986 年到 1990 年间开设的［朝花夕拾］专栏，这一专栏持续时间长，刊载作品量大①，编辑意图清晰，成为《收获》有关"华文文学"的传播活动中的重头戏。

（一）传播个性的显现——［朝花夕拾］的诞生

从 1975 年开始，随着国家文艺政策的调整，出现了文学期刊的创刊复刊热潮，《人民文学》、《诗刊》率先于 1976 年 1 月复刊、紧接着《上海文艺》1977 年复刊，《作品》1978 年 7 月复刊，1978 年 8 月《十月》创刊，《收获》也紧跟时代潮流，1979 年 1 月以谨慎而积极的姿态重现于文坛。在倡导海内外文化交流的时代氛围中，《收获》开始关注"华文文学"。

《收获》对"华文文学"的传播也有着明显的阶段性。1979—1984 年乃一阶段。此时，由于传播渠道不够顺畅，稿源不够丰富，在作家作品的选择上，并未有太大弹性，与其他文学期刊一样，《收获》的目光也集中在聂华苓、於梨华、白先勇、李黎和木子耆等少数作家身上。同时，该阶段所刊载的作品也显得良莠不齐，随意性较大。1979—1984 年，共刊载了 9 篇台港及海外作品，但李黎一位作家就占了 4 篇，另一位作家木子耆占了 2 篇，两位作家在短期内多次出现，而其作品也并非篇篇精彩，这显然是"有什么传播什么"的大环境所致。此外，由于顾及意识形态的问题，所选作品在主题和创作手法上也有所局限。如 1979 年第 5 期选发聂华苓的长篇小说《桑青与桃红》②时，选的是第二部分——《台北一阁楼》，而不是更富有艺术魅力的第四部分。显然，第二部分揭露了国民党的黑暗统治与台湾社会的压抑气氛，更符合主流意识的潜在要求，第四部分的现代主义手法和思想内容有些不合时宜。这种刊载思路及特点并非《收获》所独有，其他文学期刊与出版社都有类似的问题。可见，在此阶段，《收获》对"华文文学"的传播仍处于"异口同声"的阶段，还没能真正彰显自我的选择与个性。

80 年代中期，在较为宽松的环境中，大陆开始更自觉自如地传播和研究"华文文学"。这使得《收获》在传播台港及海外作品时探索个性化

---

① "专栏"共介绍作品 42 篇，作家 34 名，评介性文章 26 篇。
② 《桑青与桃红》1980 在大陆由中国青年出版社 1980 年出版时，第四部分也被腰斩，原因也是其中太多性爱描写等，与《收获》形成了呼应关系。

之路成为可能①。就是此时,"纯文学观"作为对"伤痕、反思文学"创作的一种反思性成果,经过一段时间的酝酿之后,逐渐在大陆文学界成为主流。上海是"纯文学"观念成型和演绎的主要基地,而位居其中的《收获》、《上海文学》等期刊也成为纯文学文本粉墨登场的重要空间。从1985年起,苏童、格非、余华、马原、洪峰、孙甘露、北村等富有先锋性的作家开始出现②,逐渐成为了《收获》的基本作者,纯文学以一种含混而强大的姿态占据了其刊载空间,《收获》也借此实现了一次风格的转型,成为具有先锋色彩的刊物,区别于当时高举现实主义旗帜的《当代》和《十月》。

与期刊整体思路转向相一致的是,《收获》在1985年后,对"华文文学"的选择标准也由注重思想性到偏向艺术性。1985年开设的专栏［文苑纵横］就是一种初步尝试。1985年第3期(6月)该栏正式面世,推出了张爱玲的《倾城之恋》。张自1952年离开大陆后,整整30多年,她的书在大陆成为禁书,在各类文学史著作中也没有痕迹,而《收获》率先推出她1940年代的经典之作③,并附上了与张有较深交往的柯灵先生的评介性文章《遥寄张爱玲》④,该文对张的人生际遇、作品得失作了全面梳理,肯定了其在文学史上的重要性,是大陆张爱玲研究的重要篇章。《收获》此举首开风气,引起强烈的社会反响,读者纷纷来信,颇觉耳目一新,可谓大陆文坛"张爱玲热"之滥觞。该栏还在同年刊载施叔青的《窑变》(第4期)和陈若曦的《尹县长》、《素月的除夕》(第5期),这几篇在艺术技巧和思想内容上颇具特色的作品,也为《收获》赢得了不少口碑。可见,［文苑纵横］的运作已显现了《收获》对"华文文

---

① 作为期刊个性化标志之一的主编,在1986年也正式出现,巴金的名字被书写在扉页显要的位置。

② 《收获》的编辑程永新在1985年的桂林笔会上认识了马原和扎西达娃,同年的《收获》发表了扎西达娃的《巴桑和她的弟妹们》和马原的《西海的无帆船》,标志着先锋小说与《收获》的结缘,后来,1986年、1987年、1988年连续三年在《收获》上都集中刊载了带有先锋性的新潮小说,青年作家具有鲜明的探索性的作品为《收获》注入了新鲜血液,《收获》的面貌由此焕然一新。参考《山花》2004年第11期的《文学期刊与先锋文学》。

③ 1985年7月张爱玲的《传奇》影印本由上海书店出版,这是新时期以来张著在大陆首次出版,比《收获》晚了一个月。

④ 该文已在《香港文学》1985年第2期上刊载,但在大陆发表之后仍引起较大的反响,同年,还在《读书》上再次刊载,被认为是大陆新时期以来张爱玲研究的一篇重要著述。

学"的传播从意识形态视角转向了作品本位视角。不过，专栏之所以称为专栏，本应有明确目标与个性风格，但［文苑纵横］却显得含糊暧昧。其潜在目标是要推荐"华文文学"，却并未在面世之初对此作出明确交代，给人横空出世的印象，名曰"文苑纵横"又有范围过广、目标含混之嫌。因此，第二年，这一专栏被［朝花夕拾］所替代。

作为刊载"华文文学"的专栏，［朝花夕拾］继承了［文苑纵横］作品加评介的刊载模式，但其编辑队伍也更为壮观、编辑意图更为明确清晰。由一个《收获》的专职编辑（桑晔）、一个大陆的新锐作家（张辛欣）和一个海外华文报刊的主编与作家（美国华文作家、《美洲华侨日报》文艺副刊主编王渝）所构成的编辑阵营，凝聚了各方力量，在稿源获取、作品赏析等方面具备优势。"专栏"在首次与读者见面时，编辑们以《我们的自白》一文畅言了专栏的理想，清晰了编辑意图。《收获》杂志的桑晔强调"尽量保证在祖国大陆首先刊发台湾当年的重要作品，但如果是好作品，则可以是"精选于很长一个历史阶段的"[①]。编辑们的说法各有侧重点，但基本思路却是一致的，"他山之石，可以攻玉"[②]，意在尽可能地及时推荐一些"华文文学"中的优秀之作，促进大陆文学的发展。

（二）美学经典的凸显与建构——［朝花夕拾］的实践

毫无疑问，［朝花夕拾］的目标是推荐"华文文学"精品。为了突出精品意识，［朝花夕拾］着重从台湾联合报文学奖、时报文学奖、联合文学等获奖作品中遴选，这些文学奖面向台港与海外等地，具有很强的权威性和广泛的影响力，重视艺术创新，从中选择精品不失为便捷之道。据笔者统计，"专栏"刊载的 42 篇作品中，有 20 篇是获取过某类文学奖的。不过，"专栏"也并非唯奖是瞻；无论获奖与否，文本都经过编辑者的反复斟酌才被选定，虽然编辑们个人的审美趣味可能有所差异，但他们的选择标准却有一致的倾向性；以"专栏"重点推荐的作家西西和张系国[③]等的作品为例，我们可以摸索出［朝花夕拾］栏对文

[①] 王渝等：《我们的自白》，《收获》1986 年第 1 期，第 108—109 页。

[②] 同上。

[③] 张系国和西西都获得两次亮相于［朝花夕拾］专栏的机会。在一个空间有限的小栏目中两次推荐同一个作家，并不平常，"专栏"所推荐的 34 位作家，只有他们两位获此殊荣，足见其重要性。

学精品的认定标准。

西西是一位不断进行文体实验、苦心经营叙事技巧的作家,刘登翰的《香港文学史》中这样说道:"西西是香港作家中探索小说的叙事形式最为不知疲倦的一个。她在这方面对香港小说创作的贡献可以说无出左右。"[1] 其实,就"如何讲故事"这一点而言,在整个汉语文学创作领域,西西的成就也是不可忽略的。[朝花夕拾] 所刊载的《肥土镇灰阑记》(1987 年第 3 期)和《母鱼》(1989 年第 1 期)都是其叙事艺术的代表之作。写于 1983 年的《肥土镇灰阑记》是一篇备受批评家关注的小说,那个被演绎了无数次的包公判案的故事,在西西笔下却呈现了迥然不同的风貌,小说从边缘的、微弱的儿童视角对所谓的正义、智慧和历史真相进行了解构,其陌生化的手法与效果,既令人震撼又发人深思。

除重视艺术技巧本身外,艺术个性也是"专栏"所推崇的,对张系国作品的选择策略可为一例。如"专栏"编辑王渝所言,"张系国是一位富有实验开拓精神的作家,对小说的表现形式和叙述技巧十分讲究,尤其在短篇小说的创作中,常出现令人惊喜的新颖风格"[2],这应该是其作品被"专栏"看好的基础。不过,作为台湾留学生文学的代表者,被白先勇称为"第三代留美作家的中坚"的张系国,在 20 世纪 60 年代中创作的充满"漂泊、无根"感和强烈民族主义情怀的留学生文学,尽管汇入了当时留学生文学的主流中,却缺乏独特的思想内蕴和刻意的艺术经营,还未能充分显现其创作个性;倒是 70 年代前后开始创作的科幻小说体现了这位从事计算机行业的作家的独特风格和巨大影响力[3]。[朝花夕拾] 没有选择其留学生题材的作品,而是刊载了其科幻小说《棋王》与《超人列传》,无疑显现了编辑对于创作个性的重视。"专栏"对创作个性和艺术技巧的推崇,也就是对"个性的自主"和"形式的自主"的认可与肯定;而"个性的自主"和"形式的自主"正是 80 年代纯文学具体内涵

---

[1] 刘登翰:《香港文学史》,人民文学出版社 1999 年版,第 441 页。
[2] 王渝:《主持人的话》,《收获》1988 年第 5 期,第 186 页。
[3] 如在刘登翰的《台湾文学史》中,在讲述张系国时,重点呈现的却是其反映民族主义和留学生题材的文学,科幻小说一句话带过。

的另一种表述形式①。可见，[朝花夕拾]对"华文文学"精品的选择标准就是《收获》所倡导的"纯文学"观念的衍化和演绎，它侧重于呈现"美学意义"的精品。

在80年代中期到90年代初，《收获》这一选择是独特的。此时受台港通俗文学热的影响，大陆文学期刊选择"华文文学"时都倾向于"可读性与艺术性并重"；有些期刊甚至突出文本的"可读性"，以吸引读者占据阅读市场，如《台港文学选刊》、《海峡》、《花城》等都接近这一思路。而《收获》却是反其道而行之，并不那么重视可读性；应该说，"专栏"中的多数作品因刻意经营艺术形式而显得晦涩难懂，就是对专业研究者的阅读经验也是一种挑战。显然，[朝花夕拾]栏的隐含读者和现实读者不是普通读者，而是包括先锋作家在内的文学精英们。

在刊载形式上，《朝花夕拾》专栏采取的策略是转载加评介。这乍看很难说是一种个性化的选择，因自70年代末以来，不少文学期刊，鉴于读者对作品背景的无知以及稿源获取的不易和滞后等问题，从《上海文学》、《花城》、《福建文学》到《台港文学选刊》、《华文文学》等都曾采用过或仍在运用这种传播方式。但同是转载与评价，仍会因编辑者传播理念的差异而显现出个性。从传播学的角度来看，转载与评介都是传播主体对于信息进行二次编码的行为，而编码就是将目的、意愿或意义转化为符号的过程，②传播主体的动机、需求、态度等都可能融合在信息之中，影响传播的结果。因此，必须详细分析《朝花夕拾》的具体运作，才可显现出专栏刊载策略的个性所在。

首先，"专栏"以转载为刊载策略，不能全归于信息的不便利。因为在此之前，台湾旅美作家李黎的《天凉好个秋》、《巴黎的鲜花》都是在《收获》首发的，但这类作品尚未经受时空的考验，难以体现"专栏"所

---

① 陶东风、李松岳认为纯文学有三种含义，一种是关注形式本身的实验与创新，另一种是坚持写作态度和价值立场的纯粹和严肃，还有一种是表现作家的本真、独特的个性与自我的文学。但无论把何者作为"纯文学"的标准，其内涵都与文学的自主性基本相同，即表现为形式自主、个性自主和精神自主，而1980年代中的"纯文学"观念，更多的体现为"个性的自主"和"形式的自主"，前者相对的是类型化、模式化的文学，后者相对的则是以作品所反映的重大社会问题取胜的文学（陶东风、李松岳：《从社会理论视角看文学的自主性——兼谈"纯文学"问题》，《花城》2002年第1期，第202页）。

② [美]沃纳赛佛林、小詹姆斯坦卡德：《传播理论：起源、方法与运用》，郭镇之等译，华夏出版社2000年版，第88页。

强调的"精品"意识。相对而言,"转载"则可以克服这些障碍,尽可能的凸显佳作。因为"转载"是在已获认可的作品中再次进行选择,起点会更高些,同时,也意味着从文本到传播之间出现了一段时空距离,有利于"精品"的浮现。

正因此,我们也可以看到"专栏"并没有非常重视"时效性"。当时大部分文学期刊开设"专栏",定位都是"打开一扇瞭望'华文文学'的窗子",既是作为"窗口","时效性"自然是题中之义。如《台港文学选刊》的特点紧跟台港文学的现实,尽量刊载新作,《花城》也不时刊载一些畅销作家亦舒、廖辉英等的作品。"专栏"最初也设想"尽快把台港与海外的佳作介绍过来",但实际上,为了凸显精品,却表现了对"时效性"的规避,侧重转载的是"精选于很长一个历史阶段的"的旧作。据笔者统计,同步刊载的只有李黎的《炎凉旅情》,隔年转载的有5篇,其他36篇都是几年前的,有些还相隔近20年。如"专栏"1987年和1988年刊载了张系国的《超人列传》与《棋王》,其原发时间分别为1969年和1974年;1989年刊载李永平的《日头雨》和1990年刊载马森《鸭子》、《孤绝》,其原发时间均为1979年。如此长的时间跨度,一定程度上保证了转载作品的"经典性"。

[朝花夕拾]的评介性文章也很有特色,是一种人格化的评价。《台港文学选刊》、《华文文学》等专门性期刊,其评介文章更多"研究论文"的意味,《当代》、《花城》《人民文学》、《十月》等也多为纯客观的作家简介;这些期刊的评介文章基本上都是独白型的话语方式,较为呆板凝滞。相比之下,"专栏"设置的主持人形象则显得别具一格。评介文章中,主持人以口头化的语言,以第一人称"我"的叙述方式,面向读者倾心而谈,形成了一种富有对话精神和人格魅力的话语空间。这种类似人际传播的氛围,不但容易使读者产生认同,有利于增强传播效果;另一方面也容许主持人张扬自己的个性,从而更具有吸引力和亲切感。如张辛欣热情洋溢、快人快语,常将自己的主观爱好与情感倾向直接表现出来,在介绍黄凡的《小说实验》时言:"不感兴趣就不要看";王渝慢条斯理、客观冷静,常以综合他人意见的方式进行评价,不直接表露自己的意见,如《杀夫》一文的介绍就是全面梳理台湾文坛对作品的种种评价;李子云则亲切自然、娓娓道来,常将作品与大陆文学或现实生活进行类比,拉近读者与作品的距离,如在评介台湾青年作家卢非易的《山外山》和

《斜阳余一寸》时，她写到"我所以选中这两篇，也许正因为它们涉及的社会现象在这一方面或那一方面与我们这里有某种类似之处"①。这种人格化的评介，与《收获》倡导的"个性自主"也形成了深层的呼应关系。

[朝花夕拾]的传播实践，演绎与强化了"纯文学"观念，成为大陆"纯文学"思潮的组成部分。但正因这一传播过程凸显了"艺术标准"，它也成为美学意义上的"华文文学"经典在大陆被显现与建构的重要契机。鉴于《收获》及其主编巴金的影响力，[朝花夕拾]中"华文文学"经典的建构策略与结果，必然超出期刊自身，形成更大的效力。

（三）困境与机遇——"纯文学"视野下的"华文文学"

因受到纯文学观念的影响，《收获》[朝花夕拾]专栏的传播实践中，也出现了对"华文文学"的一些认识偏差，产生了不良后果。

首先，"专栏"对作为"华文文学"重要组成部分的"通俗文学"缺乏必要的尊重与重视。80年代的纯文学与通俗文学界限分明，两者并未被放置于同一评价体系之中；即使在1988年后，随着纸张价格的飞涨和印数的递减，文学期刊遭遇了市场压力，但文学精英们仍带着为"艺术"献身的悲怆情怀，在与通俗文学的疏离中显现着道德优越感，保持了对"纯文学"的坚定信念。《收获》也在1988年一度面临经济压力，但它正是在1989年将"纯文学"作为旗帜书写在杂志封面上，可见其捍卫"纯文学"的鲜明立场。[朝花夕拾]栏可谓这种立场的一面镜子。正因此，"专栏"中，备受大陆读者青睐的言情、武侠文学自不在视野中，就是在介绍一些情感类小说时，也着力拉开它与一般言情小说的距离，表白"纯文学"的鲜明立场。如李子云在介绍冯青的《蓝裙子》有这样的评介："由于她在选材方面不像有的台湾女作家那样陷入爱情、婚外恋的沼泽无法自拔，而且在表现方式上也避去了那种煽情的写法，因而它们与那类在叙述上停留于故事表层，并显得轻飘佻达的通俗作品拉开了距离。"②

纯文学至高论，化为一部分读者的期待视野，除了影响《收获》对"华文文学"作品的选择与刊载策略外，也影响了其他文学期刊对"华文文学"的定位与刊载策略。如《花城》最先是以"海洋特色"作为刊物

---

① 李子云：《主持人的话》，《收获》1988年第2期，第191页。

② 同上书，第121页。

口号的，较多地刊载台港澳等地的文学作品，但因作品的"审美性"问题，这一办刊理念遭受了一些非议。1980年元旦前后，《花城》在北京和广州两地召开座谈会，座谈会上不少作家和批评家们对台港澳文学的审美性表示了怀疑，认为过多的刊载这类作品，将影响杂志的品味[1]。会议之后，《花城》的《香港文学选载》专栏由第2栏移到第6栏，刊载量和刊载密度也有所减弱。

其次，"专栏"在刊载区域上出现"以偏概全"的现象。"专栏"草创之时，便宣称《朝花夕拾》"是发表并评介台港、海外作家和作品的园地"。但实际却以台湾文学为主[2]，香港文学仅有两篇，东南亚等几乎没有正面提及[3]。为什么会出现这一情况呢？李子云提到为"专栏"选稿时的困境说："造成这种状况的原因还不全是资料来源的局限，更主要的则在于最近台湾严肃文学的不振。……既然台湾文坛近期缺乏佳作，本栏至本期告一段落"[4]。这种将"台湾文学"代替"华文文学"的措辞不能视为"口误"，而是无意识中折射出编者的一种认识，那就是台湾文学有着足够的代表性，而这一代表性是由"台湾的严肃文学"的价值来保证的。既然台湾的严肃文学不振，故这一栏目也该鸣锣收兵了。这种以严肃文学创作来衡量区域华文文学之成就，并由此划分传播与研究重心的理念，在当时乃至现在的大陆学界都是大有市场的。更重要的是，由于台港文学的主要影响是通俗文学，而海外华文文学也难以经受大陆纯文学标准的考验，故有关"台港与海外华文文学审美价值缺失"的偏见也就油然而生。这种认识逐渐内化为一种集体无意识，开始影响大陆学界对台港与海外华文文学的定位与进一步探索。

抛却纯文学观念中对于"通俗文学"的道德鄙视和对立情绪，纯文学传播模式中对技术因素和个性因素的强调与重视，对于"华文文学"创作而言，未尝不是一种机遇和挑战。一方面，它使得一部分"华文文学"作品能跨越意识形态和国家区域界限，凭借艺术技巧的魅力，在汉语文学中获得认可，造就广泛影响，走向经典化里程，如白先勇、余光

---

[1] 佚名：《愿你增色——作家、美术家对本刊的批评和建议》，《花城》1980年第5期，第250—252页。

[2] 其中一些被认为是旅美的台湾作家。

[3] 张贵兴和李永平都被当成台湾作家来评价。

[4] 李子云：《主持人的话》，《收获》1990年第6期，第117页。

中、严歌苓等就是在这一选择标准之下逐渐被大陆文坛认可,已经或有望成为汉语文学的美学经典。另一方面,对于仍在隅隅而行的"华文文学"创作而言,为了进一步的自我生存与发展,提高写作技巧、张扬创作个性永远是一个必须面对的重大命题。

三 大众视野下的文学传播——《台港文学选刊》

在有关"华文文学"的大陆文学期刊中,《台港文学选刊》①的独特性在于其读者定位的广泛性,它既没有放弃读者中的研究群体,又着力于在市场上立稳脚跟,为普通读者服务,是受众定位极为广泛的大众型文学期刊。因此,从《选刊》的运作来考察大众视野下大陆文学期刊对"华文文学"的传播及其效应,就具有典型意义。

(一) 随机应变——大众型文学期刊的历史

大众类文学期刊的特点不止是追求内容与形式的通俗性,更体现在介入文化市场时所衍生的应变意识与能力。1982—1983 年,《福建文学》开辟了一个[台湾文学之窗]的专栏,很受读者喜爱,编辑们大受鼓舞,便着手筹办一个专门刊载台湾、香港等地文学的刊物,经过一段时间的酝酿后,1984 年 9 月,《台港文学选刊》双月刊以《福建文学》副刊的形式在福州面世。1985—1988 年,《选刊》在内容和形式方面都更显个性,作为大陆第一家"华文文学"的专门性刊物,此阶段的《选刊》常以专题专辑形式对作家或文学现象作系统评介,但其整体风格的大众化却是显然的。期刊封面为电影明星或时尚女性照片,整个装帧趋向大众化;受出版市场的"台湾通俗文学热"影响,三毛、琼瑶、亦舒、张爱玲、林燕妮、张君默等正在大陆走红者的作品也是《选刊》的刊载重心;[漫画一页]、[影视一瞥]、[银幕内外]等"泛文学"类栏目成为深受读者喜爱的特色专栏。《选刊》的"泛文学、通俗化"发展路径,也确保了其读者群体的广泛性,从工厂工人、学校教师与学生,部队官兵、政府机关成员到部分农村读者,均在《选刊》的读者群中占一定比例,其月发行量也稳步提升到 40 万左右。

---

① 虽名曰《台港文学选刊》,但亦刊载海外华文文学作品,特别是 1994 年后,海外华文文学的分量递增,还出过海外华文作品专号和海外华文女作家专号,故可称为是传播"华文文学"作品的期刊。

1989—1994年，《选刊》作出了较大调整，它既在贴近读者群体中有较大影响力和话语权的研究者，也没有放弃由中大学生、工人等组成的普通读者群，由此更鲜明地表现出了兼顾雅俗的倾向。为适应信息流动加快的时代语境，《选刊》缩短了出版周期，由双月刊改为单月刊；在刊物内容方面，采取一刊多版的出版形式——即整体风格（突出表现在封面上）基本统一，文本的内容倾向在不同月份稍作变动，形成不同版本，以满足多样化的读者需求。1989—1992年，《选刊》采取单双月分版的方式，逢单出综合版，逢双出中长篇小说专号。单月版本多以专题专辑形式组稿，更为关注"纯文学"创作，兼有相当分量的文学评论，是富于学术研究意识的文学传播，而双月版本为注重可读性和当下性的言情小说与传记文学，是适应普通读者阅读的文学作品。1993年，受发行量下降及成本上升等因素影响，页数减为76页，每月分为不同专题专号出版，出过新生代作家、幽默作品、女作家、纪实文学、文学夫妻、问题小说、言情小说、旅外作品等专号，呈现出流动多变的风貌。1994年，《选刊》容量稍有扩大，页数升为80页；应不少读者呼吁增加写实性文学的要求，单双月重新分版，单月为综合版，双月为纪实文学版，基本保持了一雅一俗的变化节奏。此一阶段，《选刊》的发行量虽上下跌宕，月发行量平均保持在4万左右，仍属赢利状况。

1995—1997年，为了应对竞争日渐激烈的文学期刊市场，《选刊》又有了新的变动，改为大开本的形式，页数虽缩至64—56页（1995年64页，1996—1997年56页），容量却有所增加；每月版式仍有针对性地加以变换，穿插各种专号；减少了专业研究者的评论性文章的版面，增加了新闻性、报道性文章的分量；新辟的［大千世界］、［社会档案］和［烟尘长望］等特色专栏，以逸闻趣事、新闻事件、台港等地的生活与文化现象为关注焦点，容纳了更多溢出了文学范围的纪实类文章（如《日本慰安妇内幕》，1995年第7期）。1998年到2002年，《选刊》作出进一步的调整，变化更大。1998—1999年间每期页数增为72页，2000年又增为104页，杂志出现图书化倾向。同时中长篇小说的分量减少，文章篇幅变短；刊物风格也变得更为时尚青春，生活味道更为浓烈。在栏目设置上，打破文学与非文学的边界；以特定主题组合稿件，一栏之下，既有虚构类小说、又有新闻报道和议论性文章。此外，为数众多的纪实类专栏如［大千世界］、［文化观察］、［当下论语］、［浮世绘］等的出现，使《选刊》的新闻性凌驾于文学性之上，其发展方向与旨趣越来越贴近《家庭》、《知音》、《读者》等综合性文化期刊。可见，1990年代中期以后，《选刊》的运作受到了日益"快餐化、娱乐化"的读者口味的制约与影响。

2003年7月，《选刊》全面改版，增设心心副刊，走青春阅读路线，刊物大门包括大陆作者的向全球作者开放，《选刊》作为"华文文学"专门性刊物的历史也告一段落。在20多年来的风雨历程中，由于读者群的迁移和大语境的变化，作为大众型刊物的《选刊》一直不断地自我改变与调整以求得生存与发展。那么，在流变的大众视野之下，《选刊》对"华文文学"的传播又具备怎样的特点与规律呢？

（二）文本选择——可读性与当下性

《选刊》对于"华文文学"的选择标准，一向宣称"艺术性（或文学性）与可读性"并重，或强调"思想性、艺术性与可读性"[①]；但从其历年来的导读模式、专栏设置、文章主题、作者群体等方面的倾向来看，《选刊》在具体运作中对于"可读性"的重视不逊于"艺术性"，甚至有强化强调"可读性"的意味。

导读一般为内容简介或编者寄语，通常位于期刊的扉页，或对主要作品作出批点或阐明本期宗旨，目的都在于拉近与读者的距离、唤起读者的阅读兴趣；它的话语方式往往因期刊而异，犹如刊物的脸面，虽为冰山一角却展现期刊个性与编辑意图。《选刊》的导读模式在20年多年间（1984—1997年）均无显著变化，以内容简介为主，偶尔附加编者直接寄语，其特点是用"讲故事"的形式展现文本内容，造成悬念与刺激，激起阅读的欲求。

富有暗示性和渲染性的语言，设置悬念、若说还羞、意料之外、省略等话语方式，构成了《选刊》特有的煽情、刺激而又温柔的导读模式，它将文本装饰成一个个富有空白感与诱惑力的"故事"（其实有些文本并非如此有故事），试图征服的正是那些在文学中寻找"娱乐和满足"的读者，由此不难体悟到"可读性"对于《选刊》的重要性所在。

---

① 在《选刊》历年的发行广告词中常见"艺术性与可读性并重"的提法，如1988年每期的最后一页（96页）便宣称"创办四年多来，精心筹划以使容涵丰富，执著追求以达雅俗共赏，文学性与可读性兼具"。

情爱主题一直是台湾香港小说创作的热点。这类题材不但可游刃于政治边缘而获得巨大的生存空间，也满足了都市社会中人们的审美与情感需求。台港比大陆的都市化进程要提前20年，在快节奏的都市社会中，婚姻、家庭和爱情都成为易碎品，人们生活在日益复杂多变的感情纠葛之中，更加渴求情感的慰藉与释放。因而在喧嚣的都市情境中，作家们不断地书写和演绎着五花八门的情爱故事，寻求着都市人感情的慰藉与释放途径。这样的创作趋向是《选刊》的文本选择策略的前提。但《选刊》一旦以专题专号专栏形式将这些文章集装起来，将之线条化连续化，就进一步强化和凸显了这一创作特性。

在大众口味中，犹如吃饭少不了菜一样，具有"可读性"的作品总是离不开感情纠葛，这些作家作品契合了大陆都市化进程中所形成的社会心理与阅读趣味，"好看"的味道就飘溢而来。

对情爱主题的重视，使《选刊》中活跃着一大批以爱情、婚姻与家庭为写作焦点的作者。从依达、琼瑶、华严、亦舒、岑凯伦、严沁、林燕妮、姬小苔、玄小佛、朱秀娟、西茜凰、杨小云、温小平到三毛、萧飒、席慕容、郭良蕙、张小娴、袁琼琼、张晓风、廖辉英、苏伟贞、张曼娟、郑宝娟、曹又方、吴淡如、朵拉、葛爱华、曾阳晴、成英姝、陈雪乃至艺术技巧偏高的林海音、张爱玲、李昂、琦君、简媜、施叔青、西西、黄碧云、钟晓阳等，络绎不绝，颇为壮观。他们形形色色的爱情文本的叠加也造就了《选刊》阴柔甚于阳刚的整体风格。[1]

由于偏重"可读性"标准，《选刊》对实验性和探索性文本关注相对较少，成为主流的是雅俗共赏的作家作品，这与特别注重"艺术技法"的《收获》等文学期刊对"华文文学"的传播策略保持了一定距离[2]，

---

[1] 《台港文学选刊》不少读者也提出，其情字太重，女性化浓烈，参见邹晴《读者评刊会速记》，《台港文学选刊》1990年第6期，第18页；《海峡》也有不少读者反映太多囿于都市人的情感波折、婚恋变故，参见2000年第2期的《海峡》的《读者信箱》。

[2] 如在1980年代中期，《选刊》与《收获》两本期刊在对香港作家西西进行评价时，就表现了不同的趣味。《选刊》选择了《象我这样一个女子》（1986年第4期），而《收获》选择的是《肥土镇灰阑记》（1987年第3期）。《象我这样一个女子》是一篇叙述手法较为平实、常被当成爱情故事来阅读的小说，除了题材的独特（《一个殡仪馆化妆师的爱情》）外，在富于实验性的西西小说中，其艺术手法并无过人之处。《肥土镇灰阑记》却是一篇充分展现西西艺术实验精神的代表作，跳跃、凝滞的叙述方式、蒙太奇式的镜头与画面转换，繁复变化的语言风格，缺乏故事性的单一情节设置，都成为特意设置的阅读障碍。

与主张不拘一格,甚至全盘照收的发现式传播的《华文文学》等文学期刊也是不一样的。

为了吸引大陆读者对"华文文学"的持续关注,编者经常有意识地进行专题策划,制造阅读热点以凸显文本的"当下性"(特别是1990年代以来)。其策划角度灵活变化,文学现象、文学事件、社会热点等均在视野之中。较为常见的视角是以文学现象与文学思潮组合稿件,形象地展现创作动向。如1990年第3期的"台湾后现代诗选",对台湾诗坛的新兴思潮作了集中展现,1994年第5期的散文"禅思五品",对台湾文坛近年来日见炽热的说佛谈禅风气作了聚焦,1999年第2期的少君专辑,渐成气候的"华文文学"网络写作得到了关注,2000年第8期的"新势力小说"关注的是台湾80年代后作家的小说创作,2002年第7期的"蓝色诱惑"专题,意在引起人们对在世界范围内兴盛的环保文学和生态写作的注意。就是同一类文学创作,《选刊》也会经常关注其历史或命名的变迁。如一些文学现象命名的变迁过程就被《选刊》迅速捕捉并反映出来。1995年第9期的严歌苓小说还被置于"欧美华文小说林"专题之下,到1998年第8期的严歌苓专题则成为"羁旅文学",而到2002年第10期的"虹影"专题,则位于"流散文学"栏之下了。新的文学现象、新的创作理念、新的文学流派、新的文学术语、新锐作家都是《选刊》策划专题的主要线索,由此,"华文文学"的新发展也就被迅速地引导到受众视野之中。

第二种方式是借助文学事件,策划系列专题,形成阅读热点。文坛名家的仙逝成为《选刊》策划的一大契机。如1998年台湾著名作家朱西宁3月22日因肺癌病逝后,在台湾地区引起了一阵追思的热潮,《选刊》也于1998第6、7、8三期相继关注此事件。第6期有点纪念专刊的味道,扉页以朱的生活照和他的一段短文为导读,其后编排了5位台湾作家的悼念文章,并附编者按语叙述其生平、创作成就与逝世原因,另加朱的作品年表,颇为隆重。接下来,第7期又顺势策划了"文学家庭"专题,扉页是朱西宁的全家福照片和介绍文章《小说家族相濡以文》,后又刊载了朱及其三个作家女儿的6篇作品及一篇有关朱天文的专访,另附朱氏家族创作概况表,持续着关注热度。第8期又刊登了纪念文章《关于朱西宁先生二三事》,有些余音袅绕的感觉,连续数期的专题刊载构成了对朱的立体式报道。此外,还策划过梁实秋(1988年第2期)、三毛(1991年第 2 期，1991 年第 3 期、1991 年第 5 期)、高阳（1992 年第 8 期）、顾城（1993 年第 2 期，1994 年第 3 期）、张爱玲（1995 年第 10 期，1995 年第 11 期），林耀德（1996 年第 3 期）等人的纪念专辑。这些纪念性专集，既是一种富有文学史意识的综合性研究，又借表达悼念之情呼应和延宕了读者的关注热情，实乃一箭双雕之策。

第三种方式是策划与政治事件、社会热点与文化现象相关的专题，形成阅读热点。1992 年正是王朔小说当红，大陆通俗文学地位一路攀升的时候，《选刊》嗅觉灵敏，适时推出"通俗小说专号"（1992 年第 12 期），从理论与作品两方面对通俗文学进行了集中展现与探讨；针对 1995 年在北京召开的世界妇女大会，亦设立女作家专号（1995 年第 3 期）加以回应，1999 年 9 月 21 日台湾遭遇罕见的大地震，选刊即在第 12 期推出专辑"文学走入震灾场"，以求引起各方关注。2001 年琼瑶电视剧《情深深、雨濛濛》在大陆热播之时，《选刊》策划了同名专题，选载了剧本的部分内容，并转载了有关该剧的创作背景和拍摄花絮的文章。

编者对创作动态的敏捷把握与对接受心理的及时梳理是《选刊》中"华文文学"文本当下性的源泉，也就是说《选刊》在不断寻找创作和接受两重语境的契合点，努力把握时代跳动的脉搏，以赢得文化市场的认可与接纳。1986—1988 年的新闻小说、报道文学到 1988 年的探亲文学（1988 年第 2 期）到 90 年代初的纪实文学、90 年代中期的新移民文学再到 90 年代末的网络文学，从 80 年代注重中长篇小说到 21 世纪初注重极短篇小说，从台港文学到海外华文文学，《选刊》20 多年的历史，既是一部浓缩的"华文文学"的发展历史，也是一部活跃着的"华文文学"的大陆流播历史，当然，在这样的交叉地带躁动着的"华文文学"，当是被《选刊》叙述出来的"新生者"。

（三）读者参与办刊和"华文文学"研究的大众化试验

对于大众型期刊而言，读者是真正的上帝，读者与刊物之间倾向于朋友与合作者的关系。对此，《选刊》当是十分认可并身体力行的，其编者总结道："我们从来不说读者是上帝。我们是当局者，读者也不是旁观者。编好一本刊物，是编辑的事，也是你的事，更是我们大家共同的事。你是读者，就是参与者，也就是这本刊物的主人，我们就是朋友。"[①]

[①] 编者寄语，《台港文学选刊》1995 年第 9 期，第 2 页。

《选刊》自创刊之日起就意识到了读者的重要性。1985年第2期（创刊的第二年）就开设了［读者公园栏］（1986年第2期又改为［读者广场］），不定期地刊载少量读者来稿，在长期设置的导读中也活跃着读者的需求与意志。不过，在1988年前，尽管编辑部每年收到近千封读者来信，但多数读者的声音还无法直接在刊物中出现，《选刊》的读者仍处在后台布景之中。1988年间，大陆文学期刊遭遇了前所未有的市场"地震"，财政补贴危机（断奶说）以及发行量的下滑，使不少期刊人陷入了恐慌之中。尽管《选刊》的发行量此时还呈上升趋势，但与它有血缘关系，同属于福建省文联管辖之下的《福建文学》却陷入了困境，这使得《选刊》编者居安思危，未雨绸缪，开始进一步加强与读者的联系。不过真正显现《选刊》读者策略的独特性的却是几次以读者为主体的有奖征文活动——"选刊之友"征文和读者推荐奖活动。在这些活动中，《选刊》的读者真正由幕后走到了台前，成为选刊运作的核心力量。

　　1988年第6期，《选刊》登出了"选刊之友"有奖征文启事①，要求读者对"《选刊》1988年下半年至1989年上半年各期所载作品作出评论"②，或对《选刊》作出"综合性评论（含印象、意见、建议等）"；"征文形式不拘，短评、杂谈、随笔、札记、信函皆可，以千字为限，至多不超过2千字"，并强调不需要缴纳报名费，征文可在《选刊》上分期选发③。由于形式自由、规则宽松，吸引了不少读者参与，踊跃来稿，其中一位读者投稿次数竟达到十多次，第一次征文共收到遍及全国各中大城市的来稿360多篇文章，反响强烈。此后，《选刊》又于1990—1994年相继举办了3次类似的活动，均收到了很好的效果。

　　尽管"选刊之友"征文活动包括了评刊文章与作品评议两类，但收到的稿件仍以作品评议为主，可以说是一项卓有成效的有关"华文文学"的大众性批评活动。首先，征文活动的参与者来自不同阶层与职业，涵盖面很广，绝大多数不是专业研究者，而是由中学生、待业青年，工人、战

---

　　① 这一活动也是读者的建议。1989年，一位读者来信建议设立有奖推荐，以发动和吸引国内的台港文学研究者推荐选目，这一意见被编辑部采纳（朱文华：《四条建议、一个希望》，《选刊》1989年第4期，第84页）。

　　② 第二届则改为自1984年以来的《台港文学选刊》的所有作品，也使读者的评论对象更自由更广泛。

　　③ 《〈选刊〉之友有奖征文活动启事》，《台港文学选刊》1988年第6期，第96页。

士、编辑、教师、中大学生、政府工作人员等组成的普通读者群,充分显现出《选刊》读者的"大众结构"①。其次是刊载力度大,获奖人数多。从1989年到1994年间,特意为征文开设的"选刊之友"栏共刊载了303篇来稿(还尚未包括1991年第3期、1992年第2期、1994年第2期集中摘辑的35则来稿),平均每期刊登4—5篇,为读者来稿提供了足够大的发表空间。四次获奖总人数达112人,平均每次28人②,刊载力度之大,获奖人数之多体现了《选刊》对这一活动的诚意与用心。正因此,一个有关"华文文学"的大众话语空间在《选刊》中蓬勃生长着,并显现出其独特意义。

在这样一个大众话语空间中,普通读者显现出与专业研究者迥异的对"华文文学"的接受立场与倾向。从其评议对象看,他们的焦点多是琼瑶、三毛、席慕容、亦舒、龙应台与廖辉英等流行的、通俗性的作家作品③,或是一些具有新闻性的文学事件,如1991年的"三毛之死"引出了很多读者的纷纷来稿,《选刊》在1991年第5期刊出了读者的13篇纪念性文章。从其接受方式来看,他们对"华文文学"是一种生活化的接受,参照式的阅读④。很多读者谈到自己的生活是怎样被阅读所指引,而阅读又是怎样和自己的生活融合,如一位读者言在初恋失败的痛苦中读席慕容的诗得到了慰藉,从此接受并开始喜欢席慕容(1990年第8期),另一位读者则强调自己是中年人,所以喜欢描写中年心境的作品《中年是下午茶》(1990年第12期)。一位从小患小儿麻痹症的读者,在阅读有关残疾人生活的纪实文学作品《三根手指下的天地》后受到了鼓舞,燃烧起生活的热情(1993年第2期)。还有一些读者宣称在看了《选刊》上刊载的龙应台、廖辉英的作品后激起对相关作品的狂热阅读与后继购买欲望,另一些读者则谈到阅读了某人的诗歌、散文后大受感染,也模仿其风

---

① 大概是为了顾全各个层面读者的期待心理,《选刊》每期刊出的来稿,其作者身份也力求多样化,来自企业、政府机关和学校等均有,其中还有一些是农村读者的来稿。

② 各次获奖人数分别为第一次31人,第二次30人,第三次25人,第四次26人。

③ 与这些作家作品相关的评论性文章刊载多的原因虽首先与编辑和刊物的导向有关,但主要还是相关来稿较多,在第一次和第二次的"选刊之友"综述中编者都提及了这一事实。

④ 参照式阅读是《〈达拉斯〉的跨文化解读》([英]泰玛·利贝斯、埃利胡·卡茨著,刘自雄译,华夏出版社2003年版)一书中提出的普通读者对待通俗文艺的一种阅读方式,即把作品和自己的生活直接联系起来的一种阅读与接受方式。

格进行创作,居然一发不可收拾从此走上了创作的道路。如此种种,都显现了一种与生活融会的阅读与接受模式①。这种生活化的阅读、参照式的批评催生了一种新的表述方式,它不经意间跳出了学院派的桎梏②,短小、灵活、直抒胸臆、个人化(很多文章都是以第一人称的叙述形式,把个人的生活感知和阅读过程的灵动思绪融入评论之中)、形式多样(有信函、随感、评论、日记体、对话体,还有以文释文的诗歌、散文诗等,毫无凝滞呆板之感),这种灵动式的写作,更接近中国传统的批评思维与批评模式,是一种大众化的批评小品文③,具有与学院派分庭抗礼的实力和价值。

《选刊》除了设置专栏刊载外,还以"推荐奖作品联展"(1990年第11期)、"推荐奖专号"(1991年第12期)等形式集中推出此类作品④。读者参与办刊,大大扩展了刊物的视野,以往处在编辑盲区的一些作家作品脱颖而出。如香港新生代女作家黄碧云,在1990年前《选刊》并未刊载过她的任何作品,直到在第一届推荐奖活动中,由香港作家颜纯钩推荐了她的代表作《盛世恋》(1990年第12期),《选刊》才关注到这位作家的存在。由于黄的小说侧重男女恋情,描摹世态如张爱玲般犀利老到,艺术成就则超出了亦舒、李碧华等人,颇合刊物口味,编者见之竟有又惊又喜之感,该文获得了第一届推荐奖中唯一的一等奖,编辑宋瑜在推荐奖综述《实现阅读的可能》⑤一文中,还对这篇文稿大为赞许,浓笔彩绘了一番。此后,从1990—2002年间《选刊》不断推出其作品,共选载了她8篇具有代表意义的小说,并在1992年11期以专题形式对她作了重点评介⑥。还有很多新作品也是通过这一途径被《选刊》所关注,如简政珍诗

---

① "华文文学"对大陆文学创作与阅读心理的引导与塑造也在这一过程中无意揭晓。

② 就是某些研究人员如当时就读于中国社会科学院的文学博士黎湘萍,暨南大学教师莫嘉丽等也放下套路,谈一己之见,轻松灵便,与其在学术期刊上的批评话语构成了鲜明对比。

③ 在台湾,曾因"龙应台式的批评"的出现带动一股"批评小品"的写作风气;在大陆,也有《读书》上的学术小品文获得读者青睐,可见批评小品在现代社会的冲击力和地位,《选刊》的努力也就值得重视与认可。

④ 很多作品都来源于推荐,但编者并没有在刊载时一一指出;这样甚至引出推荐者的不满,一些推荐者来信请求编者加以说明。

⑤ 宋瑜:《实现阅读的可能》,《台港文学选刊》1992年第3期,第3页。

⑥ 1998年的华兴杯推荐奖与2001年的惠泉杯阅读奖都是雷声大、雨声小。因参与人数寥寥,且多为学术圈内人,后不了了之,没有达到原有的发动大众参与、凝聚读者群的效果。

歌的《历史的骚味》（1991年第11期）、蓝博洲小说《寻找剧作家简国贤》（1992年第6期），陈敢权的剧本《困兽》（1992年第4期）、庄稼的散文《独饮也风流》（1993年第11期）、詹澈《西瓜寮诗辑》（1999年第4期）等。

读者推荐奖活动也是大众参与"华文文学"批评与研究的一大渠道，除了文本的推荐选择直接体现了人们鉴赏研究"华文文学"的立场视角之外，推荐人的推荐意见也成为一种独特的大众批评的形式。在该活动中，《选刊》要求推荐人必须写出不超过500字的推荐意见，言简意赅地提点出作品在思想与艺术方面独特之处。这种推荐意见其实也是一种别出心裁的文学评论，它简短、灵动、点到为止，个性化十足，与《选刊之友》征文来稿一样，都是流溢在"学院派批评"之外的媒体化、大众化批评的表现形式。

在大众视野下，《选刊》对"华文文学"的传播具备独特性。对文化市场的深度介入，使它更为关注具备"可读性"和"当下性"的文本，也更重视不同层次读者的阅读需求与积极参与，从而使"华文文学"作品不仅是专业研究者的认知对象和文学精英的品评之物，也成为普通读者的精神食粮。但是，大众视野其实是一种含混复杂的视野，众口难调，在思想和文化日趋多元的时代里，试图在不同人群中寻找最大公约数，在雅俗之间进行调和，并不容易。《选刊》的道路也步步维艰，徘徊取舍在专业读者和普通读者之间，往往左右为难。特别是90年代中期后，尽管编者仍在不断自我调试，保持大众化的传播模式，以求赢得市场与更多的读者，但刊物的读者群还是日益萎缩，事实上，除了部分高校学生与专业研究者外，刊物的问津者日少，大众变成了小众[1]。这样的客观效应，当是在电子媒介冲击纸面阅读的时代，作为"文学商品"的"华文文学"的困境所在。

四 《四海——世界华文文学》的"世界性"及其限度

在北京，关注"华文文学"的文学期刊主要有《当代》、《十月》、《人民文学》、《诗刊》、《海内外文学》、《华人世界》等，其中《当代》

---

[1] 参考邵培仁《传播模式论》一文的观点，见《杭州大学学报》1996年6月，第159—169页。

的影响主要在 20 世纪 70 年代末到 80 年代初期；《十月》、《人民文学》、《诗刊》等刊载的作品过于零碎，未见阵势；半专门性刊物《海内外文学》、《华人世界》又都在 80 年代末停刊；因而专门性期刊《四海——世界华文文学》（命名虽不同，但实际是一套编辑班子之下的一本期刊）就成为北京地区传播"华文文学"的主要阵地。

（一）后起之秀——"世界性"旗帜的标举

《四海》被称为大陆有关"华文文学"的文学期刊中的四大名旦之一，但是相比其他三本杂志，它的步履有些迟缓。《海峡》、《台港文学选刊》和《华文文学》分别在 1981 年、1984 年、1985 年相继创刊，而它尽管在 1984 年就开始酝酿①，却出于种种原因，直到 1986 年才以丛刊的形式面世②，到 1990 年才获取正式的期刊刊号。

当时国内不少文学期刊对于"华文文学"的传播秉着"拿来主义"的思想，更着重于大陆的读者需要和文化市场，而《四海》却试图超越大陆视界，面向全球华人③。1985 年 1 月创刊的《香港文学》，也曾提出打造"世界性的中文文艺期刊"的口号与目标，却因《香港文学》只有几分几的"香港文学"，不时遭遇名实不符的质疑④。而《四海》杂志则避免了命名上的这种尴尬，显示出了宏大视野。"四海"取宋人黄山谷诗"四海一家皆兄弟"之意，意在世界范围内发挥期刊的文化纽带作用，促进"华文文学"的发展，显得名正而言顺。丛刊主编秦牧在第 1 辑中更是开宗明义，亮出了"世界性"的旗帜。他认为，华文文学已经成为一种世界性的文学现象，大陆出版界有必要对其作系统全面的引荐，而《四海》丛刊便是这一使命的积极承担者⑤。与这一设想相呼应，《四海》期

---

① 1984 年，秦牧、曾敏之、陆士清等学者在广州的白云宾馆曾商议有关《四海》的筹办事宜。

② 《四海》丛刊全名为《四海：台港与海外华文文学》，从 1986 年到 1990 年间陆续出版了 10 期，共发表港澳台及海外华文文学作家 135 人的 187 篇作品，从形式到内容，都初具期刊的规格，为 1990 年在北京正式创刊的《四海》期刊提供了众多的运作经验，从编辑、主管部门和运作方式来看，丛刊与期刊之间有着明显的一致性，可作为一个整体来探讨。

③ 从第 2 辑开始丛刊就有了英文名，并强调了面向世界的立场。

④ 《香港文学》定位为世界性的中文文艺期刊，有很多读者作者觉得没有必要，认为名实不符。见主编刘以鬯在《沙漠里的绿草——编后记》里有关读者反馈的综述意见，《香港文学》1986 年第 13 期，第 212 页。

⑤ 秦牧：《打开世界华文文学之窗》，《四海》丛刊第 1 辑，第 1—2 页。

刊的主编邢沉在1990年创刊号上继续呼吁"为发展世界华文文学而努力",指出华文文学作为一种文化现象,拥有约四分之一人类的直接参与、遍布世界的四海五洲,它所具有的世界性和世界意义,不需冗述①。《四海》时期,期刊自觉树立"世界性"的旗帜,以传播"华文文学"为己任,在海内外造成一定影响。

1998年,针对"华文文学"自身的发展状况,在学术力量的直接影响与推动下,《四海》更名为《世界华文文学》②,由双月刊改为单月刊,刊名凸显了作为刊物主导思想的"世界性",刊物口号也演变成为:"荟萃世界华人人才、文才、风采,展示世界华人热点、焦点、动态",具备了更为宏阔的文化视野与世界意识。

2000年,《世界华文文学》因执行主编白舒荣退休等原因,出版了六期后便宣告停刊,转为综合性的时政类"华人世界"杂志,这本由中国文联主管、由中国文联出版社主办,先后延续了14年多的文学期刊退出了传播"华文文学"的舞台。

(二) 期刊的"世界意识"及其对文学传播的影响

《四海》杂志是作为"中国大陆唯一的专门发表香港、澳门、台湾以及海外华文文学的大型期刊"出现的,而《世界华文文学》更是宣称为"全国唯一刊登全球华文作品的大型刊物"。《四海》则试图兼顾地区,强调对台湾、香港、澳门和海外华文文学的全面重视,不出现任何区域偏向,表现了更高的起点与视野。

由此,通过对各区域华文文学的扫视,期刊的"世界意识"首先突出表现在文本来源在地理空间上的世界性。

《四海》文本来源的地理版图相当辽阔,从港台到澳门,从美洲、欧洲、澳洲到非洲,几乎没有忽略任何国家地区的华文作家和作品,对于边缘地区的华文创作也在有意展现。鲜为人道的越南和前苏联的华文文学,

---

① 邢沉:《为发展世界华文文学而努力》,《四海》1990年第1期,第7页。
② 执行主编白舒荣在1998年第1期的编者记《任重道远——从四海到世界华文文学》中指出,中国80年代初,人们对于大陆以外的华文文学的认识与理解,主要停留在港台文学的层面,由港台文学到世界华文文学,十多年后概念的这种转化,来自于华文文学自身发展的现实,为此,《四海——台港澳及海外华文文学》杂志顺应天时,经国家新闻出版署批准,更名为《世界华文文学》,并改作月刊。但期刊命名的改变,实际也与大陆学界对于整合性文学观念的普遍认可有关系。

早在1990年第3期就被关注①。相对被忽略的澳门文学也得到了足够重视，从1986年到2000年间，刊载了共计澳门35位作家的作品约55篇，包括诗歌、散文、微型小说和评论等体裁，并设有澳门"五月诗社"专辑（1990年第2期）、"澳门作家作品选"专题（1995年第6期）、"澳门之窗"专栏（1998年）、还有澳门文学专号（1999年第12期），对于文学创作相对滞后的澳门给予了持久而强有力的关注。在1998年后，《世界华文文学》每期以国家地区为单位刊载专辑专题，系统展现各区域华文文学的最新动向，相继有加拿大、法国、澳大利亚、美国、丹麦、新西兰、巴西、菲律宾、新加坡、马来西亚、香港等专号专辑，同时融杂了诸如洪都拉斯、厄瓜多尔等人们较为生疏的区域华文文学作品。遍及五洲四海的作者和文本资源，成为《四海——世界华文文学》具有鲜明"世界意识"的最佳见证。但尽量在不同区域华文文学之间求得数量与地位上的均衡，则体现期刊对"世界意识"的独特理解与把握。与《特区文学》、《海峡》等地方性文学期刊相比，《四海——世界华文文学》的这一特色十分明显。

从作品数量来看，《特区文学》和《花城》中香港文学作品都占绝对优势，《台港文学选刊》和《海峡》中台湾文学作品占绝对优势，而《四海——世界华文文学》中，各区域华文文学总体差距不大，既重视了海外华文文学，也注意了台港澳地区，显现出"兼爱天下"的风范。

表2-3　　　　几本期刊中各区域华文文学作品数量对比

期刊＼区域	台湾	香港	澳门	海外华文	各区域作品比率
特区文学	27	190	14	33	2∶14∶1∶2
花城	20	57	1	27	20∶57∶1∶27
台港文学选刊	2135	585	43	470	50∶14∶1∶11
海峡	439	109	12	86	37∶9∶1∶7
四海与世界华文文学	239	300	55	634	4∶6∶1∶10

《四海》之所以能够在区域华文文学作全方位的扫描，主要源于其独

---

① 有越南陈大哲的小说《婚外情》（1990年第3期），苏联沈冬明的诗歌《回忆江南春景》（外一首）（1990年第3期）。

具特色的编辑制度。相对大陆作者的稿源而言,"华文文学"的稿源获取是有难度的,尤其是一些华人数量相对较少的国家,更是不易发掘;为了克服这一障碍,《四海》组建了队伍庞大、相对专业化的编委会。1986年《四海》丛刊首发时,其顾问、编辑和编委共达18人。1990年,白舒荣主持业务之后(第8辑),又跃升为37人,大陆以外的编委数量从5个增加到18个,这些编委来自五湖四海,从台港到澳门、从美国到东南亚等个地区皆有代表人物,同时,大陆编委皆为"华文文学"研究领域的拓荒者和领头羊①。总之,《四海》的编委都堪称文学传播中的"意见领袖",他们不但与海内外文学界有广泛深入的联系,也执著于"华文文学"的传播与研究,为期刊提供了更权威和更广泛的稿源。1990年代中期后,编委会的组成人员还作了小规模的调整,以适应文学创作不断变化的状况。到1990年代末,期刊又改设办事处和通讯员制度,在北美、香港、深圳等地设立办事处,由特邀的众多通讯员征集稿件。

游记是一种源远流长的文学体裁,也是一种极为常见的文学体裁,它显现了写作主体生命的多种可能和多重轨迹,具有浓郁的生活气息和深广的文化内涵。在"华文文学"创作界,由于漂泊流走的生活印记更为显著,导致了游记散文的兴旺,作家作品之色彩纷呈,蔚为大观。然而,有意识将游记作为传播重心的大陆文学期刊只有《四海——世界华文文学》。确切地说,游记类文章是《四海——世界华文文学》的一大特色。《丛刊》第6辑开始,就零散刊载了不少游记类散文,而到《四海》期刊正式创刊之后更是相继开设了带有游记性质的多个专栏,如[文化寻根——我的大陆行]、[游记]、[缤纷世界]、[看世界]、[移民足迹]、[地球村行脚]、[环球视野]等都主要刊载游记类文章。此外,还设有游记专号(1998年第5期,放眼地球村专号)以及新马游记散文名家尤今、戴晓华等人的多次专题和专辑(尤今一人就达27篇,两次专题,3篇评论文章)。1992年,与中国友好观光年和亚细亚旅游年相配合,"期刊"还举办了首届台港澳与海外华文文学游记征文徐霞客奖,影响广泛,大大提升了游记散文在大陆和全球华人中的创作与传播热度。

---

① 包括秦牧、毕塑望、萧乾等大陆知名作家,也包括曾敏之、云鹤、李鹏粟、骆明、聂华苓等世界各地的"华文文学"作家,还有饶芃子、白少帆、陆士清、武治纯、封祖盛、陈贤茂、刘登翰、方修等知名学者。

《四海——世界华文文学》所具有的开放性编辑理念与文学观念，也是其运作有着世界性视野的根基所在，主要体现如下。

1. 超越文学的雅俗对立

20世纪90年代以来，尽管通俗文学与纯文学的壁垒被打破，但坚持"纯文学"立场的文学期刊与通俗化的文学期刊之间仍进行着紧张的角力[①]。《四海——世界华文文学》却选择了在雅俗之间自由穿越，呈现出某种混杂的味道。它既不时以梁凤仪的财经小说、尤今的游记散文、冯湘湘等人的武侠小说作为重头戏，以专题头条的形式推出，又常在主题专辑、名作回眸、专栏主持等，以"评介加作品"的形式对严肃文学作出深度全面剖析，一些风格相差甚远的文本，常被随意放置于同一栏目之下，雅俗杂居成为一大风景。诸如亦舒与李黎（1990年第2期）、严沁与姚紫（1990年第5—6期）、华严与王桢和（1991年第2期）等奇特组合，集中体现了期刊杂糅的刊载风格。之所以这样，自与编者对于通俗文学的定位有关。从1998年第7期的通俗小说专号中的编者按语中，我们可以清晰看到编者的立场。对地位不高，很少为文学期刊青睐的武侠小说，编者认为，"武侠小说是'通俗'家族的重要成员，地位'低微'自不待言，但有些武侠小说，尤其金庸作品取得的巨大思想成就和艺术成就，其在华文世界的广泛影响和攻入英文世界的新发展，很值得心存文学偏见者深思"[②]，大有为通俗文学扬名之意图。可见，编者非常重视通俗文学的价值与地位，已经超越了雅俗对立的习俗立场，其文学观念是与时俱进的。

2. 原创与转载的并重

出于种种原因，大陆文学期刊对"华文文学"的传播以转载为主，原创作品较为少见。但《四海——世界华文文学》一开始就强调"既着重推出当代新作，也发表历史上的代表性作家、不同流派的代表性作品"[③]。在大陆文学期刊中，它是较早自觉面向当下，为"华文文学"提供发表园地的期刊之一。尽管在1990年代一些文学期刊也显现这种趋势，但传播立场并未如此清晰明确，就是《华文文学》等专门性期刊也对新

---

① "纯文学"的立场，有利于文学期刊在市场竞争的劣势中保持着某种道德上的优越感。

② 在1998年第10期扉页的《编者语》中编者作了如此表白。此外，从1991年到1998年间期刊还连载了几部长篇武侠小说，包括美国肖逸的《鹤年堂》（1991年第5期至1992年第6期），加拿大冯湘湘的《剑侠悲情》（1998年第3—5期）等。

③ 《编者的话》，《四海》丛刊第1辑，中国文联出版公司1986年版，第190页。

人新作的刻意培养不够。《四海——世界华文文学》在适当转载一些较为经典旧作的同时，更强调以"发表新作，培养新人"为主要目标。这样的刊载策略，在即时展现"华文文学"创作动态之时，更是为海外华文写作者提供动力，鼓励其继续创作。执行主编白舒荣在总结期刊的编刊思想时强调了这一动机："感念在海外谋生的华人能坚持用汉语写作，非常难得，为给予鼓励和支持，所以也编发了少量艺术性不那么高的作品。"①如白所言，鼓励性的刊载、培养型的传播使得《四海》刊载的文本整体质量偏低，可读性并不太强，在经济收益上也严重受挫②；但对于"华文文学"的再生产来说，它却意义非凡。陈若曦在谈到海外华文文学的发展时曾经指出，"作品发表园地与读者是难以突破的瓶颈"③，其实，就是香港、台湾和澳门文学如果失去了最大的消费市场——大陆的支持，其生存空间也颇受制约。因此，这一刊载策略无疑体现了期刊编辑对于"华文文学"在世界各地艰难处境的敏锐洞察与深刻理解，是具有包容性与开放性的传播理念的体现。

3. 鲜明的性别意识

一般而言，刊物往往是主编意志的集中体现，《四海——世界华文文学》也不可避免会染上主编的某些个人印记。从1988年起，白舒荣就一直是期刊的实际负责人和主要策划者，每一期杂志都浸染着她的努力，也活跃着她的身影。身为女性，她对女性作家有着自觉的关怀与倚重，从而使期刊中呈现出鲜明的性别意识④。对于女性作家创作的关注，集中体现在以性别为纬度的专辑、专号的策划上，期刊先后共设立6次女作家专题专辑⑤，在同类期刊中别具一格。这应是编者试图凸显独立的华文文学女

---

① 《编者的话》，《世界华文文学》1998年第12期，扉页。
② 《四海——世界华文文学》基本是赔钱的，前期靠出版社的财政补贴，后期靠社会赞助来支撑。
③ 陈若曦：《故土与新土》，《四海》第5辑，中国文联出版公司1989年版，第7页。
④ 有意思的是，《选刊》和《华文文学》等期刊显现出某种典型的女性气质，作为"她"而存在，但《四海——世界华文文学》反而显出爽朗大气、刚柔并济的风格特征，这或许与主编个人的爽朗气质有一定的联系。
⑤ 有关女性的专辑专题分别如下：1993年第4期，《女性作家的小说专辑》；1995年第3期，为庆祝世界妇女大会在京召开，又开辟了《女作家专辑》；1996年第4期，《世界华文女作家专号》；1998年第3期，《女作家专辑》；1999年第4期，《台湾90年代青年女作家作品选》；2000年第6期，《新加坡女作家专辑》。

性写作空间的一种尝试。或许有人会认为，对于一本专门介绍"华文文学"的专门性刊物而言，这样的举措缺乏意义，因为"华文作家"本就女性居多，并非"弱势"群体。但实际上，学界对于"华文文学"中的女性写作问题并未有足够的意识。人们更关注"华文文学"如何在故土与新土、东方与西方夹缝中书写民族的寓言，重视发掘"华文文学"的整体诗学意义，却很少将女性成为"华文文学"创作主体这一现象作为问题来探讨。而期刊将女性作家的作品以各种方式集装在一起，不断强化这一群体存在的重要性与独特性，唤醒人们对这一现象的正视与重视，本身已经构成了一种初步的研究与探索。

这样的编辑理念与文学观念，其实都服务于期刊欲显"华文文学"之大观、尽可能拓展传播内容的总体目标。一本视野宏阔、胸怀天下的世界性文学期刊的形象也就在此基础上得到了呈现与建构。

（三）中国意识对世界意识的指引

《四海——世界华文文学》，之所以能够拥有众多的作者和文本资源，具有世界性的视野，也是得天独厚的地缘优势使然。这本位于北京、由中国文联主管的期刊有着众多优势和自觉意识去建设"世界性"的文学图像和文学观念。但是，也因位于中国政治文化中心的"北京"，刊物的地缘意识往往等同于中国意识，这种中国意识未必全是政治中国的直接体现，却难以超越文化中国的话语规训。在这本期刊中，我们也看到，世界意识明显处在中国意识的指引与规范之下。

1. 专栏设置中的"中国意识"

期刊专栏，尤其是具有连续性和稳定性的专栏，往往是期刊特色和风格的集中体现，反映出传播主体的主要价值取向[1]。《四海》、《世界华文文学》的特色专栏主要有［留学生文艺］及［留学心影］等[2]（是前一栏目的延续）、［文化寻根——我的大陆行][3]、［游记散文］等，在这些专栏文章中，一方面体现了期刊面向世界各地、反映文化差异的开放性视野，另一方面，中国意识也无所不在，以极为直接的话语方式反映着主流

---

[1] 李频：《期刊区域市场与文本分析方法问题》，见《中国期刊产业发展报告——市场分析与方法求索》，中国社会科学出版社2005年版，第334页。

[2] 这一专栏持续的时间从1990年到2000年终刊，因受学术界对其命名变化的影响，专栏名1994年改为"新移民文学栏"，后又设立了"新留学生文学"栏。

[3] 这一专栏从1991年持续到1992年。

意识的某种召唤。

［文化寻根——我的大陆行］也是具有鲜明导向的专栏，从其专栏命名来看，就已限定了文本所能涉及的纬度——"我热恋的故乡"，编者也主要向那些频繁回归大陆探亲访友者约稿，所刊载作品便难以远离"流离在世界各地的游子，重回故土（主要是祖国大陆），追忆往事、寻找文化与心灵的归宿"之类的心灵絮语。

［游记散文］、［缤纷世界］、［世界之窗］栏展现了令人目不暇接的"异国风情"，但写作者多采用"面向中国"的叙述方式，向国人介绍着"他者"的奇观，建构和凸显了"中国人"的主体姿势与观者立场。

《四海——世界华文文学》专栏中浸染的中国意识，不止直接显现在期刊运作与编辑过程中，还对创作和阅读也起到一定的规范引导作用，从而可能建构出文学生产与消费中的"中国向心力"逻辑。该期刊的作品，自由来稿很少，基本上是约稿、组稿或编委推荐[①]；在这种编辑路径下，编者授意或请求作者就某专栏而写作，专栏主旨就是其写作的可能尺度，编辑意图也就先行植入了创作者的思想里。而对于读者而言，也可能在编者话语的指引与规范之下，有意无意间将文本内容与"中国意识"连接起来。如有读者在阅读中发现，［文化寻根——我的大陆行］和［留学生文艺］演绎的都是游子的乡愁，一种是回归时的酸楚，一种是漂泊时的思念[②]，而《［新移民小说］则集中体现了海外华人对母土的情结[③]。事实上，各专栏中的文本不止于这种单一的指向，其中不乏意蕴丰富之作，如在［文化寻根——我的大陆行］栏下，香港作家也斯的《时空的漫游——访问上海》便描摹出了有关上海的一幅幅浮想联翩、寓意深刻的画卷（1991年第4期）。读者的反馈意见很可能受到了专栏命名与编者按语的诱导，从而与编辑意图不谋而合。同时，对于这些读者意见的刊载，不但体现了期刊编辑对此观点的认同，也进一步固定了栏目的主旨和对读者的阅读指向。

五 征文评奖中的"中国意识"

文学期刊的征文评奖活动，一向是吸引读者注意力、扩大期刊影响力

[①] 主编白舒荣在与笔者的电子邮件中曾经强调指出这是期刊稿源获取的主要方式。

[②] 祝勇：《乡愁乡愁——读四海的两个栏目》，《四海》1992年第2期，第159页。

[③] 《四海印象谈片——苏州大学师生谈〈四海〉》，苏文整理，《四海》1994年第6期，第154页。

和赢得作者与文本资源的重要举措,90年代末以来,在大陆文学界有愈演愈烈的趋势。《四海》自1986年面世以来,也一直在呼吁举办全球性华文文学大奖,以拉动"华文创作"的发展、扩大"华文文学"的国际影响以及树立大陆作为"华文文学"发源地和重心地带的权威性①。尽管因种种原因,未能达成这一宏愿,却也频繁地举办或参与过数次全球性的征文评奖活动,在同类期刊中首屈一指。不过,《四海——世界华文文学》的征文活动,其鲜明特色就是有鲜明和雷同的主题倾向,那就是"中国意识"。

1989年《四海》丛刊参与的"龙年征文比赛",主题为"我心目中的中国",其获奖作品的来源尽管涵盖了世界各地,但缠绵不尽的都是思乡念国之情。正如编者在选登其中8篇作品②时所作按语中表述的那样:

> 龙在奔腾。四海之内,皆有龙的传人,无论是鬓染霜雪、历尽沧桑的老者,还是生长在异国他乡的青年才俊,他们无不怀念龙的故乡。她的锦山秀水、她的改革开放后的新貌,都在他们深深的热爱与关切之中。③

1992年《四海》期刊与国务院侨办和新加坡文艺协会举办的"首届台港暨海外华文文学徐霞客游记有奖征文"活动,获奖作者也遍及8个国家2个地区,具有区域上的世界性特征,但多数作品的中心线索仍是"我的中国情",抒发的是对"文化中国"的缤纷想象。从文章的题目可略知一二,如美国许以淇的《乡情的联想》、新加坡陈美华的《大理的风花雪》、中国台湾郑明娳的《把我的根种在九寨沟》、瑞士赵淑侠的《当我万水千山走遍》、泰国梦莉的《人道洛阳花似锦》、马来西亚戴小华的

---

① 1986年秦牧在《四海》丛刊第1辑的《打开世界华文文学之窗》以及《港澳台及海外华文文学评奖的盛举》等文中强烈呼吁设立"华文文学"的大奖,1990年《四海》期刊主编在发刊词中也提出将举办首届四海——港台与海外华文文学奖,1998年《世界华文文学》又呼吁举办《世界华文短篇小说公开奖》,都有着文中所述的种种意图。

② 获奖文章包括法国周绍德《想念您,龙的故乡》、美国翁绍裘《龙年谈民族感情》、瑞士张泳琴的《龙的传人》、厄瓜多尔林植璜《龙——百兽之至尊》、泰国杨菁菁的《长城行》、澳门刘少泉《龙年观中南海》、加拿大邓华征《沧海情——我心目中的中国》、泰国吴舜娟《我与中国》。

③ "我心目中的中国"龙年征文选登,编者按语,《四海》丛刊第10辑,第174页。

《松花江的神奇》、香港曾敏之的《诗情画意记阳朔》、菲律宾柯清淡的《离骚又添一新页》等。

1996 年举办的"四海华文笔汇"征文,明确要求"以文学笔法反映当代华人的事业、追求和思想感情、眷念故土情怀和民族传统精神,以及中国大陆的山光水色、民俗民情和建设开发"①。

1998 年《世界华文文学》承办了由中国文联举办的面向世界华人的"爱我中华"征文比赛,主题的设定,已经限制了作品所能涉及的范围与话语方式。

2000 年,《世界华文文学》主办的盘房杯世界华文小说奖拉下帷幕,来自 7 个国家 3 个地区的 15 篇作品获奖,涉及面较广,这一次评奖也以"宏扬中华文化"为出发点②。

此外,期刊还参与了中央人民广播电台对台部与有关单位合办的第一至九届"海峡情"有奖征文的活动,不遗余力为之宣传呐喊,不断刊登相关征文来稿,成为征文活动的主要阵地之一③。但"海峡情"征文强调的也是"民族团结、国家统一和文化亲缘"的主题。

征文评奖活动对于创作而言显然是一种重要推动力,很多写作者通过对这类活动的参与赢得了文坛的认可,获得了进一步发展的空间;《四海——世界华文文学》这种专门面向大陆以外地区的征文评奖也作出了同样的努力,编者联合相关部门在活动开展、奖金设置、宣传鼓吹方面可谓不遗余力。但遗憾的是,由于主题过于明确,导向过于鲜明,大大影响了作者参与的广度和获奖作品所能达到的意义深度,这些评奖活动没有达到如马来西亚的花踪文学奖和中国台湾的联合文学奖、中国时报文学奖等那样的影响力④。同时,很多没有直接凸显"中国意识"的优秀之作,也无法通过这一类文学征文与评奖进入大陆视野,因而对于"华文文学"

---

① 《"四海华文笔汇"征文》,《四海》1996 年第 3 期,第 128 页。

② 正如评奖活动的主要评委与组织者之一,邓友梅先生所言:"如今世界几乎是有居民处就有华人,有华人处就有中华文化,其重要组成部分之一就是华文文学",《世界华文文学》2000 年第 1 期,第 5 页。

③ 如第四届"海峡情"特等奖作品一并刊登在 1992 年第 5 期的《四海》杂志上,1995 年间还特意设置连续性专栏[海峡情]。

④ 这些奖都是世界性的华文文学奖,并不拘泥于某一地区,且持续时间较长,评选标准重艺术性,在汉语文学界影响更大。

创作的促进作用并不显著。应该注意的是，这些活动所制定的选择标准对"华文文学"的创作与接受还起到某种不利的引导作用：一方面，它使得一部分华文写作者在写作中不断演绎并坚守"中国性"，以求得到大陆文化市场的接纳与认可[①]；另一方面，也诱导大陆受众不断产生"华文文学"与爱国主义之间的联想。在大陆语境下，"华文文学"应该存活于中国意识与世界意识的交叉地带，世界意识是"华文文学"的被发现和获取独特性的基础，中国意识则是"华文文学"被接受和认可的重要前提；两者之间如何保持微妙的张力状态，是一个非常复杂又必须认真面对的问题。

因此，尽管大陆受众构成了文学传播的最大和最终的动力，影响着大陆文学期刊对于"华文文学"的选择与想象；但作为多样流变复合体的受众，其复杂性与多元化的审美要求却使得文学期刊中的"华文文学"显现出整一与芜杂同在的总体图景。

[①] 可参颜敏《大陆对台港暨海外华文文学的接受——以20世纪八九十年代为例》，《汕头大学学报》（哲学社会科学版）2005年第1期。

第三章 作为"引桥"的《香港文学》

《香港文学》作为扎根于香港的纯文学杂志,在刘以鬯和陶然两任主编的努力下至今已走过近 30 个年头。在商业挂帅的香港,《香港文学》以其顽强的生命力证明了文学的魅力。《香港文学》在创刊时,已在"创刊词"中开宗明义地宣布了刊物的宗旨:立足香港,面向世界。在编辑们清晰的办刊理念下,《香港文学》成了沟通海内、海外文学的桥梁与纽带。

第一节 《香港文学》在"殖民地"语境中的崛起

一 "殖民地"语境中的文化氛围

20 世纪 80 年代,是香港文学发展的一个重要转折期。对这个时代,不同学者冠以不同的名号,当中包括"多元化文学期"、"香港文学期"、"过渡期的香港文学"等[1]。从这些众多的名称中,我们可以发现到此时,香港文学已经是一个有分量的主体形象,香港的文学创作,已经成为可供探索研究的对象。因为在此以前,虽然香港已有不少的文学创作,但无可否认的是,这些作家往往只是居于香港、留在香港,他们的写作本身,并不一定与香港有关。如果我们对照学者黄康显的分类,80 年代后的"香港文学期"之前,文学史叙述被表述为——50 年代的"难民期"、60 年代的"复兴期",以及 70 年代的"转变期"[2],可以看出,80 年代以前,"香港文学"中的香港,并未成为焦点。但是,如果 80 年代是香港文学兴起的年代,那么,我们又必须面对这种兴起的不确定性,其中最重要的

---

[1] 参见刘登翰主编《香港文学史》,香港作家出版社 1997 年版,第 164 页。
[2] 同上。

一个课题，就是"殖民化"的问题。

80年代初期，内地刚结束十年"文革"，正步向改革开放，成效初现，在意识形态方面的限制有所放宽，大陆文化界出现了海外所称的"迟来的春天"。而在香港，在中英联合声明签署前后，文化界"左右壁垒"已逐渐模糊，文化界在"以文会友"口号中出现不少不以政治倾向划线的文学社团，其活动成绩引起了社会的注目，例如：70年代后期出现的"香港文学艺术协会"①、"香港青年作家协会"；80年代初成立的"香港青年作者协会"②、"香港儿童文艺协会"③；80年代中成立的"龙香文学社"④、"香港诗人协会"⑤等，都引起境内外文艺界的注意。

为什么在这个时期，不同派别、不同取向的文学组织，会如雨后春笋般一一冒出来呢？在大体上，当时殖民地政府对香港虽然在民主发展方面并无寸进，也并没有任何还政于民的意识，但是在政治权力以外，却采取相当宽松甚至是放纵的自由统治方式。这种管理方法，一方面固然让香港人没有机会在政治的范畴中表达诉求；却又因此令香港的文化拥有相当宽松的自由空间。在80年代，不论任何党派和政治立场的人士，都能够在香港自由活动。故此，香港的文化人可以自由地选择各自的信念进行自由创作，不同的声音能够同时发声壮大。这个情况，亦无意中让香港在文化上扮演与中国内地及港澳沟通的桥梁：

> 目前的香港文艺界出现的情况……一切首先让位于"统战"，一

---

① 成立于1982年，该会以诗人戴天任会长，主要的工作是出版《八方》杂志，这本杂志是80年代一本重要的文学杂志。参阅刘敏仪《认作品不认人——戴天谈香港文学艺术协会》，《文汇报》1987年9月16日。

② 香港青年作者协会成立于1982年，由陈德锦等人发起成立，并出版《香港文艺》。该会的会员不少都成为香港文学重要的作家，如王良和、钟伟民等。该会曾出版《香港青年作者协会文集—纪念成立作品选》。

③ 香港儿童文艺协会是由作家何紫先生发起的一个作家组织，成立于1981年，目的是发展儿童文学。该协会至今依然活跃，为香港儿童文学做出了很重要的贡献。

④ 由张诗剑发起，成立于1985年，办有"香港文学报"，历年来出版大量诗集，当中包括中英对照的创作结集。从政治上来看，属于爱国的文学组织，因此受到内地的重视，并且在香港的亲中机构中具相当的知名度，甚至有指这个文学社为香港文坛的代表组织。

⑤ 由蓝海文创立，以出版诗选集为主，由20世纪80年代至21世纪，每年均有所出版。另外，在1988年与台湾作家成立世界华文诗人协会。这协会至今依然活跃，但是在文学价值上，评价者不多。

切首先让位于"桥梁"作用,凡有"统战"意义和"桥梁"作用的,文艺界倾力而为,争相奔忙。香港的出版界,首先出版的是有这方面作用的作家作品;香港的评论界,首先引起他们兴趣的便是有这方面作用的作家作品;香港的刊物,先刊发的也是有这方面的作家作品①。

从政治的角度来理解 80 年代的香港文学发展,这固然是一个重要的特质,但是我们也不能以政治取代文学,对于这些文艺组织而言,文学或许与其政治立场无法脱离,但文学本身仍然是他们优先关注的重点。

当时的香港,的确以极快的速度与内地作经济交往,这固然是因为内地经济开放的原因,但也是全球化开始所促成的现象。这个趋势很快便推展至文化领域,促使香港与内地的文化人有所接触,并且愈加频繁,自然亦令两地的读者与文化人,开始交流发展。到 1984 年底,当中英政府为香港问题正式签署联合声明后,香港文坛与大陆文坛的交流,也就进入了全新的时期。

1985 年一年之内,成立了多个文化交流组织、策划了不少活动:如香港中华文化促进中心于该年 3 月成立,② 香港大学亚洲研究中心主办了香港文学研讨会;大陆方面亦经常邀请香港作家学者进行交流,有力地推动香港文学的向前发展。

随着香港文学与大陆文学之间的频繁交流,相互之间的研究工作也随之起步。1980 年,广州暨南大学中文系成立了全国第一个台港文学研究室。1981 年,中国当代文学学会属下的台港文学研究会成立。1982 年 6 月,"第一届全国台港文学研讨会"在广州暨南大学举行。1984 年 4 月,厦门大学又召开了"第二届全国台港文学研讨会"。这两届的研讨会,都有研究香港文学的论文发表,第一届有 4 篇,出席的香港作家有曾敏之、彦火等;第二届有 8 篇,出席的香港作家有黄继持、黄维樑等。1984 年夏天,在广州、深圳举办了全国第一次台港文学讲习班,内容重香港文

---

① 原甸:《香港·星马·文艺》,新加坡万里书局 1981 年版,第 4—5 页。
② 香港中华文化促进中心的宗旨,是"提倡、介绍及弘扬中华文化的宗旨及促进各地文化交流的精神",并不限文学,而是就大陆和香港两地的文化交流,成效显著。有关该中心的工作,可参照该中心的网站。

学，并有包括刘以鬯等香港著名作家出席讲课。① 在这期间，暨南大学中文系、四川大学中文系开出了"香港文学"选修课程，标志着香港文学研究正式进入大陆高等学校中文系的课堂。这一现象也可以理解为，香港文学成为内地一个系统研究的对象，这对于促进两地文学的发展，有很重要的意义。

实际上，正是由于这些交流，逐渐促成学术意义上的"香港文学"的形成。在1980年代以前，香港文学并未成为一个主体或研究对象，在此之后，由于交流的频繁，反过来让香港文学界对自己的独特性的思考开始勃发，学者施建伟这样描述：

> 众所周知，在八十年代以前，无论在大陆、台湾，还是香港，作为学术概念上的"香港文学"是不存在的。台湾的应凤凰在参加"香港文学国际研讨会"时，曾对探访者说："几年前，台湾根本不存在'香港文学'这个概念。"②

二 刘以鬯与《香港文学》的诞生

在战后的香港社会，特殊的政治及社会因素在有意无意之间让香港的文学发展具有很大的包容性，可是香港的高度商业及功利的环境，使得纯文学的生存发展仍然面临着重重压力。另一方面，东西方的冷战形态，具体地体现在了社会的各个层面上，即使是文学也不能幸免，令香港文坛形成左、右两派的组织，又或是有不同倾向的创作团体。但是，这一切的阻碍和限制，并不能止息"香港文学"的出现，如刘以鬯所言："在香港的文学工作者似乎都有一份可爱的固执，在缺乏有利条件的环境中，'此伏'仍有'彼起'，'前仆'仍有'后继'。"③ 正是这份固执，让香港的作家以"勇气"和"傻劲"坚守着文学，而刘以鬯本身也同样具备这种

---

① 参见萧正义《台港文学讲习班移深续办》，《深圳特区报》1984年8月3日。在这一次讲习班中，刘以鬯有参与并讲课，题目为《三十年来的香港与台湾文学》，为过去30年的两地文学作一综合性的介绍，促进香港与内地文学界的互动和认识。

② 见黄维樑主编《活泼纷繁的香港文学——1999年香港文学国际研讨会论文集［上册］》，香港：中文大学出版社2000年版，第26页。

③ 刘以鬯：《香港的文学活动》，《素叶文学》1981年第2期。

特质，因此在香港文学发展的过程中，能够担起一个重要的角色。当然，在他由上海转移他的文学事业到香港时，大概并没有想到，他自己会成为这个发展中的枢纽，甚至是左右了香港文学发展的路向。刘以鬯之所以成为香港文学发展的重要一环，正是由于他个人对文学的取向，与时代的发展，出现了高度的契合而促成。事实上，打从20世纪40年代在重庆时期开始，刘以鬯就希望主编纯文学的刊物，他自己说过："一直梦想办一本像三十年代施蛰存主编的《现代》那样的纯文学刊物。"① 在这一点上，他与很多只是潜心于创作的文学家已经有很大的分别。实际上，以创作为志业者并有极高成就，同时又能兼顾主编工作的香港文学家，除了刘以鬯，我们几乎找不到第二位了②。当他在1948年到香港时，他首要关注的，也不是自己的创作路向，而是抱着"可以在香港以海外华人为对象，发展出版事业"的强烈心愿③。刘以鬯在香港展开的事业，并不仅是建立"香港文学"，对他来说，香港这个地方的重要性，在于它是一个开放的城市：

> 香港是一座国际城市，地理环境特殊，有足够的条件在世界华文文学的发展中担当重要的角色。
>
> 各地华文文学的发展一直属于个别性质，纵有血缘关系，彼此之间没有紧密的联系，缺乏具有动力的协作。
>
> 令人担忧的是：有些地区的华文文学正于逆境中，危如朝露，连继续生存都受到威胁。这种情况，引起我们的忧虑。我们在创办《香港文学》时就拿定宗旨：尽量发挥香港的桥梁作用，为华文文学服务，将各地华文文学结合在一起，当作有机的整体来推动。④

他对于香港文学发展的期望，是以香港文学为基地，再把华文文学结

---

① 杨素：《"本地意识"和"本土文学"——访刘以鬯"五十年代香港文学"》，《星岛日报·文艺气象》1992年7月8日。

② 举例来说，为不少香港重要作家提供创作平台的《中国学生周报》的文艺版，其中一位重要的主编是陆离，又如另一部评价极高的文学杂志《素叶文学》的主编则是许迪锵。他们在编辑工作上，对香港文学做出了很重要的贡献，但是作家身份就没有刘以鬯这么明显了。

③ 何杏枫、张咏梅：《访问刘以鬯先生》，《文学世纪》2004年1月第34期。

④ 刘以鬯：《香港文学散文选》"前言"，香港：兰亭书店1988年版。

合起来，从而壮大整个华文文学的世界。而他的这个梦想，正由于香港本身的特殊开放性而有机会得以扩展及实现。因此，他这种"以海外华人为对象"来拓展文学空间的想法，就在香港的 80 年代，由于时代的转变，而得到发展的机会了。

由于政治的缘故，自 50 年代开始，作家往往左右对垒，为政见争持不下，互相争斗。但幸运地，刘以鬯不但可以幸免于此，而且更能超然于"本土"与"南来"、"左派"与"右派"的二元对立以外。其中一个原因，是因为他笔下的小说，除了一些小说新编之外，大都是以香港为题材的，所写的都是"发生在香港的故事"，而较少涉及北望中原的内容。这在一定程度上转移了大家的注意力。在刘登翰的《香港文学史》中，曾经这样说：

> 如果说在香港的小说家中有不少"平民作家"的话，刘以鬯则可以称之"文人作家"。这不仅因为他的创作有十分浓烈的文人气息，也不仅因为他的作品所涉及的生活范围更多地局限在文化人的小圈子里，而且因为他一贯坚持小说创作的现代性的实验。[①]

80 年代的香港文坛，虽然曾受到移民潮的冲击和影响，但是都市本身的兴旺，加上自由的社会气氛，创作的锐气未有减弱，反得发展。当时香港的作家队伍，仍然保持了基本稳定而又有适当流动的格局，既保存了香港作家的队伍完整，又随时得到新血的补充，令这支作家团队始终充满活力，有助推动香港新时期文学的稳定繁荣和多元发展。其中，刘以鬯对后辈的不断扶掖提携，可谓当时文坛不断繁荣的一个重要原因，同时也突显了他在香港文坛的重要地位。

随着香港文学的发展，《香港文学》在中国当代文学和世界华文文学之中的地位得到提升，进而成为世界华文作家交往的桥梁。由于香港特殊的地理位置、良好的现代文化条件，以及香港有识之士的大力推动，加强了世界华文作家的联系，亦促使了世界华文文学的交流。这其中的一个关

[①] 刘登翰：《香港文学史》，香港作家出版社 1997 年版，第 211 页。

键人物，便是刘以鬯①。一直以来，刘以鬯努力使香港"成为中国文学的窗口，同时也成为世界华文文学的大桥"②。他确确实实可以称得上"中国作家中自觉而持久地以香港为基地来沟通中国文学、世界华文文学联系的第一人"③。为什么刘以鬯能够在香港这个城市中，肩负起三地文学交流的艰巨工作呢？除了香港本身的特殊性之外，刘以鬯自身的取态，也是一个重要的原因，促使他而非他人，成为这个文学发展的掌舵人。那么，刘以鬯有什么特点呢？我们从他在上海创办"怀正出版社"时看，他的出版宗旨是："不问政治倾向，只问作品质量，而且约稿'不分左、中、右'。"④ 他的这个文学取向，更可见于他所编的《星岛晚报·大会堂》，他编这副刊时，明确表示要让老、中、青，左、中、右聚首一堂。他看重文学，不论是"左派"、"右派"，只要是好的文学，他都一定会接受并刊登⑤。当时的他，因为自己喜欢文学，同时也有发展文学的信念，故此也希望自己编的副刊有较强的文学性。刘以鬯深深感受到，在香港这个商业城市中，要发展纯文学非常不容易，所以他更要有效地、不遗余力地坚持这个信念，使香港在多变对峙的局面中仍能保持一些严肃的文学刊物。

刘以鬯作为一个资深的文学家及报纸杂志的编辑，他不断拓展香港文

---

① 刘以鬯在20世纪80年代的贡献，特别是在两岸三地作家交流上的贡献，不少人都有所论述，可参阅郑振伟《给香港文学写史——论八十年代的〈香港文学〉》，《香港八十年代文学现象》，台湾：学生书局2000年版。

② 刘以鬯：《用笔见证历史》，《香港作家报》1997年6月第104期。

③ 黄万华：《跨越一九四九：刘以鬯和香港文学》，载于黄劲辉等编《刘以鬯与香港现代主义》，公开大学出版社2010年版，第18页。

④ 《八方》编辑部：《知其不可而为——刘以鬯先生谈严肃文学》，《八方文艺丛刊》第6辑，1987年8月。

⑤ 香港女作家洛枫的这段话，正是刘以鬯编辑方针的明证："提及刘以鬯与香港副刊，不能不提《星岛晚报》的'大会堂'，我先是读者，也慢慢变成作者，第一篇刊登的文章是《谁是压逼者？〈杀夫〉与女性问题初探》，以弗洛伊德和女性主义理论分析李昂的小说，文长7000字，当时寄给刘先生，他立即来了电话，说会想办法刊登，'大会堂'不成，就放在《香港文学》杂志。后来这篇长文真的出现在《星岛》的副刊上，至今想来还是很魔幻！试想想：哪有报纸能刊载这么硬性分析的论文？现在更不可能了！但刘先生像魔术师，用他编辑的魔法棒，让只有二十三岁的年轻作者踏出了第一步，我是心怀感激的，而且相信所有曾经受惠于他这支魔法棒之下的作家，也会感同身受，因为后来为了研究，我重看了七十年代的《快报》副刊，发现了年轻时代的西西、也斯、李英豪的文字世界。"见洛枫《有关刘以鬯先生的二三事》，属网上发表的文字，网址为：http://www.hklit.com/forum/forum.php?mod=viewthread&tid=2749。

学的活动空间，努力提高香港文学创作水平，能在复杂的社会、特殊的文化语境中，突显文学的多元性，这是他整个文学生涯中的一个相当重要的方面。在从事文学创作时，他明白自己不可能超然于现实环境以外。诚如他自己所说："香港是个商业社会，文学犹如跳出水缸的金鱼，没有人将它放回水中，生存就会受到威胁。"① 他明白环境上的限制，知道在自由放任的政策主导的香港，没有任何支持本身就是一个重大的限制。但是，反过来说，只要愿意努力，这种自由也是有无限的发展可能，因此刘以鬯把握任何机会去为香港文学开拓可以发展的空间。

我们固然会从刘以鬯的作家及编辑的身份，来观察他如何在香港的处境中发挥其作用；但除此之外，刘以鬯还有第三个身份对香港文学的发展有所贡献，就是翻译家的身份。刘以鬯本身有翻译作品②，这正好让我们理解到，他本身对外国的文学也有深厚的认识，而他凭着对外国文学的历史和现状的丰富知识和深刻理解，通过对外国文学作品翻译、介绍和评论，在外国文学和包括香港文学在内的中国文学之间搭起一座桥梁，促进相互的沟通和交流；借有用的经验，来推动香港文学和整个中国文学的发展。

在香港，要静下心来搞纯文学并不是一件容易的事。作为一个文坛巨人，他综合自己在文坛上的各种优势，倾注所有的心力，在1985年创办了一本国际性的中文文学月刊《香港文学》，做社长兼总编辑。这个抱负，在当时并不容易实行，因为除了要"顶住香港文艺不易生存的压力外，还要承受各种误解和责难。一些人抱着'走看瞧'的态度，等着看它能支持多久"③，他还为此而放弃了好几份报纸的专栏。但是，刘以鬯把个人利益置之度外，全心全力地把《香港文学》当作事业来办好，希望能为整个华文文学的壮大而尽上自己的所有力量。他在文学界的崇高地位，正好能够凝聚不同党派、不同地方的"各路英雄"去为《香港文学》投稿，其杂志阵容之庞大堪称一时无两。他努力使香港成为中国文学的窗口，同时也成为世界文学的大桥。他确实称得上是中国作家自觉而持久地

---

① 刘以鬯：《短绠集》，中国友谊出版公司1985年版，第212页。
② 作品包括乔也斯·卡洛儿·奥茨：《人间乐园》、积琦莲·苏珊：《娃娃谷》及艾萨克·辛格：《庄园》，可参阅许定铭《刘以鬯的翻译》一文，《大公报》2010年7月17日。
③ 东瑞：《记刘以鬯及其主编的〈香港文学〉》，载于梅子、易明善编《刘以鬯研究专集》，四川大学出版社1987年版。

以香港为基地来沟通中国文学、世界华文文学联系的第一人。正因他所拥有的特殊文学高地，让这本由他主编的《香港文学》，在先天上已经有了一种姿势，稳妥地迈步向前。

三 《香港文学》的办刊宗旨

《香港文学》是一本立足香港、面向世界的世界性中文文艺杂志[①]。这本杂志取名为《香港文学》，命名本身的含义，便已经肯定了香港文学的地位与存在。也许对21世纪的我们来说，这是一件再自然不过的事情，但是在20世纪的80年代，这种肯定本身是有其划时代的意义，因为"香港文学"这个概念，仍然是非常新鲜的观点。《香港文学》每期的内容种类繁多，包括诗歌、小说、散文、戏剧、文学研究、专题报导、史料等，内容之丰富，就如同一个微型的香港文学数据库一样。这本月刊，在很长的一段时间里，标志着一种汇聚和推动文学活动的力量。在出版这本杂志前，刘以鬯曾经指出香港"大部分作家，因为受到这个商业社会的压力，就产生了不大正确的写作态度，把文章当作商品，尽量提高文章里面的商业价值，完全不考虑文章发表之后对社会有什么影响"[②]。为了抗衡这种现象，刘以鬯下了很大气力，把严肃文学挤进商品文学之中。这种努力，在他任职报刊的副刊主编时，已经表露无遗，及至出版《香港文学》，是他更进一步的一种抗衡，正如黄继持所言：

> 他（指刘以鬯）不肯以一般文字工作与文学事业等量齐观。文学在他的心目中，乃严肃的艺术创作。在香港三十多年来他的"正职"，则是报章副刊编辑与副刊（多家）小说作者。……而"文学"若不从"质"的方面考虑，也就会随着"商品化"而沦为抽空了精神价值的消费品。刘以鬯正因曾陷其中，因而更加着力反拨，把"娱乐他人"的文字跟"娱乐自己"的文学断然划分界域。[③]

---

① 刘以鬯在《香港文学·发刊词》，中谈到《香港文学》创刊的目的是"提高香港文学的水平，同时为了使各地华文作家有更多发表作品的园地"，见于刘以鬯《发刊词》，《香港文学》第1期，1985年第1期。

② 黄杨烈整理及记录：《作家的社会责任：兼论香港社会与作家的问题》，《明报月刊》1978年第5期。

③ 转载自黄继持《追迹香港文学》，牛津大学出版社1998年版，第155—156页。

同时，我们从刘以鬯主编《香港文学》时的决心，可以看得出他对于香港文学发展的牺牲与贡献。他为了要专心办好这本杂志，推掉了很多报章专栏。难怪有论者说："（刘以鬯）假若不编《香港文学》，专注于创作，评论，或写一些三四十年代作家的回顾文字，对香港，乃至于中国现代文学的意义更大。"① 我们先不讨论这个判断是否正确，但是其中传递的信息很明显，就是刘以鬯投入在《香港文学》里的心血极多。

在香港这个商业味浓重的资本主义社会，一切都以经济利益为衡量标准，严肃文学已经被大多数人遗忘。主编刘以鬯却反其道而行，《香港文学》的创刊宗旨，便是要促进香港严肃文学的创作与发展。事实上，刘以鬯在杂志的发刊词中，已明确提出了《香港文学》的创办意图、目的和宗旨：

> 香港是一个高度商品化的社会，文学商品化的倾向十分显著，严肃文学长期受到消极的排斥，得不到应有的注意与重视。尽管大部分文学爱好者都不信香港严肃文学的价值会受到否定，有人却在大声喊叫"香港没有文学"。这种基于激怒的错误观点不纠正，阻挡香港文学发展的障碍就不易排除。在香港，商品价格与文学价值的分别是不大清楚的。如果不将度量衡放在公平的基础上，就无法定出正确的价值标准。②

由此可清楚见到，《香港文学》所要持守的，就是这个价值标准，以抗衡市场价值与商业文化的侵袭。刘以鬯清楚表示，要发展香港文学，就是要把商业和文学分别开来，而不是文学商品化，或是把商业的"产品"视为文学。

在香港要创办一份像《香港文学》这样的纯文学杂志，确实是面临着严峻的挑战和考验。可是，刘以鬯却因其对文学的追求和信念，以无比的勇气和决心，为香港的严肃文学开发了一个新的园地和平台，使《香港文学》成为一份立足香港、面向世界的世界性中文文学杂志，为香港文学的繁荣和发展、香港作家的培育与成长，做出了巨大的贡献。从发刊

---

① 秦淮：《阅读笔记——刘以鬯与〈酒徒〉》，《星岛日报·文艺气象》1993年5月28日。
② 刘以鬯：《香港文学·发刊词》，《香港文学》第1期，1985年第1期。

词中，可以看出这本杂志的几个创刊使命及其取向：

一是希望能提升香港的严肃文学的地位与其价值。正如上文所指，由于香港消闲性、消费性的文字读物极多，很容易就会把严肃文学掩没过去，因此，《香港文学》正是要为严肃文学提供一个园地、一个平台，让人在这里能够容易地接触到严肃文学，抗拒通俗文学。

二是发挥香港的"桥梁地位"，连接世界的"华文文学"。在这一点上，刘以鬯是敏锐地捕捉到香港特殊的地位，而这个特殊的地位，不仅体现在香港的经济活动以至政治活动，也同样在文学发展上发挥作用。香港作为一个文学平台，并不是仅属于香港本地人士，而是整个华文世界的，这是香港文学的特点，也是优势。

三是使各地华文作家有更多发表作品的园地，这是承继第二点而来的。正因为香港的桥梁作用，所以它可以提供园地，让其他华文处于弱势的地区的作家作品，得到发表的园地，同样是壮大华文文学的重要任务。

四是作为各地华文作家的园地，并非属于同人杂志或小圈子的文化分子所有。这是一种"有容乃大"的取态。今天回头再看，《香港文学》之所以能够取得如此重大的成就，正在于这种取态。唯有能兼收并蓄，才能真正地让严肃文学得到发展。

作为一本扎根于香港的文学期刊，推动香港文学的发展以至繁荣，是该杂志的一个与生俱来的使命，也是《香港文学》办刊的目的之一。刘以鬯是南来作家中的佼佼者，深明大陆文化传统，亦以创作实验小说著称[①]。他为了使香港这个"文化沙漠"能开辟出纯文学的绿洲，创刊时其中的一个着力点便是在推动香港本土文学的发展上。

第二节 《香港文学》与"香港文学"

一 《香港文学》与香港作家

有关"香港作家"这个话题，经常引起了不少的讨论，不同论者对

[①] 关于刘以鬯与中国大陆的关系，以及他的实验小说，不少人也有所探讨，而鲁嘉恩的硕士论文《香港文学的上海因缘》第三章即论及刘以鬯小说中的这两个特点，论述趣味盎然，值得一读。参阅鲁嘉恩《香港文学的上海因缘》，香港：岭南大学 2005 年版。

此都有不同的界定。学者王剑丛认为"在香港出生长大，或在外地出生，在香港写作成名的，就是本地作家。"① 此外还有黄维樑的"四种类型"说、刘以鬯的"七年"资格说、刘登翰"影响、身份"并重说，还有以更长的居港年份，或以投入香港的程度来划分等，又或是如陈炳良这样提出很宽的条件，即近乎与香港有关的，都可算得上是香港作家等。② 我们认为，既然在这个话题上仍没有取得一个特定的说法，那么从宽处理论，也未尝不是一个折中方法。

《香港文学》1985 年创刊，其发刊词开宗明义便写道："尽管大部分文学爱好者都不信香港严肃文学的价值会受到否定，有人却在大喊叫'香港没有文学'。这种基于激怒的错误观念不纠正，阻挡香港文学发展的障碍就不易排除……历史已进入新阶段，文学工作者不会没有新希望与新设想。为了提高香港文学的水平，同时为了使各地华文作家有更多发表作品的园地，我们决定在文艺刊物不易立足的环境中创办一种新的文艺刊物。"在这里，我们看到了刘以鬯强调了《香港文学》杂志须具有"立足香港"的精神。事实上，我们只要翻开杂志一看，便发现香港作家投稿到这本杂志的情况非常踊跃，当中既有在当时已具名声的；亦有很多是当时仍然年轻，仍有待被发掘的无名小子。

先从杂志的目录看，为了方便读者阅读，编者很巧妙地把杂志的内容分类。就以 1985 年第 1 期为例，作品类型便包括"评论"、"访问"、"笔谈会"、"短篇创作"、"诗"、"散文"、"历史独幕喜剧"、"书评"、"特辑"，以及"史料"，纲领清晰，读者阅读时可因应兴趣选择文章。杂志一个独特之处在于但凡投稿时不是身处香港的作者，编者都会在作者名字上注明他们从何处投稿。如叶维廉，当时他身处美国，于是杂志上注明他在"美国·圣地亚哥"；又例如卢因，当时他已移居外地，故杂志列明其稿是从"温哥华"而来。凡此种种，都让我们见到编者的缜密心思。根据这个清晰的目录，我们可以很容易便看到香港作家与海外作家的分配比例。在每一期，《香港文学》都预留一定的篇幅给本地的香港作家，现在以 1985 年创刊首年为例看看：

---

① 王剑丛：《香港文学史》，南昌百花出版社 1995 年版，第 7 页。
② 黄维樑主编：《活泼纷繁的香港文学——1999 年香港文学国际研讨会论文集（上册）》，香港中文大学出版社 2000 年版，第 32 页。

第 1 期：共出现了 38 位作家（其中于如柏因已经逝世，不作计算），包括叶维廉、杨昆岗、丘虹、赵令扬、李国威、黄傲云、陈德锦、何福仁、叶娓娜、迅清、王仁芸、王晓堤、杨明显、吴煦、力匡、卢因、璧华、黄维樑、周策纵、也斯、方北方、梦平、任良之、孟沙、方昂、梁生、钟文苓、钟晓阳、陈瑞献、黄东平、黎翠华、师陀、钟玲、林曼叔、梁锡华、王错、刘坤仪、平可。其中 17 人标示了不在香港，即身在香港的作家占了 21 人。

第 2 期：共出现 23 位作家（戴望舒已去世，不计算在内），包括施蛰存、冯亦代、卢玮銮、王佐良、郑家镇、江湖、艺圃、黄维樑、周策纵、董桥、梁锡华、姚宝、西西、刘同缜、陈锡麟、卢昭灵、卢因、袁军、舒同、张成、冯绮雯、陈德锦、平可，其中 11 人标示了不在香港，身在香港的作家占 12 位。

第 3 期：共有 35 位作家，包括 Helmut Martin、黄傲云、西西、许廸锵、朱彦容、黄继持、也斯、黎活仁、林融、黄俊东、冬馨、霍汉炬、辛笛、钟伟民、岛子、秦松、黄维樑、钟晓阳、杨明显、清艾、梁燕城、骆明、田流、力匡、陈华淑、杜红、淡莹、岭上青、陈剑、谢清、郭永秀、蔡叔卿、梁耀忠、蔡振兴、平可，其中 8 人标示了不在香港，身在香港的作家占 27 位。

第 4 期：共 25 位作家，包括姚雪垠、叶石涛、梁丽芳、周兆祥、陈进权、叶维廉、李又宁、思果、汤晏、张错、钟晓阳、秦松、许达然、黄维樑、西西、沉寂、周旋捷、爱芳、罗贵祥、陈德锦、杨世彭、黎翠珍、李英豪、迅清、平可，其中 16 人标示了不在香港，身在香港的作家占 9 人。

第 5 期：共 30 位作家，包括黄子、夏志清、陈若曦、蓝石、叶石涛、端木蕻良、侯榕生、许达然、陈宝珍、刘同缜、迅清、刘健威、林枫、王晓堤、钟玲、非马、胡燕青、温瑞安、吴江波、陈云根、张倩仪、李赞祥、卢艳媚、梁月薇、关可掬、李元洛、西西、卢玮銮、何福仁、平可，其中不在香港者 13 人，身在香港的作家占 17 位。

第 6 期：共 25 位作家，包括朱少冰、卢玮銮、刘以鬯、王错、楚金、辛其氏、林万菁、袁军、李成、郭恩慈、陈凌冰、胡燕青、叶惠芳、力匡、也斯、黄德伟、董鼎山、石影、叶石涛、刘笔农、李元洛、梁锡华、西西、叶辉、平可，其中不在香港者占 12 人，身在香港的作家占 13 位。

第三章 作为"引桥"的《香港文学》 101

第7期：共29位作家，包括杨玉峰、关秀琼、巴尔、陈子善、石影、丘虹、师陀、罗贵祥、叶曙明、陈淑芬、李汝琳、何福仁、西西、淮远、黄襄、吴岸、李华川、王明妮、古永聪、萧伟邦、秦松、卢因、爱芳、黄傲云、谢雨凝、徐咏璇、李援华、叶石涛、平可，其中不在香港者占14人，身在香港的作家占15位。

第8期：共29位作家，包括卢玮銮、梁锡华、陈耀南、夏飞、叶辉、陈炳良、王锴、余光中、周策纵、成之凡、方思、晓楂、李绍端、蓝石、张错、谢雨凝、桑简流、欧阳江河、林融、澄江白水、岭南人、何日伸、是非、浪迹、刘扬、羌岚、央子、李英豪、叶石涛，其中不在香港者占12人，身在香港的作家占17位。

第9期：共31位作家，包括张泽波、卢昭灵、曾聪、陈耀南、钟玲、李苊、沉逸文、思果、陈达升、叶维廉、非马、刘含之、文志、羁魂、郭枫、黄东平、侯榕生、刘同缜、黄傲云、方礼年、柯灵、丰一吟、明川、殷琦、胡治均、潘文彦、香山亚黄、冯伟才、关艳霞、方北方、韩萌，其中不在香港占19人，身在香港的作家占12位。

第10期：共26位作家（郁达夫不作计算，原因同上），包括杨昆岗、罗青、凌叔华、钱歌川、陈子善、王自立、钟玲、林臻、颜纯钩、陈卓章、陶里、梯亚、林源、关艳霞、马汉瑜、陈德锦、唐湜、力匡、秦松、周粲、梁锡华、钟景辉、杨明显、金力明、许定铭等人。其中13人不在香港，身在的香港作家占13位。

第11期：共51位作家，包括西西、何福仁、罗贵祥、方沙、阿果、王仁芸、张纪堂、扬涛、蔡嘉苹、林融、林绍贞、陈宝珍、蓝石、袁军、陶里、梁锡华、李英豪、胡松、殷德厚、岛子、文以可、小四、心枫、林泥水、宰主、秋笛、晨梦子、王勇、林涛、纯纯、云鹤、文志、白凌、林泉、和权、谢馨、若艾、吴天霁、江一涯、月曲了、刘岷、蔡铭、陈默、浩青、陈天星、庄垂明、灵随、和权等人。由于这一期的主题是菲律宾华文文学，故此作家多不是香港作家，身在香港的作家则占13位。

第12期：共33位作家，包括王锴、贝谢甫、张放、楚金、金义端、罗贵祥、郭坤敏、李英豪、林绍贞、木令耆、黄东平、梅女、叶曙明、石影、彭邦桢、桑简流、非马、赵清阁、钱歌川、秦松、梅女、叶蓝、姚学礼、刘同缜、黄傲云、罗青、陆留、陈耀南、杨玉峰、陈子善、林承璜等人。其中不在香港者占19人，身在香港的作家占14位。

以创刊第一年的刊登稿件情况为例，我们大概可以知道《香港文学》每期所刊登香港作家的作品，其比例大约为该期杂志作者的一半或以上，部分作家，他们投稿时并不在香港而是身处海外。不过，正如前文所述，如何界定"香港作家"，是经常引起争议的话题。在《香港文学》1989年第49期的"编后记"中，刘以鬯便说过："关于《香港文学》不尽是香港文学的问题，我们在去年十二月十七日的《欢迎来港作家茶话会》上已作过解释，现在再补充两点：（一）香港作家的流动率很高，目前居住在台湾高雄的余光中；居住在英国的桑简流；居住在加拿大的卢因、梁丽芳、陈中禧；居住在美国的叶维廉、柯振中；居住在法国的郭恩慈、黎翠华；居住在菲律宾的文志；居住在巴西的刘同缜；居住在新加坡的力匡；居住在上海的柯灵；居住在北京的叶君健、端木蕻良、骆宾基、萧干、冯亦代；居住在广州的黄秋耘等，过去都曾在香港做过文艺工作，为繁荣香港文学做出贡献。《香港文学》刊登这作家的作品，可以加深读者对香港文学的认识，是优点，不是缺点。"他认为，这些对香港文学曾有贡献的作家，投稿时虽然身处海外，但都应该放进香港文学之内。这与我们对香港作家从宽计算的观念是一致的。以此计算，香港作家在杂志内的比例也就更大了。这个安排，具体体现了《香港文学》杂志立足香港、以繁荣香港文学的大抱负。

当时投稿到《香港文学》的香港作家，有些已经具有相当名声，如戴天、熊式一、颜纯钩、黄维樑、古苍梧等，但也有很多是初出茅庐的年轻文学新人，如王良和、洛枫、陈德锦、钟晓阳等。这些文学新人，借助这本杂志的影响力，作为发表作品的平台，从而成就了自己的文学事业。在刘以鬯领导下的《香港文学》，对于培育文学新人贡献良多。

一个地方的文学是否可以持续其生命力，并得以长大、发展，培育新进作家这个功夫实在非常重要，因为要是没有新人加入，没有从源头处注入活水，怎是如何活泼的溪流，最后也会变成死水一池，再也没有生机了。《香港文学》自觉地担起香港文学发展的重担，自然深深明白这一点，所以在他当副刊和杂志编辑时，一个重要的工作着眼点，便是放在培育和扶掖爱好文学的青年作家方面。《香港文学》主编刘以鬯在香港文学发展的重要时刻，总是敏锐地注意到年轻作家所发挥的作用和贡献。他对年轻作家总是充满关怀，但又有很严格的要求，鼓励他们努力提高自己的创作水平，走创新之路。为了让年轻作家有更广阔的写作空间以及发表园

地,他处处为他们提供机会。他认为这群青年写作人身处香港,机会应该最多、也最有前途。他曾经说过:

> 我认为现代的华文文学,应以香港最有前途。在香港,作家虽无生活的保障,却有创新和发展的活动空间。你们都是香港青年作者,站在时代的尖端,应该放弃落后的技巧,写些创意显然的作品来。创作不应媚俗,写出来的作品即使不能令多数读者感到兴趣,也不成问题……你们应该努力将作品写好,争取好书出版的机会。①

在他的这番话中,可以见到他的几个重点:一是香港的文学发展与其他华文文学地区相比,具有发展的潜力;二是年轻人应主动争取发表的机会,在适合的土壤中开花结果;三是他鼓励青年作家在创作上大胆创新。不过,值得留意的是,在刘以鬯这段话中,同样指出一点:在香港从事文学创作,缺乏生活的保障。换言之,要从事严肃的文学创作,香港有自由,却没有保障。由于社会有足够的自由空间,所以作者可以尽情写自己想写的题材,做不同的文学创新试验,但是这种自由是一种冷漠的自由。在以商业为主的香港社会,一切非功利的行为活动,都难以获得足够的经济支持,所以文学创作的自由,同时伴随的是冷漠。

刘以鬯深深明白香港文学路的自由和冷漠,如何形成一种撕裂的张力。所以,当他有主编一本以"娱乐自己"为主的杂志时,这代表他有能力让不少有志于文学创作的青年人得到更多的关顾,让他们能够坚持地在这条文学路上继续前行。利用《香港文学》这本杂志作为平台,是刘以鬯提携新人的一个重要的途径;但事实上,在未编辑《香港文学》之前,他已经在不同的平台上去为新人们提供了发表作品的机会。当然,最主要的培育场地,则是他主编的《香港文学》杂志。在长期的编辑生涯中,他所主编的期刊,已渐渐形成了一支老中青相互结合的写作队伍,使期刊出现多姿多彩的面貌。当时活跃的青年作家很多,包括:西西、也斯、东瑞、洛枫、陈德锦、罗贵祥、王良和、钟晓阳等。刘以鬯作为期刊的主编,他不论在思想上,还是具体安排上,都十分重视培养新人;同

---

① 陈德锦:《与刘以鬯先生共话青年文学》,载于梅子、易明善编《刘以鬯研究专集》,四川大学出版社1987年版。

时，由于刊物为新人发表作品提供了园地，又使刊物充满了生机和朝气，让刊物有一番新的景象。环顾当今香港文坛，很多非常活跃有名的香港作家，在他们的起步阶段，都曾经得到过刘以鬯的提携帮助，使他们在并不容易立足的香港文坛，站稳了脚跟，逐渐成为知名的香港作家。蔡雨眠先生曾在其论文中提过："他一手扶掖的西西、梁秉钧，也开始步入殿堂……"①现在，西西和也斯真的已经成为了大师级的人物，可见刘鬯慧眼识珠的鉴别力与伯乐相马、养马、驯马、使成千里马的真功夫！

二 "香港品牌" 新动作

陶然接任《香港文学》主编后，坚持了办刊理念中"推动香港文学和沟通世界海外华文文学"的宗旨。在推动香港文学方面，继续打造"香港品牌"。改版前的《香港文学》虽然把重心放在了推动香港文学发展上，但是在期刊的编辑选择上并没有鲜明的体现。除了偶尔出现的一些名家专辑或者地区性专辑之外，没有把香港作家作品列出专栏进行传播。《香港文学》改版后，除了以文类为区分的栏目编排外，还经常以专栏的形式推出香港作家的作品。其中，栏目名称都标注有"香港"二字。如"香港小小说展"、"香港中篇小说展"、"香港新生代诗展"，等等。除了继续介绍名家名著外，对新人新作的培育更为关注。通过编辑文学奖获得者的作品小辑、开辟弱势文体创作园地等方式，将文学创作者凝聚起来，为香港文学的薪火相传而努力。

2000年9月开始的《香港文学》改版，无论是外部设计、装帧，还是内部内容编选、排列，或是以《香港文学》为主体的一系列活动，都灌输了要打造纯文学品味以及扩大传播与交流的意图。

（一）打造纯文学品味

《香港文学》在2000年9月以前是粉纸彩印的。2000年9月改版后变成了素白底封面，用普通书纸印刷。其中或许有经济上的考虑，但究其主要原因，是为了更好地突出杂志纯文学的品味。文学本身是宁静和素雅的。作为纯文学杂志的《香港文学》，在树立了一定的品牌地位后，已经不需要跟市面上大红大绿、包装精美的流行杂志较劲。其面对的是一群小众，根据品味上的思路，杂志也选择了一个朴素、大方的外观。

---

① 蔡雨眠：《刘以鬯先生侧记》，《香港文学》第252期，2005年12月。

《香港文学》的封面做了整体改版之后，还有一些细节值得注意。一份杂志，定封面标题、定目录文章的次序有一套学问。所有的安排，都是总编辑在提醒读者杂志的重点何在，这也是当主编的窍门（排先排后的学问）。① 无论是封面的彩印，还是大字排版，都是杂志本身想强调的重点，引导读者阅读的兴趣点。在每一期的《香港文学》开篇，都有陶然的"卷首漫笔"这一栏。每一篇作者都取了题目，可见是将其视为随笔文章来经营的，是编者对读者的话，编辑理念的表达。相比起以前的《后记》，这一开篇即映入眼帘的"前言"显然含有编者更加积极地与读者对话的意图。《卷首漫笔》常常提到编辑组稿的意向以及困难，这似乎是在向相关的创作者喊话，而对于刊物内一些文章的导读，无疑是结合封面的排版，对一些编者认为优秀的、值得留意的文章的强调。可以说，《香港文学》整体排版上的改动，都灌注了刊物传播中编辑操纵的主动性，是其打造纯文学品味的表现。

（二）扩大传播与交流

《香港文学》作为"香港文学"的载体，它的传播关系到外界对香港文学的认知。因此，怎么样将杂志更好地推广出去，也是一个将"香港文学"的影响扩大的过程。作为一份纯文学杂志，单靠商业渠道的出版销售，其传播效力是不够的。因此，《香港文学》改版后，在传播渠道上也增添了新的内容。其一是出版图书，其二是举办会议、活动，其三是借助大学、图书馆等公共空间，其四是网络延伸。

随着《香港文学》办刊的积累日益丰厚，在读者中间享有较高的知名度，具备对已经出版的杂志内容进行各种主题的编选、开发的资本。自2003年以来，《香港文学》的选刊至今已经出版三辑了。内容涵盖2000年9月至2008年12月之间的散文、小说、评论等。其中，2003年和2005年出版的两辑选刊已经合成了一套6本的《〈香港文学〉精选集》，于2008年4月在大陆的花城出版社出版。选刊是杂志内容的二次传播。是编辑对于已出版的杂志内容进行再挑选，精益求精，扩大影响的表现。其实，文学传播和评价作为一种反馈，对文学生产有着天然的引导作用。更何况，"选"这种行为就是有意"引导"的表现。作为选家的一种主动的行为，"选"就是通过选择出来的范例来引导创作，即便选家并没有明

---

① 余非、陶然：《陶然访问记》，《香港文学》第252期，2005年第12期。

确引导的意图,他的选择还是会对接受者(如作家)产生或多或少的引导效果,毕竟在受众心目中"选"即意味着"选优",而优秀的作品是值得学习的。不仅是选载,就是选刊所配发的评论文章、编者按语等,也都具有引导的性质。①

改版前的《香港文学》擅长的是对一些文学活动进行跟踪报道。而改版后的《香港文学》则通过合办文学会议、活动中显示出了更多的主动性。比如:"公共图书馆与《香港文学》合办2004年度'文学月会'"活动,2005年9月号作联与《香港文学》合办"抗战与香港文学"座谈会等。在2009年1月的文讯中我们可以看到《芳草》文学杂志与《香港文学》联合举办第二届汉语文学女评委大奖的启事。该评奖涵盖范围为2007—2008年度,发表在《芳草》文学杂志和《香港文学》上的小说、诗歌、散文及文学理论等作品。虽然此次《香港文学》只是协办方,但是随着《香港文学》的发展,相信会在世界华文文学的相关会议、活动中,发挥主导作用。

2002年4月号的"卷首漫笔"中有这样一段文字:本期作者王雪瑛与《香港文学》的邂逅虽说不上传奇,却有岁月迢遥的风霜感觉:正是在风雪波士顿躲进哈佛大学燕京图书馆偶然的相遇,才萌生了投寄该文的意向。其实通过图书馆与本刊结缘的,还有许多人,比方本刊的另一位作者王艳芳,最初也是在(中国)南京大学图书馆看到本刊的;而在前几期发表文章的王晓芳,则是从武汉大学图书馆结识本刊。最近,还也有投稿者说,是在上海图书馆读到《香港文学》……看来,即使路途遥远,散落在各地的图书馆也会用无形之手把本刊与读者和作者牵连在一起。②《香港文学》向各大学、研究机构赠刊,以及被大陆以及海外的众多图书馆收藏,不仅是《香港文学》的影响力日益扩大的结果,也是《香港文学》迈向更光辉未来的铺垫。通过大学、图书馆等公共空间的传播作用,更多的人认识了《香港文学》,也投身到《香港文学》的文学号召中去。

《香港文学》"上网"也已经有一段时间了。并不是《香港文学》自身的网站,而是香港中文大学图书馆将卢玮銮女士收藏的有关香港文学的研究资料,建立了一个香港文学资料库的网站,其中包括《香港文学》。

---

① 罗执廷:《文学选刊与当代文学运行机制》,《云南社会科学》2009年第4期。
② 陶然:《邂逅在某个空间》,《香港文学》2002年4月第8期。

在这个资料库中,可以查阅到《香港文学》创刊至今的杂志全文。虽然其中有个别期次还不完整,但是对于《香港文学》爱好者及研究者来说是一大馈赠,对于《香港文学》的传播也有相当的裨益。对于一部分大陆读者来说,获取港台杂志还有一定困难,而网络则使这一问题得到了很好的解决。由于《香港文学》的发展已经有一段历史了,如果需要一些早期的资料,梳理整个《香港文学》的发展脉络,能有网络的帮助还是增添了不少便利。如果要研究《香港文学》上提及的相关信息,该网站也是有力补充。

(三)打造文学品牌

作为一本扎根于香港的文学期刊,推动香港文学的繁荣是一项与生俱来的使命,也是《香港文学》办刊的初衷。刘以鬯为主编的时代,《香港文学》在推动香港文学发展上,主要体现在积极引进国外的先进文学思潮,关注大陆文学动态以及推广名家名著方面。刘以鬯是南来作家中的佼佼者,深谙大陆文学传统,创作以实验小说著称,对于国外文学理论较为关注,对大陆的文学名家也倍加推崇。为了使香港这个"文学沙漠"能开辟出纯文学的绿洲,办刊的着力点主要集中在推动香港本土文学的发展上。栏目基本以文类和主题来区分,没有划分出明显的文学品牌特征。事物的发展是量变与质变的过程。《香港文学》经过十五年的积累,在改版后愈加蓬发出生机勃勃的新气象。首要特征是,旗帜鲜明地打出了"香港文学"这一文学品牌。以下从三个不同维度,深挖本土资源,为香港文学的发展添砖加瓦。

1. 通过文学大奖,鼓励新人新作

新世纪以来,香港推出了本土的文学奖项,其中包括"大学文学奖"、"香港中文文学双年奖"和香港艺术发展局文学奖。《香港文学》除了对获得本地文学奖的新人大加提携外,对于获得其他国家和地区文学奖的香港新作家也照顾有加。

自2001年9月刊登香港"首届大学文学奖"获奖作品小辑以来,获奖作品不时被组成专辑,发表在《香港文学》上。许多活跃在《香港文学》上的文坛新人,都是从文学奖的评比中走出来的,如谢晓虹、麦树坚等。"大学文学奖"参赛者都是香港地区各大学的学生,他们来自各个不同的专业,文学只是他们的业余兴趣。然而文学奖对他们的肯定,让他们更有动力继续创作。得奖者由此被推到读者、评论者的面前,被更多的人认识,成为香港文学发展的后备力量。香港青年作家的创作,不仅得到本地文学奖的肯定,在世界范围内都有不错反响。例如,香港中文大学的学生黄燕萍曾获马来西亚第五届"花踪文学奖·世界华文小说"首奖,董启章获台湾第八届《联合文学》"小说新人奖"中篇小说首奖及短篇小说推荐奖等。虽然他们的得奖作品没能在《香港文学》上刊登,但是从他们的新作在《香港文学》上频频露脸可以看出,《香港文学》在这些新人中的地位以及对他们的鼓励和支持。

2. 开辟园地,鼓励多样化创作

从 2001 年 1 月号始,推出"香港小小说展"、"香港短篇小说展"、"香港中篇小说展"、"香港新生代诗展"不一而足。这些专栏,囊括各种文类,从多方面、多角度展示了香港文学的创作群。另外,主编陶然还"跨界"担任起了文学写作的"教学工作"。通过与大学、公共图书馆举办各种文学讲座、学习班等,分享自己在创作以及编辑中的理念,对香港青年的创作道路有十分积极的影响。2004 年 8 月的"香港浸会大学中文系学生小说创作小辑",2008 年 8 月香港中文大学中文系"文艺创作"试写室作品小辑,都是陶然利用各种形式去刺激文坛、带动文坛的结晶。

陶然不仅自己"跨界",还积极推动作家的跨界写作。比如《香港文学》2000 年 9 月号王良和的小说《鱼咒》和 2000 年 10 月号康夫的小说《阳焰》等都是诗人跨入小说的尝试。王良和的诗和散文在香港文坛早已闻名,对于小说十分陌生的他,却获得了 2004 年第七届文学双年奖的小说奖,这与《香港文学》的推动作用也是分不开的。"得奖对我来说其实有点意外,小说我真的写得不多。小说集《鱼咒》所收的五篇小说写于 2000—2002 年两年间,要不是朋友邀稿催稿,我是不知道自己会写小说的。"[①] 王良和第一本小说集的推出,就获得了大奖,可以说是陶然作为主编的慧眼独具,对于作者潜力的挖掘。

3. 关注弱势文学,凝聚创作氛围

无论是"类型小说展"、"散文诗绿地"还是"儿童文学展",都倾注了陶然对于香港文学边缘文体的关注,以及对创作氛围凝聚的期望。

"有感于散文诗创作的寂寞,本期特意发表一组散文诗作品,以及有关散文诗的短论,组成'散文诗小辑';当然,由于篇幅有限,这两篇短

---

① 余非、王良和:《王良和访问记》,《香港文学》第 250 期,2005 年第 10 期。

论仅属管窥，但都不妨视为一家之见。散文诗似乎仍属弱势文体，但问题也许不在文体，而在于书写者本身。如果有更多具才华有热情的人投入，或许散文诗可以闯出新境，也未可知：我们且用这个小辑抛砖引玉。"①

"目前反映儿童文学的优秀作品不是太多了，而是太少了。本期我们推出'儿童文学展'，并非单纯应景，而是真诚地期望有更多的好作品，给少年儿童以更广阔的阅读空间。黄庆云、周蜜蜜、黄虹坚、韦娅都是女作家，也都是在儿童文学方面成就可人的有心人；她们同台展出，在儿童文学创作上抛砖引玉，希望带动更多的作者在这个园地上耕耘。"②

一些弱势文学的创作，不是没有读者，也不是没有作者去耕耘，而是太过缺少生存的空间。这一现象在香港尤为明显。只要有驾驭体裁的才气和野心，弱势文学的创作也能为香港文学绽放出新的花朵。为了使有心人的文学抱负得到施展，把香港文学相对松散的创作环境凝聚起来，陶然再次担任了"主持人"的工作，向大家发出号召，撑起一片广阔的绿地。

从《香港文学》推动香港文学的每一个动作，都可以看出编者的用心良苦。诚然，香港文学的繁荣不仅需要有优秀的创作、评论人才，积淀深厚的文史资料、理论研究，同样也需要有文学抱负的文学编辑。编辑是一座桥，通过媒介传播的连接作用，沟通读者、研究者和作者之间的对话、交流。香港文学的发展围绕《香港文学》形成了强烈的"文学场"，主编是其中的主持人，调动、组织各方参与，从而使香港文学更加兴旺发达。

第三节 《香港文学》与海外华文文学

一 《香港文学》对海外华文文学的关注

诚然，重视本土文学是《香港文学》的一个大方向；但是除此以外，这本杂志也还肩负起作为与海外华文文学相互沟通的桥梁。《香港文学》主编刘以鬯曾经说过："华文是世界上的重要载体之一，将全世界的华文

---

① 陶然：《而今迈步走向新境》，《香港文学》第194期，2001年第2期。
② 陶然：《六月荷花浪漫》，《香港文学》第270期，2007年第6期。

文学当作一个总体来推动，必可使华文文学在历史过程中成为凝聚的胶汁。"① 从以上的说话可以得知，刘以鬯对华文的重视；同时，我们也可以看到他所理解的"中国文学"，是一个普世性的文学，不是以地域作界限来划分，他提出的这点，正好能连接起香港文学的特质。诚然，《香港文学》是以香港文学为基点，但香港的特点，就是它的多元及开放，不论是香港这个社会，还是香港文学本身，都充满流动性。

在《香港文学》未出现之前，刘以鬯对世界华文文学便已经有自己特定的看法。他认为，世界华文文学应该是一个有机的整体，而不是以地域作界分的。华文文学在海外，是很久以前就存在的事实，是一个因政治、经济、社会各个因素而形成的海外华人社群，而在这些社群中，自然地衍生出文学的创作，但是这些创作，并不一定是与当地文化连接在一起，反而是与中国有更深切的关系。② 这群华文文学作者在海外不同的地区播下文学种子，面对的既是缺乏华文创作的园地，也不容易得到交流的机会，因此，刘以鬯最想做的，是创造合适的平台，让世界上的华文文学能以此联结起来。刘先生的决心，造就了《香港文学》的诞生。他对《香港文学》的几个期待中，其中便包括了在发展香港文学为主的基础上，加强世界华文作家的联系、促进世界的交流，以及利用香港的特殊地位和良好条件，在沟通世界华文文学中充分发挥凝结作用和桥梁作用等方面，做出贡献；同时亦致力于推动世界华文文学的发展。刘以鬯以香港文学做基础，而将全世界的华文文学当作一个有机整体来推动。他努力地与

---

① 谢克：《新华作家百人集》，新加坡：新华文学出版社1995年版，第1页。
② 这一点有不少争论，即海外的华文文学与中国文学之间究竟是一种怎样的关系，如李志就这样认为："20世纪海外华文文学的诞生和崛起，具有极其鲜明的全球性色彩。它从一开始就是以全球语境下多元文化的交汇融合为前提而出现的。虽然它带有母体文学（中国文学）最典型、最基本的文化传统与背景，但同时，它与居留国文化文学的紧密联系、它对西方文化文学的借鉴学习，又形成了它鲜明的跨文化体系的个性特质——无论从文字、文学、文化等领域来看，它都继承了中国传统；而在文学表现、文学内容、文学观念等方面，它又充分吸收了西方（及居留国）文学文化的强大影响。这种全方位的'中西结合'的全新模式，使它从一开始就处于跨越多种文化的边缘地带，成为沟通异质文化、文学的桥梁与纽带，并形成了它自身在诗学方面的种种新理念、新特点。"参见李志《论海外华文文学的诗学萌芽》[J/OL], http://www.fgu.edu.tw/~wclrc/drafts/China/li-zhi/li-zhi_01.htm。

各地华文作家携手合作，合力为华文文学的发展做出贡献。①

《香港文学》刊登了很多香港本土作家的作品，这部分在前文已有申论。至于"沟通海外"，这里所指的包括两方面。首先，是以作家个人专辑为主体的联系，即借刊登海内外华人作家的作品，以加强香港读者对他们的认知；其次，则是以地域为主体的联系，即加强香港与海外区域性的"华文文学"的联系。

从第1期开始，《香港文学》便已经出现海外作家和区域性华文文学的特辑；而其后接连多期的《香港文学》，都出现海外华文文学专辑：第1期有"马华文学专辑"，第2期有"加拿大华文文学的过去与未来"、"戴望舒纪念特辑"，第3期有"新加坡华文作品特辑"，第4期有"美国华文作家特辑"。杂志一面世便作如此安排，可见编者用心。再细心看，我们发觉，在刘以鬯担任《香港文学》主编的15年中，就只有1986年这一年内没有刊登海外华文文学专辑。难怪作家纪弦会这样说："九年来，（《香港文学》）作为海峡两岸以及世界各国华文作家之园地与桥梁，其成就与贡献，不也是有目所共睹的吗？"② 初创的《香港文学》，充分利用了香港这个地区的独特性，也就是其流动性与全球性的大都会特点，在刊物内，集南来作家、本地作家、海外作家于一身。正由于香港本身独特的地理和文化环境，赋予了香港这个地方相对宽松的政治气候，在这里大氛围下，使《香港文学》能够保持自己独特的个性，再加上编者在选稿时没有拘限于狭隘的政治意识形态及文学观点，把编辑的重点放在以文章质素为先，故此很多见解深刻、言辞尖锐的作品，无论是"左中右"、海内外的，都能够在《香港文学》发表。如此，能令不同意识形态的作家，都放心投稿于这本杂志，为这个杂志的品牌，奠下良好的基础。

从《香港文学》制作过的区域性华文文学专辑来看，不论是刊出了世界各地华文文学的专辑或特辑，如加拿大华文文学特辑；还是按文体编辑的特辑专辑，如马华短篇小说特辑等，又或按作家类别编辑的特辑，如新加坡女作家特辑等，都是抱着对各地的华文文学保持密切的关注为宗旨。易明善提到："《香港文学》以特辑或专辑的形式对世界各地华文文

---

① 参见刘以鬯《编〈香港文学〉的甘苦》，《大公报·文学》第355期，1999年5月12日。

② 纪弦：《我与〈香港文学〉》，《香港文学》第109期，1994年第1期。

学的介绍,不仅涉及的地区不断在扩大和不断在深入,而且在内容上也从发表华文文学作品发展到讨论华文文学作品。"① 从一开始,《香港文学》便定位于具有连接华文文学文化的桥梁角色,这从发刊词表述希望将"每一地区的华文文学喻作一个单环,环环相扣,就是一条拆不开的'文学链'。"到第 80 期(1991 年 8 月),主编刘以鬯又再强调:

> 尽管世界各地的华文文学有同一的血缘关系,但由于历史和现实的多种原因,各地的华文文学一直处于个别发展的状况,即使在思想交流方面没有困难,彼此之间仍缺乏应有的了解和认识。要改善这种情况,必须加强华文文学的凝聚力。……因此,我们必须倾全力去凝聚各地的华文文学,使它成为一个有机的整体。②

这里所说的"有机的整体",正好呼应上文提及的一道链,只是更活泼有力地表达香港与世界华文的关系。为刘以鬯而言,华文文学是"血缘关系",是同根同源的文学,只是在外在的因素影响下,才未能以一个整体的形态来发展,而"香港文学",在地理上是一个枢纽,在思想上是一个契机,让全球的华文文学凝聚起来。我们可以看到在发展的过程中,《香港文学》逐渐把触角伸展到海外,发挥了"将散沙凝聚成块"的作用。

二 凸显"文化"的东南亚华文文学

东南亚华文文学是发展得较为成熟,也是被研究得最多的海外华文文学之一。由于历史、地缘环境等原因,东南亚各国华人众多,华人族群的经济和文化力量,在当地社会的影响较大,也因此引来不少当地人的反弹以至压迫,在这一点上,伴随着全球化的浪潮日高,席卷世界各地,加上民族意识的觉醒,以及各国政治环境、意识形态的变化等,都促使东南亚的华人要面对一个全新的局面。对于这种全新局面的形成,并非本文的旨向,故不多说明,但是现当代的东南亚华人、华裔确实体验到"因明确意识到民族身份在持续的现代化追求中渐趋模糊乃至'丧失'而滋生的

---

① 易明善:《刘以鬯传》,明报出版社 1997 年版,第 199 页。
② 刘以鬯:《香港文学·编后记》,《香港文学》第 80 期,1991 年第 8 期。

如此浓重的焦虑情绪"①。在这种处境下,以文学参与文化建构,以文学争取文化地位乃至族群的地位,是东南亚华文文学的重要使命感。

《香港文学》对于文学争论采取了包容的态度,并以开放的姿态、广阔的平台,为不同的文学观点提供生存空间,接纳各路作家发表阐释自己观点的作品,在争论中突显"文化的"东南亚华文文学,并促进其发展。事实上,从资料统计中可见,东南亚的华文文学是《香港文学》很主要的刊载对象。根据统计,《香港文学》刊载过的东南亚华文文学包括新加坡、马来西亚、印度尼西亚、菲律宾等地的文学。下面,我们透过《香港文学》中刊载这几个地区的华文文学,来探讨该杂志对东南亚华文文学的取态。②

(一) 马来西亚华文文学

刘以鬯自己曾说过,新加坡、马来西亚华文文学的形成和发展与中国移民有密切的关联,没有中国移民在新加坡、马来西亚播下文学种子,新马华文文学是不会在中国"五四"新文学运动的影响下发芽的。他引述马华作家方北方在《马华文学怎样萌芽》中的说话:"殖民地时代的马来亚文化,能发展成为今日的马来西亚综合文化,它与中国文学和南来的文化工作者所播下的种子以及辛勤耕耘的献身精神,有绝对密切的关系。"③

在战后,马来西亚的历史也有不少动荡:1957年独立,并于1963年与新加坡、砂劳越及沙巴组成马来西亚。不过在短短两年之后,新加坡又分裂为一个独立国家。在经历了这场风雨后,整个马华文学从20世纪70年代起就呈现蓬勃无比的状态,不论老中青队伍都显得无比的壮大,而这个发展的势头,正好与《香港文学》的开始互相呼应。在第1期的《香港文学》中,便出现"马来西亚华文作品专辑",可见在《香港文学》创刊之先,马华文学便已经相当蓬勃了。当然,从这个编辑的安排,我们也可以看到《香港文学》本身的取态,因为举凡一本刊物,主编所收录而

---

① 昌切:《民族身份认同的焦虑与汉语文学诉求的悖论》,《文学评论》2000年第1期。

② 由于本章主要是探讨《香港文学》与世界华文文学的关系,而不是探讨不同国家的华文发展,因此我们选择马来西亚和新加坡,一来是由于二者的华文文学较兴盛,另一方面也是由于这两个地区的华人生活在政治相对稳定的社会,排华的情况较轻,因此文学的发展也较单纯,避免了其他因素的影响。就不同东南亚国家的华人身份转变的经历,可参阅李恩涵《东南亚华人史》,台北五南图书,第833—851页。

③ 刘以鬯:《世界华文应该是一个有机的整体》,《文讯》第48期,1982年第1期。

刊登的稿件，都必定在一定程度上反映了整本杂志的路向与宗旨，所以从这个安排来看，我们可以见到编辑刘以鬯对马华作品的重视。

马华华文文学专辑其后在第 47 期及第 72 期都有刊登，可见编者对马来西亚华文文学的重视。在《香港文学》第 1 期的"马华专辑"中，有《马来文学及其发展路向兼看华文文学的前途》一文，作者是方北方。这篇文章既回顾马华文学的历史，亦展望了东南亚地区华文文学的前景与将来。方氏在文章中提到："马华文学的发展困难重重，不容易找到出路。但是今日从四方八面，可以听见热烈维护华文文学的心声。虽然前途未见乐观，从事华文文学工作的傻瓜总是有干劲的。"[1] 在文章末段，作者语重心长地为东南亚华文文学作了概括而正面的总结，这相信也是刘以鬯对海外华文文学的心声：

> 一、有太阳照到的地方就有华人，因此占全世界四分之一人口的华人文学是不会消失的。二、华人拥有统一表意的文字，尽管方言很多，是可以通过文字的识认沟通感情的。三、东南亚的华文报业空前蓬勃，报份越来越增加，看华文报的家庭已养成一天也不能不看华文报的习惯。四、香港华文文学受影响而复苏的文风，将直接地掀起马华文学工作者面向积极创作的高潮。[2]

方北方提出的四点，首两点正是刘以鬯的主张，即华文文学的"血脉"、"亲戚"关系的另一点表达；至于第三点是指出华文在当地发展的必然性，而这个发展又连接到香港文学的重要性，同样是体现了刘以鬯本身对香港文学与华文文学的关系的理解。我们可以说，这里提到的各点，既是方北方的观点，同时也是刘以鬯的观点，而在《香港文学》中刊出，又正好说明了《香港文学》对海外华文文学的取态。

不过，虽然刘以鬯对马华文学有相当的关切，他的取向却不是"带领"，而是以兄弟之情的连系，这一点可谓是《香港文学》极其成功的策略，也因此能够奠定它在整个华文文学发展的地位。当马华文学仍然处于困难的处境时，当地作家仍然在探索自身的路向时，《香港文学》所做

---

[1] 方北方：《马来文学及其发展路向兼看华文文学的前途》，《香港文学》，1985 年第 1 期。
[2] 同上。

的，就是联系。这个联系，是让当地的文学家能够有创作的平台，也有瞭望世界的窗口；同时，也把《香港文学》视为一个瞭望镜，让其他地区的文学爱好者，可以看到马华文学的发展。

进入 21 世纪以来，马华旅台作家仍然在创作和评论两方面进一步阐述着自己的文学观点，积极创建马华文学的"本土文学传统"体系。出于这一考虑，《香港文学》以包容的态度，为马华旅台作家提供了一个广泛的平台，面向整个华文文学界，以更大的声音，争取更多的话语权，凸显马华文学独特的文化属性。如《香港文学》2002 年 9 月号的"马华作家作品展"集中从创作方面反映了马华旅台作家的文学观点。"作品展"主要包含小说、散文、诗歌三种文体，每种文体的编排都将马华旅台作家的创作放在了首位。其中，黄锦树的小说《我的朋友鸭都拉》更是放在开篇的位置。"鸭都拉"这个名字，在黄锦树的小说《开往中国的慢船》中曾经出现过，那时的鸭都拉是混血后裔的"现代马来文学之父"。小说以反讽、嘲笑与戏谑的策略写出了种族环境中经济、文化政治化的现实情景，国别族裔问题只是一种利益选择，直到生命的尽头才想起了对先民的忏悔。"诡谲与象征"的叙事手法打破了人们关于历史、种族的固定言说方式，塑造了一个华人家国观念的全新意义结构。钟怡雯和胡金伦的散文不约而同地以祖父为线索，构建了对孩童时代的回忆。辛金顺的诗歌《心经》，借着对佛教心经的阐释，表达了过去已经沉淀无声，对这一切无须回忆，无须忏悔，而是要寻找自己的方位，逃向全新的未来的意念。

《香港文学》2008 年 4 月号还刊载了张锦忠、黄锦树、庄华兴的《七十年家国：马来（西）亚华裔小说的历史轨迹》，这是"重审经典"策略的重要体现。该文是三人主编的《回到马来亚：华马小说七十年》选集的序言，三位编者从各自角度，阐发了对于此次选本的目的和意义，其中共同蕴含的是要以新的选集编选方式，建立新的"典律"由此重审经典，构建属于马来西亚独特的华文文学。

由此可观进入新世纪以来马华旅台作家仍在创作和评论两方面继续自己的文学主张，以重写马华文学史以及建构新的马华文学典律方面的实绩，来打破过去马华文学观念中"中华文化"认同一统天下的局面。《香港文学》这一开放的园地，以积极的争鸣态势，容纳不同的声音，促使参与者对于自己和他者的多角度审视。没有争鸣的文坛是不热闹的，也是没有希望的，正是《香港文学》海纳百川的包容性，让马华文学在争议中更加凸显其本土的、复合性的文化属性。

(二) 新加坡华文文学

《香港文学》第一任主编刘以鬯先生与新加坡曾有密切的关系，并且曾经旅居当地。根据新加坡作家谢克所言，[①] 刘以鬯于半世纪前主编《星岛周报》，后来甚至在新加坡定居了好一段日子，而在这些日子里，他对新加坡华文文学发展，带来很多重要的影响和贡献。从个人因素来看，刘以鬯本身在新加坡的经历，使他对新加坡有特别感情，或多或少地使他在编辑《香港文学》时，经常让新加坡的作家，尤其是青年作家，能够有足够平台刊登作品。但是，我们不能因此把《香港文学》刊登新加坡作家的作品，纯粹视为编辑的个人喜好，而要看到新加坡文学在华文文学中的重要性。

新加坡这个国家，本来就是一个以华裔为主导的国家，因此，不论战前战后，新加坡都是马华文学的重镇，而且文艺相当蓬勃。从历史中回顾，新加坡的华文文学，曾在 20 世纪七八十年代发展得相当蓬勃。但到了 80 年代以后，当地语文政策的改变，英语成为新加坡的主要语言，整个教育制度也按此而制定语文政策，中文不再是主要的书写文字，自然就影响到华文文学的发展。而年轻作者逐渐减少，文学发展后继无力，渐渐形成断层，再加上中文作品的阅读人口大幅下降，华文在当地的地位益发显得软弱无力。总括来说，由 80 年代开始，英文处于强势主导地位，华文被高度边缘化，自此华文文学在新加坡的确是经营艰难。

因此，新华文学在文学创作上，虽然仍然有一群年龄稍长的作家坚持自己的执着，继续坚持创作，但年轻一辈似乎已经不能接棒。当我们了解新加坡文学所面对的困难时，就会很容易明白《香港文学》对新华文学的眷顾，并不是出于编辑的偏好，而是在于杂志本身要贯彻自己作为世界华文文学平台的宗旨。正由于新华文学自身缺乏足够的力量，让本地的文学力量壮大，《香港文学》提供创作的空间，正好让这些有志于华文文学创作的新加坡作家，可以创作，可以被欣赏，可以与世界华文文学交流。《香港文学》正好扮演了一个重要的互动角色。

---

① 谢克被称为刘以鬯在新加坡最好的朋友，也有谓他是被刘以鬯发掘的新加坡作家。二人于 2010 年，还在"香港书展"举行的"与众不同的创作与人生——刘以鬯老师分享会"中对谈，谢克分享了刘以鬯在新加坡生活的点滴。

在刘以鬯所主编的188期《香港文学》中，刊登新加坡华文专辑的，便一共出现了12期，是所有海外华文文学中出现最多的。事实上，在刘以鬯担任编辑的15年里面，就只有1986年、1995年、1997年和1999年没有刊登过有关新加坡华文文学的专辑，由此可见他对这个国家华文文学的重视。现在我们摘取其中第40、78、95期的专辑为例，看看这些华文作品所带出的社会意义。

在《香港文学》第40期，刊登了"新加坡女作家作品特辑"，在这辑作品中，我们可以看到当时的新加坡社会对华文的歧视。例如，白荷的《归队》，便是写一个从小在外国出生长大的中国华侨的经历。这位尊尼·马从小在英国出生，但不被当地人接纳，在毕业后申请到新加坡工作，他想"新加坡虽说有四大家族，但华人占总人口的大部分……可以给我提供一个学习华语华文的环境。可是我来了之后，才看到真实的情况却和想象中的大不相同，在这里根本没有人和我讲华语。……我感到迷惑，我常问自己是不是选错了地方。"从小说主人公的口中，作者清楚揭示了当时新加坡社对华文华语的轻视。小说寄托了漂泊无根的游子心情，正代表了当时留居新加坡的华人作家的心声。国家对于自己的母语的轻视，促使自身族群也不能肯定自己的语言，而这又令人迷惑于自己的身份定位。把这一切放到新华文学上，就有更强大的张力了。专辑中的其他作品，也有很浓重的去国日远、情感日浓的思乡愁怀。在第78期的《香港文学》，刊登了"新加坡文坛面面观"的特辑。特辑中刊登的文章，可以看出当时新加坡的普遍社会情况及华文文坛的生态。陈荣照的《积极开展进步的文学批评》提出，当前新加坡文学批评的主要成就表现在创作倾向、文学思潮和文学活动等论争上；而忽略了对作家作品的评论。骆明的《请从现在开始—对新加坡文艺的一点点看法》道出了他对新加坡华文文艺的前途的一点看法。在第95期，又出现新加坡女作家特辑，文章多是作家在新加坡居住多年的所见所闻。当中有借故事主人公表达怀念家乡的感慨，如黄傲云的《吉隆坡的第一号》，里面的理发师"第一号"来自上海，他无时无刻不在怀念上海的情景，在吉隆坡落叶归根，"我不禁为第一号庆幸，他到底落叶归根，成家立室了，但愿他的儿女长大时，我们这些漂泊异乡的华人，可以找到一个真正的家。"当中不无感慨。

因新加坡的专制，有很多作品的题材是受到限制的，而且华文文学在当地并无足够渠道刊登。《香港文学》便成为其平台，刊登一些在新加坡不能刊登的华文文学。

在陶然接手了《香港文学》的主编工作之后，同样很重视新华文学的发展。2003年6月号《香港文学》，在许福吉博士的鼎力协助下，组成了"新华作家作品展"。这个策划多时的专辑，正如主编陶然说的，"如今时机相对成熟，便有水到渠成的感觉。"[①] 在这个专辑中体味新加坡华文文学塑造的国家认同感，是东南亚华文文学板块的文化属性的又一扩充。

除了马来西亚和新加坡之外，东南亚华文文学在《香港文学》中出现的有印度尼西亚、泰国和菲律宾的华文文学。

(三) 印度尼西亚华文文学等

以国家的面积而言，印度尼西亚是东南亚最大的国家，人口众多，社会环境多样，可谓有取之不尽、用之不竭的文学题材。而由于印度尼西亚在数十年来对华人的压制，印华文学只能由老中一代的作家维系，至于年青一代的作家，则需要经历相当时间才能见出新面貌。正因如此，对于当地华文文学的发展，《香港文学》给予了更多的关注。专辑的主要目的并不是在于显示印度尼西亚华文作家的文学创作水平，而是要对印度尼西亚华文作家给一种精神鼓励。在刘以鬯主编《香港文学》的15年中，共有3期刊登了印度尼西亚华文文学。第一次是出现在第56期（1989年8月号），当时，月刊共刊登了8位印度尼西亚华文作家的作品。在该期的"编后记"中，刘以鬯清楚地表达了他对印华文学的看法：

> 在印度尼西亚，华文文学的发展长期受到抑制。虽然部分华裔作家转用马来语进行创作，仍有不少华裔作家用华文作为表达思想的工具。为了使读者能够看到现阶段印华作家取得的成绩，我们克服了许多困难组成"印度尼西亚华人文学作品特辑"。组稿时，新加坡文艺研究会的协作对我们的帮助很大，是应该感谢他们的。[②]

这再一次印证我们对《香港文学》如何理解不同地区的华文文学的关系。虽然印度尼西亚的华文文学并未有什么杰出的创作，但是这一点并

---

① 陶然：《人间温情常在》，《香港文学》第222期，2003年第6期。
② 刘以鬯：《香港文学·编后记》，《香港文学》第56期，1989年第8期。

不是《香港文学》最需要关注的重点。正好相反,由于《香港文学》意识到印度尼西亚华文文学的发展需要时间,也需要足够的空间,所以《香港文学》就做到自己在世界华文文学的发展中该做的事情了。至于第二次刊登,则是在第 87 期(1992 年 3 月)。该期的"编后记"说:"尽管华文在印度尼西亚控制的情况到现在还没有改善,该地区仍有不少华文作家从事严肃的文学工作。本刊为使读者看到印华文学的近貌,推出'印度尼西亚华文文学作品特辑'。"①

5 年后,即 1997 年的 9 月,《香港文学》又再次刊登"印度尼西亚华文文学特辑"。该期的印华文学所占分量非常重,96 页中,便占了 29 页,相当于三分之一的篇幅。时移世易,当时华人在印度尼西亚已经渐见地位,华文亦相对较受重视。由此我们看到《香港文学》所抱持的整体华文文学观,即世界华文是一个整体,而不同地区的创作,应视为其中的一部分,所以作为世界华文发展的重要平台,《香港文学》有义务协助其他地区华文文学的成长,而《香港文学》亦乐意继续担当着文学桥梁及平台的角色,把印华文学的近貌放到读者的眼前。

进入新世纪之后,2002 年 7 月《香港文学》发表了黄东平的《印华文坛之我见》。该文文风犀利,一针见血地指出印度尼西亚当局利用开办的华文报,对从事华文创作者进行控制;也抨击了许多华文创作者甘于对政府"一元独大"的文化政策低头,并对其歌功颂德的行为。《香港文学》还重点推介了 2004 年 4 月"印度尼西亚华文作家作品展",2009 年 9 月"印度尼西亚华文文学作品展"两个专辑。尤其 2004 年 4 月的专辑,是在 1998 年排华事件后,印度尼西亚作家的第一次集中亮相,来之不易。生存在种族歧视的夹缝中,印度尼西亚华文作家显然比其他国家的华文作家更加深切思考自己的氏族文化认同,也潜藏着更深的对华文母语的眷顾之情。

至于泰国和菲律宾,其文学发展具有相当相似的地方,都是自 20 世纪 80 年代开始,华文文学才逐渐抬头,继而有良好发展的。② 在技巧方面,泰国和菲律宾的华文文学的确是稍为逊色,但正因如此,能够出现专

---

① 刘以鬯:《香港文学·编后记》,《香港文学》第 87 期,1992 年第 3 期。
② 曾心:《从著作一览表看泰华文学发展的脉络》,载于《期望与超越》,花城出版社 2000 年版,第 215—218 页。

辑，令人更加印象难忘。

《香港文学》在推动泰华文学方面，积极拓展其隐藏的文化价值。泰国看似优渥的社会、政治环境，常常会让人对泰国华文文学的发展抱有很大期待。然而，在东南亚这一华文文学发展重镇，泰国华文文学却可以说是其中最黯淡的区域。泰国的华族，虽然没有种族歧视的压抑困顿，也没有失语和失声的痛切感受，但面对异族不可触碰的禁忌，泰华文学还是处于尴尬境地。在《香港文学》的泰国华文文学特辑的前言中，用了具体事实说明了华文文学在泰国的不利地位。在 2003 年 9 月，《香港文学》还推出了"泰国华文文学作品展"。其中有马华旅台作家钟怡雯的短评，这篇评论是一个局外人以清澈的目光，对泰华文学发展现状的剖析，也解答了主编陶然心中对于泰华文学困境的诉说——我们必须运用想象才能拼凑出完整的泰华文学版图。没有写出来的比已形诸文字的更加值得探索。"在曾心的大力协助下，这一作品展终于推出了，而钟怡雯的短评，正是解读它的'钥匙'。那次离开新加坡后，我又到曼谷逗留了几天，虽然蜻蜓点水，却多少能体味到泰华文学生存的困境：说它恶劣太过严重，但困难确实不少；想要走出困局，恐怕还要加强主观努力和客观支持的力度。《香港文学》愿意提供一个平台，以沟通各地华文文学的交流渠道。"[①]

在《香港文学》中也有多期关于菲律宾华文文学的专辑。当中有反映社会意义的作品，亦有具浓厚的人情味、强烈的地方色彩和深沉的故土之恋等的作品。

三 推介北美华文文学"经典"

除了东南亚地区之外，在英国、加拿大、美国、荷兰、比利时等地都有华文作家组织，而这些地区的文学组织或是作品发表，不见得比不上东南亚地区，但是《香港文学》的处理，有别于东南亚地区。相对而言，美加华文文学在《香港文学》的海外专辑中出现较少，刊登的期数亦较东南亚华文文学少很多。这并非由于美加地区的华文文学作品逊色于东南亚地区，而是这些地区的华文文学家，一般都是移民到该地，故此他们的作品并不一定显出该地的特色，自然不用以地域来聚焦。所以，以新移民文学为主的美加华文文学中，有很多是具有代表性的作家和作品。正是由

[①] 陶然：《文学生存的环境》，《香港文学》第 225 期，2003 年第 9 期。

于当地的华文文学发展有此特色，所以《香港文学》亦投放了一定的心力在这些名家名作的推荐上。

（一）加拿大华文文学

很多出色的加拿大华文作家其实都是移民到彼邦的，如卢因、梁丽芳等，他们本是香港作家。这一班出名的移民作家，令加拿大华文文学在当时开始茂盛起来。在这一点上，正好说明了我们所理解的香港文学的特质，即其流动性，而在流动的过程中，我们不容易区别什么才是属于香港文学，正如移民后的香港作家所写的作品，是否算"香港文学"？而这种流动性而衍生的模糊并未困扰编者，而体现在《香港文学》的编辑上，我们看到杂志作为两地沟通的平台，刊登加拿大华文作品，互相作为联系。

《香港文学》有系统的加拿大华文专辑，最早刊载于 1985 年第 2 期。该期的加华专辑，第一篇便刊登了卢昭灵的《加拿大华人文学的过去与未来》，作者在文中为当时的加华文学作了简单的总结及介绍，并且提到，长期以来仍有一些移居加拿大的华人，对五四以来的新文学未能忘情，默默耕耘，但由于人数不多，故队伍未能扩大。及至 20 世纪 80 年代，土壤日渐肥沃，加华文学便迅速发展，作品的类型亦日渐繁多了。

在 5 年后的 1990 年，《香港文学》在第 71 期又刊登了"我爱加拿大征文比赛简报"。这个比赛由加拿大四个华人团体合办，包括："中华文化中心"、"加拿大华裔写作人协会"、"枫桥出版社"和"加拿大华人公共事务参加协会"。评审是叶嘉莹、陈若曦、曾敏之，都是大师级人物。以《香港文学》作为平台刊登得奖作品，亦令加拿大华文得以在海外刊登，对获奖者起到鼓舞作用。得奖第一名的作品是《打官司》，作者是来自大陆的加拿大移民。故事写他在加拿大学车过程中因触犯交通条例被罚重款，于是到投诉庭，结果得轻判，他以此跟在大陆时的遭遇相比，他为加拿大这个尊重法治的国家而感到喜悦。作者以"以小见大"的手法，透过平凡生活题材反映另一个严肃主题。[1] 得第二名的作品《暖冬》，写留学生在异地得到老师给他的关怀，待他如同亲人，完全没有种族的隔

---

[1] 这里也显出有趣的现象。叶嘉莹本身是加拿大人，但是她更多时间是在其他中国人地区的大学中讲学；陈若曦是著名的台湾作家，而曾敏之则是香港著名的文化人，最后，得奖者固然是大陆人，而作品的素材亦是同时具备加拿大和大陆的色彩。因此，加拿大的华文文学比赛，是否能以地域作为一个界限，是一个很值得探讨的课题。

膜。而得第三名的作品是《我爱加拿大——加拿大见闻录之一》，这篇游记体的散文，专写温哥华的形貌，然后突出作者之所以爱加拿大的思想感情。作者把所见所闻结合自己的认识转而抒发感情："美哉，温哥华！"写的是景语，也是情语。

从以上三篇作品，可见华侨留居异地时的感受，而这正是在北美华文文学的重要特色，同时也是被《香港文学》所以刊登的主要原因。这些作品并不纯粹是另一个地域的作品，它的本质与"香港文学"有一脉相承的地方，这种流动性的心情，正是香港文学的重要特点，所以《香港文学》为其提供了平台，建构出"海内存知己，天涯若比邻"的效果。

随着从中国台湾、香港和大陆来到加拿大的"新移民"日益增多，其中包括许多文学工作者，特别是一些台湾、香港著名的作家，如瘂弦、洛夫、梁锡华等，在20世纪90年代以后陆续移民加拿大，他们的加盟再加上来自大陆的张翎等人的介入，使加拿大华文文学的总体风貌有了整体的改观，现在的加拿大华文文学已经以一种崭新的姿态，崛起在北美大陆。①

2004年7月的"加拿大华文作家作品展"让加华文学"古今中外"的特质得以浮现。所谓"古今中外"，就是这次"作品展"中的作品所呈现的风貌和涉及内容中蕴含的特质。古，是指叶嘉莹古典诗的形式和卢因作品中对中国古典典故的代入；今，是指陈浩泉、刘慧琴、余曦、汪文勤、韩牧、丐心、葛逸凡、周肇玲、亚坚、金依、王祥麟等人表现加拿大当下生活的现实题材的作品；中，是指张翎、洛夫表现大陆、台湾生活的作品；外，则特指对梁锡华、施淑仪翻译的外国诗而言。至于瘂弦的《夜读杂抄》，一篇文章中所论及的议题就包含了"古今中外"众多作家。② 一批加华文学作者，既有名家又有新秀，创作各具特色，加上学者评论和对其中所含共性的挖掘，为加华文学成就"经典"添砖加瓦。

2007年5月《香港文学》推出了"香港浸会大学'国际作家工作坊二〇〇七·瘂弦小辑'"。小辑收录了《神话复兴》、《诗人要走进剧场》和《生活的诗，诗的生活》三篇瘂弦作品创作谈。除了作家的夫子自道，

---

① 刘俊：《古今中外：加拿大华文文学的一种特质——"加拿大华文作家作品展"综评》，《香港文学》第235期，2004年第7期。

② 同上。

小辑还包含评论家对作家的印象和评论。小辑从作家、编辑以及评论者三种角度构建了痖弦的立体形象，打破了以往的单向度研究，既让读者认识到作为一名作家的痖弦，也让读者了解痖弦作为编辑、评论者的不同身份角色。

提起加华文学，不得不提的还有张翎这个名字。近年来，张翎的创作势头强劲，赢得了读者和评论界的广泛好评，在国内外各文学奖上屡有收获。同时，由于小说被改编成影视作品，各路媒体对于张翎这个名字的报道也越来越热。然而《香港文学》推出张翎的介绍专辑，却不是跟风之作。《香港文学》一直是张翎发表作品的重要园地之一。张翎的出场是以《香港文学》2002年8月第212期的中篇小说《恋曲三重奏》为开端的。此后，张翎在《香港文学》上陆续发表文章如《杂忆洗澡》、《关于周庄的一些意外》等，大多是散文。张翎的创作主要是小说，而仅有的几篇散文大概都投向了《香港文学》。2009年《金山》的隆重登场可以说是轰动整个华文文学界。这部以叙写早期加拿大华工的奋斗史的小说，以迅雷不及掩耳之势登上了2009年度中国小说排行榜。这时的张翎风头正劲，处于各大媒体的包围之中。张翎却执着地选择了《香港文学》为首发站。述说《金山》创作前期调研过程的散文《岭南印象》，连同施雨的《张翎印象》，安顿的印象记和访谈，徐学清的评论以及张翎著作年表，共同构成了"海外华文作家系列之张翎"。这张由张翎本人、海外华文文学作家、记者以及华文文学研究者构筑的大网，成功地展现了张翎创作的一个侧面。可以说，从张翎的初出茅庐到今日的经典风采，《香港文学》都一一记录。这不仅是张翎的成功，也是《香港文学》在展现加拿大华文文学"经典"时的又一成功范例。

(二) 美国华文文学

美国华文文学在1993年便有两期出现专辑。在第101期由陈大哲所写的《美华文学的繁花盛开——写于北加洲十人专辑扉页》一文中，可见到《香港文学》主编对美国华文文学的重视。文中作者提到："非常重视海外华文文学的刘先生，嘱笔者回美国后组织一个'华美文学专辑'在《香港文学》发表，以将美华文学的奋斗历程和创作成果公诸举世同好。"这篇文章，可以见到刘以鬯主动地以《香港文学》为平台，让美华文学能够有发表的空间，亦能够与其他各地的华文文学互相联系起来。根据陈大哲所言，由于当时美国华人作家及其作品，散居于美东的纽约、美西的旧金山、洛杉矶等地,彼此鲜有固定联系,故此,该期专辑便集中在北加州的作品。这群北加州的华文作家,同样都是移民的后来者。美华文学,早年作为中土文学的一条支流,都曾经出现过花果累累的时候。在五四运动后已出现过一些文艺团体,如敦风文艺社等,至今仍然存在。20世纪50年代起,美华文坛一度滑落低谷,甚至造成断层,幸好,间中亦有华文报刊提供了写作场地,为华文文学延续新机。在那时,当地的华文文学取向逐渐倾向本土化,开始提出了华文文学就地生根、安家落户的构想。

及至20世纪90年代,大量来自中国大陆、台湾、港澳以及东南亚华人移民大量地入了北美大陆,其中不乏华文文学的写作者、支持者和爱好者,这形成了所谓的"移民文学"。[①] 这一群文学移民,让本来渐次形成断层的北美华文文学,在短期内重新形成了文艺队伍,发展了文艺团体,同时也涌现了大量的文艺创作,让北美的华文文学圈展现富有活力的新面貌,让当地文坛回复繁华蓬勃。

北美自20世纪80年代始,华文报刊就如雨后春笋般涌现,其中包括《世界日报》、《中国时报》、《中报》、《时代报》、《美洲华侨日报》、《星岛日报》、《国际日报》、《金山时报》、《侨报》等。大量的报刊提供了不少版面,让各种创作都有空间得以发表,因此也让北美的华文文学创作有足够的发展空间,并且步向成熟,后来更有不少作家出版了单行本,有的作品还获得两岸文学大奖。因此,北美文学不受到《香港文学》的特别重视,并不是由于它们发展得不好,而是发展得已经趋向成熟,故此不特别需要《香港文学》这个平台。

《香港文学》改版后,最早的美国华文文学专辑要从白先勇的创作研讨会说起。2001年2月号的《香港文学》上选登了费勇、池上贞子、陆士清三位研究者的论文,是汕头大学主办的"白先勇创作国际研讨会"的成果之一。之所以选择广州、东京、上海三地的学者论文,是"期望拉开时空的距离,多角度地审视白先勇的作品"[②]。白先勇的经典地位在

[①] 可参见赵淑侠《披荆斩棘,从无到有:析谈半世纪欧洲华文文学的发展》,文中提及:"'新移民文学'是始于北美,近几年来才兴起的一个文学名号。指的是因大陆改革开放后的留学潮和移民潮,在北美寻求安家落户的过程中,所萌生的一种新的文学形式。"http: //my. backchina. com/chineseblog/201105/user-275064-message-110756-page-1. html。

[②] 陶然:《而今迈步走向新境》,《香港文学》第194期,2001年第2期。

文学界可谓毋庸置疑,对其作品的研究在世界范围内均有开展,此次的论文专辑构建了多角度的审视体系,把各地学者的多方面关注纳入其中,全面展示白先勇作品的研究状况。近年来,白先勇将主要精力投入到了青春版《牡丹亭》的推广中,《香港文学》对其做了积极的报道,于2005年9月开辟"昆曲白先勇青春版《牡丹亭》讨论特辑"。"得知黎湘萍、李娜他们七月将去苏州观赏白版昆曲,当即便商定筹划特辑。近年,为了复兴昆曲,白先勇身体力行,奔走呼号于两岸四地;青春版《牡丹亭》便是重要成果。这个讨论特辑的文章,当然少不了制作人白先勇,还有总导演汪世瑜的切身体验,而学者黎湘萍、李娜、邹红的参与,又从学术层面提供了多种观赏角度。"[1] 白先勇对《牡丹亭》剧本的改编,可以说是其在文学创作上的另一尝试。这不仅反映他对昆曲文化的深刻理解,也浸润着他在文学创作中丰富、深厚的古典意蕴。同样,《香港文学》对青春版《牡丹亭》的关注,不仅有白先勇对剧目巡演情况的纪实,也以学者视野为白先勇研究补上重要一笔。

2008年8月号的"海外华文女作家散文作品展"是美国华文女作家的集结号。因庆祝年会是在美国举行,而美华女作家的创作实力有目共睹,这次作品展以美华女作家为主也就顺理成章,包括陈若曦、严歌苓、丛苏、李黎、赵淑侠、张让、喻丽清、吴玲瑶、章绿、吕红、顾月华等颇有影响的作家,陈瑞琳则以在场融入的批评家身份对美华女作家的创作进行了综合评述,呈现了美国华文文学界创作与批评互动互生的格局。

在美华文学的版图构建中,有一个专辑比较特别。那就是发表在2008年12月的"美国西部华文作家作品展"。据编者所说,这个组稿的形成,是委托大陆学者刘俊代为执行的。[2]《香港文学》组织的多次华文文学专辑,都曾得到当地华文作家的帮助。而这次美华文学专辑由大陆著名学者刘俊主持,从研究者的视野去解读评点整个区域文学的发展状况,可见《香港文学》的组稿注重介入深度研究意识。

2005年5月"旅居美国华文作家散文展"中我们看到了一个既熟悉又陌生的名字——北岛。由于意识形态的原因,北岛出国后的许多作品都不能进入中国大陆。此次收录他的作品,既是编辑向世界华文文学界展示

---

[1] 陶然:《尘世喧嚣,灵魂寂寞》,《香港文学》第249期,2005年第9期。

[2] 陶然:《约会在冬季》,《香港文学》第288期,2008年第12期。

其近年状态的过程,也是北岛打开通向中国大陆视野的一扇门。第一次登上《香港文学》的舞台,北岛的《他乡的天空》以洋洋洒洒16页的篇幅,书写了自己近年来的旅居生活。其中的人和事,透视着北岛以东方立场对西方文明中的优劣精芜的思考。大陆学者黄万华则对北岛散文作出了及时的回应。在这里,我们看到《香港文学》成为组合不同意识形态立场对话的空间,推动了对世界华文文学的多维思考。

从 2009 年 10 月开始,《香港文学》陆续推出了"海外华文作家专辑系列"。其中,以美华作家王鼎钧和非马打头炮。"我们推出了'海外华文作家专辑系列',目的是为了介绍在海外从事华文写作的作家们。从某种意义上来说,身在海外而坚持母语写作,不论是写作环境还是发表平台,都受到不同程度的局限;值得我们重视。这个系列我们已筹备多时,今后将会陆续推出。由于种种我们无法控制的因素,加上从编辑角度而言,还要考虑地区的分布,本刊推出的作家专辑不分先后"。[①] 专辑包含丰富,创作、访谈、印象记、作品评论、著作年表,其中的访谈、印象记选择了大陆和海外不同国家、地区,显然是针对研究者所设定的,期望以学术评论的声音打开对两位名家经典的阅读之门,让经典作品能得到更广泛的阅读和传播。

由此可见,无论是对白先勇的研究,还是众多美国华文文学专辑,《香港文学》在展现美国华文文学"经典"时,开始借助研究意识,以多角度的学术批评,建构主编脑海中的美华文学版图。

四 新动向:亦编亦谋"弱势"区域华文文学发展

"弱势"国家的华文文学是相对于华文文学的两大成熟板块——东南亚和美加华文文学来说的。本文所指的"弱势"国家华文文学主要以欧洲华文文学、澳大利亚华文文学和日本华文文学为代表。之所以称之为"弱势",并不意味着该国家的华文文学创作少或创作成就不高,而是因为这些国家的华文文学创作出现阶段性断层,缺乏传播渠道,或是没有得到研究者的重视,在读者的印象中较为淡薄。然而这些国家的华文文学的发展,已经有相当的历史积淀,许多华文文学作家在默默坚持创作,期待得到更多的关注。为了扶助"弱势",让海外华文文学版图能更加丰满、

---

① 陶然:《又是金秋十月》,《香港文学》第 298 期,2009 年第 10 期。

立体，《香港文学》不单纯做文学的编辑工作，而是以发现的眼光，更多地体现了积极的"谋略"。"谋略"体现在三个方面：一是以名作家和文学奖获得者吸引读者、研究者的注意；二是整体推出国家、地区华文文学创作，让该地区华文文学创作的整体风貌更加突出；三是与作者积极互动，进行编者、作者、论者相呼应的积极编排。

《香港文学》在2005年分别组成了"旅居法国华文作家作品展"和"旅居日本华文作家作品展"，2006年组成了"旅居澳大利亚华文作家作品展"。"弱势"国家华文文学的崛起主要以法国华文文学、澳大利亚华文文学和日本华文文学专辑的推出为代表。

（一）法国华文文学

在近几年的《香港文学》中，我们可以看到中法文化的频频交流。《香港文学》以地区性代表的身份多次参与中国文学与法国文学的交流。这种交流是希望在更大的领域推广中国文学，也是华文文学新兴领域的聚焦点之一。

"四面来风"专栏，是《香港文学》在创刊19周年之际推出的一大专栏。这个专栏，邀请了上海、台北、香港、巴黎四地的作者，从自身出发，从各自地域特色出发进行创作。这个专栏的持续时间相当的长，从2004年1月一直到2006年12月，整整两年时间，几乎成了《香港文学》上的一个常设栏目。从开办到停止，其中的作者虽有变化，但从另一角度说，是来自不同地区不同作者的不同感悟，让这个专栏显得更为丰富。"本刊开辟'四面来风'专栏，约请王安忆、钟怡雯、古苍梧、迈克执笔，这些按期分别来自上海、台北、香港、巴黎的作品，在都市空间里，边走边读，长短句，字字双；扬起的不仅是都市的风尘，而且也是华文学的广义对话。"[①] 这样的广义的华文文学对话，展示的是不同地区华文作者所关注的事物不同，其中蕴含着不同的价值取向，是精神文化的交流碰撞。虽然只截取了各地的一角，但由于它的持续性，还是可以让人对这些地区华文创作窥见一斑。

2005年2月"旅居法国华文作家作品展"可以说是更加正式的对法国华文文学的推介。"这巴黎'书籍沙龙2004'的小插曲，转眼便成了将近一年的旧事；重提只因为正是在那个晚上，我们商定组织'旅居法国

---

① 陶然：《诚意对话，真情时刻》，《香港文学》第229期，2004年第1期。

华文作家作品展'；那缘由倒并非单纯的香港情结，而是倾情于法兰西土地上华文文学的生存状况和生长环境。事实上，于今在法国从事华文写作的作家们，几无当地的'土著'；他们的教育背景，基本上分别来自香港、台湾和中国大陆，这样的因缘，使得作品中或多或少都会流露出他们的本源。于今，在黄爱梅的大力配合下，各家作品已经就位；而内地学者白杨的相关评论，提供了阅读的一种切入方式。"① 此次作品展的来稿，分别选取了具有大陆、香港、台湾三地不同背景的作者，展示了他们在面对同样的文化冲击时的不同反映。这样的对比、参照，不仅是为法国华文文学的读者和研究者提供了不同阅读样本，也为法华文坛中不同背景的作者进行创作，建立了参照系。这种既全面又有内在构图的作品展，是《香港文学》构建法国华文文学板块时匠心独运的表现。

（二）澳大利亚华文文学

一直以来，支撑海外华文文学的是北美和东南亚两大板块，而近年来澳大利亚华文文学的崛起，逐步改写了世界华文文学版图。若从作家队伍、作品种类和文学园地的整体性来衡量，澳华文学应是紧随美国之后的写作群体，并不逊于加拿大及东南亚诸国的华文文学。它在世界华文文学的整体格局中，扮演着一个不可或缺的角色。遗憾的是，在世界华文文坛上，澳华文学却缺乏代表性作家、代表性作品，既没有早年美国的白先勇、聂华苓、於梨华，欧洲的赵淑侠这类领军人物，也没有当下美国的严歌苓、法国的高行健、英国的虹影、加拿大的张翎这类佼佼者。这无疑影响了澳华文学形象的提升，这也是澳华文学至今仍没有引起世界华文文学研究者足够重视的根本原因。②

陶然在 2006 年 9 月号第 261 期《香港文学》的卷首漫笔中写道："策划'旅居澳大利亚华文作家作品展'已经有些时日，但限于客观条件，迟迟不能成熟；直到去年十一月，在香港的一次学术研讨会上，我巧遇澳大利亚昆士兰大学的张钊贻博士，承他答应全力支持，加上其他渠道的配合，努力大半年，我们终于可以把这个专辑推出。当然，我们不敢说，这便是澳大利亚华文文学的全部精粹，挂一漏万总是难免的，可是至少我们是在努力，希望把澳大利亚华文文学的大体面貌呈现在读者面前。

---

① 陶然：《精神书写的意义指向》，《香港文学》第 242 期，2005 年第 2 期。
② 张奥列：《打造澳华文学的品牌》，《香港文学》第 261 期，2006 年第 9 期。

在条件成熟的时候，我们也还会继续推出有关专辑。"①

在这个专辑中，我们看到了许多熟悉的名字：梁羽生、张奥列、黄惟群、张劲帆、胡仄佳、沙予、凌之、萧蔚、欧阳昱等等。之所以为人所熟知，原因之一是这些作家的作品以及研究文章，曾多次在《香港文学》发表，是《香港文学》之澳华版图中的名家、常客；原因之二则是这些作家都曾在台港、大陆其他国家和地区举办的华文文学奖中屡获殊荣。中国作家协会台港澳暨海外华文文学联络委员会主办的世界华文文学奖，张奥列《夜闯毛利村》获优秀散文奖（2003年）。"2003年台湾世界华文作家协会主办的世界华文文学征文奖，凌之《她不属于这个世界》获散文奖。台湾侨联文教基金会主办的华文著述奖，获小说、散文、诗歌佳作奖的有陆扬烈、萧蔚、胡仄佳、张奥列、黄惟群、张劲帆、李明晏、陶洛诵、进生、巴顿、梁绮云等。2005年美国《世界日报》主办的新世纪华文文学征文奖，胡仄佳《梦回黔山》获首奖。"② 这些难以尽数的文学奖项，也得益于《香港文学》"文学场"的推广。

众多澳华作家在世界各地获奖，与澳大利亚本地华文文坛的门庭冷落形成了强烈的反差。正因如此，《香港文学》网罗了众多澳华文坛的创作精英。从在报刊发表，到文章的结集出书，澳华作家大都借助香港以及大陆的力量。而《香港文学》正是打通这一渠道的一扇门。通过在《香港文学》上发表作品，这些澳华文学的精英已经被越来越多的大陆华文研究者所重视，已经推出了三套系列性文学丛书，集中展示其实力、面貌、阵容。这三套丛书皆由中国知名出版社出版。对于澳华文学图书的编辑出版工作，《香港文学》中也有持续的跟踪报道。可以说，这次澳华文学展的推出，是《香港文学》对于澳华文学发展的一个回应，为澳华文学之火再添一把柴。

（三）日本华文文学

日本这一国家，历史上与中国有着密不可分的联系。中日两国文化也有着深厚的交往。近代史上的日本侵略扩张，给中国造成了不可磨灭的伤痕。随着日本经济在现代历史上的崛起，日本的文化影响不断扩大，也吸引了不少中国留学生和华人移民。日本这个国家，在中国人的心中始终处

---

① 陶然：《夏季里的春天》，《香港文学》第261期，2006年第9期。
② 张奥列：《打造澳华文学的品牌》，《香港文学》第261期，2006年第9期。

于一个特殊位置，其中华文文学的发展状况，让人们倍加关注。

2005年8月，正值抗日战争胜利六十周年纪念，《香港文学》开辟了"抗战胜利六十周年纪念小辑"的同时，也推出了"旅居日本华文作家作品展"。这是一个奇妙的组合。在"抗战胜利六十周年纪念小辑"里有两篇文章，《萧干和史迪威将军之女——建立在两条公路上的跨国友谊》讲述了在抗日战争时期，萧干与美国的史迪威将军结下的一段深厚中美友谊。这里的抗日战争，退回了幕后，是文章的背景。另一篇《国殇回声》则是借景抒情，通过对抗日战争中牺牲战士的深情怀想，抒发浓厚的爱国之情，弘扬民族精神。两篇文章分别从正面和侧面回应了抗战胜利六十周年的主题。而在"旅居日本华文作家作品展"中，则没有对这一段历史的触及。显然，这其中暗含编者在选稿时的编排意识。在纪念抗日战争这一历史事件面前，《香港文学》恰好构建了三个不同的角度。在《卷首漫笔》中，编者提到这是一个巧合，但亦道出其中的深意。"在这样的日子里，我们尤其不会忘却历史。然而，同时推出'旅居日本华文作家作品展'，却是偶然的巧合。早在去年五月我在日本时，便已有此意，但时光无情流逝，后来在孙立川、李长声二兄的协助下，几经努力，终于成形。我们约请一向关注日华文学的学者曹惠民写篇评论，希望对这批作品起一种导读作用。从另一个角度来说，这'邂逅'又未必没有深意。现实生活中，我们无须沉湎往事，但过去了的事情，不论有多痛苦、多后悔或者多屈辱都不想重提，都无法一笔勾销；而回首是为了前瞻，只有正视它，才能超越它。这批旅居日本华文作家的作品并没有触及历史的伤痕，这也正是前瞻的表现。我们自然期望日华文学特色更加浓厚，但这毕竟是可遇而不可求的事情；能够在一定层面上反映日华作家当前的写作状态，便已经打开一扇通向世界华文文学的窗口。"[①]

《香港文学》除了展现日华文学的整体写作状态外，也是日华作家站上世界华文文学平台的有力助推器。在日本华文创作的舞台上，有个名字显得很特别：郑芸。纵观改版以来的《香港文学》，除了参与"旅日华文作品展"，2002年7月"全球华人作家散文大展"，2004年5月"世界地铁风情"散文大展和12月的"我的圣诞"散文大观，2005年7月世界华文作家小小说展，2006年10月的推理小说展，2007年1月号的世界华文

[①] 陶然：《回首，也是前瞻》，《香港文学》第248期，2005年第8期。

微型小说大展和12月号的"冬季十二月"等为数众多的专辑中，不约而同都出现了郑芸的身影。

有郑芸出现的这些专辑，均没有区域化特征，这就是说，世界各地只要是在从事华文写作的人，都可以来稿。然而这些专辑中的许多都有明确的主题，如圣诞、地铁风情、冬季十二月等，对稿件的文类也有特殊要求，比如推理小说、微型小说、小小说，都不是最常见的文学创作大类。这就需要作者根据稿约的具体要求进行创作，有很大的倾向性。除了编者的主动邀约外，更需要作者的积极配合。作为一个新起步的华文文学创作者，不但要使自己的创作水平日趋进步，更希望自己能获得更多的关注，产生更大的共鸣。然而，在杂志中的一般栏目里发表的文章，并不容易获取读者注意，往往需要读者通读整本杂志后，才能有所收获。若是能在一些特别的栏目中发表，结果大不一样。而《香港文学》的封面、目录编排也非常重视特别的专栏的推出，每一期的重要专栏或专辑都会在《香港文学》封面上以方框大字标示，并且排在目录首位。在这种种吸引力作用下，刊物对作者创作的导向作用就显现出来了，也可称为"刊物对写作人的修改"现象。选择《香港文学》这一杂志作为平台，是看中了它在世界华文文学中的影响力，也是因为其中不断出现的专栏、专辑，与作者积极争取注意的意图相吻合。《香港文学》这一编辑选择与作者意识的共谋，得到了评论者的回应——2005年6号袁勇麟的《漂流的故事——评郑芸的小说》闪亮登场。由此，编者、作者、读者三者的联系互动终于建构完成，形成一个展现、推动、沟通的完整链接。这一成功，既是作者积极利用传播工具，为自己文学道路发展服务，也是《香港文学》这一媒介在文学传播过程中，对文学的导向"谋略"的成功。

除了对法国和日本这两个国家的华文文学予以扶持外，《香港文学》也可以看到其他国家华文文学跃动的火苗。英国的虹影是近年来相当活跃的作家之一。虽然对于她是海外作家还是大陆作家的身份，学界争议不断，但这并不影响她的作品在海内外刮起阅读、研究的旋风。她在国外写作的身份也使我们可以将其置于英国华文写作者的背景下予以讨论。另一英国华文女作家友友也表现突出，在华文文学创作中频频发力。《香港文学》难得刊登中篇小说，却在"海外女作家中篇小说小辑"分两期刊登了她的作品——《欲望的翅膀》，可以说这是莫大的肯定。诗人杨炼也是旅英作家中耀眼的一个。杨炼与《香港文学》颇有渊源，早在1987和

1989年,《香港文学》就发表过杨炼的《记忆中的女孩》、《水之居》、《面具》(组诗)。虽然中间隔了11年,但是从2000年12月号起,杨炼的诗歌再次活跃在《香港文学》的舞台上。有了这些闪闪星光,或许我们可以展望《香港文学》的下一站——英国。

经过编者和作者多年的努力,《香港文学》立足香港、作为世界华文文学桥梁的目标已日渐达成。它倾力凝聚各地的华文文学,使之成为有机整体。在《香港文学》的视野中,世界华文文学是一个大家庭,无论哪一个地区的华文文学,都是这个家庭的成员,这种"血缘关系"是永远不会变的。《香港文学》所发挥的作用和功效,以及它在实践中形成的文学理念,也被整个华文世界认同。

第四章　马来西亚华文报纸副刊与 1990 年代马华文学

第一节　参与的政治：华文报纸与华人话语权

一　"为承认而斗争"：华人社会与华文报纸

自 1957 年马来西亚独立以来，华人社会为"承认"而进行的"斗争"中，华文报纸一直是华人社会的重要舆论阵地，华人的政治、经济、文化、教育等诉求多通过这一渠道向外表达，使华人在马来人主导的政治语境中不至于成为失声的族群。

独立后，政治认同没有给马来西亚华人带来多少困扰，他们很快就以这个新生国家的公民自居，并积极参与当地事务。最大的困扰来自华人对文化身份的坚持："华人虽然和中国断绝了政治关系，但是国家认同的转向从来不曾使他们忘记自己身为华人的事实，主观上不愿和旧有的母体文化脱节，华教工作者的目标可说代表了文化传承的最高理想。在这些人看来，文化是民族的根本，没有文化，就没有华人，文化传承从独立开始就是许多人日夜操劳的问题。"[①] 华文报纸是马华文化生长、传播的重要园地，独立以来，《星洲日报》、《南洋商报》等报纸直面马华文化不被"国家文化"承认的现实，逆势而上，为马华文化适应时代的发展寻找新的出路。

华文教育是传承华人文化的重要途径，因而历来为华人社会所重视，独立后，为了争取华文教育的权利进行了不懈的努力和斗争。作为华人社

[①] 何国忠：《独立后华人文化思想》，载林水檺等编《马来西亚华人史新编》第 3 册，马来西亚中华大会堂总会 1998 年版，第 46 页。

会的喉舌，马来西亚华文报纸一直在为华教运动鼓与呼。社论是报纸的灵魂，代表了报纸的立场和方针，《星洲日报》和《南洋商报》都设有社论委员会，负责撰写社论，对一些重大的社会问题表明本报的立场和观点。在两报社论涉及的课题中，华文教育是重要的一环。由邓日才主编的《当代马华文存·教育卷》"80年代"及"90年代"中，共收入《星洲日报》和《南洋商报》相关社论11篇。1987年，马来西亚教育部遣派未具华文资格教师到华小任高级职位，被华文报纸报道后，引发华人社会一片哗然；华人社会及董教总立即作出反应，强烈反对这项侵犯华人教育权利的措施，一时间成为轰动的"华小高职事件"。10月10日，中华大会堂等华团在吉隆坡天后宫召开抗议集会，为了声援这次集会，当日《南洋商报》发表题为《一致行动维护华教》的社论，对华团与华裔政党为了维护华文教育携手合作团结一致予以高度肯定，认为这是一个"有意义的突破性进展"，"一个令人鼓舞的开端"，"象征着华社的更大觉醒与团结"。这次事件在华社及各华文报纸的共同努力下，于1988年取得了较为满意的结果，是年2月25日《南洋商报》再次发表社论：《华小高职问题基本解决》，表达该报对这一事件的高度关注。进入20世纪90年代，在族群关系稍微缓和的形势下，华文教育继续成为华文报纸关心的课题，在《当代马华文存·教育卷·90年代》收入的社论中，就包括《让精明教育发挥更大功效》（《星洲日报》）、《重视及解决华小面对的问题》（《星洲日报》）、《私立学院莫抄捷径》（《南洋商报》）、《教育泛政治化的隐忧》（《星洲日报》）、《民间办学应受赏识》（《南洋商报》）、《从政策层面解决华教问题》（《星洲日报》）、《敦拉萨大学承认统考文凭》（《南洋商报》）、《解决华小师资短缺仍需各方配合》（《星洲日报》）、《华文教育必须与时俱进》（《星洲日报》）等等，内容涵盖幼儿/初等教育、高等教育、教育政策/制度、课程与师资、母语教育的发展等，充分反映了华文报纸对华文教育的重视。

除了刊登与华文教育有关的社论及文章外，华文报纸充分发挥大众传媒的教育功能，《星洲日报》专门开辟"升学经"、"学海"等教育类专、副刊，以及针对青少年的"青春"、"青年园地"等副刊，寓教于乐，培养华校生学习华文的兴趣，弥补华文教育的不足。90年代，《星洲日报》纯文学副刊"文艺春秋"本着为文坛发掘新秀、传承薪火的宗旨，特辟"新人出击"、"新秀特区"专栏，专门刊登华校生的文学作品。从华文教育的角度来看,"新秀特区"及其前身"新人出击"是华校生的实践课堂,锻炼了他们使用华文的能力,引导一批华校生走上华文文学创作的道路,影响深远。

马来西亚的华校,由于得不到政府的财政支持,大多面临经费不足的难题,因此不得不向社会募资筹款,而华文报纸在这方面也积极行动。"《南洋商报》自1987年起,在黄帽啤酒赞助下,举办了十大歌星义演,到全马各地巡回演出。至1999年所筹得的总额高达1亿6千300万令吉,分给各地329间中小学校。其他四家华文报,都以不同的形式,分别为华校筹募款项,为华校的存亡绝续尽一份绵力。"①

回顾独立以来,马华报纸的发展史,也是华人在马来西亚落地生根的血泪史,以及马华文化、文学在马来西亚的生长、传播史。在马来西亚的文化政治语境中,马来人拥有"不容置疑"的"土生特权",但是,华人不甘沦为"被宰制"的对象,为"承认"而进行着不懈的斗争与抵抗,其中,马华报纸是华人参与斗争与抵抗的机制之一,积极捍卫华人的话语权。

二 时间帷幕:《星洲日报》、《南洋商报》

在华文报业史上,马来西亚有着独特的地位和意义,1815年8月5日《察世俗每月统计传》在马六甲创办,它"不仅是华文报业在马来亚及东南亚的滥觞,更重要的,它还标志着中国近代报业的发端"②。1957年马来西亚摆脱英殖民统治之前,出版华文报纸87种③,代表性的有《光华日报》、《现代日报》、《星槟日报》、《建国日报》、《南洋商报》(马来西亚版)、《星洲日报》(马来西亚版)等等,这些华文报纸对马来西亚华人社群的形成与发展产生了重要作用:"对内,它促进了华族社群在政治、社会和民智方面的发展;对外,则激励了华人团结一致,以捍卫

---

① 崔贵强:《东南亚华文日报现状之研究》,华裔馆、南洋学会2002年版,第99页。
② 陈蒙鹤:《早期新加坡华文报章与华人社会(1881—1912)》,胡兴荣译,广东科技出版社2008年版,第5页。
③ 王慷鼎:《独立前华文报刊》,载林水檺等编《马来西亚华人史新编》第3册,马来西亚中华大会堂总会1998年版,第91页。

自身的利益。"① 1965 年马来西亚、新加坡在政治上的分离导致华文报纸的分流，《南洋商报》、《星洲日报》开始在马来西亚建立独立总部，落地生根，成为马来西亚重要的华文报纸。20 世纪 80 年代，马来西亚华文报纸一度陷于低迷，一些历史悠久的报纸如《建国日报》、《星槟日报》等被迫停办，《星洲日报》也在"茅草行动"中遭遇短期停办整顿。20 世纪 80 年代后期开始，马来西亚华文报纸进入集团化的发展轨道，整个市场几乎被星洲媒体集团与南洋报业集团所控制，《星洲日报》和《南洋商报》成为 20 世纪 90 年代马来西亚影响力最大的两家华文报纸。

（一）《星洲日报》②

《星洲日报》由胡文虎及其弟胡文豹于 1929 年 1 月 15 日创办，社址在新加坡，创办初期总经理邓荔生占有一定股份，同年 6 月邓荔生辞职，其名下股份全部转让给胡文虎，《星洲日报》便由胡家独资经营。作为一份由商人创办的报纸，《星洲日报》追逐商业利益无可厚非，"但这并不妨碍其也利用该报传播中华文化和推动当地的华文教育"③。《星洲日报》创刊后聘请傅无闷④、关楚璞⑤、郁达夫⑥等著名报人参与主持编务工作，加上资金雄厚、印刷精美、内容丰富等因素，《星洲日报》受到读者的欢迎，销量不断提升。

1941 年 12 月 8 日太平洋战争爆发，日军南侵，1942 年 2 月 8 日新加坡沦陷，9 日《星洲日报》停刊。1945 年日本投降，新加坡光复，9 月 8 日《星洲日报》复刊。1982 年，槟城富商林庆金收购《星洲日报》与《星槟日报》，至此《星洲日报》完成马来西亚化。1986 年，林氏陷入财

---

① 陈蒙鹤：《早期新加坡华文报章与华人社会（1881—1912）》，胡兴荣译，广东科技出版社 2008 年版，第 123 页。

② 下文有关《星洲日报》发展的历史轨迹，主要参照了彭伟步的专著《〈星洲日报〉研究》"第一章 历史回顾"的描述，特此说明，以致谢意。

③ 彭伟步：《〈星洲日报〉研究》，复旦大学出版社 2008 年版，第 7 页。

④ 傅无闷 1929—1937 年 11 月受聘《星洲日报》主持编辑事务，锐意改革，使《星洲日报》成为新马地区与《南洋商报》比肩的华文大报。

⑤ 关楚璞接替傅无闷担任《星洲日报》主笔至 1940 年，期间，他增辟"南洋史地"、"南洋经济"与"南洋文化"三个研究副刊，又辟三个文艺园地，促进南洋研究，极大地推动了当时的新马华文文学发展。

⑥ 郁达夫 1938 年底进入《星洲日报》主持文艺副刊，编辑"繁星"、"晨星"等文艺副刊，该副刊成为当时马华文学的重要阵地。

务危机，1987年在政府的"茅草行动"中，《星洲日报》因"触犯出版准证条例"被吊销出版准证半年①。《星洲日报》停刊后，总编辑刘鉴铨四处奔走，最终说动"木材大王"张晓卿以2100万令吉收购《星洲日报》，从此《星洲日报》进入了辉煌的"张晓卿时代"。1988年4月8日，《星洲日报》复刊，张晓卿在当天的报纸上发表了一篇题为《我们开始新的长征——〈星洲日报〉复刊有感》的文章，申明《星洲日报》的办报宗旨："本报渡过了艰辛的历程，现在又开始新的长征。承先启后，继往开来，我希望本报同仁将能继续站稳立场，坚守岗位，克尽报人天职；并为促进国民团结，为建立一个和平、繁荣富强的马来西亚而加倍努力。"同时，张晓卿也重申了六点办报方针："①考虑到多元民族社会的特征，为顾全大局，时刻自我克制和约束，适当地行使新闻自由权利。②在沟通官民合作方面，扮演上情下达、下情上达的角色。③为广大读者提供互通信息、表达心声的便利。④启迪民智，推广教育，发扬文化。⑤在党派政治中，明辨是非，不卑不亢，严守中立。⑥促进文化交流，以达致国民相互谅解及和睦相处的目标。"② 复刊后的《星洲日报》浴火重生，销量一步一个台阶，最终在1992年超越《南洋商报》成为马来西亚第一大华文报纸。

（二）《南洋商报》

《南洋商报》1923年9月6日由陈嘉庚在新加坡创办，该报创办伊始就明确地定位为商业性华文报纸。我们不必讳言陈嘉庚创办《南洋商报》的商业目的，在商言商无可厚非，但是，我们从陈嘉庚为《南洋商报》撰写的"闭幕宣言"③ 也可看出他对《南洋商报》还有另一番期许："教育之必需经济，经济之必赖实业。实业也，教育也，固大有互相消长之连

---

① 1987年10月18日半夜时分，在吉隆坡的中南区，一马来青年，手持来复枪，向群众乱枪扫射，造成三人死伤，受害者有华裔人士。经过报章报导后，即掀起种族间的紧张关系。接着由于"华小高职事件"，各语文报章发表激烈言论，使紧张气氛火上加油，大有一触即发之势。当局因此采取"茅草行动"，展开大逮捕，激进分子如林吉祥等人遭扣押，一时风声鹤唳，人人自危。当局以《星洲日报》刊登危险言论而勒令其停刊。见崔贵强《东南亚华文日报现状之研究》，华裔馆、南洋学会2002年版，第66页。

② 张晓卿：《我们开始新的长征——〈星洲日报〉复刊有感》，《星洲日报》1988年4月8日。

③ 原题《本报闭幕之宣言》，又题《实业与教育之关系》，刊登在1923年9月6、7日的《南洋商报》上。

带关系也明矣。我力至微,而望乃至奢,人之欲善,谁不如我。与其苦心孤诣,一意孤行,何如大声疾呼,广招群应。"[1] 在这篇类似发刊词的"宣言"中,陈嘉庚大谈实业与教育、教育与兴国的关系,希望通过创办《南洋商报》振兴实业去推进教育的发展。

马来西亚《南洋商报》与《星洲日报》的发展历史较为相似:新马分家之前都是作为新加坡该报的马来西亚版,总部在新加坡,由新加坡编辑出版,日后随着政治上的分家逐渐独立为马来西亚华文报纸。

20 世纪 30 年代初,受世界经济危机影响,陈嘉庚宣告破产,1933 年《南洋商报》由李光前与李玉荣等人接收,成为李氏家族的企业,后聘傅无闷、胡愈之等著名报人主持编务,销量大增,成为一时报界翘楚。日治期间《南洋商报》与众多华文报纸一样被迫停刊。日军投降后,《南洋商报》于 1945 年 9 月 8 日复刊,由于经营得当,《南洋商报》销量一路攀升,除了新马之外,在印尼、泰国等都有销售,成为新加坡名副其实的第一大华文报。

1957 年马来西亚独立,新马两地的《南洋商报》开始分流,1962 年 8 月,《南洋商报》将吉隆坡办事处升格为独立核算的支社,负责编印及销售马来西亚境内的报份,并加强马来西亚地方新闻的报道。1965 年,新加坡退出马来西亚,两报公开分立,并删除版头"马来西亚版"字样,加速《南洋商报》的马来西亚化。1968 年起,马来西亚《南洋商报》全部由吉隆坡报社负责。1983 年,新加坡《南洋商报》与《星洲日报》合并为《联合早报》,陈嘉庚当年在新加坡创办的《南洋商报》只在马来西亚继续延续它的生命。1989 年,销量此前一直独占鳌头的《南洋商报》获准挂牌,成为马来西亚第一家上市的华文日报。进入 20 世纪 90 年代,《南洋商报》一直处于各种变革之中:1991 年马来西亚丰隆集团收购南洋报社,1996 年《南洋商报》实现网络化,1998 年原"南洋报业有限公司"更名为"南洋报业控股有限公司",2000 年成立南洋报业线上有限公司。由于锐意改革创新,《南洋商报》在 20 世纪七八十年代一直都占据马来西亚华文报纸销量的头把交椅,直到 1992 年才被《星洲日报》迎头赶超,成为马来西亚第二大华文报,尽管如此,《南洋商报》在整个 20

---

[1] 陈嘉庚:《本报闭幕之宣言》,载杨进发《战前的陈嘉庚言论史料与分析》,南洋学会 1980 年版,第 38 页。

世纪90年代马来西亚华人社区仍有很大的影响力。

三 文艺副刊：夹缝中的文化空间

在马来西亚，华文报纸副刊除了是华人文化认同的象征和华人文化价值的生产机器之外，它也是马华文学生长发展的园地。"马华文学在马来西亚的边缘处境，而文艺作品在以商业大众为导向的报纸中又可谓是边缘性格，然而透过作家在副刊发表作品，执行者规划引导文艺理念，以及文学读者群对这些作品或论述的吸纳和接收流传，却形成一个很独特的'副刊文化'。"① 在这个由文艺副刊建构的文化空间里，艰难地延续着华人的文学理想。

文艺副刊作为华文报纸的重要组成部分，兼具传媒和文学双重属性，"在大众传播媒介的功能上，它必须留意'大众'的消费需求，一如马奎尔所说，作为文化产品（出之以形象、思想和符号的形式）在媒介市场中如商品一样地产销；而在文学此一心智的创造中，它又属于一种菁英趣味，是作家或编者个人理念和文学品味对社会生活的总体呈现，'不仅止于权力和交易……也包括审美经验、宗教思想、个人价值与感情以及知性观点的分享'。"② "这种介于大众文化与精致文化之间的摆荡"，迫使副刊编辑必须做出选择与平衡，在经济利益至上的20世纪90年代，编辑的选择益发艰难，因而我们看到许多华文报纸不断削减纯文学版面，增加休闲、娱乐、饮食等符合都市中产阶层消费需求的生活时尚版面。当然，我们也看到，张永修、王祖安③等《南洋商报》和《星洲日报》的文艺副刊编辑，在边缘的处境中继续坚守他们的文学理想，"上个世纪80年代以来，国内两大报《南洋商报》和《星洲日报》的文艺副刊'南洋文艺'、'文艺春秋'，其影响力可能已经超越了马华文学杂志或任何文艺刊物的地位，甚至已经取代了马华文艺团体、出版界和文学杂志的功能，成

---

① 张光达：《管窥副刊专辑与马华文学——1998—2008年〈南洋文艺〉的例子》，《南洋商报·南洋文艺》2009年7月14日。
② 林淇瀁：《书写与拼图——台湾文学传播现象研究》，麦田出版社2001年版，第78页。
③ 王祖安，马来西亚新生代报人，20世纪80年代曾担任马来西亚著名的纯文学期刊《蕉风》的编辑，90年代长期担任《星洲日报》纯文学副刊"文艺春秋"主编。

功整合了马华个别重要作家、文坛、文艺编辑和广大的（文学）读者群。"① 如果没有"南洋文艺"和"文艺春秋"等文艺副刊提供稳定的发表园地，90 年代的马华文学将凋零许多。张光达在总结 1998 年的马华文学收获时就曾指出："1998 年的马来西亚，是十足的'多事之秋'的一年，无论是政治、经济、社会各个层面，都有令人瞬息万变峰回路转的感觉。相对的文学乃至文坛，比较起来却显得冷清寂静得多，作家们面对政经结构的变化，只能发出微弱的声音。这一年的马华文学，如果不是《南洋文艺》有计划的推出数项专辑和系列专题文章，如果不是《南洋文艺》刊载数量可观的老中青三代作家的文学创作，整个马华文学的成绩水准将显得逊色乏力。"②

在文类方面，散文和小说历来都是马华文艺副刊的重头戏。据笔者统计，1990—1999 年 10 年间"文艺春秋"共发表散文 1000 多篇，"南洋文艺"在 1997—1999 年 3 年间也发表了近 400 篇，如果再加上"星云"和"商余"发表的大量专栏散文，10 年间华文报纸文艺副刊发表的马华散文可用丰收来形容。小说方面，1990—1999 年"文艺春秋"发表小说 300 多篇，"南洋文艺"在 1997—1999 年也发表了近 200 篇，此外"小说世界"和"小说天地"等每日出版的小说副刊发表的马华小说就更多了。除了数量可观之外，"文艺春秋"和"南洋文艺"发表的散文和小说的质量也不容小觑，黎紫书、黄锦树、李天葆、潘雨桐、钟怡雯、陈大为等马华著名作家都是马华文艺副刊的"常客"，他们的许多重要作品都曾在"文艺春秋"和"南洋文艺"发表。诗歌的"衰落"是 90 年代整个中文世界的普遍趋势，诗人多，但是发表诗歌的园地和阅读诗歌的群体却急剧萎缩。在马来西亚，诗歌虽然没有专门的副刊版面，但"文艺春秋"和"南洋文艺"的主编却都十分重视诗歌，诗歌的发表率反而成为"所有文类之冠"③。"90 年代马华诗创作的发表园地版位，取得最丰硕成果的数《南洋商报》的副刊'南洋文艺'和《星洲日报》的副刊'文艺春秋'。这两份报纸的文艺副刊，提供了宝贵的诗发表园地，刊登大量的诗作，品

---

① 张光达：《管窥副刊专辑与马华文学——1998—2008 年〈南洋文艺〉的例子》，《南洋商报·南洋文艺》2009 年 7 月 14 日。

② 张光达：《众声合唱——回顾 1998 "南洋文艺"的文学现象和创作》，《南洋商报·南洋文艺》1999 年 1 月 9 日。

③ 同上。

质都有一定的水准。"①

第二节 马华报纸副刊与作家代际演变

一 副刊改版与秩序重构

在新的媒介生态环境中，华文报纸副刊的改版可谓势在必行。如何在副刊文学园地中，一方面守护文学，另一方面满足市场的需求，保证报纸销量，是《星洲日报》与《南洋商报》副刊急需面对的问题。

首先，副刊改版最为直观的变化，是副刊版面的活泼化、时尚化。20世纪90年代是"亚文化"② 集体入侵的年代，报纸副刊为了满足读者群的需求，报纸副刊逐渐出现彩色的版面形式，动漫、时尚、新颖的美编不仅为副刊增添了新的活力，更通过明快的色调、活泼的形式刺激读者的视觉感官。其次，纯文学与通俗文学双线并行。1994年的《星洲日报·星云》主张"本土化"；1994年后，《星云》便逐渐转向纯文学与通俗文学双线并行。一批有关宗教信仰、情感经历、"心灵鸡汤"的文章逐渐占据重要版面。最后，为了顺应"速食文化"趋势，副刊版面逐渐向小小说、随笔、散文等文类倾斜。90年代后的《星洲日报·文艺春秋》《南洋商报·南洋文艺》，明显减少了长篇连载小说的分量，在适度满足老读者需求的同时，更注重满足读者群的"速食"要求。最后，也是最重要的，两报副刊均在推介文学新人上花了较大的功夫。

新鲜感，是报纸、更是报纸副刊吸引读者的重要手段；而新面孔、新作品、新风格，无疑是汇聚新兴读者群，寻求突破与发展的宝贵资源。正在寻求变革的马华文学报纸副刊，与以挑战者姿态出现的"新生代"作家，在新鲜与求变的取向上，可谓不谋而合，因此也拉开了马华文学场秩序重构的序幕。查阅20世纪90年代《星洲日报》"文艺春秋"及《南洋商报》"南洋文艺"两大报纸副刊，按照诗歌、散文、小说三大文类，分

---

① 张光达：《马华当代诗论：政治性、后现代性与文化属性》，秀威资讯科技股份有限公司2009年版，第3页。

② 亚文化：又称"次文化"，社会学中的名词，是指在某个较大的母文化中，拥有不同行为和信仰的较小文化或一群人。次文化和其他社会团体之间的差别，在于他们有意使自己的服装、音乐或其他兴趣与众不同。

为"新生代作品数量"、"副刊上总的作品数量"、"新生代作品所占百分比"三个层次进行抽样统计;从数据中可以发现由于"一只有形抑或无形的手"与"新生代"作家共振,"新生代"作家整体性崛起、90年代马华文坛文学场重构的相关迹象。如表4-1至表4-6所示。

表4-1　　　　　　　　　　"文艺春秋"诗歌统计

年、月份	新生代诗歌数量(篇)	副刊上总的诗歌数量(篇)	百分比(%)
1990.04	0	2	0
1991.01—10	6	30	20
1992.05—12	25	91	27.5
1993.01—07、10—12	22	83	26.5
1994.01—07	20	51	39.2
1995.01—12	45	141	31.9
1996.01—04、08—12	31	74	41.9
1997.01—12	36	113	31.9
1998.01—12	36	129	27.9
1999.01—02、05—12	23	75	30.7

表4-2　　　　　　　　　　"南洋文艺"诗歌统计

年、月份	新生代诗歌数量(篇)	副刊上总的诗歌数量(篇)	百分比(%)
1991.02—07、08—12	24	167	14.4
1992.01—04	7	43	16.3
1993.01	2	8	25
1994.04—12	37	113	32.7
1995.01—05、10—12	47	107	43.9
1997.01—12	36	116	31.0
1998.01—12	44	126	34.9
1999.01—12	80	142	56.3

表4-3　　　　　　　　　　"文艺春秋"散文统计

年、月份	新生代散文数量(篇)	副刊上总的散文数量(篇)	百分比(%)
1990.01—12	16	181	8.8
1991.01—05、09—12	7	59	11.8

续表

年、月份	新生代散文数量（篇）	副刊上总的散文数量（篇）	百分比（%）
1992.01—12	23	111	20.7
1993.01—12	28	136	20.7
1994.01—12	28	93	30.1
1995.01—12	19	89	21.3
1996.01—12	15	42	35.7
1997.01—12	27	111	24.3
1998.01—12	28	83	33.7
1999.01—12	22	82	26.8

表4-4　　"南洋文艺"散文统计

年、月份	新生代散文数量（篇）	副刊上总的散文数量（篇）	百分比（%）
1991.02—07、08—12	11	3	15.1
1992.01—04	3	17	17.6
1993.01	1	4	25
1994.04—12	10	50	20
1995.01—05、10—12	14	53	26.4
1997.01—12	17	104	16.3
1998.01—12	21	123	17.1
1999.01—12	33	133	24.6

表4-5　　"文艺春秋"小说统计

年、月份	新生代小说数量（篇）	副刊上总的小说数量（篇）	百分比（%）
1991.01—12	1	16	6.2
1992.01—12	6	43	13.9
1993.01—12	9	33	27.3
1994.01—12	15	52	28.8
1995.01—12	7	51	13.7
1996.01—12	5	14	35.7
1997.01—11	6	35	17.1
1998.01—12	17	49	34.7
1999.01—12	10	34	29.4

表 4-6　　　　　　　　"南洋文艺"小说统计

年、月份	新生代小说数量（篇）	副刊上总的小说数量（篇）	百分比（%）
1991.02—07、08—12	6	43	14.0
1992.01—04	0	12	0
1993.01	0	2	0
1994.04—12	14	37	37.8
1995.01—05、10—12	10	42	23.8
1997.01—12	18	71	25.4
1998.01—12	24	89	27.0
1999.01—12	26	51	51.0

从以上百分比变化来看[1]，马华"新生代"作家"登台"的数量，经历了一个由崛起、兴盛到趋于稳定的过程。可见，报纸副刊在推动马华文坛文学场秩序重构的进程中起到了不可忽视的作用。作为一个平台，它积极扶持新生代作家的成长，并为这一过程提供充足的养分，成为新生代作家成长的摇篮；作为一个"战场"，它使新生代作家在1990年代逐渐成为马华文坛的中坚力量，促进了马华文坛文学场的新老交替。

二　文学专辑、专栏与"新生代"

《星洲日报》与《南洋商报》副刊改版后，继续出版《星洲日报·星云》、《星洲日报·文艺春秋》、《南洋商报·南洋文艺》等副刊；策划与刊出涵盖文学作品、文学论争等内容的专辑、专栏，扶持新生代作家的崛起。

马来西亚华文报纸文艺副刊中的文学专辑，特指围绕一定主题刊出的一组稿件。这种文学专辑，通常会由副刊编辑拟定主题进行征稿与组稿，并以短期连载的方式刊登于副刊。由于刊出周期短，涉及作家与作品多，时效性强，具有推广性等特点，文学专辑往往成为副刊编辑与"新生代"作家所青睐的版面。例如《星洲日报·文艺春秋》、《南洋商报·南洋文艺》两个副刊，相继开辟了"新人出击"、"新秀特区"、"80年马华文

---

[1] 以上对"文艺春秋"及"南洋文艺"中各文类新生代作家作品进行的抽样统计，由于报纸资料存在少量缺年、缺月、缺页现象，相关数据并不完整，但对总体的抽样分析不会造成太大的影响。

学"、"马华文学嘉年华"等有关"新生代"作家的作品与评论专辑，通过一期多个新人，一期多篇作品的刊出模式，凝聚"新生代"的力量，扩大"新生代"在马华文坛的影响力。

报纸副刊推出各种作家专辑，往往有两个方面的目的：第一，向文坛推介新人；第二，将已成名的作家经典化。在推介新人方面，《星洲日报·文艺春秋》"新人出击"、"新秀特区"、《南洋商报·南洋文艺》"大马旅台诗展"、"隆中新鲜人展"、"马大中文系新鲜人展"、"理大新鲜人展"6个作家专辑，起到了不可忽视的作用。

1991年，《星洲日报·文艺春秋》率先刊登"新人出击"，曾公开征稿启事：

> 长江后浪推前浪，只有前后浪潮的相互推动激励，才能成就一条波澜壮阔的长江，浩浩荡荡，川流不息。
>
> 文坛也是这样。有鉴于此，文艺春秋版继第一届星洲日报《花踪》文学奖后，推出"新人出击"专栏，以贯彻本报发掘新秀、传承薪火的宗旨。

1991年9月10日，《星洲日报·文艺春秋》刊出第1期"新人出击"，至1991年11月9日结束，共举办4期；刊登了周若鹏、刘吉祥、张金莲、郑自政、赵沛敏、范瑞娟、黄章昇等"新生代"作家共9篇作品。与此同时，每期"新人出击"还推出"新人出击小评"，邀请傅承得、方昂、王祖安等知名人士对新人新作进行点评。

1992年1月18日，《南洋商报·南洋文艺》推出"大马旅台诗展"专辑，整版刊登台湾大学中文系在读马来西亚学生的诗歌作品；包括钟怡雯、龙川、黄锦树、林惠洲、陈俊华、陈大为、刘国寄等。他们中不少人后来成为马华文坛"新生代"中的领军人物。1994年10月5日，1995年1月13日、2月12日，《南洋商报·南洋文艺》又相继推出"隆中新鲜人展"、"马大中文系新鲜人展"、"理大新鲜人展"三大新人专辑；刊出马来西亚高中、大学的11位学生的优秀作品，包括杨嘉仁、周若涛、孙天洋、阿安、林德顺、莫泽明、颜俊鸿、胡金伦、蔡其峰、张惠凤、阿心；作品的体裁涵盖诗歌、小说、散文、随笔。傅承得在"隆中新鲜人展小序"中写道："文学要在校园扎根，为马华文坛培养后进，除学校本身给予支持,借助外来力量,如作家的鼓励和报馆的配合等,亦十分重要。"①

1996年初,《星洲日报·文艺春秋》又刊登了"新秀特区"的公开征稿启事,作为"新人出击"的续集,这样写道:

> "新秀特区"承续花踪新秀文学奖以及往年本版"新人出击"栏目的精神,以发掘文坛新秀、培养文坛接班人为要旨,希望大专院校以及中学里的老师能够推荐学生作品给我们,也欢迎学生或自修生自我推荐。
>
> 后浪可畏,我们期望他们能蔚为一股股壮观巨浪,前仆后继,涌现为日后马华文坛的一支创作大队!

1996年2月4日,"新秀特区"开始刊登马大中文系学生作品展,至1997年1月25日,共举办5期;刊登了张惠思、韦佩仪、黄维云、莫泽明、南生等21位"新生代"作家作品。凭借《星洲日报·文艺春秋》"新人出击"、"新秀特区",《南洋商报·南洋文艺》"大马旅台诗展"等6个专辑的连续推介,越来越多的"新生代"作家及其作品通过华文报纸副刊崭露头角,逐渐被读者认识与接受。

1997年2月至11月间,《南洋商报·南洋文艺》相继开辟"元宵诗展"、"6月诗展"、"7月小说展"、"11月个人作品展"4个专辑,刊登包括辛金顺、张永修、林金城、庄华兴、刘育龙、陈大为等已成名的新生代作家的诗歌、散文、小说作品。专辑的推出,进一步扩大了他们的知名度与社会影响;由此可见,伴随着"新生代"作家的成长,20世纪90年代后期的马华报纸文艺副刊,已注重推介马华文坛较为活跃的"新生代"作家,副刊专辑也成为"新生代"作家作品逐渐"经典化"的一种催化剂。

马来西亚华文报纸副刊中的文学专栏,指"由一组有共同性的稿件组成的集合体"②;是策划与编辑文学稿件的重要方式之一。文学专栏一般都有固定的名称和位置,在副刊版面中具有相对独立性,可以进行单独

---

① 见《南洋文艺》1994年10月5日"隆重新鲜人展小序"。
② 魏剑美:《报纸副刊学》,湖南师范大学出版社2007年版,第123页。

而集中的组合稿件。这种文学专栏，一方面，通常生存周期较长，介绍与推介作家、作品具有深度和力度；另一方面，定期在固定的版面内出现，在约束与激励作家不断创作的同时，不仅给作家提供特定的发表空间，而且对提升作家知名度，逐步奠定其写作风格也有积极作用。因此，"一份有影响的报纸往往少不了一批著名的专栏，这些专栏成为标明报纸特色的徽章。"①

报纸副刊上的作品专栏，采用定期连载的方式，长期稳定地推出作家的创作，在培养新人、成就名家方面，均发挥着重要作用。

1999年7月，《南洋商报·小说》开始刊出"10大小说高手一日一精彩"专栏；历时之久、涉及作家、作品之多，加之"高手云集"，使之成为《南洋商报》文艺副刊中的优秀品牌。其中新生代作家柏一、李国七，每周均在该专栏轮流发表小说。这两位新生代作家，凭借自身旺盛的创作力、深厚的文学功底，加之在专栏写作中积累的经验、获得的锻炼，已经成为读者所喜爱的创作"高手"。柏一曾获得花踪散文首奖、大马优秀作家一等奖。

三 文坛论争与副刊运作

为了促进文学的发展，《星洲日报》副刊与《南洋商报》副刊策划了种种"课题"、"话题"，它们强化了"副刊"作为策划者与推手的影响力，也提升了参与论争的作家、批评家的知名度，尤其是扩大了新生代作家、批评家的影响，迅速奠定了他们在新文学史上的地位。我们应该"注意那些文本以外的现象"，即文本周围"围着一大群也佩戴'文学'徽章的事物"②，尤其是注意论争背后看不见的"那只手"——媒介，是如何将新生代作家、批评家推到论争的舞台的。

报纸副刊，是一个策划性较强的版面，它与新闻版的某种"被动性"不同，更需要主动策划、加热、促成，甚至是制造话题或是主题。20世纪90年代的马华报纸副刊，多以"设定""课题"的方式制造话题或是主题，主动策划、参与、召唤了马华文坛的多次文学论争。

---

① 魏剑美：《报纸副刊学》，湖南师范大学出版社2007年版，第123页。
② 王晓明：《一份杂志和一个"社团"——重评五四文学传统》，载王晓明主编《二十世纪中国文学史论（修订本）》上卷，东方出版中心2005年版，第177—196页。

对新闻媒介而言，"公众中以及各种公共机构中的注意力是一种稀缺资源"①。《星洲日报·星云》副刊编辑，深谙发掘与利用这种稀缺资源的重要性。褟素莱的来稿《开庭审讯》一经收到，便被《星云》副刊设为"课题"，调动多种手段，积极吸引与强化"公众"的注意力，"召唤读者对此课题的探讨"。

在《星洲日报·星云》发表褟素莱《开庭审讯》的前两天，即4月29日，编者已用大号字体刊出预告："五月一日星云《开庭审讯》再给你一个震撼！"一篇文学煽情性的域外报道，经过《星洲日报·星云》的放大与渲染，已经被"预设"为一个新闻事件、一个吸引与强化"公众"注意力的"课题"：审讯谁？谁主审？在哪里审讯？审讯结果？

1992年5月1日，《星洲日报·星云》刊载了褟素莱的《开庭审讯》。文中，"什么也不是的马华文学"的说法，深深刺痛了马华写作人、马华文化人，乃至许多华人的视觉神经；褟素莱"悲痛莫名"的情绪，更强化了报道的现场感与煽情性。

5月12日，《星洲日报·星云》又一次刊出预告："敬请密切留意《星云》，'文学的激荡'系列回响《开书审讯》"。两天后，即5月14日，"星云"刊出了沙禽的《开书审讯》，作为《开庭审讯》刊出后的第一波回应，并且第三次刊出预告："谁该被审讯？请密切留意《星云》"。5月15日，"星云"刊出石琇的《谁该被"审讯"？评褟素莱的〈开庭审讯〉》，作为《开庭审讯》刊出后的第二波回应。至此，表面来看，褟素莱点燃的战火已经燎原；实际上，更应该是，副刊编辑所精心策划的"课题"的召唤功能已经形成。接下来，《星云》连续刊登了5篇"回应"文章，其中，包括5月28日刊出并引起另一场激烈论争的黄锦树的《马华文学经典缺席》。

5月30日，《星云》刊出陈应德的《马华文学正名的争论》，并附《编者的话》："'文学的激荡'系列仍有好稿积压。透过已刊载的一系列佳作，足以令我们有所激荡，有所省思。而有关'马华文学'正名的论争，今天也该告一个段落了。"可见，不仅从"课题"的设立与结束，而且，"课题"的过程中所有的起、承、转、合，都在副刊"那只看不见的

---

① ［美］马克斯韦尔·麦库姆斯：《议程设置——大众媒介与舆论》，郭镇之、徐培喜译，北京大学出版社2008年版，第44页。

手"的安排与掌控之中。

此后,副刊"课题"与文学论争一直紧密相关。1994年5月,张永修接编《南洋商报·南洋文艺》,致力于打造"文学的言论版"品牌:①一方面,设"文学观点"栏目,吸引有关本地文学作品评论的自由来稿,"刊登了相当大量的文学论述";②另一方面,推出多种专辑、特辑,"设定一些课题或范围,公开征求马华文坛诸家与文艺版读者对有关课题的看法,以期让作者与作者,以及作者与读者之间,可以自由交流意见。"③。在上述所谓"设定"一些"课题"、"公开征求""对有关课题的看法"的策划与召唤中,《马华当代诗选》及其《内序》的论争、"马华现实主义的实践困境"的论争、"马华文学与中国性"等论争,相继得以在《星洲日报·副刊》、《蕉风》杂志,尤其是在《南洋商报·南洋文艺》及其相关副刊中上演。所以,不难发现,20世纪90年代发生在马华文坛的大大小小论争,都与报纸副刊的"课题"策划、设定与具体运作密切相关。

如果说,20世纪90年代前期的马华报纸副刊,以"设定""课题"的方式,策划、参与、召唤了马华文坛的多次文学论争的话;20世纪90年代中期,马华报纸副刊,更以开设"广场"的方式,策划、参与、召唤了波及整个马华社会的"文学"论争"话题"。

1995年8月13日,《星洲日报》副刊进行了一次非常重要的改版,重点推出一个"杂志化"的副刊"星洲广场";主要栏目包括"封面"、"尊重民意"、"自由论谈"、"人文论谈"、"新新时代"、"文化空间"、"星洲人物"、"文艺春秋"等栏目。"广场"一词,蕴含着公共性、"以小见大"、开放性、大众性、喧哗性等特征。在西方,早在古罗马城邦制度建设之初,就已开辟出了流动的广场,广场嘈杂、喧闹,人声鼎沸,人们在这里自由交易、自由议论,乃至于自由竞技,在节假日激情狂欢,形成了公民广场意识的传统。《星洲日报》,以"广场"作为副刊的命名,

---

① 张光达:《勇敢踏入新纪元——1999年南洋文艺回顾》,《南洋商报·南洋文艺》2000年1月11日。

② 张永修:《近处观战》,载张永修、张光达、林春美主编《辣味马华文学——90年代马华文学争论性课题文选》,雪兰莪中华大会堂、马来西亚留台校友会联合总会赞助出版2002年版,c-g页。

③ 张永修:《副刊本土化之实践——以我编的〈星云〉及〈南洋文艺〉为例》,《人文杂志》2002年第17期。

足显主持者希望"以大见大"与"以小见大"同步共举的深远用心。所谓"以大见大",即属于大众化的社会之事,以"广场"的方式大众议;"以小见大",即属于小众化的文学之"课题",也推向"广场",使之成为大众共同关注的泛文学"话题"。

20世纪90年代,马华文坛论争的舞台,主要是在《星洲日报》和《南洋商报》副刊,及《蕉风》杂志。但是,自《星洲日报》开辟"星洲广场"之后,具有轰动效应、吸引大众眼球的文学论争,几乎都挪移到"星洲广场",而且,都是被安排在"文艺春秋"之外的栏目中。"马华文学需不需要断奶"之争,就充分展示出传媒"以小见大"的"话题""传销"策略。首先,《星洲日报》破例以新闻版面专题报道柏杨的演讲,将文学事件时事化、社会化。其次,在"星洲广场"的"尊重民意"、"自由论谈"栏目,推出大量针锋相对、火药味浓的专栏文章,如发表黄俊麟、陈醉、彭慧娟、邢诒娟、陈雪风、崔将、叶金辉等人的多篇文章[①]。在这个过程中,由于传媒的精心运作,一场文学论争,演变成为一个具有轰动效应"文学事件",其结果,不仅使"小产业"的马华文学获得社会大众的关注,[②]更在于扩大了传媒本身的影响与号召力;文学论争"事件化",文学"课题化"、"广场化"、"话题化",同时也成为《星洲日报》一种有效的抢占市场的营销手段。

第三节 马华报纸副刊与新生代写作

一 文艺副刊与新生代诗人

马华新生代于20世纪90年代初登上诗坛,在数量和质量上以令人眩目的表演完成对中生代作家的历史超越,而新生代诗人的这种文学史登场与副刊的扶持密切相关。1994年,张永修曾在《南洋商报》策划过一次马华诗坛20年回顾"纸上座谈",东马诗人吴岸认为20世纪90年代诗坛比以往沉寂了很多,虽然年轻的诗歌弄潮儿很多,但是写实和现代都还停

[①] 《星洲日报·自由论谈》1998年3月8、15日。

[②] 将马华文学称之为"小产业"是黄锦树语,见黄锦树《对话与抵抗——评许文荣〈南方喧哗:马华文学的政治抵抗诗学〉》(上),《南洋商报·南洋文艺》2004年12月7日。

留在自我调整而无法找到新的突破的苦闷阶段。经过十年努力，新生代诗人终于开创出新的局面，并在代际角度实现对马华中生代和老生代诗歌的整体替换。事实上，副刊之所以在诗歌发展中起着关键作用，其前提正是两大华文报纸副刊对诗歌发表与传播的重要支持。

（一）副刊与新生代诗人的文学史登场

我们首先以《星洲日报》文艺副刊"文艺春秋"为平台进行考察，20世纪90年代《星洲日报》刊载诗歌在不同年份之间略有出入，但总体而言较为稳定，1993年发表于副刊"文艺春秋"的诗歌为82人次[①]，1994年前期发表51人次（8月至12月资料缺失未统计），1995年151人次，1996年73人次（5月、6月及部分7月资料缺失未统计），1997年104人次，1998年120人次，1999年74人次（3月、4月资料缺失未统计）。早在20世纪90年代初，大量新进诗人登上文学副刊即引起一些人对水准失范的担忧。作为当时能观察到的文艺动态，人们确实有足够理由理解这种担忧的产生；如今回顾整个90年代的文学状况，已经不难发现一个时代与一代人的成长历程——当然，它并不是一帆风顺的。新生代作家群尤以6字辈诗人成长为耀眼，如陈强华（1960）、杨川（1961）、陈全兴（1961）、张永修（1961）、王祖安（1962）、李国七（1962）、庄若（1962）、辛金顺（1963）、林幸谦（1963）、林金城（1963）、郑云城（1963）、钟可斯（1963）、陈绍安（1963）、林若隐（1964）、李敬德（1965）、马盛辉（1965）、夏绍华（1965）、刘育龙（1967）、杨善勇（1968）、陈大为（1969）、陈佑然（1969）、张光达（1969）、林武聪（1969）、苏旗华（1969）等所占比重逐年上升，引人注目。从心智成熟的角度不难看出其中的原因，六字辈诗人大多在80年代开始诗歌创作，到90年代已经成为诗坛主力和健将，像陈强华、林幸谦、郑云城、陈大为等后来都由"文艺春秋"通过专辑的方式大力推介，他们展现出的技巧能力和创造活力，对于马华诗坛而言意义深远。

以陈强华为例，其诗歌作品代表性在于文本与马华文学文化环境的深刻关联，通过他的作品我们可以看到诗人的成长，以及新生代诗歌观念的不断变化。陈强华在1991年至1999年"文艺春秋"发表诗歌约为15次，

[①] 按署名作者计算，"人次"指诗人某期发表一次作品，因此"1人次"可能是一首诗，也可能是组诗或多首。

多次被专辑或组诗"重磅"推出。《类似铁的柔情——试拟四种通俗音乐版本》（载《文艺春秋》1993 年 1 月 16 日第 4 版）表现出诗人对诗歌的"蓄意"改写。诗歌以"铁"为中心意象，联系通俗音乐进行形式探索，将诗歌"怎么写"的问题从抽象层面解救出来，试图用鲜活的日常经验来体现创新与生活之间的融合途径和可能方案。"类似"系列是陈强华在 80 年代即有意识进行的一个形式层面的尝试，从"类似时期"这一命名来看，似乎是作者出于对台湾诗歌的模拟和戏仿才有了这些诗作，如《类似爱情走过》、《类似诗的质料》、《类似内省经验》、《类似砂砾的快乐》等诗歌中，不由自主地与他认同的诗人对话，"你抄写夏宇诗句，／只是为了安慰自己。／'写你的名字，／只是为了擦掉。'微笑，装着是个好天气／惊讶于这许多，来不及留意的云霞。"（《类似爱情走过》第 2 节，1985 年 7 月）实际上，这种互文性正是诗歌传统在马来西亚再植和再造的重要渠道，在书写具体文本过程中实现诗歌史大文本的书写可能。

另一份华文报纸《南洋商报》也是刊载马华诗歌的主要阵地，资深副刊编辑张永修入职《南洋商报》掌舵文艺副刊"南洋文艺"不久，明显加快了对诗歌新人的推介。"南洋文艺"先后展出过以华文独中、马大中文系、马来西亚理科大学（1995 年）学生为主体的"新鲜人"诗歌，后来又着力推出旨在展示马华文学历史的"马华文学倒数"系列，1994 年 11 月 1 日开始"七字辈作家检阅"，杨嘉仁、王国雄、周若涛、赵少杰、周擎宇、黎紫书、李彩琴等诗人携作品亮相，在庄若的"七字辈作者群像"随笔文章中，由陈强华任指导老师的魔鬼诗社有卢国宝、葛锦华、赵少杰、邱琲钧、陈天赐等成员被提及，此外还有"新鲜人"石明、张圆圆、陈耀宗等。"六字辈检阅"则刊出了钟可斯、陈大为、林金城、夏绍华、陈强华、李国七、黄锦树等人的诗歌。不过，由于展览本身具有潜在的文学史筛选性质，诗人个体或群体选择必然充满歧异与纷争，如"六字辈检阅"由陈婉容执笔的《花田竞标青》一文，简要介绍了辛吟松、杨川、张永修、吕育陶、林若隐、陈强华等诗人，致力于将本土诗人向马华读者推广，却将旅台作家基本排斥在外的"检阅"视野，也引起了旅台作家的极大不满。本土文学媒体对本土作家的"关照"和"偏爱"，正是基于本土作家需要用心血培植的认识，有社会责任和国家意识的机构不会丧失这样一个信念，即马华作家成才以后以大马国家甚至马华族群为服务对象。

（二）扶持与展示：诗歌新美学的生成

推动20世纪90年代新生代作家的历史出场无疑是多种因素的综合作用，诗歌美学观念的更新体现在写作手法、言说方式及其文化政治表达等诸方面，它们与马华文学传统结构相比较，鲜明的断裂姿态展示出新美学巨大的冲击力。因此，新生代诗人作为充满活力的新生力量，离不开文化媒介及其文学场的坚决支持，并通过相关机制予以价值确证。

如果说六字辈诗人之于马华诗坛的代表意义因为诗人自身的成熟而很难体现出"扶持"的作用，大批七字辈诗人新秀的出场，是需要编辑或评审寻找辩护词的，"初出茅庐"意味着艺术的稚嫩和成长空间的打造。两刊副刊对于新人发现一向重视，比如《星洲日报》"文艺春秋"的"新人出击"就是一档主要面向七字辈诗人的栏目，后来还陆续推出过一批就读于华文独中和大专院校的校园诗人，张惠思、陈耀宗、蔡羽等就是借助这些机会逐渐登上马来西亚华文公共媒体。不过，具体比较马来西亚两大报纸，我们会发现《南洋商报》在扶持新人方面投入更多，粗略统计1997年至1999年的《南洋商报》"南洋文艺"，七字辈诗人发表作品数量相当可观，部分诗人发表情况如下：林惠洲（1970）发表9次，许裕全（1972）发表4次，吕育陶（1973）发表2次，林健文（1973）发表9次，翁弦尉（1973）发表2次，赵少杰（1976）发表7次，杨嘉仁（1977）发表7次，刘艺婉（1977）发表2次，刘富良（1976）发表2次，七字辈发表诗歌作品的比例大大高出同期《星洲日报》。

当然数量并不能完全说明问题，因为其中还包括"成熟诗人"或"强者诗人"发表作品而占用版面的情况。换句话说，相比于"南洋文艺"，《星洲日报》副刊"文艺春秋"和"星云"对于一般作家的吸引力更大，其中重要因素就是有"文学奥斯卡"之称的花踪文学奖制造的号召作用。曾担任花踪文学奖评审委员的何乃健说："《花踪》文学奖是推动的力量，自第一届《花踪》结束后，我们可以发现《文艺春秋》和《星云》版的作品水准提高了不少，主要是有象征写作人荣誉的推荐奖。"[1] 推荐奖的设置是吸引大量文学稿件的直接原因，由文学奖为契机形成的品牌效应，也会推动媒体机构的社会美誉度传播，文化资本的积聚

---

[1] 林艾霖（记录/整理）：《好还要更好——〈花踪〉文学奖复审委员评审感言》，《星洲日报·文艺春秋》1993年10月16日。

使其获得更高的社会公信力。

强调具体实践以提升本土文学创作，成为文学奖励机制之外的另外一种思路。作为秉承"取诸社会，用诸社会"精神、提升文化竞争能力的一种设计，《南洋商报》总编辑李树藩决定延续《南洋商报丛书》出版，并于1995年成功推出年度文艺作品选，选择南洋文艺刊发小说、散文、诗歌作品分别结册，1994年诗年选由张景云负责并写序，1995年王润华编选并序，1996年开始由张光达负责。张景云的选本以时间为序选择文本，体现出唯文本是尊的趣味，据统计，在马华诗坛名气较大的新生代作家选入了钟可斯前后5首、陈大为3首/组、陈强华2首、林金城2首、黎紫书2首、夏绍华2首、杨川2首、张光达2首、黄锦树1首、李国七1首、张永修1首、刘育龙1首、林春美1首、辛金顺1首、杨善勇1首。王润华编选的1995年南洋文艺诗选诗人数量稍少，他在序言中给予马华诗歌非常高的评价，不过作者没有通过具体论述和文本对照证明此观点，未能对入选本届诗年选中立意较为浅显、语言较为粗糙的作品进行析论，也没有就马华诗坛发展涉及诗歌书写状况。其实这也反映出马华文坛长期以来的文化处境，迫切希望借助外来的认同缓解内心面临的文化焦虑。

1996年，张光达接手诗选工作。作为表达诗歌观察和审视的一部分，张光达在年选前面附了一个长篇序言。他意识到诗选与文学史的关系，重点阐释了以文本为中心的标准，同时也谨慎强调了对题材与艺术的严格区分："编一部诗选，一部涵盖1996年度南洋文艺所刊载的诗选，我注意的是诗的文本、文本的表现内涵和艺术效果。历史传统的题材是一种可能，与传统历史切断的素材也是一种可能，但是题材却绝不是我最终的关怀。前者在诗语言的粗糙和概念的陈旧注定了大部分这类的作品无法入选，后者在作品中展现的实验精神和丰富新颖的宏伟视野令我震撼，深深被其中可为不可为的诗的生命力感动。"[①] 年选照顾到作者的涵盖度，但也从数量上体现出对重点诗人和作品的关注倾向，从入选篇幅可以看出新生代诗人占据绝对优势。

[①] 张光达：《诗选与文学史——序南洋文艺1996诗年选》，《南洋商报·南洋文艺》1997年5月28日，C4版。亦载《沉思的芦苇——南洋文艺1996诗年选·南洋商报》1997年，第3页。按：据张永修《南洋文艺1996年选作者作品名单公布》（1997年5月16日"南洋文艺"）报道，诗年选原题为《沉默的芦苇》，此处以最终出版的年选名称为准。《沉思的芦苇》系端木虹的入选同题诗。

随着世纪末到来，1990年代新生代诗人的成长逐渐成为一个"伪命题"，因为他们已经在各种文学奖、年选、副刊位置占据前辈文人再也无法撼动的显赫位置。他们用坚实的身影演绎的文字悲欢，成为一帧帧岁月的遗照，供来者唶叹和膜拜。

二 栖身于副刊的新生代小说

《星洲日报·文艺春秋》与《南洋商报·南洋文艺》是《星洲日报》、《南洋商报》中的代表性纯文学副刊，也是马华文学传播的主要阵地，与马华文坛有着密切的联系，两者的读者群也存在着很大的重合。面对读者群的新变化和新诉求，无论是马华文学还是华文报纸，都需要新鲜的血液来维持繁荣。副刊急需改变旧有品味，传播文学新理念，推广新的作品，而在文学语言和文学形式上都与马华"现实主义"传统截然不同的新生代作品恰是富有新鲜感的资源，与此同时，马华新生代作家也需要借助报刊媒体的力量来传播新的创作理念，重建马华文学传统。时势使然，两者以"合作"的姿态在20世纪90年代共同促进了新生代小说创作的繁荣。

然而，媒介时代的媒体被赋予了更多的权力，甚至能使文学朝着媒介所希望的方向前进。以《星洲日报·文艺春秋》与《南洋商报·南洋文艺》为例，它们既要时刻考虑发行量等商业因素，又要承担起艰巨的文化传承责任。张晓卿曾说："经济高增长无以证明生活品质的改善和提高。社会本身缺乏艺术、文学及精致文化的熏陶，长期以往是会腐化人心的。"[1] 推广教育、发扬文化一直是马来西亚华文报纸的重要宗旨和理念，如何在商业利益与文化传承中寻求平衡，在马华文学和副刊的互动中寻找到最恰当的方式以促进双方的共荣，成为华文报副刊编辑的头等任务。编辑无形的手把守、控制着副刊各个运行环节，20世纪90年代刊登在"文艺春秋"和"南洋文艺"上的新生代小说，就经过了副刊编辑的筛选把关。新生代小说在题材和形式上都呈现出与前、中生代截然不同的创作趋向，在华文报副刊的推动之下，马华小说的现代转型与深化便逐渐跃然纸上。

（一）小说题材的深化

报纸副刊的读者来自社会的各个阶层，小说题材的选择必须要兼顾大

---

[1] 张晓卿：《期许与愿望》，出自"花踪文汇1""献词"，《星洲日报》1992年。

部分读者的阅读兴趣。在新生代小说中，历史、都市、情感这三大题材占据了相当大的比重。从题材的选择范围来看，与前、中生代小说并没有产生太大的差别，但在读者的期待之下，新生代作家多以一种全新的审视眼光，立足于多元的社会背景，对题材进行了更深入的挖掘，尤其是以一种"旁观者"的姿态，对个体生命投射了更多的关注与反思，这就使得新生代小说不断透露出独特的新意。

对华人历史的书写与重构，是副刊所刊登的新生代小说的重头戏。这自然与马来西亚华文报纸的文化传承意识息息相关。在马来西亚多元的社会背景和马来政府"国家文化"政策对华人文化的压制之下，无论华文报纸还是马华文学，都肩负着挖掘民族特性，建构华人身份和马华文化主体性的责任。新生代作家与前辈作家不同，大多是在马来西亚土生土长的华裔，成长于相对开放、自由的社会环境，关于华人历史的记忆往往来自于书籍阅读或是长辈的口耳相传，"较为开阔的视野和文学观念，使他们能够以一种更为现实与复杂的态度去回溯历史"[1]、重构历史。他们更追求超越族群意义的文学写作，通过文本的多样化来建构马华文学的主体性。就历史题材书写的数量和质量而言，黄锦树、黎紫书、李天葆的小说都极具代表性；并且，也成为副刊编辑的心仪对象。如张永修、王祖安编辑的"南洋文艺"和"文艺春秋"，经常刊登他们的优秀作品，并且，希望借此努力把具有本土意蕴和文本深度的马华小说推向大众。1995年3月、11月，"南洋文艺"刊登了黄锦树的小说《乌岸暝》和《鱼骸》，同时还刊登了一篇对黄锦树的访问以及黄锦树的创作感言《仅与同道共勉之》。为黄锦树的小说理念与创作，提供了更广阔的传播空间。

都市生活书写，也是副刊所载新生代小说的重要题材，并且经常以微型小说形式出现。微型小说篇幅短小，最适合报纸副刊，但也因为篇幅的限制，往往只能选取某个生活场景或截面，来传达饶有意味的哲思与意蕴。微型小说的兴起，"既与新马工商社会的飞速发展，以及身处现代化社会中人们快节奏的生活方式相适应，也是新马华文作家因应时势和小说观念变化的具体体现"[2]。新生代作家偏好将都市生活的微小截面或都市

---

[1] 彭程：《从黎紫书创作看当代马华新生代文学观念的演进》，《电影评介》2012年第2期。

[2] 杨匡汉、饶芃子：《海外华文文学教程》，暨南大学出版社2009年版，第64页。

中人与人交往的微妙情感，以微型小说的形式展现给读者。如打的、在城市中迷路，或是都市白领的日常苦恼等细微的事件，都成为微型小说的书写内容。以廖宏强、杨善勇为代表作家的微型小说创作，关注都市生活的琐碎、平凡之事，引发了城市中普罗大众的深切共鸣。

情感是人类永恒的话题，小说指向的往往不是都市现象本身，而是情网中人的哀伤无奈以及人在情感折磨中的异化。新生代小说立足于现代人的情感和恩怨，对发生或隐藏在社会各个角落的情感现象进行了纵深的挖掘。如1995年毅修发表在"南洋文艺"的小说《恶狗杀人事件》，主人公是婚外情事件中被谴责的第三者，小说却撇开道德的评判，从一个受到男人欺骗的女性角度出发，采用第一人称的手法，表现"我"由爱生恨、近乎变态的异化心理。杨善勇的许多小说，如《偷抢》、《走眼》、《她想离婚》、《骗心》等，也对女性在婚外情事件中遭到背叛后的心灵疮疤进行了挖掘，传递出对男性的批判与浓厚的女性意识。新生代小说，还将眼光聚焦到同性恋者和性工作者这些社会边缘群体的隐秘情感之中。尤其是20世纪90年代后期，以李国七的《KL的私人日记》为代表，同性恋题材的小说以更合理的姿态登上了副刊版面，在情欲描写上呈现出大胆露骨的趋势，如七字辈作家翁弦尉的小说《沉睡的吉普赛少男》，把男同性恋者对男性身体的迷恋刻画得细致入微。

新生代小说作家推崇革新，报纸的媒介属性却决定了作品刊载既要兼顾读者的阅读喜好，也要与报刊的办报理念相结合。因此，新生代小说倾向于在题材上进行深挖、重构、革新，最终借助编辑的手推向市场，以满足新一代读者的审美要求。华文报副刊为新生代小说提供了足够的传播空间，也对小说创作的质量提出了新的要求。"文艺春秋"和"南洋文艺"作为纯文学副刊，一直坚守着文学的园地，坚持严肃高雅的办刊方针；强烈的使命感，也促使副刊在迎合读者阅读兴趣的同时，着力培养与提升读者的文学修养和品味。因此副刊编辑在选择、刊登小说时，将作品的艺术质量作为重要的标准；这也对新生代作家的成长起到了极大的督促作用。

（二）小说观念的多样化

面对时代的发展变化，如何满足新一代读者的阅读期待，如何从马华文学传统的现实主义叙事形态中突围，已经成为20世纪90年代文学副刊编辑和新生代作家共谋的议题。出自西方后工业社会语境下的后现代主义，作为一种知识上的运动，摒弃传统中所谓"绝对和普遍真理"的观念；在文学批评上，对于西方整体文字论述结构，进行排山倒海的解读，创造了与现实主义截然不同的全新范式。这种趋向多元开放、反固定形式、反精英掌控，解构霸权，具有拆解性和碎片化特征的美学范式，成为马华新生代作家，尤其是旅台作家对抗马华文学"传统现实主义"的有力武器。新生代小说作家，大多以放弃或者反对马华"传统现实主义"的基调步入文坛，也因此突显自己的先锋姿态。

从现实主义到现代主义、后现代主义，文本的意识形态与中心价值被瓦解，取而代之的是小说文字与形式的解构、重构，直至最后建立幽深的"文本迷宫"。"我本身喜欢比较复杂的形式，太简单的事物觉得没意思。""用复杂形式的好处就是告诉教条主义者：'阅读时小心点，不要以为三言两语就可以把话讲完，事情没你想象的那么简单。'"①接受群体与创作群体，都渴望摒弃小说的"简单"与"没意思"，副刊编辑理所当然地要通过副刊版面的"运营"，将一些"复杂"与"有意思"的作品推向市场；传达出小说创作的多种可能性，及其许多"另类"的形式技巧；进一步激发了新生代小说作者多元探索的热情。但是，运用后现代技法创作的小说往往富有多义性，虽凭借着独一无二的文本形态让人过目难忘、耳目一新，但难免晦涩难懂。1995年6月刊登于"文艺春秋"的胡金伦微型小说《小说家》，对后现代创作进行了形象的描述和自嘲："小说家解开作品的皮下层，注射再生产催化剂。空气越来越重，重得坠落地上。他解开思想的暗刀，翻倒精装大字典，逐一捡拾散落满地的文字，拼贴在魔幻现实主义里的后现代幻障。他开始自设迷宫指南，开启读者心中的梦幻古堡。"②

除了不断将优秀的新生代小说推上副刊版面，编辑还有意识地将文学专辑、评论、小说创作相融合，向读者输送有关后现代的各种信息和创作理念，借此机会来培养读者的审美品味。1994年7月"南洋文艺"刊登了夏绍华的小说《晚安》，这是一篇情节支离破碎，叙事线索相互交错，语言别具一格，意象诡异幽深的小说。同年10月，即刊登了刘育龙的评论文章《从晚安到早安——谈谈夏绍华的小说〈晚安〉》对小说的叙事形

---

① 黄锦凤：《异乡的内在流离者——访问黄锦树》，《南洋商报·南洋文艺》1995年3月3日。

② 胡金伦：《小说家》，《星洲日报·文艺春秋》1995年6月17日。

态进行评说。无独有偶,"南洋文艺"1994年底推出了"马华文学倒数"专辑,在"七字辈专号"和"六字辈专号"中,刊登了愚伊圣的《帝国崩溃日之越界》和杨川的《猜谜游戏》,这两篇小说极具后现代风格,甚至是带有实验性的文本,尤其是《帝国崩溃日之越界》,除了断裂破碎的情节还有着年轻人特有的天马行空的想象。编辑将它们选作"七字辈"、"六字辈"专号的代表小说推荐给读者,除了对文学新人的鼓励和扶持外,更重要的是借助文学专辑的契机向读者输送后现代的创作理念,进行文学的启蒙。在潜移默化的推动和影响下,更多的文学新人投入到对小说形式的探索之中,华文报副刊与马华新生代作家的"合作"也朝着共荣的方向前进。

三 副刊"换帅"与新生代散文

马华新生代散文作家在20世纪80年代末期"校园文学"阶段已经初露头角,"跨入九十年代,许多前行及中生代散文作家相继减产,淡出马华文坛散文的版图,反之6、7字辈的新人在各项文学奖中加速崛起"[①]。20世纪90年代前后五届的星洲日报"花踪"文学奖散文推荐奖得主都是六字辈作家——褐素莱、寒黎、林幸谦、钟怡雯、陈大为。作家的代际更替是文学史的常态,但90年代新生代作家耀眼的群体亮相,散文整体性的崛起,作为一道特殊的文学景观,却与《星洲日报》、《南洋商报》等报纸文艺副刊密切相关。

20世纪90年代新生代的崛起让散文成为马华文学史上鲜活而富有生机的一脉,华文报刊的文艺副刊则充当着强大的"推手",这其中,"换帅"——新生代出任"两刊"和"星云"主编又起着主导性的作用。

"星云"作为老牌副刊,自1952年创刊以来数易主编。张永修执掌"帅印"时期,尤其是1990—1994年,是其最风生水起的一段。张永修入主"星云"后,立即将"星云"上的固定专栏"星眼"改为"龙门阵","龙门阵"专栏所刊载的文章,其风格类似"语丝",新生代的杨善勇等经常"亮相"该专栏。"六日情"专栏则是张永修在"星云"上为投稿者新辟的固定专栏,由一人自拟标题并围绕该标题,连写六日。新生

---

① 钟怡雯:《序》,载《马华当代散文选(1990—1995)》,文史哲出版社1996年版,第8页。

代的毅修、郭莲花、禤素莱①——特别是李国七和杨善勇成为"六日情"专栏的主将。张永修主编"星云"时期，"六日情"专栏陆续连载了李国七的"'太阳花号'手记"、"澳洲行"、"关于达斯马尼雅"、"岛语"等系列和杨善勇的"醉翁之意在乎山水"、"林连玉经典"、"孙子和孔子之道"、"儒释比较"、"策划系五年"、"杰出海南人"等系列。"六日连载"的形制尤适合"行走"散文，如旅学欧洲的禤素莱的"华沙之约"系列和李国七的域外航海系列。"六日"模式不仅提高了新生代的"能见度"，而且松散、零碎的游历"片段"经连载成为相对致密的结构，形成兼容审美体验和"地方知识"于一体的"行走"小品。

在"重头篇"版位上惨淡经营，以此作为提升整个"星云"板块的艺术水准的"抓手"，是张永修执掌"星云"时革新的着力点。张永修接手后的"星云"，从根本上突破综合性副刊的消遣性并摆脱"道法"台湾的"影响焦虑"。"主打"版位的专题系列分"群撰"和"独撰"两大系列，新生代涉足的"群撰"系列有：1990 年的"大马风情话"、"幽默好料"（后改"幽默甜品"）、"我现在看的书"，其中禤素莱正是凭借发表在"大马风情话"系列中的《吉山河水去无声》获得第一届花踪文学奖散文奖而扬名马华文坛。1991 年的"新年的回忆"系列共刊文 20 篇，新生代占 4 篇；"放眼天下"系列中的文章有半数出自新生代的康影飞、李国七、禤素莱之手；"牵手路上"系列有杨善勇、钟可斯、毅修等。"主打"版位的"独撰"系列，更为新生代提供了"密集亮相"机会：如 1990 年康影飞的域外游记"南斯拉夫之旅"、"意大利之旅"、"印度之旅"系列；1993 年毅修的"动调"系列和 1994 年胡兴荣的"思海游踪"系列。"边稿"版位的专题小品中，新生代也是"主将"：1992 年的"六好小品"系列 6 位主撰计发 50 余篇小品，新生代林春美和潘碧华各占 8 篇；1993 年林金城的"十口足责"系列开创了马华散文的"古迹民俗"书写传统，同年度的"四块玉"系列刊发的 28 篇散文中郭莲花占 7 篇，若干篇什成为她的代表作。

"边稿""主文"化，曾是张永修在副刊形制上的创新，作为成功尝

---

① 新生代参与的系列主要有：1990 年 3 月毅修的"赤子心"系列、1990 年 11 月郭莲花的"母语班情意结"系列，1994 年 3 月禤素莱的"华沙之约"系列、1994 年 5 月潘碧华的"客串领队"系列等。

试的"南北大道"专题成就了林春美,她的 8 个短篇缀成"我的槟城情意结",成为马华散文"都市地志书写"的经典。

"星云"对新生代的培植有目共睹:"以公开专栏方式容纳短文的作法,一方面使'星云'得以逐渐减少转载外国作品,另一方面亦迅速刺激本土作者在该版位大量涌现。据编者自己估计,当时'星云'所用本地作品,占刊作品总数百分之七十五。而据一位老作家指出,确有一些作者是在'星云'频频见报之后,方才名气日盛的。"①

"文艺春秋"与"南洋文艺"以"纯文学"为旗帜,散文是其刊载的三大体裁之一,兼载评论、翻译和文坛资讯等。20 世纪 90 年代以来,尤其是新生代的王祖安、张永修分别执掌"文艺春秋"和"南洋文艺"后,"本土化"、介入现实和面向新生代成为某种默认的编辑导向。"换帅"以及随之而来的形制革新,使"两刊"成为新生代散文的两条重要生产线,对马华散文的艺术水准的提升和新生代的崛起起着至关重要的作用:"进入九十年代,专栏小品仍然历久不衰,各种形式的专栏以全版的专属版面出现,而小品的题材也逐渐深化广化,语言的艺术水平逐渐攀升。"② 林幸谦、钟怡雯、辛金顺、陈大为等人虽获名于"域外"——在台、港屡屡获奖且重要作品先发于台、港报刊——但"两刊"依然是他们在马来西亚本土塑造自身形象的重要舞台,他们的散文不仅长期雄踞于"两刊"的"主文"版位,而且常常独享"全版的专属版面"。

以"南洋文艺"为例:1994 年 4 月,张永修从"星云"转至《南洋商报》,并把副刊形制革新之风带入"南洋文艺",在"重头篇"版位策划和投放大型专题系列的做法被"挪用"过来。1995 年策划的散文专辑"精致的鼎——马华作家散文展",③ 所展播七位作者中新生代占 3 席,即

---

① 林春美:《文艺副刊与马华地志散文之兴起》,《暨南学报》(哲学社会科学版)2010 年第 6 期。

② 钟怡雯:《序》,载《马华当代散文选(1990—1995)》,文史哲出版社 1996 年版,第 7 页。

③ 该专辑始于 1995 年 11 月 10 日止于 12 月 15 日,共推出 6 个系列(注意:实为 7 个系列,其中系列 4 重复),依次为:系列 1——辛金顺《亲爱的动物们》(11 月 10 日)、系列 2——潘雨桐《东谷纪事》(11 月 14 日)、系列 3——钟怡雯《禁忌与秘方》(11 月 17 日)、系列 4——梁志庆《柳叶舟上过险滩》(11 月 28 日)、系列 4——凌如浪《做一棵溪边的树》(12 月 1 日)、系列 5——梁放《一滴水》(12 月 12 日)、系列 6——李天葆《绮罗金剪记》(12 月 15 日)。

辛金顺的《亲爱的动物们》、钟怡雯的《禁忌与秘方》、李天葆的《绮罗金剪记》。该专辑所推出的每一个系列，都附作者相对详细的简介，内容涉及作者的字辈、籍贯、出生地、职业以及代表作、获奖情况、已出版作品集等。占据"精致的鼎"专辑的半壁江山，对于新生代而言，意味着一次群体性、实力性露脸。"面向新生代"，是张永修编辑"南洋文艺"的重要编辑理念，具体作为有：其一，策划"马华文学倒数"专辑。该专辑不仅有在马华文学世系上为新生代即"六字辈"、"七字辈""续谱"的意图，而且它采用"倒叙"写史的谱系建构模式，从新生代开始"回溯"马华作家世系，凸显了新生代的文坛存在。传统的"修谱"多采用"顺叙"，"顺叙"意味着从"始源"出发，按照时间的递进写史，引人关注诸如"始源"的哪些要素在"现状"中得到因袭，而"倒叙"则从"现状"出发，逆行寻找历史参照系，促人思考：较之历史，"现状"发生了何种创新、变异等。其二，不遗余力地策划专辑推介新人：1994年末至1995年初，"南洋文艺"推介了三个新人专辑："隆中新鲜人展"、"马大中文系新人展"和"理大新鲜人展"；其"理大新鲜人展"中，就有尚为大学三年级学生的胡金伦[①]。其三，转播新生代的域外创作实绩：1995年开辟的"海外文坛视听室"专栏，对"域外"从事文学创作的新生代的创作活动和"业绩"进行及时"转播"，如1995年2月24日，该专栏刊载《香港市政局文学奖赛林幸谦夺散文冠军》。

"文艺春秋"不仅以全版刊载新生代的作品，还与"花踪文学奖"紧密配合，将获奖作品及时"飨"于读者。1990—1999年的十年间，《星洲日报》共举办5届花踪文学奖，获奖作品大部分都在"文艺春秋"上刊登，后结集成《花踪文汇1—5》，不少作品已经成为马华文坛的"典律"[②]，包括散文奖得主褐素莱、寒黎、林幸谦、钟怡雯、陈大为的作品。

钟怡雯的散文创作，贯穿于整个20世纪90年代：早期致力以《我的神州》为代表的"带有高度叙述性的生命记忆"的回溯，后期转向以《热岛屿》《叶来亚》等为代表的"南洋"书写。其创作动力，固然来自于作家对艺术的执着，但也与境内外评奖机制的刺激和"文艺春秋"的

[①] 胡金伦：《记忆中的留声——像槟城大桥一样长》，《星洲日报·南洋文艺》1995年2月21日。

[②] 钟怡雯：《序》，载《马华当代散文选（1990—1995）》，文史哲出版社1996年版，第8页。

大力扶持——"散文新姿"专题曾推介其早年散文、以"全版的专属版面"将其境外获奖影响及时地传达至马华文坛、第一时间发表其新作等等——密切相关。钟怡雯是在"两刊"上，发表散文最多的作家之一，也是占"全版的专属版面"最多的作家：1990年6篇、1991年1篇、1992年7篇、1993年5篇、1994年7篇、1995年1篇、1996年3篇、1997年3篇、1998年11篇、1999年3篇。寒黎的散文创作，主要在80年代末、90年代前期，"文艺春秋"是他"亮相"的舞台。他以绵密、湿重的语言来勾勒记忆中的人物，带着浓厚的古典意味，创作了如《东京梦华录》、《年年莲花的颜色，依旧》、《旗袍》、《坠魂人·坟》、《拟月》、《尘世浮想》等优秀作品。

"南洋文艺"对钟怡雯的扶植和推介同样不遗余力：在"精致的鼎——马华作家散文展"专题系列中，钟怡雯是被推介的三位新生代作家之一。"南洋文艺"为林幸谦在马华散文文坛上初露头角提供了机遇和舞台。早在马来西亚大学中文系时，林幸谦就在"文艺春秋"、"南洋文艺"和"南风"（《南洋商报》的文艺副刊）先后发表了《人类是光明的儿子》、《溯河鱼的传统》、《忧伤在分水岭上》和《火树之幻》等颇见实力的作品。这些带着"卜米主义"伤痕的散文，离散主题和"边陲"美学特质已初现端倪。他在"台"、"港"时期的散文，发于"两刊"的有《残余——弱智者的自我对话模式》、《癫痫——反模拟的书写模式》、《中文系情结》、《男人的忠诚》，并重发《黄河的隐喻》。辛金顺虽然频繁"亮相"于"星云"，但真正将其推上散文"名家"席位的还是"南洋文艺"。他的散文集《一笑人间万事》，由"南洋文艺"中所刊的"历史窗前"系列小品汇集而成，"不但具备对历史及文化的思考深度、中国古典文学和哲学的素养，更因为作者用心经营修辞并驾构叙述，因而扩大了小品原有的格局"①，开辟了马华散文史上的历史书写之风。

陈大为是20世纪90年代末期从诗歌跨入散文写作的②，"文艺春秋"和"南洋文艺"成为他跃上散文舞台的重要推手：前者推出他的名篇《茶楼消瘦》、《帝国的余韵》、《流动的身世》、《木部十二画》等，"南洋

---

① 钟怡雯：《序》，载《马华当代散文选（1990—1995）》，文史哲出版社1996年版，第7页。

② 早期也曾于"文艺春秋"发表散文《尧典》（1992年12月22日）。

文艺"则发表他的名篇《会馆》、《从鬼》等。以"文艺春秋"为献艺舞台，林惠洲以"三雨"——《相思若雨》、《鬼雨荒年》、《微光细雨》，许裕全以《梦过飞鱼》、《素描一镇山色》，黎紫书以《是为情书》、《画皮》、《游击·一座城市》，胡金伦以《魂兮归来》、《走路》等为"七字辈"在90年代的马华散文文坛谋得了一席坐地。方路、邝眉等则是90年代后期"密集亮相"于"文艺春秋"的散文作家；林金城、禤素莱、林春美则主要获名"星云"。可见，"两刊"的"换帅"与革新，直接导致了1990年代新生代散文作家的集体登场。

四 副刊语境中的文学论争

随着传媒时代的到来，包括报纸在内的现代传媒，"以权力化的'传媒符号'，深刻地改造着社会结构与文化结构，也深深地改造着文艺现状，包括文艺批评及文艺批评的话语建构与转型"①。这是一种前所未见的传媒权力："媒介的力量来自于它与市场的合谋。虽然市场的形成总是受到有着权力部门为依靠的媒介的制衡，并且也只有借助于媒介的广泛传播而获取其强大的效益；但反过来媒介要体现自身的这种功能，不能不在一定程度上向无形而实在、如同幽灵般出没于后工业社会的'市场需求'做出让步。所以，在商品经济这个现代社会豪华大厦的基础的促进下，媒介与市场最终在'娱乐'这面旗帜下结为同盟。"② 80年代后期开始，马来西亚华文报纸进入集团化的发展模式，整个市场几乎被星洲媒体集团与南洋报业集团所控制，《星洲日报》和《南洋商报》成为90年代马来西亚影响力最大的两家华文报纸。垄断的形成进一步强化了《星洲日报》和《南洋商报》的话语权力，并日复一日地渗透到文学中。

在马来西亚华文文学体制中，报纸副刊既是文学最主要的发生园地，也是文学最关键的传播媒介，马华文学批评的生产与传播也主要仰赖报纸副刊，这就导致了文学批评的副刊化/传媒化，文学批评既是文学文本，又是副刊文本/传媒文本，宿命般地遗传并承载着"现代传媒的'感性狂欢'的'家族病'"："'传媒文本'是现代意义上文化生产的结果，无论

---

① 张邦卫：《媒介诗学：传媒视野下的文学与文学理论》，社会科学文献出版社2006年版，第247页。

② 徐岱：《媒介时代的诗性立场》，载张邦卫《媒介诗学：传媒视野下的文学与文学理论》，社会科学文献出版社2006年版，第2页。

如何它都脱不了商品的本性和利润的驱策。所以，它总是播撒平面化、大众化、商品化、世俗化、直观化、浅显化、产业化的'传媒符号'，以抚慰现代社会或产业社会的消费大众，建构世俗的'快乐大本营'。"① 在马来西亚华人社会，据黄锦树研究，普遍存在一种重形式不重内容的"表演文化"："具祭仪作用的表演性凌越了一切，甚至反过来使得表演性成为文化活动的内在属性"，"如此的文化表征形态注重的其实是文化的情绪功能，但往往在效果上也仅止于满足一时的情绪"。② 1990年代，这种在效果上仅止于满足一时情绪的"表演文化"，裹挟着"现代传媒的'感性狂欢'的'家族病'"，在文坛制造了一个接着一个轰动一时的文学话题，文学论争成为这一时期批评展开的主要方式，循迹而至的是批评话语的狂欢化，消解了文学批评的诗学属性，人们在激烈地讨论马华文学的同时，也在尽情地享受论争带来的话语快感；毁誉参半的"黄锦树现象"，既是文坛思潮嬗变的结果，也是媒体作用于文学诞生的畸形产儿。以往人们只注意到1990年代马华文学论争异常激烈而频繁，却很少探究它与报纸副刊的复杂关系③。如果没有报纸副刊对文学批评的积极介入，1990年代的马华文坛肯定要冷清许多，大部分的文学论争也根本不会发生。

1992年由褍素莱的《开庭审讯》引发的马华文学定位及经典缺席论争，源于张永修在《星洲日报》"星云"开设"文学的激荡"专栏，有意召唤读者探讨此课题。1995年黄锦树与林幸谦之间关于中国性的论争，出现在《南洋商报》"南洋文艺"张永修策划的"双月文学点评"系列，据林幸谦在《窗外的他者》中自述，他之所以会回应黄锦树对他的批评，是因为收到了"南洋文艺"编辑张永修寄给他的黄锦树文章的剪报，如果没有张永修的"多此一举"，论争显然不会发生。1996—1997年关于《马华当代文学大系》的讨论，也是"南洋文艺"编辑张永修策划的产物："1996年作协决定出版大系，开设在报刊上公开征稿。……有鉴于这

---

① 张邦卫：《媒介诗学：传媒视野下的文学与文学理论》，社会科学文献出版社2006年版，第247页。

② 黄锦树：《中国性与表演性：论马华文化与文学的限度》，《马来西亚华人研究学刊》1997年第1期。

③ 在马来西亚，除了张永修的《近处观战》从编辑的角度有所涉及，其他无论是在本地还是旅台都没有人反思文学论争与报纸副刊的关系。在中国大陆，暨南大学黄羡羡的硕士论文《90年代马华文学论争的一种回顾及反思》算是这方面的先行者。

是继方修所编《马华新文学大系》约 30 年之后的第二套大系，意义非凡，因此我在《南洋文艺》特设'大系探讨'栏目，邀约关心大系编纂的作家集思广益，以期作协能将大系编得更完善。'大系探讨'栏目获得多为马华作家积极与热情的反应"①。1997—1998 年发生的"断奶战"，如果不是《星洲日报》"尊重民意"编辑"火上浇油"，在"一家课题两家言"栏目策划"马华文学需不需要断奶？"专题，刊发林建国和陈雪风观点相左的文章，这场论争也不可能演化为一场影响深远的"骂战"；同一年，让黄锦树备受骂名的"文学研究与道义"的论争，据张永修自述，也可追溯到他在"南洋文艺"所做的一个特辑："那是在 1996 年 9 月，我趁中秋佳节推出'但愿人长久'系列，其中方北方特辑'大河的水声'，邀请了黄锦树评论方北方。黄写了《拓荒播种与道德写作：小论方北方》之后，请我协助收集方北方的作品资料，以便更全面地了解这位拓荒播种者。我向方北方道明原委，并请其公子方成与方昂帮忙影印一些相关的资料，然后通过我转交黄锦树。1997 年，黄锦树发表了有关方北方文论及其三部曲的长篇论文《马华现实主义的实践困境》。这篇措辞严厉的论文很快就引发了一场论争，而其中最广为谈论的话题是：既向作者索取资料，那么在道义上应不应该对他做出负面的评价？"② 由此可见，90 年代的诸多文学论争大都不是文坛自发产生，而是报纸副刊编辑策划的产物。在传媒时代，策划是报纸文艺副刊编辑惯用的手段，是传媒干预文学的最直接表现。就 90 年代的马华文学论争来讲，什么样的议题能进入公众视野引起争论，以什么样的方式展开争论，什么人有资格参与争论，都不直接取决于批评者本人，而依赖于报纸副刊这只无形的手在幕后的策划。

置身于副刊语境中的 90 年代马华文学论争，就像接连上演的"批评表演"，追寻着话语的感性狂欢，肤浅、片面、极端、谩骂的言说充斥文坛，"马华作家终年以笔名匿藏在左派意识的森林以阴森的杂文集体向黄锦树发动现实的游击战，黄锦树就焚身以火不惜以专业的火药引爆他全部的学术论著愤怒讨伐之；我们戴着口罩亲眼目睹整座森林被烧得乌烟瘴

---

① 张永修：《近处观战》，载张永修等主编《辣味马华文学——90 年代马华文学争论性课题文选》，雪兰莪中华大会堂、马来西亚留台校友会联合总会 2002 年版，e 页。

② 同上书，d 页。

气。这是他们分别向鲁迅致歉的拙劣方式。但各文本之间却永不相同。'我只觉得他们吵闹。'"① 即使我们没有亲炙这些论争，但在时隔10多年之后，当我们拂去覆盖在报纸副刊上的历史尘埃，重新去检视它们的时候，仍然能够感受到阵阵呛鼻的"辣味"。以1997—1998年的"断奶战"为例，林建国的《马华文学"断奶"的理由》最后见报时被编辑改为《大中华我族中心的心理作祟》，与原题相比，见报后的题目更具"冲击力"和"杀伤力"，这是副刊编辑为了制造噱头使用的伎俩。除了修改题目，编辑在对林文进行删改之后仍然保留了"阴谋"、"东厂锦衣卫"、"奴役"、"意淫"、"招安"等火药味极浓的词汇，显然也是刻意为之，意在挑起一场更大的争论。"虽然学院批评的语言方式在其产生的过程中与传媒格格不入，保持着相当的距离，但是，当它或主动寻求大众传媒的关注或被动地被大众传媒捕获与吸纳的时候，往往会经由大众传媒一系列的'改写'、'翻译'，而或快或慢地进入大众传媒的表意系统；而这时候批评为自身的凸显和流行付出的代价是歧义、误解和曲解的衍生。"② 这也难怪黄锦树要为林建国感到不值，认为他"是被媒体利用了"③。话语的狂欢在《大中华我族中心的心理作祟》中已有所显现，而在后来读者对林建国一窝蜂的"声讨"中，这种趋势愈演愈烈，最终以媒体与大众共同狂欢收场。《星洲日报·自由论谈》在1998年3月8日和15日开辟两辑"断奶回响"，刊登的文章也多是情绪化的文字：

> 大凡一个男人，婴孩时期吮吸母乳，是天经地义的……长大了，自己独立，不依父母，但是否能"断奶"？绝不，过来人都晓得，这时是吸其他女人的奶——女朋友，情妇及老婆……林建国和黄锦树不知是否已成婚，或者有没有拍拖？难道对"断奶"的道理都不懂？④（陈醉）

> 林建国是华裔马来西亚人，在台湾留学，居然受到台湾那种搞统战的厉害手段洗脑，反过来向马华文坛开炮，令马华文学与中国文学脱节，离间马华作者与中国作者的联系与友谊，这方是绝大的阴谋，

---

① 翁弦蔚：《在解体与沉默之间》，《蕉风》1998年10月号，总第486期。
② 林舟：《大众传播与当代文学批评的空间构成》，《南方文坛》2004年第4期。
③ 黄锦树：《一般见识》，《南洋商报·南洋文艺》1998年4月24日。
④ 陈醉：《未吸其乳何需"断奶"》，《星洲日报·自由论谈》1998年3月8日。

居心巨测。我奉劝林建国,以及和他一鼻孔出气的黄锦树,尽快悬崖勒马,改变态度,真正从学术立场及文化基础好好研究文学,包括马华文学,不要以政治眼光来论文学,这是很危险的,否则他们将面对严重的后果。①

这样的文字以"回响"的形式刊登在报纸副刊上,只能使讨论的问题走向肤浅化和娱乐化,在话语的狂欢中满足媒体与大众的快感需求。

第四节 "花踪"与新生代群体的崛起

一 《星洲日报》与花踪文学奖

(一)"花踪"的诞生与奖项设置

华文报纸的文艺副刊是马华文学的传播重镇,支撑着马华文学的"半壁江山"。因此,推动马来西亚华文文学的发展,"华文报章应该扮演积极的角色,因为凭着它们所具备的优越条件,既可以拨出园地,栽培马华写作人,亦可以开展各种的文艺活动,以唤起华社对马华文学的注意与重视"②。在马华文学式微的大环境下,作为马来西亚重要华文报纸的《星洲日报》,自觉挑起发扬文学的重担,举办花踪文学奖。

"花踪"是"华宗"的谐音,得名于新加坡艺术名家陈瑞献给《星洲日报》的一座木雕。玫瑰与海鸥融为一体的木雕喻意"海水到处有华人,华人到处有花踪"。这一"花踪"名句后来被写入《花踪之歌》,木雕也被铸成铜雕,作为花踪文学奖奖杯,承载着主办方发扬和传承华人文化的决心。花踪文学奖在创立之初定下的宗旨是:鼓励创作、发扬文学和传承薪火(第二届改为"开拓国际视野,提升文学品质,反映时代精神")。花踪文学奖从诞生之初颇受各界瞩目,在马来西亚创下了六项纪录:一、首个由报社独立承办的文学奖;二、总奖金最高的华文文学奖;三、首创文学推荐奖;四、以文学奖名义,邀请海外作家、学者做全国巡回讲座,

---

① 崔将:《勿以政治眼光论文学》,《星洲日报·自由论谈》1998年3月15日。
② 云里风感言,载萧依钊主编《花踪文汇1》,星洲日报出版社1993年版,第12页。

出席人数也创下纪录；五、首创国际文艺营；六、空前盛大的文学奖颁奖礼。① 在如此荣光之下，它被誉为"文学奥斯卡"。

要真正了解花踪文学奖的内涵，在对作家、作品研究的同时，也必须对作为传播机制的奖项设置给予高度关注。正如布迪厄的场域理论所言，作品、作家、受众和传播等因素，在文化场域中的位置都是结构性的，并相互影响。

花踪文学奖的征文方法、奖项类别、评选方法等，都借鉴了当时台湾的《中国时报》的"时报文学奖"和《联合报》的"联合报文学奖"；主要设有报告文学奖、马华小说奖、散文奖、新诗奖、世界华文小说奖（第二届增设，至第七届取消）、新秀奖（第三届增设，分为小说组、散文组、新诗组）、儿童文学奖（第五届增设，第十届起取消）、世界华文文学奖（第六届增设）、马华文学大奖（第十届增设），另设有小说组、散文组、新诗组三组推荐奖各一（第十届起取消）。花踪文学奖的每一个奖项都由各自的评审委员会选出，不同奖项甄选过程也不尽相同。

如果说，文学奖在本质上说是一场充斥着权力运作的"游戏"。那么，这场"游戏"要体现其权力运作，首先要确定自身的地位。马华文学继承了中国文学传统、本地的生活经历以及发展华族文化的要求，又使马华文学形成了自己的独特性：既不等同于马来西亚其他语种文学，也不等同于中国文学，这是马华文学主体性所在，正因如此，马华文学曾经处于双重的边缘。黎紫书说："尽管世华文坛有好些文人长者对马华这棵小树多有关照，但马华文学始终得不到中文世界真正的重视。无论在国内或是在国外，马华文学都只能处在边缘。"② 《星洲日报》定位是回归本土、面向国际。同样的定位，也贯穿在了"花踪"的奖项设置中：既要在本土为华人拓展话语空间，又要让这一出自马来西亚的文学奖得到华文世界认可。在历届的颁奖典礼之上，多位著名歌唱家曾演绎《花踪之歌》，每一册的《花踪文汇》也都将《花踪之歌》收录在内。这首在花踪文学奖之中承载着极重的分量的《花踪之歌》写道："飘洋便过了海，披荆就斩了棘，落地也生了根。静静开花，缓缓结果。海水到处有华人，华人到处

---

① 载萧依钊主编《花踪文汇3》，星洲日报出版社1997年版，第5页。
② 黎紫书：《经营马来特色，书写家国记忆》，《文学报》2012年4月5日第4版。

有花踪。"① 这是主办方诚挚的期望和对花踪文学奖的定位：一方面，漂洋过海、落地生根之后开"花"又结"果"，象征着花踪文学奖在马来西亚的本土立场；另一方面，"华人到处有花踪"，寄托着主办方对花踪文学奖的殷切期望。

（二）花踪文学奖的"奥斯卡"效应

花踪文学奖作为《星洲日报》的重要文化品牌，最大的优势在于借助报刊这一平台进行的大力宣传，得奖作品亦可以借此广泛传播。征文与讲座等相关信息，在《星洲日报》的综合版、副刊、大柔佛等版面均有较高频率的刊登。这些信息通常是图文并茂，并占据不小的版面，如著名作家张曼娟、王蒙的文学讲座信息曾连续在多天的"星云"版刊登。奖项揭晓之后，在"文艺春秋"版面上会刊登每个奖项的评审会议记录以及得奖作品，之后主办方还将它们集结成《花踪文汇》，让佳作得以广泛传播。

花踪文学奖所颁发的奖金额数之高在马来西亚亦创下纪录。第一届花踪文学奖总奖金额度达马币 56000 元，到第十二届总奖金额度已提升至马币 65300 元。高额的奖金意味着对优秀作家、优秀作品的认可，无论是出自于经济上的考量或是文学上的认同，都能激励写作者，特别是年轻作家。散文作家梅淑贞认为："星洲日报创办文学奖是件好事。甭管是有人抱着为'利'而来也好，或是为'名'来也罢，还是为'名'为'利'都好，肯定是他们都要拿出真本领来，这也是激发起文学创作的泉源之一。"②

花踪文学奖对马华作家而言更有特殊意义。曾获台湾两大诗奖的马华旅台作家陈大为说："在马华的诸多文学奖当中，我只认同《花踪》，所以我一直虎视眈眈，但一再失手。"③ 花踪文学奖之所以可以得到广泛的认同，离不开它较为客观、公正、公开的奖项评审。花踪文学奖更是一个集评奖、颁奖、文学研讨及文学讲座为一体的盛典。颁奖典礼声势浩大、隆重绚丽，主办方、评委、得奖者和文学爱好者齐聚一堂，加上主办方邀

---

① 萧依钊：《从"花踪"铜雕到〈花踪之歌〉》，载萧依钊主编《花踪文汇 1》，星洲日报出版社 1993 年版，序言。

② 梅淑贞感言，载萧依钊主编《花踪文汇 1》，星洲日报出版社 1993 年版，第 17 页。

③ 陈大为：《意义重大》，载萧依钊主编《花踪文汇 3》，星洲日报出版社 1997 年版，第 240 页。

请的歌舞团、艺术家的表演，热闹非凡。在马来西亚这个华人文化处于边缘地位的国度，这些满溢着"中国性"的表演，已经成为一种强化华人身份和强调华人文化的仪式，不断唤起着人们的民族情感与记忆。花踪文学奖的颁奖典礼，在助兴的文艺节目上别出心裁，颁奖过程同样极具特色，宛如娱乐界的颁奖盛典一般。首届花踪文学奖颁奖典礼，就吸引了来自各地的超过 1000 名观众，场面火爆。

主办方借着在"花踪"颁奖典礼时著名作家、学者齐聚一堂的机会，在颁奖礼的同时举办"花踪国际文艺营"。世界各地的著名作家、学者在参与花踪文学奖决审的同时，也都在文艺营中担任文学专题主讲。首届"花踪文艺营"，参与者之多超乎了主办方预料，筹委会多次更改会场，依然不足以满足需求。此外，在前后两届花踪文学奖的间隔期间，主办方还以"花踪系列讲座"形式，为两年一次的文学奖"保温"，邀请华文界享有盛誉的作家主讲。

马来西亚作家协会曾多次表示，希望寄托在华族下一代身上。[①] 花踪文学奖也将自身的目标定为"传承薪火"，期待着年轻作家接过文学的接力棒。"花踪"这块土地，激励着许多马华新秀萌芽生长，渐渐成为日后的参天大树。他们的书写，展现了新生代华人的生存环境和内心世界，也形成了对文化"霸权"的抵抗。20 多年的时间也证明，文学奖与传媒结合的"花踪"机制，为马华文坛挖掘、培养了一批优秀的新生代作家，推动着马华文学的发展。

《星洲日报》通过自身的传播和资本优势，将花踪文学奖打造成"文学奥斯卡"，让更多的人将目光投向了文学这块被冷落已久的土地，给予了文学场巨大的象征资本。

二 "花踪"与新生代的成长

"春花秋实香满路，一径春泥总护花"，花踪文学奖一直秉承着传承薪火的宗旨，为马华文坛挖掘潜力，播撒希望，不断注入新鲜血液，吸引越来越多的新生力量加入创作行列并灌溉其成长。在《花踪文汇 1》序言中，《星洲日报》社长张晓卿、《星洲日报》总编辑兼花踪文学奖工委会主席刘鉴铨、工委会秘书萧依钊，都谈到对花踪文学奖传承文化薪火的期

[①] 庄华兴：《国家文学：宰制与回应》，大将出版社 2006 年版，第 20 页。

待。在第一届花踪文学奖决审会上，《星洲日报》总编辑刘鉴铨更直接地表明："星洲日报举办文学奖的目的是鼓励更多人，特别是年轻人投入创作的行列。"①

从第二届"花踪"开始，新生代作家便屡屡出现在得奖名单上。年仅24岁的李天葆凭借《州府人物连环志》，获得第二届马华小说奖三位终审评委的一致认同，成为该届马华小说首奖得主。同届的年轻获奖者还有吕育陶、林若隐、寒黎等。他们的获奖，正式开启了新生代在"花踪"的征战之路，也预示着马华文坛代际更迭的开始。在第三届评出的各项奖项中，新生代作家占据着更大的比例，到第四、第五届花踪文学奖，马华小说、散文、新诗三组的得奖作品皆出自新生代作家笔下。一批又一批新人走上了"花踪"的舞台，"花踪"俨然成为新生代作家们的竞技场，"这是花踪，花踪就是这么个可以让写得好的新人冒出头来，并且让他们得到应得的掌声与注目的地方"②。

花踪文学奖还首创了推荐奖，旨在鼓励笔耕不倦和不断逾越自我的作家的创作。"文学，需要土壤，需要保温。文学创作之路是难走的，在这条道路上，许多人当了逃兵。星洲日报设立推荐奖的目的，是要给那些长期笔耕的作者一些掌声，一种肯定和支持。"③当然，也不能忽视花踪文学奖背后《星洲日报》运作的"权力"痕迹：此奖项入选提名标准中所谓"笔耕不倦"，只限于在其旗下的文艺副刊"文艺春秋"和"星云"发表至少2篇小说或3篇散文或3篇新诗，而参赛者在其他报刊上发表的作品则被排除。进入决审的作者，首先必须在《星洲日报》副刊发表作品，然后又经过报社编辑人员的推选，此举既在于吸引马华作家扎根于此，也以权力话语姿态打击了其他竞争对手。因此，在推荐奖中，权力运作的痕迹比各项甄选奖更为明显，导向性也更加突出——更倾向于新生代作家群体。这从以下表4-7和表4-8所展示的名单上不难看出些端倪。

---

① 刘鉴铨感言，载萧依钊主编《花踪文汇1》，星洲日报出版社1993年版，第31页。
② 黎紫书：《花海无涯》，有人出版社2004年版，第69页。
③ 萧依钊：《水平技巧逐年提高》，载萧依钊主编《花踪文汇6》，星洲日报出版社2003年版，第267页。

表4-7　马华小说、散文、新诗推荐奖候选名单（第1—5届）

推荐奖候选	1	2	3	4	5
小说	小黑 武庄 雨川 年红	黄锦树 潘雨桐 雨川 洪祖秋 沈洪全	潘雨桐 雨川 方成 毅修	雨川 潘雨桐 黎紫书 朵拉 柯志明	黎紫书 陈志鸿 李天葆
散文	褐素莱 毅修 苏清强 钟怡雯 艾斯 小黑	李国七 毅修 寒黎 钟怡雯 朱莪 钟可斯等	林幸谦 钟怡雯 林城武	年红 陈绍安 刘国寄 邡眉 莞然 许裕全 钟怡雯	陈大为 钟怡雯
新诗	付承得 李敬德 方昂 小曼 龙川 陈强华 张光达	小曼 陈强华 陈大为 吕育陶 等12人	方昂 吕育陶 陈强华 陈大为 林惠洲 殷建波 游川 叶明	方昂 林惠洲 许裕全 吕育陶 陈强华 陈大为 沙禽 林金武 方路	陈大为 陈强华 辛金顺

表4-8　马华小说、散文、新诗推荐奖获奖名单（第1—5届）

推荐奖获奖名单	1	2	3	4	5
小说	小黑	潘雨桐	潘雨桐	黎紫书	陈志鸿，黎紫书
散文	褐素莱	寒黎	林幸谦	钟怡雯	陈大为
新诗	方昂	小曼	方昂	陈大为	陈强华

从第一届开始，新生代作家就成了推荐奖的主要候选人，此后，新生代作家所占比例越来越大，直至囊括各大奖项，到第四、五届时，推荐奖已经被新生代作家们尽收囊中。

为了培养年青一代的作家，1995年第三届花踪文学奖增设新秀奖，打出"翻滚吧，后浪"的口号，专门开放给20岁或以下的青少年。虽然新秀奖的奖金不高，但是"花踪"光环的象征资本，远远大于这些物质的奖励。拿督、评委、海内外学者纷纷给予新秀们真挚的鼓励和建议，增加了新生代广施拳脚的信心和积极性，作家陈志鸿就是这样开始了他的文学之路。

"花踪"在文学奖颁奖外举办的国际文艺营活动，对新生代作家成长也起着细雨润物的作用。主办方以文学奖名义广邀海内外、两岸三地知名学者，如余秋雨、严歌苓、於梨华、郑愁予、王安忆、张抗抗、陈若曦、张大春、陈思和、刘心武等担任主讲，对新生代作家思维拓展与艺术创新都产生了积极意义。

另外，每届花踪文学奖都会隆重推出《花踪文汇》，刊登获奖作品及决审会议记录。评委的见解与分析，对于马华作家来说正如一面清晰的多棱镜，常常也贯穿着评委的欣慰、惊喜、震撼，也伴随着评委取舍难断的纠结。如黎紫书小说《把她写进小说里》所引发的关于语言传统与革新的讨论；钟怡雯、林幸谦等人散文所引发的"完美与原创"、"美学与情感"、"应该躲在书房，还是应该走出书房"的分歧；庄若的新诗《松鼠》内蕴的空灵纯净所衍生出的关于诗意、诗性与本质的讨论。透过这些精彩的评点，马华作家，尤其是新生代作家得以窥探与审视自身的优势和不足，捕捉文学界的风潮与方向。

秉承着开拓视野，提升文学品质，反映时代精神的宗旨，花踪文学奖在摸索中开始彰显出其面向世界的气魄与自信。评委的多元化和世界华文小说奖的设立，使得新生代作家有了直接与世界华文作家对话，并与其他地区的华文文学作者同台竞技的机会。第三届花踪文学奖设定的世界华文小说奖，以及第五届改设的世界华文文学奖，把马华新生代作家推上了世界华语文坛的平台。马华作家与来自世界各地的作家，在世界华文小说奖上的角逐充分展现了马华新生代的实力：第五届世界华文小说奖，马华新生代作家夺得两个佳作奖；第六届时，黎紫书以极具本土色彩的《国北边陲》，力压其他地区的华文作者，摘得世界华文小说奖桂冠。评委陈思和盛赞黎紫书的作品，认为她的小说在中国大陆和台湾，也是一流之作。

花踪文学奖对新生代们激励作用不言而喻。多次获得花踪文学奖、在台湾等地也屡获大奖的黎紫书，在获得第四届散文奖首奖之后，表示得到花踪文学奖是她的"一点点的骄傲"。获得第六届世界华文小说奖时，她说"但每每记得自己曾得过奖，居然还很欢喜"。[1] 第六届的新诗佳作奖获得者蔡吉祥表示获得"花踪"是多年来的心愿："有一年，在台下看花踪颁奖礼，内心响起一把声音——我也要来'摘花'。五年后，梦想成

---

[1] 黎紫书感言，载萧依钊主编《花踪文汇6》，星洲日报出版社2003年版，第20页。

真，我终于在国内最大型的文学奖中，摘得好花一朵。"① 获第九届马华小说佳作奖、马华散文佳作奖的曾翎龙，在得奖感言中也坦言自己曾进过六次花踪文学奖决审都空手而归，依然坚持写作希望折桂。赴台留学并留居台湾的马华作家如陈大为、钟怡雯、黄锦树等，同样认为花踪文学奖是马华文坛最成功的文学奖，期望获得花踪文学奖以彰显自己的马华身份。

在华文处于边缘地位的马来西亚，用华文写作是孤独的。花踪文学奖隆重如奥斯卡奖的颁奖礼，已经不单单只是对参赛者本人及作品的肯定，更是以一种隆重的文化盛宴，激励着那些已经站上颁奖台或者想要站上颁奖台的新生代作家们。刘国寄坦言，"在探索中得到花踪的肯定，宛如在路途上摘了一片花香，这花香，也静静的在心田的际缝中沁出绵密的情愫，作为日后的继续编织、叙述的源泉，一如近来绵绵密密的夜雨。"② "花踪之女"黎紫书在"花踪之夜"说过，她一直梦想自己的作品有朝一日走向世界。在创作的路途中，有幸遇到扶持与鼓励自己的人，让她敢做这种梦。诚然，马华新生代的发展离不开自身的努力，但也不可否认，"花踪"为新生代作家提供了起飞的平台，使新生代作家以可畏后生的姿态迅速成长。"花踪"凭借其苦心经营树立起的权威，成为新生代作家心中的标杆。

第五节 反思 1990 年代马华报纸与新生代文学的关系

1990 年代，是马华文学发展的黄金时期；文坛的热闹与繁荣程度、文学创作与批评的生动性与深刻性，有目共睹。经过这 10 年的发展；文学新生代成为马华文坛的主力，马华文学也迅速成为世界华文文学版图中的新星与重镇。

一 依附或互动？

在马来西亚，有所谓"副刊即文坛，文坛即副刊"的说法；形象地概括了 20 世纪 90 年代马华文坛的重要特征：文学园地稀少，报纸副刊作用极为重要。但是，此说并非完全准确：其一，在华文报纸副刊之外，还有奋斗多年的《蕉风》杂志，以及马来西亚华文作家协会、马来西亚华

---

① 蔡吉祥感言，载萧依钊主编《花踪文汇 6》，星洲日报出版社 2003 年版，第 218 页。
② 刘国寄感言，载萧依钊主编《花踪文汇 4》，星洲日报出版社 1999 年版，第 130 页。

人文化协会等文学、文化团体等，共同为马华文学的发展做出了重要贡献。其二，与文学互动的不仅仅是报纸副刊，更有报纸、报社，如"花踪文学奖"，从举办到活动设计、组织，均大大超出副刊领地与副刊的权限。华文报纸提供的不仅是华文文学的发表园地，也提供了华文文学的活动园地、生长园地及其文学氛围。相对于其他国家与地区而言，马华文学的空间虽嫌狭小，但是，在《蕉风》杂志，以及大马作家协会、大马华人文化协会等文学、文化团体的共同努力之下，加之华文报纸的大力支持，才有了90年代较为热闹的马华文坛。其三，报纸副刊本身的存亡兴衰、副刊编辑的挑选与使用——即副刊"把关人"的甄选与使用，均取决于报社。因此，相比较而言，"报纸即文坛，文坛即报纸"的说法，可能会更贴切一些。

但是，不论上述哪种说法，都指向一个事实：20世纪90年代，马华报纸及副刊与马华文学关系密切。在很大程度上，马华文学栖身于报纸及其副刊；华文报纸作为传播力量，作为文学活动的发起与组织者，作为副刊"地盘"的"拥有者"，直接与间接地影响着90年代马华文学作者、读者、批评者，以及文学观念、文学风格、文学思潮，同时也直接与间接地影响着90年代马华文学的走向与发展。

如此，有可能引发一个疑问：栖身是否等同于依附？也就是说，马华文学与马华报纸的关系，到底是依附还是互动？我们认为：是共谋中的互动，而不是依附。

主要理由有三：

其一，守护、滋润华人生存之魂的共同使命，使华文报纸与华文文学不谋而合、因缘际会。

华人族群的存在与发展，取决于华人血脉的存在与华人对自我身份——华人血脉与文脉的认同。曹云华指出："怎么样来辨别一个人是否是华人呢？根据目前东南亚华人的具体情况，单纯从外表上、血统上、语言上或宗教信仰等方面都难以确认，唯一简单可行的办法，就是根据这个人的民族心理，即他本人的民族认同，他认为自己是华人，那么，他就是华人。"[①] 对东南亚华裔而言，包括具有和具有部分华人血统的华族移民

[①] 曹云华：《变异与保持——东南亚华人的文化适应》，中国华侨出版社2001年版，第9页。

的后裔,所谓"民族心理",主要是指他们对自己华人血脉与文脉的认同;对自己华人血脉与文脉的认同,也是华人族群能否得以长期生存与发展的灵魂。可见,华人的血脉与文脉的延续与发展,以及华裔对自己华人血脉与文脉的认同,是东南亚华人生存之魂,是东南亚华族生存与发展之魂。魂在,则华人在;魂亡,则华人亡。

与剑拔弩张的 20 世纪七八十年代相比,90 年代马来西亚的社会环境与族群关系均有好转。但是,对已经无意于"党派政治"的华人而言,依然深感生存的两难:既要本土化,又非被同化。本土化,在某种语境中有可能演变成为一个政治话题,与种族政治挂钩:"在许多马来人的心目中,要效忠马来西亚,一切应该本土化。(此本土化,就是同化,完全被同化,去中华化;反之,就是不效忠马来西亚;因此,是无法等同于华人的本土化,传承中华文化)……这种堂而皇之的理由为族群之间制造了新的宰制关系。"[①] 可见,生存的两难,失魂的危机、被同化的危险,像一把利剑时刻悬挂在华人的心头。

危难之时,谁来护魂,谁能护魂?华文报纸与华文文学不谋而合、因缘际会。

华文报纸与华人社团、华文教育,向来是华人社会得以生存与发展的三大支柱。危难之际,首先是《星洲日报》、《南洋商报》等挺身而出。1988 年,在"党派政治"以及商业化大潮中,张晓卿即以守魂与护魂为使命,接手复办《星洲日报》;并使该报逐渐"由早期一份普通的侨民报纸,蜕变为今天深具影响力的人民喉舌"[②]。在文学被报纸普遍压缩和遗弃的时代,由于共同的历史使命,马来西亚华文报纸与华文文学因缘际会、不谋而合、互相依赖,在"宽松与紧张"之间,共同承担起细雨滋物般地守护与滋润族群灵魂的历史使命。

其二,守护、滋润华人生存之魂的现实策略,使华文报纸与华文文学不谋而合、因缘际会。

作为主动承当重要使命的私营传媒机构老板张晓卿,当然深谙充任"人民喉舌"的多种风险。首先,是商业风险。20 世纪 90 年代,是文学

[①] 何国忠:《马来西亚华人:身份认同、文化与族群政治》,马来西亚华社研究中心 2006 年版,第 100 页。

[②] 张晓卿:《让我们开始新的长征——星洲日报复刊有感》,《星洲日报》1988 年 4 月 8 日。

"逊位"于经济的时代，也是副刊文学走向萎缩与尴尬的时代。许多国家与地区的华文报纸，为了适应经济社会的需求，限制与取消文学副刊，文学版面越来越少。对此，张晓卿十分清楚，但是，他仍然认为：在商业化社会中，"现实生活的紧绷、冷酷与冷漠"，使人们变得浮躁；唯"文学创作，能让我们暂时抽离现实生活的紧绷、冷酷与冷漠，天马行空无碍的创造及想象空间，能为我们打造无价、宁静与美好的境界，静下心来，把心沉淀的静态写作行为，能让在庸庸碌碌追求更优物质生活的人们，找到让心灵回归纯净平衡的原点"。并且，"始终相信，文学是促进社会根基更稳固昌盛的事业，因此深耕文学发展，绝对是不容忽视的重要领域"[①]。为了充任"人民喉舌"，张晓卿可谓将社会责任置于商业风险之上，在商不言商、在商不为商，举其全力、大力扶持与推动文学与文化的发展。包括：大力拓展文学副刊，选好与支持文学副刊"把门人"，不计成本地举办"花踪文学奖"等。因此，不仅华文文学的创作与批评，而且，多种类型的文学活动，都主要栖身并依赖华文报纸。

其次，张晓卿也深谙充任"人民喉舌"的社会风险；当然，也非常清楚如何恰当地化解与回避这种风险。这大约也是他格外看重与推进副刊与文学发展的重要原因。

在90年代的马来西亚，文学问题往往内在性与必然性地牵扯着族群的生存与走向；因此，文学便具有特殊意义，一个活动、一篇文章、一场论争等，都能够非同寻常地挑动人们敏感的神经，引发华人社会的关注与震动；文学关系也往往成为政治关系的隐喻与预言。这种特殊的内在性与必然性，使得华文文学与华文报纸因缘际会、共担使命。同时，华文文学又独具双重疏离的特质——文学不是宣传，既可以关注、浇注灵魂，又不等同政治宣传；更由于语言的限制，华文文学主要作用于华人社会而疏离于主流社会，出格也不易出位；因此，华文文学既能与华文报纸共担使命，又能够最大限度地减轻社会风险。许文荣在《南方喧哗：马华文学的政治抵抗诗学》中，谈到过马华报纸、文学与政治的关系。他认为："文学在政治抗争中所扮演的角色是不容被忽视的，特别是华文文学由于不受官方所器重而使它轻易地避过官方的监视（华文报就没有那么幸运

[①] 张晓卿：《面对挑战 勇敢跨越》，载《花踪文汇9》，星洲日报出版社2009年版，第3页。

了），同时由于语言的隔阂（以中文书写），主宰民族对它的干扰也微乎其微，这使它有更大的空间表征自己，更真实地再现/表现以及诠释华人的政治理想与愿望。"① 也就是说，马华文学，既可细雨滋物地守护、滋润华人族群之魂，又可以因其在政治上、"语言上"的"悄然无声"，规避许多不必要的麻烦与猜忌。

其三，守护、滋润华人生存之魂的共同目的与不同方式，使华文报纸与华文文学既不谋而合，又"各行其是"。

不同国家华人族群的血脉与文脉，必须经历"本土化"过程：既要"本土化"，又非被同化；才具有独特性与生命力。失去了"本土化"，华人族群难以融入所在国，易于受到主流社会的轻视与诟病。然而，所谓"本土化"，也必须有利于华人血脉与文脉的绵延与发展。否则，随着时间的推移，华族的血脉与文脉都可能被淡化，甚至被同化。因此，"本土化"，不仅是个政治话题，与外在的种族政治挂钩；而且，也是个文化话题，与内在的族群文化心理挂钩。作为20世纪30年代出生的华人，张晓卿有着老一代华人的特质：深受中华文化熏陶，对中国文字、文学都具有深厚的感情。作为20世纪六七十年代出生的文学新生代，心境变化巨大：来自中原的遥远记忆早已消失，加之西方后殖民主义理论的适时配合以及自我对文化"双刃剑"的磨砺，展露出了某种新的"本土化"话语姿态：在"清除"自身中国文化印记与"澄清"马来西亚国民身份之间，建立起隐秘的关联。如果说，在此之前，老一辈华人更注重华人血脉与文脉"本体"的绵延与发展的话，新生代则更加注重华人血脉与文脉"在地化"的绵延与发展。但是，尽管如此，张晓卿及他麾下的华文报纸，不曾因新老华人代际思维方式的差异强加于人；而是主动担起"黑暗的闸门"：包括商业风险与社会风险，使新生代文学获得充分表达与发挥的机遇与空间。从"花综文学奖"的评选，到报纸副刊编辑的选择、使用等，均见华文报纸与华文文学既不谋而合，又"各行其是"。正是新生代文学编辑张永修等人的被发掘与重用，新生代文学才得以蓬勃发展。而且，在副刊这个园地里，文学编辑、创作者与批评者，在文学精神上或者说是在"本土化"的话语姿态方面，都是独立的主体，都充分显示出各自的文学

---

① 许文荣：《南方喧哗：马华文学的政治抵抗诗学》，南方学院出版社2004年版，第31页。

个性。

由此，华文报纸与华文文学的共同渴望与互相需求，决定了报纸与文学二者的共谋与互动。二者间的关系，呈现着双向交互性共谋与互动：互相依赖、共求发展；而非单向性依赖，即一方为主，一方附着。20世纪90年代，能够成为马华文学发展中的黄金时期——文坛的繁荣与文本的生动、深刻，也都离不开媒体与文学的合谋与互动。

二 抵抗与妥协：艰辛与悲情的"文化表演"

当新生代作家与华文传媒互相配合，以文字"高歌""我属于我自己的国家"，"高歌"作为"天生"的马来西亚华人的"自在"与自豪之时，他们发现，这种"告别"了"旧抵抗"的"新抵抗"依然无效：新的话语姿态无效，生动与深刻的文字"舞蹈"无效；华文文学进入国家文学遥遥无期，华裔学习、就业等方面仍然受到诸多限制。一句话，"我"仍然被"自己的国家"所排斥，除非在引以为豪的"马来西亚华人"身份中去掉一个"华"字，成为被同化的马来西亚人。困境开始困扰新生代作家的自我感觉与国家情感，他们不仅对曾经憧憬过的理想与愿景充满疑问，对汉字表达功能与叙事力度的信心也开始动摇。

族群间矛盾的缓和，更多来自经济发展的压力，来自主导方有限度的"宽容"，而且现有的政治、文化机制，不可能改变。现实逼迫着新生代在困境与困扰中，寻找"妥协性"的文学抵抗之路。庄华兴认为，华社应关心的不是"国家文学"概念在理论上是否成立，或存在多大的缺陷，而是如何去"导正"更多的马华作家进行华马双语创作。当然，也有人认为：双语创作是否能够使马华文学进入"国家文学"，还需要时间的检验。[①] 困境与疑问，也使新生代作家原本较为硬朗与浪漫的文风，饱蘸了"妥协性"色彩，饱蘸了艰辛与悲情。书写马共历史，曾经是马来西亚华文创作中的一大"禁忌"。90年代，一批新生代作家闯进这一禁区。黎紫书的《山瘟》、《夜行》，黄锦树的《鱼骸》、《大卷宗》、《撤退》等，从题材上来看，都与马共历史的密切相关；似乎实现了题材上的重大突破。但是，细细看来，他们的作品多选用"旁观叙事"的姿态，一旦涉及所

[①] 黄锦树对庄华兴提出的这一思路就不是很赞成，两人就此有过一番争论，相关文章可见庄华兴《国家文学：宰制与回应》附录部分。

谓"马共"形象与历史，呈现出的都是暴力化、魔幻化、情欲化的碎片，将读者与文本中的"历史"拉得更远，使已经扑朔迷离的马共"故事"更加古怪与离奇。困境与疑问，也带来了新生代文化散文浪潮的消退。20世纪90年代后期，尽管"星云"策划了若干专题，如"世纪末风情"系列、"干榜风情话"系列等，无论是作家的创作激情、作品的影响力水准，还是读者的追捧热情，都远不能与此前的"大马风情话"同日而语。

在现代传媒的推动之下，20世纪90年代的马华文坛，一场接一场"气愤填膺"的"文学批判"，一个接一个轰动一时的文学话题，甚至包括一系列超大型的文学、文化活动，似乎都走向了"嘉年华"的性质。策划、组织、参与各种重要文学、文化议题与活动的华文传媒、社会团体、新老作家，包括众多的听众与读者，他们均饱含融入"国族"的强烈愿望，或为华人血脉与文脉"本体"的在地性绵延与发展鼓与呼，或为华人血脉与文脉的"在地"性绵延与发展呐与喊。即便如此，这些重要的文学与文化议题、活动，往往还是虎头蛇尾，沦为某种意义上的"祭仪"与"表演"。人们在激烈地争论的同时，也尽情享受了论争带来的"话语快感"，宣泄着各种压抑已久的情绪。这种"表演文化"吸引了无数的观众与眼球，但是却以狂欢的形式消解了严肃的内容与批判的理性。如黄锦树认为，"具祭仪作用的表演性凌越了一切，甚至反过来使得表演性成为文化活动的内在属性"，"如此的文化表征形态注重的其实是文化的情绪功能，但往往在效果上也仅止于满足一时的情绪"。[①] 应该说，不是华人社会向往"祭仪"与"表演"，而是，族群政治、边缘处境，以及有形与无形的外在压力，使得华人社会的各种努力，虽然热闹与精彩却难以获得主流社会的承认与接纳；况且，华人社会所开展的各种活动，包括文学、文化活动，都须规范在主流社会能够容忍的话语姿态与尺度之内。

如此，也许我们可以加深对20世纪90年代马华文坛的理解：艰辛与悲情的文学风格，是执意反抗与无奈妥协的产物；它不仅呈现在新生代文学之中，此前，更呈现在"老生代"文学之中，而且还会出现在将来的华文文学中。

[①] 黄锦树：《中国性与表演性：论马华文化与文学的限度》，《马来西亚华人研究学刊》1997年第1期。

三 互动之后的深层思考

在 20 世纪 90 年代马来西亚这个特定的时空，华文报纸与华文文学的因缘际会，实现了二者的双赢；华文报纸的形象与声誉得到提升，马华文学走过黄金十年。如今，现实已经成为历史，但是仍值得回味与反思。

首先，抵抗与妥协，是对立还是统一？

何国忠指出："由于族群之间在文化层面上有许多不同点，族群标签从来不曾淡化过。马来西亚的文化发展长期笼罩在政治的阴影下，而政策的贯彻又被族群问题所主导，文化问题就在族群问题不能消弭下带给华人长期的负担和挑战，也使华社起了错综复杂的反应。"20 世纪 80 年代以来，华人的文化抵抗从未停止。只不过，在"族群标签从来不曾淡化过"的马来西亚，华人的抵抗是以"错综复杂的反应"——以排斥与抵抗、抵抗与妥协的复杂方式呈现的。张晓卿在《星洲日报复刊有感》中说，"本报这次能够排除万难，恢复出版，本人虽然尽了一点绵力，但是当局的谅解仍是关键所在。"[①] 虽然，这很可能是一种以退为进的言说，是一种新的抵抗的开始，但是，其中的"谅解"之言，已经足见抵抗与妥协的复杂：抵抗需从妥协起步，抵抗需与妥协同构。换句话说，在守护、滋润华人生存之魂的"抵抗"中，抵抗是携带着妥协的抵抗，妥协则是立足于抵抗的妥协。抵抗与妥协变得"错综复杂"的原因，是意欲在"族群标签从来不曾淡化"的语境中守护、滋润华人生存之魂。因此，抵抗与妥协"错综复杂"，既对立也统一。马华新生代文学，也因此而精彩与独特：排斥与抵抗，使新生代文学展现出生动与深刻；抵抗与妥协，使新生代文学"异化"为艰辛与悲情。

其次，"舞台"依旧，"抵抗"是否亦能依旧？

华文报纸与华文文学因缘际会、互动双赢的重要标志之一，是成功地推进了马华文学的新老代际交替，推进了新生代文学的整体性崛起与快速发展。新生代作家以华族文化继承者自居，但是更强调中华文化的"在地"转换，更关注中华文化的"在地"转换。因此，对于文学新生代来说，20 世纪 90 年代是一个充满机遇的时代：一方面，一个理想、一个遥

[①] 张晓卿：《让我们开始新的长征——星洲日报复刊有感》，《星洲日报》1988 年 4 月 8 日。

远的召唤、一个美好的愿景似乎在招手,包括进入国家文学的有限乐观;另一方面,新的话语姿态——"本土化"姿态,换不来期盼中的国家认可,效忠与待遇的不对等、"热脸与冷屁股"的对比,"我被我自己的国家排斥"的无限失望。二者纠缠在一起,使得新生代的文学"抵抗"生动而深刻,并且,淋漓尽致地展现在华文报纸提供的"舞台"上。

　　随着时间的推移,新生代中的"70后作家"① 正在走向"舞台"中央;然而,"舞台"依旧,"抵抗"却逐渐趋少。"70后作家",似乎更愿意将中国文学影响视为一种与文学本体相关而超越了文化共同体的资源;不少作家的作品离"现实"越来越远,只有黎紫书、贺淑芳、曾翎龙的部分作品流露出"抵抗"意识。这样的发展趋势,使得人们不禁担忧:"舞台"依旧,"抵抗"是否还能依旧?文学与报纸的共谋、互动是否已经成为历史,变得难以复制与重现?

---

① 指马来西亚华文作家中生于20世纪70年代的那一群。

第五章 《美华文学》与北美华文文学

北美是华人聚集度较高的地区，北美华文文学是世界华文文学版图中的重要部分，涌现了众多作家和诗人，如小说家黄运基、沙石、严歌苓、张翎，散文家王鼎钧、刘荒田，诗人纪弦、非马、王性初，批评家陈瑞琳等。这个区域的华文文学创作与文学报刊的关系如何，值得我们深入研究。其中《美华文学》这本纯文学杂志可作为一个重要样本加以关注。

1995年2月，美华文坛唯一的一份纯文学刊物《美华文化人报》在美国旧金山创刊，三年后改版为《美华文学》杂志。作为一份纯文学杂志，《美华文学》刊发了大量知名美华作家的华文文学作品，其中许多作品被《人民文学》、《诗刊》、《文学报》、香港《华人》杂志、《香港文学报》等刊物转载，在海内外文学界产生了极为广泛的影响。可以说，《美华文学》杂志对近十多年来北美华文文学的发展繁荣与传播扩散起到了极为重要的作用。

由于当下研究中，少见就《美华文学》杂志与北美华文文学的关系进行论述的著作。故本章就此杂志进行深入探究，从杂志的作家群落、创作观念、美学追求等层面进行深入的阐释。

第一节 从《美华文化人报》到《美华文学》

在美国创办中文刊物并不困难，但是要把一份中文刊物尤其是纯文学刊物长期办下去并且办出水平却非常困难，许多的刊物往往是来也匆匆谢也匆匆，以至在美国坊间流传着这样一句话，如果你与一个人有仇，就鼓动他去办中文刊物。但是，《美华文学》却跳出了这样一个怪圈，它从1995年2月1日其前身《美华文化人报》创刊至2009年已有15年的历史了，其间虽也经历过一些波折，但《美华文学》杂志却能够不断发展完善并成为美华文坛上的一份优秀的纯文学刊物。

一 《美华文学》的前身:《美华文化人报》

20世纪90年代,经过几代人的不懈努力和艰苦探索,美国华文文学日益走向成熟和繁荣,涌现了一批优秀的作家,他们"既不甘辜负生活的馈赠,更不甘做历史与生命的遗忘者,在面对一个个难以逆料的异国他乡的生活挑战之余,以一种特殊的生命意蕴和强大的使命感,以传统的东方文化和东西方美学交融的审美追求,熔铸出一部部既是华人的、又不同于生存在任何地球空间的华文作家的作品。如今,这个汇集于北美大陆的华人作家群,正以其长期生活的积淀、蕴蓄久远的创作冲动,驰骋于自由高远的创作空间"[①]。但是,纯文学刊物的缺乏却极大地束缚了美国华文文学进一步向纵深方向发展,有感于此,以黄运基、王性初、老南等为代表的一批有志于改变这种状况的华裔文人,从1994年深秋开始,经过几个月的精密筹划,于1995年2月创办了美国唯一的一份纯华文文学刊物:《美华文化人报》。

《美华文化人报》1995年2月1日创刊号为8开16版,从第2期开始改为4开8版,逢双月1日出版,至1998年6月改版为《美华文学》杂志止,三年间连续出版了20期。《美华文化人报》的创刊号值得高度关注,在这一期,发表了刘荒田、老南、俞丽清、王性初、许培根、李又蕾、郑其贤、王智、陈雪丹、陈中美以及老诗人纪弦、非马等人的作品。从这份作者名单来看,《美华文化人报》的起点是很高的,也能看出它立志于办成纯华文文学刊物的这样一个定位。除此之外,创刊号还刊登了由黄运基撰写的创刊词《我们的期望》,在这篇700多字的创刊词中,黄运基一方面鲜明地提出了"华侨文化"的概念:"我们华侨代代相传,为美国创造了财富,建设了文明,也创造了特有的文化——华侨文化。""美国华侨文化有两个特定的内涵:一是它在美洲这块土地上孕育出来的,但它又与源远流长的中华民族文化的脐带紧密相连;二是在这块土地上土生土长的华裔,他(她)们受了美国的文化教育的熏陶,可没有也不可能忘记自己是炎黄子孙,他(她)们在思想感情上、在言行举止上虽然与先辈们迥然相异,但却没有数典忘祖,他(她)们也在觅祖寻根。"[②] 另

[①] 《美华文学》编辑部:《编者的话》,载《美华文学》1998年6月号。
[②] 黄运基:《我们的期望》,载《美华文化人报》1995年第1期。

一方面，黄运基还在这篇创刊词中明确了《美华文化人报》的办刊宗旨："我们最大的期望，除了以文会友外，更要通过多样化的文艺形式——小说、诗歌、散文、戏剧、评论、报告文学等等，从广度和深度上反映华侨文化，反映华侨、华人今昔创业的轨迹。"①

《美华文化人报》的创刊是 20 世纪 90 年代中期美华文坛的一件大事和喜事，"它给众多的华文作家提供了一个发表作品的园地，团结和培养了一大批华文作家，也为中国文艺界了解美国华人移民生活和华文文学开辟了一个窗口"②。到 1998 年 6 月改版为《美华文学》之前，经过三年的发展，《美华文化人报》虽然也还存在一些不足，但是，"在华文文学自然生态的环境中，它已经占有一席之地，正越来越受到关心华文文学读者的赏识，并引起海内外文学界的关注"③。《人民文学》、《文学报》、《四海》、《红岩》、《山花》、《参考消息》、《深圳特区报》、《羊城晚报》、《广州日报》、《珠海特区报》、香港《华人》、《香港文学报》等文学杂志和报纸副刊都曾转载过《美华文化人报》的作品。这些成绩的取得离不开众多华人的心血和努力，这其中包括以刘子毅、老南等为代表的《美华文化人报》编辑部成员的辛勤付出，这些编辑部人员全部都是业余兼职，不拿报酬，兴趣所在，义务为之；同时也包括社长黄运基先生的时代有限公司的鼎力相助；另外我们也不应该忘记这样的一些人："美华文协"的全体会员、旧金山的市参事、侨团元老、社区首长、商界闻人、打工阶层、家庭主妇以及世界各地热心华文文学的人士，他们虽然没有直接参与《美华文化人报》的编辑和经营，但长期以来，他们却以名誉订户、赞助订户、友好订户以及惠赐稿件的方式支持着《美华文化人报》的发展。正是因为有了这些人的共同努力，《美华文化人报》才能够茁壮长大，并且在 1998 年 6 月改版成为每期 10 万字、80 页的《美华文学》杂志。

二 《美华文化人报》的更名与《美华文学》的发展

《美华文化人报》经过三年的发展，取得了巨大的成就，但是，到了

---

① 黄运基：《我们的期望》，载《美华文化人报》1995 年第 1 期。
② 熊国华：《美国梦：美籍华人黄运基传奇》，花城出版社 2002 年版，第 247 页。
③ 《美华文化人报》编辑部：《创刊三周年 妙笔谱华章——〈美华文化人报〉的文学之路》，载《美华文化人报》1998 年第 1 期。

1998年，作为一份4开8版的文学报刊，《美华文化人报》的篇幅已经无法满足美国华文文学蓬勃发展对作品发表园地的巨大需求，《美华文化人报》编辑部成员也逐渐意识到对《美华文化人报》进行改版的迫切性。正如《美华文学》的社长黄运基在接受记者采访时强调的，"自从三年前创办了《美华文化人报》以来，在美从事华文创作的作家越来越多，稿源极其充沛，使得每月（应为每两个月，引者注）八版两大张的《美华文化人报》远远满足不了需求"①。1998年6月，为了适应美国华文文学新的形势的发展要求，《美华文化人报》正式更名为《美华文学》。改版后的《美华文学》一个最直观的变化就是容量大了：从原来的4开8版扩充到现在的80页10万字。版面的扩容也伴随着内容的扩容："小说"、"散文"、"诗歌"、"评论"等各个栏目都较以往扩充了很多的内容。除此之外，其装帧设计、栏目品味等方面也都有了很大的改变，出现了崭新的面貌。

以杂志形式出版的第1期《美华文学》除了刊登大量的文学作品之外，还刊登了一篇题为《编者的话》的文章，这篇以编辑部的名义刊登的文章，一方面简要地回顾了当年创办《美华文化人报》的原因以及创办之后产生的社会影响，另一方面，在《美华文化人报》原有办刊宗旨的基础上，进一步调整和深化了《美华文学》的办刊理念：

> 我们将全力以赴把《美华文学》办成面向海内外，融汇各种风格流派、兼及不同审美追求、以东方文化为根、取西方文化之长、鼓励多种文学创作之试验、长短咸宜、雅俗共赏，极富大家气象的刊物。它以刊登海外华人作家的作品为主，兼顾国内优秀作家作品和世界各国名家作品的译介。它不但是名家的竞技场，也是新人的苗圃。它不独沽文学一味，举凡艺术，如电影、绘画、雕塑、音乐、书法、舞蹈、戏剧，只要富于特色，都将予以推介。身为海外刊物，还要不避嫌、不讳议、理直气壮地为在海外各行各业奋斗有成的华人树碑立传。
>
> "炎黄子孙"，是我们共同的标记；弘扬东方文化，是我们追求

---

① 邵丹：《〈美华文化人〉报升级变为〈美华文学〉杂志》，载［美国］《星岛日报》1998年7月30日。

的宗旨。不论来自何处，国籍变换与否，异乡的炎黄子孙，其特有的苦乐悲欢，将形诸此。《美华文学》，是移民在北美洲的天空下，在英文世界里，携手开拓，以寄寓"文化乡愁"的家园。如果把中华文学比做一棵大树，我们愿做这大树伸展海外的一枝一叶；如果把中华文化比做一条大河，我们永远是汇入这大河中的一股清流。①

从上面的这两段话中我们不难看出《美华文学》编辑部同仁高度的文学与文化使命感，他们虽身居海外，但对中华文化与文学却有着浓厚的感情。

《美华文学》在其发展过程中，尽量维持其刊物面貌的稳定性，但是为了适应时代的发展，也不得不发生一些改变，其中有三点是值得引起我们注意的。

第一，从 2003 年秋季号开始，《美华文学》的印刷字体由原来的繁体字改为简体字。在此之前的 2002 年，据有关新闻报道，美国的多家华文报纸已经开始把原来的繁体字改为简体字："近几个月来，纽约的三家中文报纸《侨报》、《星岛日报》、《世界日报》相继改版。《侨报》开始使用简体字，《星岛日报》和《世界日报》也抛弃了传统的从右到左的竖排版式，改用英文式的从左到右的横排体。"②《美华文学》印刷字体的改版可以说是美国华文报纸改版的一个延续。字体由繁体改为简体，反映了《美华文学》读者群体的变更和走向。众所周知，繁体字的受众指向是台湾移民和部分大陆老移民，而简体字的受众指向是大陆移民，早期的《美华文化人报》和《美华文学》以繁体字对外发行，其缘由也是因为考虑到当时的读者群主要是台湾移民以及一些长期以来已经习惯了繁体字的大陆移民，但是，经过多年的发展，尤其是 21 世纪以后，大陆新移民越来越多，并且日益成为《美华文学》读者群的主要组成部分，考虑这部分人的阅读习惯也就成为改革的一个方向。可以说，《美华文学》2003 年秋季号的这一变革，顺应了时代发展的需要，也进一步扩大了《美华文学》的读者群体。

---

① 《美华文学》编辑部：《编者的话》，载《美华文学》1998 年 6 月号。
② 中新社记者：《〈纽约时报〉报道美国中文报纸从竖排改横排》，载侨网［美国］，2002 年 3 月 29 日。

第二,从 2003 年 3 月开始,《美华文学》由双月刊改为季刊。2003 年 3 月出版的《美华文学》刊登了一则编辑部的"重要启事",全文如下:

> 本刊系由美国旧金山时代有限公司独资出版,自 1995 年(其前身为《美华文化人报》)创刊以来,承蒙社会各界支持和读者、作者垂爱,已在美国华文文艺界产生一定的社会反响,刊物也远达中国大陆及港台地区,为推动海外华文写作、团结海外华文作家略尽绵薄。但近来迫于美国经济衰退之压力,本刊决定自 2003 年起,将原双月刊改为季刊,逢 3 月、6 月、9 月和 12 月出版。为了补偿读者,我们同时决定,将刊物页码由原 80 页增为 96 页,但 25 美元的年度基本订阅费维持不变。①

这则"启事"简单地解释了《美华文学》由双月刊改为季刊的原因:"迫于美国经济衰退之压力"。在海外办华文文学刊物非常艰辛,其中的一个最主要的原因就是资金的问题。《美华文学》杂志虽然有黄运基、刘子毅、刘荒田等人的无私奉献以及一批华侨华人的慷慨赞助,但要维持它的正常运行还是非常困难。在美国经济明显衰退的 2003 年,《美华文学》杂志改为季刊,是他们在用一种"以退为进"的"迂回"方式来尽可能地延续这份刊物的生命。

第三,2006 年,《美华文学》纸质版停办,2007 年又复办。这是《美华文学》发展史上一段让人觉得颇为惋惜的历史,但是,让人感到欣慰的是,此前的 2004 年秋季《美华文学》开始设立了网络版,在 2006 年纸质版的《美华文学》停办期间,网络版却在继续经营,我们依然能够看到《美华文学》同仁们为了他们的美华文学理想在不断地付出和努力。2007 年纸质版复办后,网络版继续存在,《美华文学》也从此进入了一个全新的发展阶段:纸质版与网络版交相辉映。

三 《美华文学》的网络化

进入 21 世纪以后,许多的报纸杂志出于"开疆拓土"的需要,纷纷

---

① 《美华文学》编辑部:《重要启事》,载《美华文学》2003 年春季号。

向电子媒介进军，在纸质版的基础上开设网络版。2004 年 11 月底，软件工程师、著名诗人王明玉将《美华文学》杂志也推上网络（网址：www.meihuausa.com），开启了《美华文学》发展的新纪元。

《美华文学》的网络版从内容上来说应该包含两大部分，一是纸质版的电子版，即将《美华文学》纸质版的所有内容搬到网络版上；二是《美华文学》论坛（网址：www.e-literati.com/bbs），这是《美华文学》网络化之后的一大创举，也是网络版与纸质版的最大不同。由王明玉担任总版主，"美华文协"秘书长曾宁（伊人）负责具体操作和日常管理，曾宁还聘请冯新华（时任山东德州电视台编导）和艾华博士（时任美国一金融机构亚太区主管），和她一起担任版主，初步形成美国、中国大陆和香港三足鼎立之势。《美华文学》论坛开办后，产生了很大的反响，许多对文学感兴趣的人纷纷加入到其中，据曾宁介绍，论坛运行的头一个月的点击量达 18 万次，平均每天 6000 次，上传的帖子有上万之数。人气之高，覆盖面之广，上坛者的踊跃，均堪称新开网站的奇迹！

《美华文学》（如未特别注明，后文出现的《美华文学》均指其纸质版）2005 年春季号在《美华文学》论坛运行 4 个月后，特辟"《美华文学论坛》帖子选粹"专栏，刊登冯新华、文刀等 11 位网友、文友的 12 篇帖子，体裁涵盖小说、散文、随笔和评论。这些帖子都具有很高的艺术价值，文学性很强。比如刘云云的小小说《黄狗阿蒙》，讲述了山区一个铁路支线小站的工作人员老贾与一条叫阿蒙的大黄狗的故事，因为每天只有一趟列车经过，所以老贾整日闲得发慌，于是便让阿蒙蹲在月台上守卫，自己就躲在站房里喝闷酒，蹲在站台上的阿蒙非常尽责，小站也一直平安无事，站房因此还得了"治保模范"的锦旗。但是在一个漆黑的晚上，阿蒙却在与一个窃贼的搏斗中牺牲了，在阿蒙牺牲的晚上，"老贾接到上头的电话，说要给他记功，涨一级工资，还准备调任他到一个大站当个副站长"，当老贾为自己的升迁在庆祝时，几个农民却围着火炉子在"吃着阿蒙的肉，啃着阿蒙的骨，津津有味地……"这篇小说不长，但整个故事却具有很强烈的隐喻性和讽刺性，尤其是小说的结尾发人深省。

《美华文学》2009 年冬季号再次特辟"美华论坛作品精选专辑"栏目，刊登文刀、黑眼睛苏珊、依林、齐凤池、刘荒田、风中秋叶、陈善壎、李国参、李兆阳、邓治、梦江南、小土豆等 17 位作者的近 20 首作品，在这些作品的前面，有一则十分温馨的"编者按"：

美华文学论坛开办已经超过四年，期间一些知名作家和无数"坊间"写手在这个平台交流过，他们通过文字的链条，把彼此的手连在一起，共同挥笔写了两个字"友谊"。也许我和你，你和他，她和他，从来没有见面，但是文字里的我你他，来到论坛里，就是一家人了。想一想，网友们像一家人地玩，玩得开心时你用诗歌大声唱，我用文字低声和，多好啊！若是有缘，像当年总版主开尔主办佛山笔会那样再来一个文友网下再相聚就更好了。我们求的不就是开心吗？这就是开心啊！读读网络评论家文刀或者可以沾染点网络交流的喜悦。

这则"编者按"的关键词是"交流"，它让我们看到了美华文学论坛的活跃，同时，通过这种知名作家与"坊间"写手的交流，使许多"坊间"写手成熟了起来，并逐渐由美华论坛走向《美华文学》杂志，成为《美华文学》的新兴作家。考察2007年之后《美华文学》的作者面貌，可以发现有许多的新面孔都来自美华文学论坛，比如李国参、陈善勋、风中秋叶、舞曼西楼、南窗午梦等等。李国参是近几年美华文坛上升趋势较为明显的小说作家，《美华文学》2008年春季号曾开辟"李国参小说专辑"，刊登了他贴在美华论坛并引起较大反响的四篇小说：《酒鬼之死》、《死亡证之旅》、《晚景情事》和《祝祷》，这些小说直面人生苦难，书写移民遭遇，具有很高的艺术价值。李国参在《这棵树——闲话我与〈美华文学〉的因缘》一文中，特别谈到自己就是通过美华文学论坛结缘《美华文学》的："其实，知道海外有《美华文学》，还是先知道上文学网读天下文章之后。想到这里，我还是要重复说过的话：我感谢美华论坛美东版主黄国辉先生（风中秋叶），没有他，我不知道美国有《美华文学》……就是这份论坛文缘，后来使我做了《美华文学》的读者，也成了受《美华文学》眷顾的作者。"①

网络与纸质相比的优势之一是，它的互动性更强。《美华文学》纸质版的作品在读者中引起反响，并将这种反响反馈到纸质版上，需要最少3个月的周期，有时甚至需要半年至一年。但是美华文学论坛就大大缩小了这种互动的周期，往往一部作品刚刚贴到论坛上，就会有许多的读者参与

---

① 李国参：《这棵树——闲话我与〈美华文学〉的因缘》，载《美华文学》2010年春季号。

评论，同时作者也可以及时地与读者进行互动，参与他们的讨论。另外与纸质版互动的规范化、严肃性相比，美华文学论坛上的互动交流就显得自由活泼多了，很多读者的评论往往只有寥寥几句话或者一两段，语言轻松活泼，言简意赅，切中要害。比如李国参的《酒鬼之死》、《死亡证之旅》、《祝祷》等在美华文学论坛上贴出之后，很快就引起了网友们的"围观"。

《美华文学》的网络化，顺应了时代发展的潮流，对《美华文学》杂志自身的发展产生了很大的影响。

一方面，极大地拓展了《美华文学》的受众群体。在网络版开设之前，《美华文学》虽也有部分销往大陆、香港以及世界其他各地，不过这部分的数量是极为有限的，它的大部分读者群体还是在美国。但是，《美华文学》推出网络版之后，由于网络的便利性和全球性，这一情况有了很大的改变，读者群的区域开始向大陆、香港以及世界其他各地迅速扩散。当我们考察《美华文学》论坛的四位版主时，他们各自的区域特征非常有意思，其中王明玉和曾宁在美国，冯新华在大陆，而艾华则在香港，这就相当于在大陆和香港设立了《美华文学》的分部，这种做法最明显的作用就是有利于大陆和香港读者在更短的时间内阅读到《美华文学》，同时也有利于大陆和香港的作者参与《美华文学》的创作。

另一方面，极大地丰富了《美华文学》的文学内容。虽然《美华文学》曾多次扩大版面，试着刊登多一点的文学作品，但是，作为纸质版，《美华文学》的版面篇幅始终是有限的，它不可能容纳太多的作品。但是，《美华文学》的网络化改变了这一状况，《美华文学》论坛不受版面篇幅的限制，网友和文友们只要有文章就可以上传到里面。加上网络更新频率快的特点，网友和文友们可以随时随地地在《美华文学》论坛上发表作品。所以我们发现，《美华文学》论坛一开张，就以惊人的速度和广度在虚拟空间迅猛发展，每天上传和更新的文学帖子成百上千，这对于纸质版来说是根本不可能发生的。

2006年《美华文学》纸质版停办，但其网络版却不但没有步纸质版的后尘，反而越办越红火。在纸质版停办的一年期间，《美华文学》网络版延续了《美华文学》杂志的生命，这也为2007年纸质版的复办奠定了基础、积蓄了力量，因而具有极为深远的意义。

第二节 《美华文学》的编者、作者和读者

编辑、作者和读者是期刊的三大主体，在期刊的发展过程中起着举足轻重的作用。对编辑、作者和读者这三大主体的研究，将有助于我们全面深入地了解期刊在经营发展过程中的许多深层次问题，比如期刊的美学面貌与编辑理念的关系、期刊的艺术品位与作者档次的关系、期刊的文学效应与读者群体的关系等等。

一 《美华文学》的编辑

《美华文学》从其前身《美华文化人报》1995 年创办至今已逾 15 年之久，15 年来，《美华文学》的编辑部组成人员也几经更改才形成现在这样一个面貌。在本节，我们将对《美华文学》发展史上编辑部几次较大幅度的人员更迭进行分析，并试图通过这种分析来勾勒出《美华文学》编辑部发展演变的一个过程。

1995 年 2 月《美华文化人报》创刊时，其编辑部组成人员如下表 5-1：

表 5-1　《美华文化人报》1995 年 2 月编辑部组成人员分工情况

分　工	姓　名
社　长	黄运基
主　编	刘子毅
副主编	老南、王性初
编　委	王智、王性初、老南、池洪湖、李又蕾、李士君、李文育、陈中美、张子宏、俞丽清、刘子毅、刘荒田、郑其贤
顾　问	李惠英、非马、纪弦、麦礼谦（以姓氏笔画为序）

1998 年 6 月《美华文化人报》改版为《美华文学》时，鉴于《美华文学》稿件容量上的大幅度扩充以及《美华文化人报》日益发展成熟，《美华文学》的编辑部组成人员进行了一些调整，如下表 5-2：

表 5-2　《美华文学》1998 年 6 月号编辑部组成人员分工情况

分　工	姓　名
社　长	黄运基
主　编	刘子毅

续表

分　工	姓　名
副主编	老南、王性初、郑其贤、穗青、李硕儒
编　委	王智、王性初、老南、李建华、李晓军、李硕儒、陈中美、黄健威、俞丽清、汤晶晶、郑其贤、刘子毅、刘荒田、穗青

根据上表5-2，我们可以发现，1998年6月调整之后的编辑部出现了三个大的变化：一是在老南、王性初和郑其贤（1996年2月增补为副主编）的基础上吸纳穗青和李硕儒两人进入副主编队伍，形成5人担任副主编的规模；二是编委在减少了池洪湖、李又蕾、李士君和李文育等4人之后，相应增加了李建华、李硕儒、穗青、黄健威和汤晶晶等5人，形成了14人的庞大编委队伍，这两项变化都是为了适应《美华文学》新形势发展的要求而作出的恰当调整，实践证明，这一调整极大地促进了《美华文学》向纵深方面发展；三是取消了顾问，在《美华文化人报》创办的三年时间里，请李惠英、非马、纪弦和麦礼谦等4位在美国华人世界具有很高威望和影响力的人士担任顾问，对《美华文化人报》在美国华人世界站稳脚跟并迅速发展起到了明显的作用，现在不再请这4人担任顾问，一方面是不想再过多地惊扰他们，另一方面也从侧面说明《美华文学》在自身的经营发展方面已经形成了自己一套成熟的经验和思路。

1999年11—12月号的《美华文学》编辑部在社长、主编、副主编和编委的基础上，增设责任编辑一职，并由新人程宝林担任。责任编辑的增设对《美华文学》的编辑思路产生了较大的变化，比如从这期的《美华文学》开始，我们在杂志上经常能看到"编后短评"或"编后小评"这样的小文章，这些文章篇幅大都在一两百字，多为程宝林撰写，有点类似于大陆《文艺报》、《人民文学》等大型刊物的"编者按语"。这些"编后短评"或"编后小评"因其篇幅的限制不一定说对所评析的文章有非常精到的见解，但是，它们却对读者阅读有很强的引导作用，同时通过这些"编后短评"或"编后小评"我们也能从中看出编辑的一些编辑理念、艺术偏好以及美学追求。

2004年秋季，《美华文学》开设网络版，为了适应这一发展，同年秋季号的《美华文学》增设"网页编辑"，并由新人王明玉担任。2004年冬，副主编老南去世，同年冬季号的《美华文学》增加刘荒田和程宝林为副主编，形成6人的规模，这一期还相应撤销了责任编辑。

2007年春，停刊1年后的《美华文学》纸质版复刊，复刊后的《美华文学》再次对编辑部进行调整，如下表5-3：

表5-3　《美华文学》2007年春季号编辑部组成人员分工情况

分　工	姓　名
特邀顾问	陈公仲、董乃武、黄万华、韩小蕙、金坚范、刘登翰、饶芃子、施建伟、熊国华、张炯（按姓氏汉语拼音字母顺序）
社　长	黄运基
副社长	王明玉
主　编	刘子毅
执行主编	程宝林、刘荒田
副主编	李硕儒、王性初、郑其贤
网页编辑	王明玉
编　委	程宝林、陈中美、黄健威、刘荒田、李硕儒、刘子毅、李晓军、王明玉、王性初、喻丽清、曾宁、郑其贤

这次调整有三个变化：第一，增设"特邀顾问"，由陈公仲、董乃斌、黄万华、韩小蕙、金坚范、刘登翰、饶芃子、施建伟、熊国华和张炯等10人担任，值得引起我们注意的是，这些"特邀顾问"均为大陆的一些高校或者科研机构研究海外华文文学的知名学者和教授，《美华文学》邀请他们担任顾问，显然是为了加强《美华文学》与大陆的联系，同时也有助于扩大《美华文学》在大陆尤其是大陆学术界的影响；第二，增设"副社长"，并由长期以来一直负责《美华文学》网络版的王明玉担任；第三，增设"执行主编"，并由原副主编程宝林和刘荒田担任。

2009年，《美华文学》编辑部进行了两次调整。第一次调整是在夏季号，对编委阵容进行大幅削减，由春季号的13人（程宝林、陈中美、达文、刘荒田、李硕儒、刘子毅、李晓军、王明玉、王性初、俞璟璐、喻丽清、曾宁和郑其贤）削减为5人（陈中美、俞璟璐、俞丽清、依林和曾宁），其中依林是第一次进入《美华文学》编辑部。依林，原名刘云，女，生于天津，童年在父母下乡的内蒙古乌兰布赫沙漠度过，之后辗转多地求学，曾旅居新加坡7年，现居美国加州。现任新加坡文艺协会理事、北美文心社旧金山分社社长、旧金山美华文协会员、北美华人作家协会会员、世界华人作家协会新加坡分会永久会员，文学创作以散文、小小说、古体诗词和论说文见多，作品常见于新加坡、美国和中国的报纸杂志。削减后的编委队伍有两个特征：一是年轻化，俞璟璐、依林和曾宁均为新移民，年富力强；二是以女性为主，除了陈中美是男性外，其他四位编委均为女性，这或许与她们业余时间更为富足有关。第二次调整是在秋季号，从这一期开始，增设"本期责任主编"，由美华文坛的知名作家轮流担任，2009年秋季号的责任主编是施雨，2009年冬季号的责任主编是黄国辉。

《美华文学》编辑部大致就是上文所描述的这样一个变化发展的过程，通过这一过程的描述我们不难发现，每一次编辑部的人员更迭无不与《美华文学》自身的发展密切相关，比如1998年6月副主编和编委阵容的扩充，再比如2004年网页编辑的增设，都是《美华文学》在新的形势下适应时代发展的明智举措。同时我们在考察编辑部的组成人员名单时，可以发现，这里面既有刘子毅、王性初、老南等大陆移民，也有纪弦、非马、俞丽清等台湾移民，既有黄运基等老移民，也有曾宁、俞璟璐等新移民，由此可看出《美华文学》是一份开放的刊物，是所有美华文学作家共同的园地。

二 《美华文学》的作者

作者对期刊的发展至关重要，一份文学刊物的文学内涵和文化内涵是否厚重，最终还是要看这份刊物是否发表了一些知名作家的知名作品。《美华文学》是一份开放的刊物，园地向所有的华文作家公开，来自世界各地的华文作家都可以给《美华文学》投稿。所以《美华文学》作者的区域特征十分复杂，除了美国本土的华文作者以外，还有来自加拿大等美洲国家、日本等亚洲国家、澳大利亚等大洋洲国家、比利时等欧洲国家的华文作者，当然也有不少来自中国大陆、香港和台湾的作者。

加拿大的著名华文女作家张翎，2002年和2005年曾在《美华文学》上发表多篇小说，如《警探查理逊》[1]、《女人四十》[2]和《玉莲》[3]等。发表《警探查理逊》的时候，张翎在世界华文文坛还没出名，这篇小说后来也成为张翎早期创作的一部代表作，由此可见《美华文学》的远见

---

[1] 张翎：《警探查理逊》，载《美华文学》2002年7—8月号。
[2] 张翎：《女人四十》，载《美华文学》2002年9—10月号。
[3] 张翎：《玉莲》，载《美华文学》2005年春季号。

卓识。《美华文学》还刊登过章平、虹影、林湄等欧洲知名华文作家的作品，比如林湄的小说《孤独者》①《小小的辫子》② 和《湖鱼》③，虹影的小说《虹影短篇小说二题》④《近乎恼怒的透明》⑤，以及章平的诗歌《我在想象的小溪追逐晨曦》⑥ 等等。中国大陆的作者在《美华文学》上占有不小的篇幅，他们的文章主要分为两大类，一是华文文学批评，二是华文文学创作。在《美华文学》上发表华文文学批评的大陆作者多为高校和科研机构的一些从事华文文学批评的学者和教授，比如张炯、饶芃子、邹建军、徐迺翔、洁泯、朱寨、张大明、董乃斌、潘亚暾、熊国华、戴翊、包明德、李葆琰、陈涵平、黄万华、刘登翰、施建伟、蒲若茜、陈公仲、刘俊等等；在《美华文学》上发表华文文学创作的大陆作者则有贾平凹、张抗抗、熊国华、洪三泰等。

《美华文学》大部分作者还是在美的华人、华侨。15 年来，《美华文学》刊发了在美几乎所有的华文作者的作品，比如纪弦、非马、黄运基、俞丽清、吴瑞卿、李芳兰、王智、吴玲瑶、张宗子、戈云、刘荒田、朱琦、严力、王瑜、王瑞芸、潘郁琦、宗鹰、展我、王性初、程宝林、陈瑞琳、陈中美、老南、穗青、郑其贤、阙维杭、李又蕾、陈大哲、梁瑛、招思虹，以及吕红、曾宁、邵丹、沙石、许培根、李国雄、梁应麟、马良萍、南鹏、黄新、高德蓉、张家修、谢为人、余洁芳、谭余、刘萍等等。这批作者队伍集中了美华文坛的老中青三代作家，其中既有已经在美华文坛赫赫有名的老诗人、老作家，比如纪弦、非马、黄运基等，也有当下美华文坛的中坚力量，比如刘荒田、王性初、陈瑞琳等，同时也包括一些刚刚进入美华文坛还没有出名的文学新人，比如谭余、刘萍等。

作为一份开放的文学刊物，《美华文学》有效地实现了作家之间的良性互动，这种互动包含两个向度，一是不同区域之间的作家的互动与交流，二是美华文坛作家之间的互动与交流。张翎、章平、虹影、林湄、熊国华等不同国家的华文作家在《美华文学》上发表作品，其意义绝不仅

---

① 林湄：《孤独者》，载《美华文学》1998 年 12 月号。
② 林湄：《小小的辫子》，载《美华文学》1999 年 1—2 月号。
③ 林湄：《湖鱼》，载《美华文学》1999 年 1—2 月号。
④ 虹影：《虹影短篇小说二题》，载《美华文学》2001 年 11—12 月号。
⑤ 虹影：《近乎恼怒的透明》，载《美华文学》2002 年 3—4 月号。
⑥ 章平：《我在想象的小溪追逐晨曦》，载《美华文学》1999 年 9—10 月号。

仅是支持《美华文学》发展的问题，更为主要的是他们各自把自己所在国的华文文学信息带到了《美华文学》这块园地上，并通过《美华文学》把这些信息传播到包括美国在内的世界其他国家和地区，为世界华文文学的发展和传播起到了积极的作用，同时，《美华文学》也通过这些华文作家把美国华文文学发展的最新信息带回到他们的所在国，为世界其他国家的华文作家和读者了解美国华文文学作出了贡献。

三 《美华文学》的读者

《美华文学》的读者也像作者一样，用"广泛"一词来概括应当是十分恰当的，也正是因为有这样一个广泛的读者群体，《美华文学》才能历经15年而不倒。但是，《美华文学》的读者还是有它的特殊性，这种特殊性主要表现为不同区域的读者身份和面貌很不一致。比如，美国的《美华文学》读者主要由两部分组成：一般读者和专业读者，所谓"一般读者"即普遍意义上的大众读者，他们购买或阅读《美华文学》并没有很严肃的目的，有的是为了在茶余饭后消磨时光，有的则是出于对华文文学的一份浓厚兴趣和独特感情；而"专业读者"主要是指一些科研机构和大学的关注华文文学的学者教授以及一些华文作家，他们购买或阅读《美华文学》，希望通过它来了解美国华文文学发展的最新动态。但是，美国之外的其他国家和地区的《美华文学》读者则相对较为单一，主要是专业读者，他们一般都是靠赠送的方式接触到《美华文学》。造成这种状况的原因很简单：美国之外的其他国家和地区的一般读者订阅《美华文学》有极大的困难。2004年《美华文学》开设网络版之后，这种状况有了很大的改变，许多美国之外的其他国家和地区的一般读者通过网络也能阅读《美华文学》。但是，《美华文学》在其他国家和地区的读者还是以专业读者为主，这种状况一定程度上限制了《美华文学》向世界其他华人生活的区域的传播和扩散。

除了上面介绍的读者个体之外，还有一类《美华文学》的读者也是应该引起注意的，那就是图书馆和文化机构。它们或许不能算是严格意义上的"读者"，但是，它们的背后却意味着一群未知的读者。15年来，美国和中国的多家图书馆和文化机构都购进和收藏这一杂志，程宝林曾在一篇文章中记载了这样两件事：

某天，编辑部接到芝加哥大学图书馆一封公函，要求购买全套的《美华文化人报》、《美华文学》。

某天，旧金山总图书馆寄来公函，请求编辑部赠送某一期的刊物给该馆，因为该馆所藏《美华文学》中，该期刊物被读者遗失。①

虽然《美华文学》不以盈利为目的，读者也无法成为《美华文学》的"衣食父母"，但是，广大的读者在《美华文学》十几年的发展过程中所起到的作用却是很大的。他们有的通过订阅《美华文学》的方式默默支持着《美华文学》的发展，有的则直接给予资金赞助来共同维持《美华文学》的日常经营，刘荒田在一篇文章中就介绍了这么一位读者：

其中一位叫黄汉中，是屋仑唐人街中餐馆贫寒的侍应生，差不多每次他和我见面，都掏出一百元来，托我转给《美华文学》，作为赞助。②

还有不少读者，以信件或公函的形式，对《美华文学》给予热情洋溢的肯定和鼓励。1996年2月，《美华文化人报》以编辑部的名义发表了一篇文章：《默默耕耘　期盼收获》，对《美华文化人报》创刊一周年进行总结。在谈到《美华文化人报》的影响时，文章选载了部分读者的来信：

上海《文学报》社长储大泓："《美华文化人报》不仅内容高尚，编校印刷等质量亦佳。"

《湖北日报》副社长傅赤斌："《美华文化人报》收到后，我认真读完了十六个版，从中感受到我们华侨不仅为美国创造了财富，建设了文明，确实向美国传播并创造了特有的文化——华侨文化。这是我们伟大中华民族的骄傲。"

上海俞宗鼎先生："《美华文化人报》版面清新，编版新颖，尤

---

① 程宝林：《十年辛苦不寻常》，载《美华文学》2005年春季号。
② 刘荒田：《"母亲啊，我正努力向您走来"——〈美华文学〉十年感言》，载《美华文学》2005年春季号。

以内容丰富,与一般报刊相比,独具一格,自胜一筹。"

《广州日报》文艺版《海内外》主任编辑林玉萍:"我细看了一下这份报纸,内容主要是叙述美国华人移民的生活与心声,描写他们生活搏斗之艰辛,诉说人世间的不平……可以说是一份华人写、写华人的报纸。"[1]

这些来信对正处于探索期的《美华文化人报》无疑是一种巨大的鼓励。《美华文化人报》在创刊一周年之际公开发表这些来信的部分内容,一方面,向广大的读者透露这样一个信息:《美华文化人报》不光在美国本土而且在中国大陆也引起了广泛的关注;另一方面,用文章中的话说,那就是"以为自勉"。

第三节 《美华文学》的发展与贡献

《美华文化人报》在创刊伊始,就开设了"纪实文学"(后改为"人物春秋")、"小说"、"散文"、"诗歌"、"评论"、"文讯"和"美术·摄影·书法"这样 7 个栏目,可以说,这 7 个栏目共同组成了《美华文学》的艺术格局,并且在多年的经营发展过程中逐渐建构了《美华文学》的总体美学面貌。

一 小说、散文与诗歌:百花园中的三株奇葩

小说、散文和诗歌是《美华文学》的三个重要内容,15 年间总计发表了 183 篇小说、697 篇散文和 1090 首诗歌(这里包括现代诗和古典诗词)。无论在量和质方面都可称得上是《美华文学》这方文学百花园里的三株奇葩。

(一)小说:双重经验的复杂叙事

小说是所有综合性文学期刊的头牌,《美华文学》也不例外,从《美华文化人报》创刊伊始,就开辟有"小说"栏目,刊载反映华人、华侨历史和现状的小说作品。

在《美华文学》发展的第一阶段,即《美华文化人报》运行的三年

---

[1] 《美华文学》编辑部:《默默耕耘 期盼收获》,载《美华文化人报》1996 年第 1 期。

期间，由于受到版面篇幅的限制，小说所占的份额并不是很大，每一期只刊登 1—2 篇小说，而且多为篇幅不长的短篇小说。

1998 年 6 月《美华文化人报》改版为《美华文学》之后，对杂志进行了一系列的改革，其中很重要的一项内容就是拓展小说版面的篇幅。

《美华文学》双月刊时期，每一期的小说版面大致都在 30 页，几乎占据了整个杂志版面篇幅的 1/3 还多（双月刊时期的《美华文学》一般为 70 页），同时，每一期《美华文学》刊登的小说数量也比《美华文化人报》时期有所增加，一般都在 3—4 篇。比如 1998 年 6 月号的《美华文学》，这一期的"小说"栏目从杂志的第 14 页至第 41 页总共 28 页的篇幅刊登了 3 篇小说，分别是黄运基的《狂潮》（长篇小说《异乡曲》第二部选载）、穗青的《双玉佩》（长篇小说选载）和老南的《廿年沧桑》（短篇）。

增加了小说本身的容量，开始刊登一些篇幅较长的短篇小说和中篇小说，并且连载或选载一些美华文坛的重要的长篇小说，这在《美华文化人报》时期是很少见的。从 1998 年 6 月开始，《美华文学》先后连载或选载了黄运基的《异乡曲》第二部《狂潮》的相关片段，以及穗青的《双玉佩》、《雾都之恋》、《金山有约》，程宝林的《美国戏台》等多部长篇小说，为繁荣和推动美华文坛的长篇小说创作起到了很好的作用。

开始注重"小说"栏目的经营和策划，比如 2000 年 11—12 月号就开辟"小说特辑"，设置"实验小说"、"长篇小说"、"短篇小说"和"中篇小说"四个小栏目，刊登了英雄美人等 7 位作家的 7 篇小说。以"特辑"的形式来重点推介某一体裁，这在《美华文学》发展史上是第一次，而且也只针对小说这一体裁，由此可见小说在《美华文学》上的重要性。

《美华文学》上的小说作者，大都拥有国内与海外双重生活经验，这一双重经验"构成了他们观察、思考和创作的一种'复眼'式的双重视域"。"中国故事的海外书写"是《美华文学》小说创作的一项重要内容。《美华文学》上的小说作家，大都有一段难忘或者特殊的国内生活经历，"尽管这些经历人各不同，或者通达顺畅，或者坎坷磨难，甚或只是平淡无奇，但在去国之后，都将成为他们不可磨灭的故国记忆。这是他们进入异邦的人生背景和重新出发的基础与起点，不仅证见着他们的族性血缘和文化身份，而且也是他们跨域的文学书写的素材和进入异邦社会的重要文化资源。他们往往是透过自己曾经拥有的这份人生经历和文化意识，来观察、辨识、体认、区分、比较和臧否异邦的人生和文化，从而一定程度地左右着他们融入异邦社会的心态和深度。"① 因而，《美华文学》上的小说作家大都热衷于讲述他们心目中的"中国故事"，而在大量的"中国故事"中，"文革"记忆、国内生活和中国历史传奇又是三块最主要的书写素材。15 年间，以此为素材的小说有很多，比如《泉变》②、《疯子》③、《我给新娘作傧相》④、《大学里的故事》⑤、《客来客往》⑥、《玉莲》⑦、《待嫁之身》⑧、《风吹过的桃花地》⑨ 等等。

"异国生活的真实表达"是《美华文学》小说创作的另一项重要内容。《美华文学》上的小说作家，除了大都有一段国内生活经验外，更为重要的是，他们都有国内作家没有的长期的海外生活经验，这种经验"不是那种由参观访问得来的浮光掠影的印象，而是真正融入自己血肉和心灵的真实人生的体验。尽管这份人生也各有不同，顺利或者坎坷，也不管他们是投入还是抗拒，喜悦还是怨艾，这都构成他们新的人生内容和新的文化体验"⑩。这些"新的人生内容"和"新的文化体验"反映到小说创作中，就出现了大量迥异于国内作家创作的作品，例如《天堂梦》⑪、《西非情人》⑫、《淋浴》⑬、《警探查理逊》⑭、《窗帘后边的考夫曼太太》⑮、

---

① 刘登翰：《双重经验的跨域书写——美华文学研究的几个关键词》，载《文学评论》2007 年第 3 期。
② 林砾子著，载《美华文学》2002 年 3—4 月号。
③ 陈善熏著，载《美华文学》2007 年秋季号。
④ 沙石著，载《美华文学》2007 年秋季号。
⑤ 吴亦农著，载《美华文学》1999 年 1—2 月号。
⑥ 张立勇著，载《美华文学》2003 年春季号。
⑦ 张翎著，载《美华文学》2005 年春季号。
⑧ 邵丹著，载《美华文学》2007 年春季号。
⑨ 英雄美人著，载《美华文学》2000 年 11—12 月号。
⑩ 刘登翰：《双重经验的跨域书写——美华文学研究的几个关键词》，载《文学评论》2007 年第 3 期。
⑪ 郑其贤著，载《美华文学》1999 年 11—12 月号。
⑫ 王安妮著，载《美华文学》2001 年 9—10 月号。
⑬ 郭花著，载《美华文学》2001 年 9—10 月号。
⑭ 张翎著，载《美华文学》2002 年 7—8 月号。
⑮ 沙石著，载《美华文学》2004 年夏季号。

《祝祷》① 等等。

（二）散文：人类精神的实现方式

《美华文学》编辑部历来都十分重视对"散文"栏目的经营和策划，15年来，不管其他栏目发生怎样的变化，"散文"栏目每一期都基本保持6—7篇的数量。这一稳定性一方面反映了"散文"稿源的充足，另一方面也透露出《美华文学》编辑部对散文的重视。能反映这一特点的还有一个非常重要的案例，那就是《美华文学》对"作家专辑"的策划。从1998年12月号开始，《美华文学》几乎每一期都开辟一个"作家专辑"，重点介绍美华文坛著名作家的华文文学作品，到目前为止总共开设了包括俞丽清、非马等在内的几十位美华作家的作品。虽然也有一些小说作家的专辑，如"王渝超短篇小说小辑"（2001年11—12月号）、"严力中短篇小说小辑"（2002年3—4月号）、"李国参小说专辑"（2008年春季号），以及一些诗人的专辑，如"地球的痛——江天生态环境诗小辑"（2000年7—8月号）等等，但是，大部分还是散文作家的散文专辑，比如"刘荒田随笔专辑"（1999年1—2月号）、"阙维杭随笔专辑"（1999年7—8月号）、"夏小舟散文小辑"（1999年9—10月号）、"俞丽清散文专辑"（1999年11—12月号）、"吴玲瑶散文小辑"（2000年3—4月号）、"朱琦散文随笔小辑"（2000年7—8月号）、"吴瑞卿散文小辑"（2000年9—10月号）、"张宗子散文随笔小辑"（2001年1—2月号）、"程宝林新闻题材随笔小辑"（2001年1—2月号）、"刘云云散文随笔小辑"（2001年5—6月号）、"郑建青散文随笔小辑"（2002年1—2月号）、"李硕儒散文近作小辑"（2002年5—6月号）、"王瑞芸散文小辑"（2002年7—8月号）、"潘郁琦散文小辑"（2002年11—12月号）、"曾宁（伊人）散文小辑"（2003年秋季号）、"陈瑞琳散文专辑"（2004年冬季号）等等。由此可看出《美华文学》编辑部对散文的重视以及他们在经营"散文"栏目过程中所做的努力。

总体来看，15年来《美华文学》上的散文根据取材的不同可划分为以下三类：

第一，以描绘自然景致为主的游记散文。就描写对象的地域而言，15年来《美华文学》上的游记散文主要分为两类：一是记述中国游的见闻

---

① 李国参著，载《美华文学》2008年春季号。

和感受的文章，如《香港的黎明》①、《归游祖国还老家》②、《青藏见闻——怎么走向西藏》③、《长白山，非常中国》④、《凤凰游记》⑤、《江西的山水与人情》⑥等等；二是记述海外游尤其是美国游的见闻和感受的文章，如《来去蒙大拿》⑦、《佛罗里达州迪斯尼乐园纪游》⑧、《纽约，纽约》⑨、《萍水相聚似相识——欧游杂记》⑩、《蒲甘落日——缅甸纪行之一》⑪、《北欧风情画之：圣诞中的瑞典》⑫等等。

《美华文学》上的许多游记散文，没有局限在简单的记录所见、所闻、所感的审美层次，而是试图通过所思，突破审美进入审智，在哲思中实现物我两忘。例如朱琦的《窗对沧海》⑬，面对海的无边无际，朱琦与海进行了一番对话："面对着大海，还有什么理由把渺小人生的细微琐事纠缠在心头？寄蜉蝣于天地，渺沧海之一粟，纵然是登高望远，视力所及也十分有限，但心胸和情怀可以大些。人在宇宙间小如沙粒，却愿我的心广阔如海。我顿然间明白，我为什么要住在海边，为什么这样的喜欢看海了。"⑭ 从审美到审智，朱琦最终实现了与海的同一。

第二，以探讨中美文化为主的文化散文。北美的华文作家，无论是新移民还是老移民，远离自己的文化原乡，从远古的东方来到新奇的西方，站在两种文化的边缘上，首先要面对的就是如何去调适自己的文化视角并进而建构自己新的文化人格。对此，陈瑞琳在一篇文章中曾敏锐地谈到："相当一部分作家更多倾向于正面迎接西方文化的挑战与移植，他们的精神特征更突出地表现为告别乡愁，纵身跳入异质文化的勇敢；另一批作家

---

① 黄运基著，载《美华文化人报》1997年第4期。
② 陈中美著，载《美华文学》1999年11—12月号。
③ 金秀娟著，载《美华文学》2001年7—8月号。
④ 吴瑞卿著，载《美华文学》2002年1—2月号。
⑤ 李晓云著，载《美华文学》2003年秋季号。
⑥ 施雨著，载《美华文学》2009年秋季号。
⑦ 许培根著，载《美华文化人报》1996年第3期。
⑧ 黄天冒著，载《美华文化人报》1996年第3期。
⑨ 王智著，载《美华文化人报》1998年第2期。
⑩ 展我著，载《美华文学》1999年7—8月号。
⑪ 韩小蕙著，载《美华文学》2002年11—12月号。
⑫ 柳旭凯著，载《美华文学》2005年秋季号。
⑬ 载《美华文学》2000年7—8月号。
⑭ 朱琦：《窗对沧海》，载《美华文学》2000年7—8月号。

则是冷静地回首，重新审视自己与生俱来的文化母体，从而在新的层面上进行中西方的文化对话，这类作家的精神特征更多地表现为理性的反思与回归。"① 如 2000 年《美华文学》7—8 月号刊登的朱琦的一组"重读千古英雄系列"散文：《悲情帝王》、《东坡的境界》、《杜甫草堂》和《人肉包子与座上客》；2005 年《美华文学》秋季号刊登的笑波的一组杂文：《武侠文化刍议》、《真实与荒诞》、《马屁文化》、《什么形象？》和《你是什么精英？》；1999 年《美华文学》7—8 月号刊登的阙维杭的一组散文：《美国节庆文化一瞥》、《美国也有"人来风（疯）"》、《美国人也喜欢"敲瓦片"》、《休闲时尚解放"西装族"》和《消失的隐私权》等。

  第三，以描摹人物、抒发情感为主的其他散文。15 年来的《美华文学》还有一类散文，它既不描绘美丽的自然景致，也不探讨深刻的文化话题，而是把关注的焦点放在人和人的情感，于是就产生了大量以描摹人物或抒发情感为主要内容的优秀散文。记人的散文《美华文学》上有很多，比如王智的《太公》②、《都宾太太》③，戈云的《纪弦其人》④，刘荒田的《荒田二友》⑤、《眉公外传》⑥，夏小舟的一组"中国的女人"系列散文：《北京的女人》、《四川的女人》、《上海的女人》和《湖南的女人》⑦ 等等。15 年来的《美华文学》上的抒情散文也不少，比如亲情方面，有横水（即刘子毅）的《W3 病室》⑧、展我的《果酒醇香亲情浓》⑨、廖文伟的《父亲的身影》⑩ 等；写友情的，有陈雪丹的《纯诗的境界——与美国女诗人柔丝玛丽的交往》⑪、老竹的《忆路斯兄》⑫、黄运

---

  ① 陈瑞琳著：《横看成岭侧成峰——北美新移民文学散论》，成都时代出版社 2006 年版，第 111 页。
  ② 载《美华文化人报》1996 年第 1 期。
  ③ 载《美华文化人报》1997 年第 5 期。
  ④ 载《美华文化人报》1996 年第 1 期。
  ⑤ 载《美华文化人报》1997 年第 4 期。
  ⑥ 载《美华文学》1999 年 11—12 月号。
  ⑦ 载《美华文学》1999 年 9—10 月号。
  ⑧ 载《美华文化人报》1996 年第 3 期。
  ⑨ 载《美华文学》2000 年 1—2 月号。
  ⑩ 载《美华文学》2000 年 5—6 月号。
  ⑪ 载《美华文化人报》1997 年第 4 期。
  ⑫ 载《美华文学》1998 年 12 月号。

基等的纪念老南系列散文①等；写爱情的，有书兰的《不寄的情书》②、冰花的《做你的妻子是最美的诗》③ 等；写乡情（乡愁）的，有郑建青的《记忆的淡云——郑建青怀乡散文三题》④、振子的《乡愁》⑤ 等。

15年来《美华文学》上比较突出的散文作家有很多，比如王鼎钧、刘荒田、张宗子、俞丽清、吴玲瑶、吴瑞卿、潘郁琦、陈瑞琳等等。他们的散文作品，始终把自己对外在世界和内心世界的体验与表现置于真实的天平上，通过具有散文美的语言形式，诗意地表现了人的生存状态和心灵状态。

（三）诗歌：灵魂的倾心告白

《美华文学》上的诗歌创作主要包括两个方面，一是现代诗创作，二是古典诗词创作。

《美华文学》从其前身《美华文化人报》1995年创刊至2009年，总共出版了72期，累计发表了160多位作者的600多首现代诗。其中，有10位诗人发表的诗歌超过10首，他们分别是王性初（44首）、非马（32首）、熊国华（28首）、郑建青（23首）、周正光（16首）、江天（14首）、鲁鸣（13首）、远方（13首）、少君（12首）、纪弦（11首）等。根据这个粗略的划分，从代际特征来看，一方面，作为中生代诗人的代表，王性初、郑建青、周正光、鲁鸣、远方、少君等发表的诗歌比重较大，可以说是《美华文学》"诗歌"栏目的中坚力量；另一方面，作为老诗人的代表和早在20世纪90年代就已成名的代表，纪弦和非马也发表了为数不少的诗歌，有力地支撑着《美华文学》"诗歌"栏目的发展。从区域特征来看，海外诗人尤其是美华诗人，是《美华文学》"诗歌"栏目的主要作者，但是，《美华文学》"诗歌"栏目也刊登了诸如熊国华、江天等中国大陆诗人相当数量的诗歌，特别引人注意的是，《美华文学》2002年7—8月号、2004年冬季号和2005年夏季号分别开辟"大地诗章：城市与乡村的歌谣——荆楚在线'荆门文坛'网络诗选"、"佛山市作家联展"和"潍坊市作家作品专辑"专栏，登载来自湖北荆门、广东佛山和

---

① 载《美华文学》2005年春季号。
② 载《美华文学》1999年9—10月号。
③ 在《美华文学》2008年冬季号。
④ 载《美华文学》2002年5—6月号。
⑤ 载《美华文学》2003年冬季号。

山东潍坊三座中国大陆城市几十位作家的 54 首现代诗，对于促进美华诗人与中国大陆诗人的相互了解与交流起到了重要的作用。

在中国大陆，从事古典诗词创作的人已经不多，而且发表的园地也极为稀缺，古典诗词几乎已在综合性文学刊物上绝迹；然而在美华文坛，不光创作古典诗词的人很多、相关的文学活动较为活跃，而且诸多的文学刊物都刊登或多或少的古典诗词。就《美华文学》来讲，其对古典诗词的重视丝毫不亚于现代诗：一方面，15 年来总计刊登了 450 多首古典诗词，几乎每一期的《美华文学》都刊登有相当数量的作品；另一方面，《美华文学》也十分重视对古典诗词发表的经营与策划，15 年间，策划刊登了多次"古诗词专辑"及"古诗词作家专辑"，如 1996 年，《美华文化人报》就在其 2 月号、10 月号和 12 月号策划出版了 3 期"古诗词"专辑，集中刊登了 43 首古典诗词，再如多次集中刊登陈中美、周正光等诗词名家的"古诗词选辑"、"近作"和"新作"。15 年来，在《美华文学》上发表古典诗词的作者有 60 多位，其中陈中美、周正光、黄乙权、伍郁仕、觉虹、黄荣秋、许培根、欧立干、马锦活、张家修、远方和陈济潮等是出现频率较高的 12 位。这些作者在年龄上有一个显著的特征：以中老年为主，极少年青一代，这在某种程度上反映了当前美华文坛古典诗词创作趋于老龄化的现象。尽管如此，15 年来《美华文学》上的古典诗词创作仍然取得了巨大成就，除了创作成果丰富之外，在艺术上也呈现出传统性、丰富性与时代性并存的特征，既有古典体格，又不失现代气韵。

《美华文学》能够在华语诗歌创作陷入困境的情况下坚持开设"诗歌"栏目发表现代诗和古典诗词，并且在 15 年间不放松对这一栏目的经营策划，是值得称颂的。《美华文学》通过其"诗歌"栏目鼓励了许多陷于困境的诗人和对诗歌前景怀有悲观主义想法的读者，这为本来已经不是很乐观的美国华语诗坛注入了一些希望。

二 传记文学与评论：敢与奇葩争奇斗艳

"传记文学"和"评论"是《美华文学》艺术格局的重要组成部分，15 年来也取得了很大的发展和不小的成绩。

（一）传记文学：海外名贤的传奇

在《美华文学》发展史上，并没有特别开设"传记文学"栏目，但是，《美华文学》一些栏目所刊登的文章却属于"传记文学"的范畴，因而也可以说,《美华文学》自创刊以来就一直存在一个隐性的"传记文学"栏目。这一栏目与"小说"、"散文"、"诗歌"等栏目很大的一个区别就是,它并不是一成不变的,而是经历了一个发展变化的过程,简言之就是"纪实文学"阶段、"人物春秋"阶段和"美华作家访谈录"阶段。

早在《美华文化人报》时期,就开设了"纪实文学"栏目,刊登一些人物通讯和历史故事,比如三年间曾发表过刘子毅的《铜鼓涛声——孙中山委任陈宜禧为筹办铜鼓商埠委员的故事》[1]、李芳兰的《逃出北平古城》[2] 以及以"本报记者"名义发表的《有兰谷自香——记西北太平洋区成衣纺织联合工会经理关少兰》[3] 和《丁绍光与云南》[4] 等文章。

1998年6月改版《美华文学》后,编辑部对原来的"纪实文学"栏目也进行了全新的改版:一方面,将"纪实文学"更名为"人物春秋",更加凸显"传记文学"的属性;另一方面,在内容上更加侧重于展现当代美国杰出华裔人士的传奇经历和辉煌成就,多年来向读者介绍了许多在美的知名华人华侨,比如 AME 公司总裁张海明伉俪[5]、俄亥俄大学图书馆馆长李华伟博士[6]、芝加哥大学钱存训教授[7]等等。此为"人物春秋"阶段,这一阶段无论是介绍的人物还是文章本身都具有很高的水准,有许多难得的优秀之作。

2007年《美华文学》纸质版经历一年的停刊之后又复刊,复刊后的《美华文学》其"传记文学"栏目又发生了一个变化,即开辟"美华作家访谈录"栏目。这一栏目由纵横大地论坛和《美华文学》杂志共同经营,在2007年秋季号第一次开辟这一栏目的时候,对"美华作家访谈录"栏目进行了一个说明:

---

[1] 载《美华文化人报》1995 年第 5 期。
[2] 载《美华文化人报》1997 年第 2、3、4 期。
[3] 载《美华文化人报》1996 年第 5 期。
[4] 载《美华文化人报》1997 年第 4 期。
[5] 宗鹰:《科技攀高显英雄 企业开拓永卓越——圣地亚哥访 AME 公司总裁张海明伉俪》,载《美华文学》1998 年 10 月号。
[6] 吕红:《跨越时空的追寻与奉献——记俄亥俄大学图书馆馆长李华伟博士》,载《美华文学》1999 年 1—2 月号。
[7] 宗鹰:《居高声自远 红霞尚满天——芝加哥大学钱存训教授专访》,载《美华文学》2000 年 5—6 月号。

关于纵横大地论坛及美华作家专访：

纵横大地（www.Cross-Land.Net）是一个以文学原创和东西方文化交流为主旨的华文原创网络论坛。大地崇尚健康、乐观、自由、公正的创作立场；鼓励自然、简洁、清新、深刻、百花齐放的创作风格；坚持互益、务实的发展原则。自2004年11月在美国加州创办至今，注册网友过千名，已成为海内外文学爱好者以文会友、温馨交流的一个精神家园。

大地论坛，于2006年初，开始在其文学评论的第三只眼栏目陆续以采访的形式介绍了一批活跃于海外华文文坛的华文作家，在美华文坛反响热烈。在此纵横大地论坛也特别感谢《美华文学》杂志愿意在此特开辟专栏进行一一介绍。[1]

"美华作家访谈录"栏目的开设意味着"传记文学"栏目的又一转向：它开始更加注重介绍美华文坛的著名作家，同时这也意味着《美华文学》在经营策划方面的一个重要转向：开始引入或借助其他力量来参与《美华文学》的经营策划，这是2007年复刊后的《美华文学》值得引起研究者注意的一个重要方面。此为"美华作家访谈录"阶段，这一阶段先后介绍了黄运基[2]、非马[3]、王性初[4]等10多位美华文坛的著名作家，为广大的美华文学读者了解美华文学作家提供了一个很好的窗口。

就传记对象而言，15年来《美华文学》上的传记文学都是在为优秀人物立传，而这些优秀人物按照地域又可分为两类：一是国内的优秀人物，比如陈梦因[5]、无名氏[6]、秦牧[7]、柏杨[8]、齐白石[9]等等；二是海外

---

[1] 载《美华文学》2007年秋季号。

[2] 秋尘：《纵横大地专访：黄运基的心迹和足迹》，载《美华文学》2007年秋季号。

[3] 小平：《纵横大地专访：非马的诗歌艺术世界》，载《美华文学》2008年春季号。

[4] 小平：《纵横大地专访：诗人王性初"婉约朦胧水样春愁"》，载《美华文学》2009年春季号。

[5] 吴瑞卿：《家翁》，载《美华文学》1998年6月号。

[6] 李硕儒：《无名氏生涯记略》，载《美华文学》1998年8月号。

[7] 南陀：《岭南云横忆秦牧》，载《美华文学》2000年7—8月号。

[8] 熊国华：《柏杨，穿越八十年人生风雨》，载《美华文学》2000年9—10月号。

[9] 西北平原：《我就是父亲背上的那只"小鸡"——齐良末深情忆父齐白石》，载《美华文学》2003年春季号。

尤其是旅美的优秀华人华侨，比如熊秉明、程抱一、麦礼谦、丁绍光、张云乔、黄运基、非马、张海明伉俪、曹树堃等等，这些优秀的华人华侨主要来自以下四个领域：书画界、文学界、教育界和工商界。总体而言，为海外的优秀华人华侨树碑立传是《美华文学》上的传记文学最重要的主题。

虽然15年来《美华文学》上的传记文学在艺术上尤其是在写人方面有许多值得肯定的地方，但客观而论，许多的作品也存在一定的不足。首先，许多传记文学作品并没有很好地把握好"讴歌"的尺度，不少的作家一味地讴歌，这就使得不少的作品出现可信度受损的问题。过度讴歌带来的另一个问题是片面的真实，作家们在塑造人物的时候有意无意地忽略了人物本应该有的缺点，而把他们塑造成了缺乏立体感、扁平化的人物。

(二) 评论：多维视野的理论观照

文艺评论也是《美华文学》的重要内容，早在《美华文化人报》创刊的时候就开设了"评论"栏目，经久不断，15年来总计刊登了360多篇评论文章。

《美华文学》的"评论"主要包括两块内容，一是文学评论，比如《刘荒田散文的审美特征》[1]、《崛起在多元美国华文文坛的"草根文群"》[2]、《海外移民文学视点：文化属性与文化身份》[3] 等等，这是"评论"栏目最主要的内容，还有一块内容是艺术评论，主要是对音乐、美术、书法等其他艺术形式做的分析和批评，如《异彩纷呈的中国钢琴曲》[4]、《醉云书法面面观》[5]、《多彩的音符——旅美画家甘锦奇的油画》[6] 等等。批评家多年的经营已经在美华文坛形成了一块批评的高地。

除了一般意义上的"评论"之外，在《美华文学》上还存在着一些具有"评论"性质的"小方块"，它们散落于《美华文学》的各个角落，

---

[1] 熊国华：《刘荒田散文的审美特征》，载《美华文学》1998年8月号。
[2] 宗鹰：《崛起在多元美国华文文坛的"草根文群"》，载《美华文学》1998年12月号。
[3] 吕红：《海外移民文学视点：文化属性与文化身份》，载《美华文学》2005年冬季号。
[4] 黄登辉：《异彩纷呈的中国钢琴曲》，载《美华文化人报》1997年第2期。
[5] 陈源衍：《醉云书法面面观》，载《美华文化人报》1997年第4期。
[6] 乐胜利：《多彩的音符——旅美画家甘锦奇的油画》，载《美华文学》2007年冬季号。

篇幅短小，没有非常完美的结构，有的也只是零星的点评和体悟，但是它们却在一些方面或从一个角度为我们解读作品提供了许多的启发，这就是诸多的篇幅短小的"编后短评"、"编后小评"和"按语"，它们往往起的是向读者推介或者引导读者阅读的功能。《美华文学》2000年1—2月号在刊发"人物春秋"《名人二题》之后，刊登了一则"编后短评"，阐发编辑对这篇文章的看法，这是《美华文学》自创刊以来第一次刊发"编后短评"；同一期，在散文《果酒醇香亲情浓》之后也刊发有"编后短评"。从此，《美华文学》的编辑经常在一些优秀的或具有探索性质的作品背后刊登"编后短评"或"编后小评"，以对作品进行推介。比如《美华文学》2000年3—4月号在刊发"鸟之诗小辑"之后，刊发了"编后小语"；《美华文学》2000年5—6月号在刊出"女孩走天下"之后，刊发了程宝林的"编后短评"；《美华文学》2000年11—12月号在"实验小说"《风吹过的桃花地》之后刊发了编辑程宝林的简短评论"展示凄绝之美的寓言"；《美华文学》2002年11—12月号在刊发完伊人的小说之后，刊载了编辑亦草的短评，同期，在刊发完陈薇的新诗之后，也刊载了编辑亦草的编后短评等等。"按语"方面，则有：《美华文学》2007年冬季号在刊发怀宇的小说《带你去看粉牡丹》时，刊发了执行主编刘荒田的一则按语，这则"按语"包含两方面的内容，首先是对小说的作者怀宇进行介绍，其次是指出《带你去看粉牡丹》这篇小说的两个优异之处："关于本文，有二特别优异之处，一是叙述手段的丰富与自然，二是艺术修养的全面与深厚"；而《美华文学》2009年冬季号"美华论坛作品精选专辑"每一篇作品前都配有编者的一则"按语"。

《美华文学》上的文学评论主要包括两大块内容：一是对美华本土文学的理论观照；二是对世界华文文学的宏观探讨。

对美华本土文学的理论观照，包括对本土作家、作品、文学现象等的解读。《美华文学》十分注重培养本土作家，不仅刊发了大量本土作家的优秀作品，而且还组织相关文章对其进行评述解读。15年来，《美华文学》"评论"栏目关注的美华本土作家主要有：刘荒田、黄运基、周正光、果风、纪弦、老南、宗鹰、招思虹、李硕儒、非马、少君、刘子毅、王性初、夏小舟、王渝、吕红、安黎、曾宁、穗青、阙维杭、李兆阳、王鼎钧、怀宇、李国参、沙石、施雨、陈善壎等等，尤其是刘荒田和黄运基，"评论"栏目刊发了大量文章对他们的作品进行解读，宗鹰的《崛起在多元美国华文文坛的"草根文群"》[1]、黄万华的《"黄金"国度里的"草根"文学》[2]；史星的《移植之树常青——华文文学的定位和旧金山华文作家群》[3]、王性初的《美国西部华文文学淘金者——旧金山华文作家群》[4]、郑心伶的《"流萤文群"速写——金山文谭之一》[5]等文章，解读了美华文坛的"草根文群"及其文学创作，以及出现在旧金山的华文作家群。《美华文学》"评论"栏目对美华本土文学的理论观照，在培养本土作家、弘扬本土文学方面起到了很大的积极作用，它使更多的读者了解了美华作家及其文学创作。

对世界华文文学的宏观探讨也是《美华文学》"评论"栏目的一项重要内容，15年来刊发了许多极有分量的理论文章，比如黄万华的《变动不居：20世纪华文文学的文化态势》[6]、《20世纪华文文学整体观：共生、多元、互动》[7]、《"在旅行中""拒绝旅行"——华人新世代作家和新华人华侨作家的初步比较》[8]、刘登翰的《北美华文文学的文化主题及与二十世纪中国文学的关系》[9]、《命名、依据和学科定位——试论中国大陆关于华文文学研究的几个问题》[10]、陈瑞琳的《"从花果飘零到落地生根"——从留学生文学到移民文学探踪》[11]、饶芃子的《拓展新世纪的新思路——在第十二届世界华文文学国际学术研讨会上的致词》[12]、蒲若茜的《海外华人文学发展及研究的新景观》[13]等。这些文章虽然是从宏观的角度对整个世界华文文学的态势进行理论阐释，但对美华文学作家了解华文文学界的历史和现状有重要的参考价值，对他们的创作也有一定的指导

---

[1] 载《美华文学》1998年12月号。
[2] 载《美华文学》2000年9—10月号。
[3] 载《美华文化人报》1997年第6期。
[4] 载《美华文学》1998年12月号。
[5] 载《美华文学》2000年11—12月号。
[6] 载《美华文学》2000年1—2月号。
[7] 载《美华文学》2000年7—8月号。
[8] 载《美华文学》2003年秋季号。
[9] 载《美华文学》2000年1—2月号。
[10] 载《美华文学》2003年秋季号。
[11] 载《美华文学》2001年1—2月号。
[12] 载《美华文学》2003年夏季号。
[13] 载《美华文学》2003年夏季号。

作用。

三 《美华文学》与北美华文文学的传播

在《美华文学》创刊之前,美华文学的传播媒介主要是《世界日报》、《星岛日报》等中文报纸开设的诸多文学副刊,以及少量的中文网站,由于受到版面和报纸经营策略等的限制,中文报纸副刊对美华文学的传播起到的作用较为有限,特别是小说的传播受到较大的限制,至于少量的中文网站,由于其时正处于起步阶段,其影响还远不能与当下的网络相比。1995年《美华文化人报》创刊之后,作为第一份纯华文文学刊物,《美华文化人报》优化了美华文学的传播生态,在中文报纸副刊、中文网络之外又增添了一种新的美华文学传播媒介,为美华作家提供了一个全新的发表园地,对促进美华文学的传播尤其是旧金山作家群和草根文群的作品的传播起到了重要的作用。刘子毅在纪念《美华文学》创刊十周年的一篇文章中就曾谈道:"在《美华文学》的周围,以黄运基社长为领头人,涌现了一个与'留学生文学'、'台港文学'迥然有异的北美'新移民'之'草根文群',他们是来自大陆的刘荒田、王性初、程宝林、陈瑞琳、陈中美、阙维杭、郑其贤、老南、宗鹰、展我、穗青、沙石、吕红、曾宁、招思虹、邵丹、许培根、李国雄、梁应麟、马良萍、南鹏、黄新、高德蓉、张家修、谢为人、余洁芳等。他们以劳养文,在艰苦打工谋生之余,孜孜不倦地写作,他们的作品已有不同程度的影响。"[①] 他们作品的不同程度的影响,可以说,有赖于《美华文学》长期以来为他们提供了一方宝贵的发表园地。

《美华文学》创办的前几年,黄运基每期都要花费不少的邮寄费往中国大陆寄赠,后来,他以及《美华文学》的主编、副主编们也都利用各种回国的机会自带大批《美华文学》回国送赠。这一举动客观上扩大了《美华文学》杂志及其文学在中国大陆尤其是华文文学研究界的影响,同时也为美华文学在大陆的传播提供了一个窗口。2004年,《美华文学》开设网络版,为大陆及其他地区的读者阅读《美华文学》提供了极大的便利,越来越多的人开始通过《美华文学》杂志了解美华文学。另外有一

---

① 刘子毅:《十年树木　花繁果鲜——〈美华文学〉创刊十周年絮语》,载《美华文学》2005年春季号。

个现象也值得引起注意，那就是《美华文学》刊登的作品有不少被大陆和香港的知名刊物转载，比如《人民文学》、《文学报》、《四海》、《红岩》、《山花》、《参考消息》、《深圳特区报》、《羊城晚报》、《广州日报》、《珠海特区报》、香港《华人》、《香港文学报》等文学杂志和报纸副刊都曾转载过《美华文学》的作品，这种"转载"除了促进了美华文学的传播之外，还参与了美华文学作品经典化的过程。

经过长期不懈的努力，围绕《美华文学》杂志已经形成了一个崭新的文学圈子，这个圈子的主体是美华作家，同时也包括加拿大、荷兰、比利时、澳大利亚、日本、中国香港、中国台湾以及大陆等国家和地区的众多华文作家。这些作家依托《美华文学》杂志聚拢在一起，密切了联系，加深了彼此之间的友谊。宗鹰和展我在一篇纪念文章中就曾谈道："远在美国中北部的我们，通过这纽带（《美华文学》），与大批作家神交面聆，与俞丽清、吴玲瑶等诸位大姐等也有机会见面。还有纽约、洛杉矶等一些作者也加入行列。我们多次回国，见到许多国内的作家、学者，他们与不少美华作家的联系也得助于《美华文学》洞开的窗口。"① 风中秋叶在一篇文章中也讲述了他通过《美华文学》编织的友情："文字创造文化，文字也编织友谊。在美华，我有幸结识文字大家刘荒田、陈善勋、江南；文评高手文刀、翎翅、依林；旧体诗词好手邓治、小土豆、终极关怀；新诗好手野莓子、夏朵儿、水墨安静；书画家南亭、萧泉、白河山鹰；还有一顶一的回文诗捷才红缨枪，虽说是文字之谊，可文字背后何曾缺了友情交流？"②

15 年来，《美华文学》刊登了熊国华、洪三泰、贾平凹、张抗抗、罗沙、江天、小叶秀子等大陆作家的许多作品，特别值得关注的是，《美华文学》还曾开设"大地诗章：城市与乡村的歌谣——荆楚在线'荆门文坛'网络诗选"（《美华文学》2002 年 7—8 月号）、"佛山市作家联展"（《美华文学》2004 年冬季号）、"潍坊市作家作品专辑"（《美华文学》2005 年夏季号）、"山东《新潮》杂志同仁作品集"（《美华文学》2005 年夏季号）和"广东江门侨乡作家作品专辑"（《美华文学》2005 年冬季

---

① 宗鹰、展我：《苑情园思话十年》，载《美华文学》2005 年春季号。
② 风中秋叶：《无尽的愉悦——献给 15 岁的〈美华文学〉》，载《美华文学》2010 年春季号。

号）等数个专辑，集中刊登介绍了几十位中国大陆作家的作品，这一举措，一方面有助于美国华人了解中国大陆文坛的信息，另一方面也促进了中国文学与美华文学的交流。

四 《美华文学》与北美华文文学的发展

2010年，《美华文学》创刊十五周年，美华作家宗鹰和展我曾赋诗一首："抒怀叙实，说古道今，谈文论艺，多彩多姿。硕果累累，佳品连连，赏研窗口，海外奇葩。"① 这几句诗简要地概括了《美华文学》所取得的文学成就。

首先，《美华文学》记录了在美华人的艰辛，推动了美华文坛的发展。

早在《美华文化人报》创刊时，就曾庄重地声明："我们最大的期望，除了以文会友外，更要通过多样化的文艺形式——小说、诗歌、散文、戏剧、评论、报告文学等等，从广度和深度上反映华侨文化，反映华侨、华人今昔创业的轨迹。"② 综观15年间《美华文学》上的所有创作，可以说，实现了《美华文学》同仁们当初的"期望"。

在《美华文学》上发表的黄运基、老南等人的小说中，刘荒田、陈瑞琳等人的散文中，王性初、郑建青等人的诗歌中以及宗鹰、刘子毅等人的传记文学中，能够深深地感受到华侨、华人今昔创业的艰难和他们在海外奋斗的艰辛，这些作品为日后研究在美华人的历史保留了一份珍贵的文字资料。

《美华文学》15年发展的历史，刚好也伴随着美华文学由"留学生文学"向"新移民文学"转型以及"新移民文学"不断壮大的过程。15年来，《美华文学》始终是广大新移民作家重要的发表园地，陈瑞琳、王性初以及加拿大的张翎等新移民中的重要作家都曾在《美华文学》上发表过众多作品。正如《美华文学》社长黄运基先生说的："上世纪80年代来美的中、青年知识分子，由于长期生活在唐人街的无形的墙里墙外，产生了一批影响深远的作家。他们以独特的敏锐的眼光，真挚的感情，在

---

① 宗鹰、展我：《精神家园心血浇——〈美华文学〉十五周年有感》，载《美华文学》2010年春季号。

② 黄运基：《我们的期望》，载《美华文化人报》1995年第1期。

东西文化的碰撞与交融中，道出了我们华侨、华人无奈的悲情，思乡的心境，拼搏的精神；他们的作品都在《美华文学》获得了适当的反映，这使我们对华侨、华人从'落叶归根'到'落地生根'的转变过程有了更深刻的体会。"①

其次，《美华文学》见证了草根文群的成长，活跃了旧金山文群的创作。

在美华文坛，台湾文群是较早引起大陆学界关注的一个作家群，这个作家群的许多成员，如王鼎钧、非马、吴玲瑶、於梨华、陈若曦、俞丽清等等，艺术成就颇高，已经成为海外华文文学中的优秀代表。20世纪90年代中期左右，在美华文坛上逐渐崛起了一个以大陆老移民作者和大陆新移民作者构成的"草根文群"，这个文群作家的创作迥异于早已蜚声内外的"台湾文群"："这个文群的作家，长期生活奋争在美国社会底层，他们的创作'以劳养文'，他们的作品又较深入地反映了美国华人'草根'层人们的生活境遇和思想感情。这正是，'台湾文群'没有或较少触及的。""在这个文群中的前辈是黄运基等，而三藩市老南、荒田、刘子毅、王性初、雪丹、郑其贤、陈中美等等，和纽约的陈齐家、邓泰和，洛杉矶、休士顿和芝加哥等各地的一些诗人作者，都属于这个文群。"②"草根文群"概念的提出，为研究这一作家群体的创作奠定了理论基础。仔细对照宗鹰上文列举的草根文群的代表作家名单和《美华文学》编辑部骨干人员名单，我们会发现，两者几乎是重合的，由此也可以说，《美华文学》杂志是在20世纪90年代中期"草根文群"逐渐崛起的背景下，由旧金山的一群草根作家创办的纯文学刊物。或许正是这种天然的血缘关系，《美华文学》自创刊以来就十分重视扶持和培养草根文群作家，一方面，在"评论"栏目刊登相关理论文章，积极推动"草根文群"的相关研究，比如宗鹰的《崛起在多元美国华文文坛的"草根文群"》（《美华文学》1998年12月号）、《草根深深笔润真——读刘子毅〈八年一觉美国梦〉》（《美华文学》1999年11—12月号）、黄万华的《"黄金"国度里的"草根"文学》（《美华文学》2000年9—10月号）、杨雅丽的《黄运基小说创作的草根心态》（《美华文学》2008年夏季号）等等评论文章；

---

① 黄运基：《开花结果在海外》，载《美华文学》2005年春季号。
② 宗鹰：《崛起在多元美国华文文坛的"草根文群"》，载《美华文学》1998年12月号。

另一方面，大量刊登黄运基、刘荒田、老南、郑其贤、刘子毅、王性初、陈中美等草根作家的作品，为他们提供了宝贵的发表园地和文学操练场。15年来，《美华文学》与草根文群一路同行，共同成长，如果没有广大草根作家的积极参与，《美华文学》将凋零许多；同时，如果没有《美华文学》的扶持鼓励，草根作家的成就也将减色不少。

最后，《美华文学》弘扬了华文写作的传统，壮大了华文写作的声势。

在美国，华人属少数族裔，从事华文写作需要一定的精神支撑，否则很难长期坚持。《美华文学》作为一份纯华文文学刊物，对美华作家来说，它不仅仅意味着只是一个发表作品的园地，更为主要的是，它是作家们的精神家园，"由于它（指《美华文学》，引者注）的存在，我们精神上多了一片亮色，心灵上有了安慰"[1]，在这里华文作家们可以继续他们的华文写作梦。15年间，《美华文学》聚拢了包括纪弦、黄运基、非马、刘荒田、王性初、曾宁、罗蓓蓓等在内的老中青新四代几百位华文作家，并且发表了包括小说、散文、诗歌、传记文学、评论等在内的2000多部华文文学作品。如此数量的作家和作品，对于一份在海外处于弱势传播环境的纯华文文学刊物来说，其成果是显著的，它对美华文坛作家继续他们的华文写作必然产生极大的鼓舞作用。从某种意义上说，《美华文学》在美国弘扬了华文写作的传统，壮大了华文写作的声势。

---

[1] 王渝：《祝福》，载《美华文学》2010年春季号。

第六章　北美华文网络与"华文文学"

目前北美区域有 200 个左右的华文文学网站,在这些网站上写作的绝大多数是中国"知识移民",极少"劳工移民"。本章主要关注"北美中国新移民的网络写作",具体是指,在第四次留学浪潮(1978—1998 年)中,留学美国和加拿大两国的中国留学生转化而成的"留学生移民"为主体的"知识移民",于北美互联网上在线创作、即时发布,并通过网络媒介或跨媒体传播的文学创作活动。

第一节　近二十年北美新移民网络写作

北美是全球华文网络文学的发源地,至今仍是海外华文网络文学创作最活跃的区域,孕育、培养并推出了大批优秀华文文学作家和作品。

一　"借船出海":在英文网络系统中发泄苦闷

20 世纪 80 年代末到 1992 年期间,电脑 DOS 系统和网络运行环境尚不支持华文,华文作者绝大多数是理工科留学生,文学主题集中为发泄初到异国的苦闷。这个阶段,电脑和网络系统只支持英文,无法实现华文输入、传输和显示,北美华文网络文学创作、传播和阅读只能借全英文的 UNIX 网络系统实现。1988 年,美国 RICE 大学计算机专业的中国留学生严永欣开发出了第一个普及使用的汉字处理软件"下里巴人",这个小软件以输入快捷、免费传播的优势,淘汰了当时 IBM 公司和王安电脑公司投入数百万美金研发的汉字处理软件,在北美中国留学生中迅速流行普及,攻克了 DOS 系统里不能进行汉字书写和阅读的问题。1989 年,中国留学生魏亚桂、黎广祥、李枫峰等人,开发出了 HZ 汉码,解决了汉字在互联网上的传输问题。依靠这两个软件,第一代华文网络文学作者们实现了在全英文的电脑和网络系统中的华文文学创作、传播和阅读,但是过程需要很高的电脑使用技能和网络专业知识,颇费周折。因此,早期的北美华文网络文学,是在个人电脑里通过华文软件创作和阅读,借英文网络系统得以传输。

发泄苦闷是这一阶段创作中最集中的主题。第一代北美华文网络文学作者都是国家公派的中国社会的精英,当时中国社会与美国社会相比,各方面存在着巨大差异,他们怀着理想主义的梦想来到这个政治、经济体制截然不同,语言几乎不通,文化迥异的发达资本主义国家里,经历了短暂的震惊和兴奋后,都承受着各方面的落差带来的压力:一是身份落差带来的苦闷——从中国精英到美国穷学生、洗碗工、招待员、送报工、仓库工、送外卖等体力劳动工人的身份落差;二是经济落差带来的苦闷——公派留学生一个月50—100美金生活费,和美国人一个月2000到3000美金的平均生活费相比的经济压力;三是情感婚姻破裂的苦闷——距离的隔阂,生理和心理抚慰的缺失,上演了一幕幕曾经海誓山盟如今劳燕分飞的悲剧。发表门槛低、阅读免费的网络文学,很快在留学生中流行起来。1991年4月,第一个华文网络文学园地《华夏文摘》在美国诞生,它每周一期,在网络上以Listserv的形式向全球留学生发送。当时海外华文网络平台独此一家,五洲四海的华人、留学生都聚集在此,作者繁多,创作繁盛,盛况空前,一天的点击量就有几万次,比较活跃的作家有丁键、少君、严永欣、阿羊、黄谷扬、方舟、朱若鹏等;比较有影响的作品有《奋斗与平等》、《乡音》、《祖国啊,我亲爱的祖国》等。美华作家少君,1986年赴美后,经历了从行走中南海的青年学者变成了中餐馆端盘子的小侍者,从指点江山的青年理论家变成美国二流大学留学生的痛苦历程,他创作《大厨》描写了国内高材生小吴怀着美好梦想远赴重洋,"离开了满面红光的父亲和泪水涟涟的妻子,我的心像飞机腾空而起一样充满幻想。"[1] 紧接着却不得不在美国独自承受身份、经济、情感落差带来的巨大痛苦:"然而当飞机一落地,我的这种感觉就跑了一大半。第一个对美国留下深刻印象的就是钱。"[2] 从满怀希望,到短暂的震惊,到巨大的落差带来无法排遣的失落苦闷,到不得不把自己全部打碎了的痛苦重生经历,大厨小吴的这把辛酸泪是当时第一批中国留学生共同的心路历程。

---

[1] [美]少君:《大厨》,选自小说集《大陆人》,中国文联出版社2001年版,第6页。
[2] 同上书,第1页。

二 "造船环游"：在汉化视窗系统中回望故国

1992年，微软公司推出的Windows视窗系统实现了华文的直接输入与阅读，迅速流传普及，华文网络文学创作的技术门槛大大降低，大批华文网站涌现，1992年6月，第一个华文新闻组ACT诞生，第一批纯文学网站创建：1993年4月《窗口》，1993年6月《枫华园》，1994年1月《未名》，1994年2月《新语丝》，1995年3月《橄榄树》，1996年1月《花招》，1996年11月《涩桔子的世界》……这个时期，几乎所有有中国留学生的高校或研究机构、大多数有华人的社区都创建了华文网站，大量华文网络文学作者、作品涌现，优秀的作家有图雅、少君、方舟子、散宜生、莲波、阿待、王辉云、瓶儿、顾晓阳、啸尘等。当时的盛况，如美籍华人学者苏炜所说："弹指之间，今天的'留学生'文学早已从'前现代'跳入'后现代'，完全成为'网络'语境下的产物了。"[1]

汉化网络视窗系统的出现和普及，华文写作者不再需要非常专业的电脑软件和互联网技能了，北美华文文学作者群从很有限的理工科留学生扩展到留美的中国技术、知识、文化精英。这一时期，北美华文网络文学创作队伍从数量上大大扩展，而且在作品数量、作品质量等方面相比第一阶段有了大跨度的发展。

这个阶段，关注中国社会现实、回忆故国旧事是最集中的两大创作主题。20世纪90年代初，新加入北美华文文学队伍的作者有相当一部分是由于政治原因旅居美国者，他们带来一股关注中国时事的风气，无管制、匿名写作、全球传播的网络平台为之提供了肥沃的土壤，关注中国社会现实成为当时北美华文网络文学的主潮，同时，以回忆故国旧事的形式把理想寄予过去的纯真岁月，间接地抒发对祖国的关注，也是较为集中的创作主题。

这个时期涌现出一大批密切关注中国现实社会的作品，总体来说现实价值高于审美价值，文笔直白，内容引人入胜，问题发人深省。代表作品有《处女塔》、《遥远的汽笛》、《故国回望》、"人生自白"系列等。其中少君的《康哥》、《板儿爷》、《记者》、《嫖客》、《棚儿爷》、《模特儿》、《歌厅老板》、《保姆》、《导演》等作品以自然主义的笔调刻画了中国社

---

[1] 苏炜：《美利坚的天空下·序言》，中国社会出版社1999年版。

会转型过程中种种"拍案惊奇"现象，在海外华社引起了巨大的反响。

回忆故国旧事，把理想寄予已经过去的纯真岁月，也是这个时期的较为集中的创作主题，莲波的《藕园忆茶》、《歌台留思》、《红裙记》、《老淳》、《小南瓜》、《永无阳光》，图雅的《养鸡记》、《小野太郎的月光》、《头人的龙门阵》、《马蜂的故事》等作品都是很有趣的代表作。或轻松或幽默地回忆故国家园、宅院田头的桃源生活，如图雅的《养鸡记》，幽默的笔调细细道来小时候在家乡大院里，和三妞、麻敲子等童年朋友合作，与高老太太比赛养鸡的趣事。

图雅被称为北美华文网络文学的"教父"，平淡无奇的生活琐事到他笔下都成为让人忍俊不止、捧腹大笑趣事、乐事。他借中国和美国远隔千山的地理距离、转型期的中国现实与记忆中中国往事的心理距离，结合双重距离，创造出笔下超现实的审美价值。

三 "四海欢腾"：全球华文网络中的多元创作

随着万维网（www）在全球普及，中国越来越多的家庭接入互联网，1997年底美籍华裔朱威廉回中国创办了第一个中文原创网站"榕树下"，带动了我国大陆网络文学的迅猛发展。从1997年开始，华文网络文学实现了从北美到中国的延伸，真正实现了网络无国界、全球一个村的零距离。这个阶段，由于中国的文学网站巨大的聚焦力和数量众多的网络读者，北美华文网络创作开始流向中国的文学网站，北美华文网络文学网站数量仍然巨大，但规模不大，如点点繁星布满辽阔的天空。前两个阶段人气很旺的北美华文文学网站如"未名"、"布法罗人"、"红河谷"等陆续停刊，"新语丝"、"橄榄树"等还继续定期发稿，同时也涌现出一大批新的、规模较小的文学网站，如1997年12月创建的"一角"、1998年1月创建的"晓风"、1998年3月创建的"音像评论"、1998年6月创建的"华人之声"、1999年1月创建的"汉林书讯"、1999年6月创建的"六朝评论"、1999年9月创建的"青青草"、1999年12月创建的"北美行"、2004年创建的"纵横大地"、2003年创建的"文心社"、2005年创建的"北美女人"、2006年创建的"火凤凰"等，其中最为著名的、规模最大的是1999年初创建2003年初结束的"银河网"，是当时全球华人网络写作最集中、最活跃和最高质量的平台，曾推出了海外160位著名网络作家的专栏，并与中国青年出版社合作出版了"银河网络丛书"。

这个阶段，北美华文文学作者更为广泛，比较稳定的作者有两个群体：一是前两个时期一直坚持下来的部分作者。早期留学生经过近十年打拼，生活比较安逸了，最初到美国的苦闷和焦虑已经淡化，越来越少人提笔发泄，但是小部分作者持续创作，而且已经树立网络作家声望，如少君、王伯庆、方舟子等。二是女性作者群。新移民中涌现出一批优秀的女作者，因为早期到美国的中国留学生至此已经立业、安家，很多女性作为家庭妇女或职业女性，处于较为安逸的生活环境中，她们细腻地观察美国生活的点点滴滴，创作出一系列反映美国华人生活的闲适类作品。

网络的延伸、读者的增多、作者的扩展、多层面的生活经历，使这个阶段的文学主题变得多元化，最主要有反思留学移民生活、幽默闲适的小品、旅游行走文学、反映中西文化冲突和融合四类主题。

经历前两个阶段的磨砺，他们开始反思为什么来美国，反思自己的美国梦。最集中的创作主题，就是对留学移民生活深层的反思，闫真的《白雪红尘》、陈燕妮的《遭遇美国》、程宝林的《美国戏台》、雷辛的《美国梦里》、李舫舫的《我俩的1993》、顾晓阳的《洛杉矶蜂鸟》、阿城的《秋天》、薛海翔的《早安，美利坚》、刘荒田的《纽约的魅力》都是优秀的代表作品。如闫真的《白雪红尘》，描写了主人公"我"——大陆青年讲师高力伟，为了和在加拿大留学的妻子林思文团聚，来到加拿大，依靠妻子的帮助得到历史系研究生奖学金，但觉得读历史系难以就业遂停止学业，到处打零工赚钱补贴家用，其中遇到经济、语言、感情、婚姻、心理、生理、前途等各方面生命不可承受之折磨，主动选择离开北美的故事，文中还穿插描述了其他"洋插队"的痛苦内心和窘迫处境，以冷漠的笔触、滚烫的血泪写出了一篇对美国梦的反思檄文。《白雪红尘》一出世就立即在北美留学生、新移民中引起了强烈的共鸣。

拥有了稳定工作、安定生活的北美华文网络作者，喜欢聚焦生活点滴，写忙乱人生，写闲情逸致，写对月伤心，写油盐酱醋等题材，风格幽默闲适，创作数量蔚为壮观，是这一阶段最为集中的另一个文学主题。代表作家作品有：斯绛的《戏缘》，奕秦的《雨晴》，沈方的《冬天》，施雨的《美国儿子中国娘》、《爱酷的孩子》、《辛苦学中文》、《苦儿学琴记》、《与孩子谈钱》、《知足常乐》、《锡婚纪念》，王伯庆的《相识何必曾相逢》、《英雄无奈是多情》、《留待人间说丈夫》、《我家有个小鬼子》等。

随着中国留学生身份的转变，事业家庭的稳定，他们有越来越多的机会和越来越大的能力自由行走美国，行走世界，北美华文网络平台涌现出一批旅游文学作品，如赋格的《寻欢》、《库玛里的烟雨楼台》、《香格里拉的地平线》、《偷渡伊比利亚》、《夜航车》，少君的《凤凰城闲话》、《阅读成都》、《约会周庄》、《走近澳门》、《维也纳交响曲》、《台北记事》、《上海印象》，陈瑞琳的《走天涯》等。各家文字风格各异，有的偏重历史文化的探寻，有的偏重异域美景的描绘，有的注重个人情感的抒发。

随着中国的飞速发展，中美之间生活差距越来越小，中美之间的交流和交往越来越便捷、频繁，北美华文网络文学经过了对中国社会现实的批判、对自身的反思，进入到了一个更深入的审美层次，越来越多反映中西文化冲突和融合的创作出现，如秋尘的《时差》、（长篇）、《盲点》（长篇）、《春风来又走》、木愉的《孤帆》、水影的《漂泊的心》、风在吹的《等一个晴天》、水影的《花落谁家》、白广的《距离》、陈谦的《爱在无爱的硅谷》、李树明的《寂寞的彼岸》、笑言的《没有影子的行走》、杨明的《天涯不归路》、施雨的《纽约情人》等。

21世纪初，北美华文网络文学经过近20年的发展壮大，已经为成为世界华文文学界一股强劲的力量。适逢中国文化产业化的潮流，网络媒体和纸质媒体的联系越来越密切，甚至联姻发展，越来越多北美新移民的网络写作进入中国文化市场。这些作品都从网上跳跃到传统的纸质出版，使北美网络文学和新移民文学进入中国主流的阅读视野，拥有了自己的读者群。

第二节　代表性网络作家与作品

20世纪80年中期到90年代末，北美新移民的网络写作主体以个人为绝大多数。在这个时期内，"北美新移民网络写作"相对于中国文坛而言，处于多重的边缘：在地域上远离中国主流文化话语圈的视野，在读者方面以海外华人为主要对象，被"非纸勿谈"的中国文学评论界长久忽略。而"北美新移民"在网络上的"个人写作"最大的特点是"自由"。在"自由"的平台上，知识分子自觉的"精英意识"，本性的各种欲望，超越社会道德规范的性爱，成为集中的写作主题，也培育出率真的审美风格,出现了"精英姿态的大众写作"、"人性欲望的自由书写"、"越界的女性情爱书写"等各具特色的写作类型。

著名美国新移民作家少君,是北美华文网络小说创作第一人,并且是网纸两栖版权写作的先驱。他于1991年4月创作网络小说《奋斗与平等》,被学界称为至今发现的第一篇华文网络小说,他坚持10年在网上创作了100篇"人生自白"故事,塑造了多个系列的华人群像,1997年11月,美国报纸《达拉斯新闻》开始连载他在网上创作的"人生自白"系列小说。之后,他的网络文学创作陆续被《世界日报》、《人民日报》、《联合报》、《世界华文文学》等北美、中国两岸三地的纸质媒体转载。随后,各大出版社纷纷出版他的作品集,至今已经有40多本书问世。

从1988年开始,少君在网络上写作人生自白故事,笔耕不辍,获得了越来越多读者的好评,在整个海外华人社会和中国海峡两岸及港澳地区引起巨大反响。通过网络通信平台,他每天可以收到读者如雪片一样多的电子邮件,爆料或沟通更多的人生故事。在这样的帮助和刺激下,他持续创作出更多的普罗大众的"人生自白",最终得以实现他那颇具"精英意识"的"百篇巨制"的宏大愿景。

图雅是北美华文网络自由书写风格的典型代表。1993年7月,他横空出世,连续三年几乎日作一篇,佳作频出,创作出30万字左右的各类体裁作品,并形成了独树一帜的文味和笔风。1996年7月,当他在网络上春风得意的时候突然从网上消失,任凭网友们千呼万唤始终没有再出现。

图雅的网络写作以杂文、小说、散文为主,洋溢着幽默诙谐、自由烂漫的气息;如《养鸡记》以幽默的笔调刻画少年时代在北京大院与老红军比赛养鸡的一段漫画式的生活;《小野太郎的月光》以儿童的视角细细回忆少年时与顽皮的邻居小野太郎一起学画的经历,回味一种消失已久的狂野自然的本性;《剃头的故事》清淡地讲述了邻居关师傅年轻时无师自通的剃头神功和在战火连天的时代的奇遇;《拱猪记》、《鹦哥记》、《逐鹿记》等以调侃的语言举重若轻地道出出国前耳闻目睹、亲身经历的种种现实的境遇,勾勒出20世纪80年代中国知识分子生存状态的剪影;《小三游网记》写出了平淡的美国办公室工作的点滴趣味;《扮猪记》以京味十足的调侃虚构了一个美国新移民下岗后做国际倒爷,与中国商人、美国商人斗智斗勇的黑色幽默故事。

在短暂而精彩的三年中,图雅留下了不少于 27 万字的网络作品①,他的创作涵括杂文、散文、小说、诗歌,立意高远、笔法老练,语言幽默,思想亦正亦邪,显示出边缘写作的张力和独特的审美魅力。正如方舟子所言"鸦在 1993 年 7 月上网时,正是国际中文新闻组 ACT 开始进入繁荣的时期。鸦在 1996 年 7 月离网时,ACT 正走向衰落,海外中文网就要四分五裂,(中国)国内网络也就要兴起,网络商业化的大潮也就要汹涌而来。所以,鸦在中文网的三年,恰恰是中文网络同一、非商业化的黄金时代,鸦也因此成了那个时代的一个象征。"②

百合是最早开始网络写作的北美华人女作家之一。20 世纪 90 年代初"新语丝"、"华夏文摘"、"风华园"等网站上,开始频频出现她的作品。百合创作的特点在于,跳出早期网络留学生文学的乡愁和文化冲突主题,融入了美国自由的生活环境,以散淡的心情观照自由的男女情爱,以优雅的文笔抒写隐秘的生活体验。

她的主要作品有:小说《天堂鸟》、《萍聚》、《中国心》、《另一种爱情故事》、《也是爱情的故事》、《阿金》、《这样一种关系》、《樱花恋》、《又见樱花》等,散文《不食人间烟火》、《做女人的心情》、《爱你》、《长相守》、《相忘于江湖》、《初恋的童年》、《美国梦》等和诗歌《请与我同在》、《爱的誓言》、《昨日的思念》、《夜的蔷薇》等。

对于同时期中国大陆的女性文学创作而言,百合作品的内容是大胆而直白的,百合创作的笔调是简洁而质朴的。它们多以女性隐秘的情感生活为中心,以闲散包容的心境,以温婉优美的文字,写夫妻婚恋、同性恋、双性恋、三角恋、婚外恋、初恋、私语等各种类型的情爱故事,针针细织、点点勾画,入情、入心、入境。各种温婉、深情的故事从百合的指尖流到网络,倾诉给网络读者,抒发作家对自由、情感、爱、婚姻和梦想单纯本真的体验和感悟,展现出华人女性在美国社会中的主体意识和独立意识,以及自由而满足的精神状态。

1996 年 3 月百合在《新语丝》上发表的《另一种爱情故事》是北美新移民网络文学中出现较早的女同性恋文学文本。百合创作了一个来自中国上海的女同性恋沙雁的故事。沙雁曾在中国与同性爱人相爱至深,但是

---

① 图雅:《图雅》,新语丝电子文库,http://www.xysforum.org/pages/tuya.html。
② 方舟子:《怀图雅》,http://www.xysforum.org/xys/netters/Fang-Zhouzi/Net/tuya.txt。

社会难容同性的爱情和生活，她的同性爱人最终痛苦地选择了和异性结婚以掩盖自己的性取向，并力劝沙雁到美国，沙雁终于在美国获得了她的快乐："在书架顶上，镜框里是沙雁和一个金发碧眼的美国女孩的合影。两人都很幸福地笑着，手臂搂着彼此的腰。"①

1996年5月她创作了网络作品《这样一种关系》，"我"总爱酒后和男友的女同学阿曼做爱，而我对男友阿伟也深情款款，并直率而细致入微地描写了双性恋者"我"的体验和心声。

> 我和她做了爱。她说，"你和我做爱！"泪水在她的脸上淌成小溪，我怎么也擦不干，顺着我的指尖流到我的掌上，温温地热。我说："我和你做爱！"那爱，如果那是爱的话，是在泪水中做的。可是，那真的是做爱吗？我的身体和她的身体具有同样的柔软程度。那是一个迷乱的夜晚，一个我忘记不了却也不想记住的夜晚。
>
> 我的头卧在她的肩上，我的胸触着她柔软的乳房。这样的柔软和温暖啊，呻吟般的歌声把风景停泊在海湾，波浪徐徐地来来去去，天地间，只有水，水啊，水啊，我是水，你也是水，水和水在一起，还是水，只能是水，永远是水。"妈妈——"我心里轻唤一声，让泪流到她的肩上。那时，在我刚来到这个世界的时候，我就是在妈妈的怀里这样晃呀晃呀……②

同时，"我"对女性身体的迷恋不妨碍"我"对男人的热情。百合也情真意切地描绘了"我"对男友真切的迷恋。

> 阿伟穿着白色的浴袍坐在沙发上抽烟。刚沐浴过的他，乌黑的头发湿漉漉地搭在额前，裸露的胸膛闪耀着男性让人迷恋的色彩。那是个可以让我沉睡让我倾诉让我依靠让我哭泣让我醉生梦死的地方。
>
> 我的手，顺着他的额头慢慢地滑下，沿着他的鼻梁，到他的嘴唇，他的嘴唇好柔软，然后到他的下巴，再到他的脖子，落在他饱满

---

① 百合：《另一种爱情故事》，新语丝电子文库。
② 百合：《这样一种关系》，新语丝电子文库。

的胸前。多好啊，这样有力鲜活的男人的肌体和力量！①

"我"在双性的身体和情爱纠缠中，苦苦寻觅真正你中有我、我中有你、完全地相属的感觉，不得解脱，最终面对男友和女友的质问，"我"说出了这样的答案：

> "阿曼，我爱你象爱一个女人，我爱阿伟，象爱一个男人。你是水，我和你在一起虽然可以融为一体，但是我看不到自己。你填充不了我。""阿伟，我爱你象爱一个男人，我爱阿曼，象爱一个女人。你是土地，我和你在一起虽然可以融为一体，但是我看不到我自己。你填充不了我。"②

百合在自由的网络空间大胆直露又细致入微地描写双性恋"我"的体验、困境和对生命的思考，文字唯美动人，一个栩栩如生的双性恋者跃然网上，双性恋的"我"真实、自然、唯美、感性、也有智慧、可以理解、也可以交流，让读者耳目一新，又颇入情入理、拨人心弦。

百合对于婚外恋题材的创作驾轻就熟、游刃有余。她笔下有婚姻中仍对爱情充满想象和追求的温柔女子，也有婚姻中仍对其他女子怜爱有加但对婚姻也固守责任的外籍男子，还有在婚姻围城之外自欺欺人苦苦守候的痴情女子。

《樱花恋》中一个结婚多年对婚姻深觉乏味的女人通过网络写作爱上了一个男网友，她对他的美好充满了罗曼蒂克的幻想，在一次次语言的激情和隔着空间的相处中，他们的感情日益深厚和升华。"他们每天都要通好几次电子信件，但是，总是她在说，他在听。好象他就在她面前，很耐心地听她的苦衷、愿望、回忆和幻想，然后给她些劝慰和安慰。他特别善解人意，她说什么，他都听得懂。她很欣慰，很感动，很感谢，生性敏感和浪漫的她，竟然觉得这是上天给她的恩赐！深夜，越来越多地，她开始想象他，想象他应该是个温文尔雅的男人，个子也许不会很高，但是，很

---

① 百合：《这样一种关系》，新语丝电子文库，http://www.xysforum.org/pages2/lili.html。
② 同上。

有玉树临风的样子,象《青春之歌》里的余永泽……"① 在樱花盛开的季节,她们终于相约在华盛顿的湖边的樱花林见面了,一切那么熟悉和自然,她就快属于他了:"浅褐色的窗帘静静垂着。她的体内有种新的觉醒,一种对于她自己的做女人的重新认识,席卷着淹没了她,渴望和奉献在唇和唇,指和指之间流动回旋,在他的男性的力量下,她柔软如绽开的樱花。'爱我,好好地爱我,好好地。'她恳求着,叹息如风,从她的唇间颤抖着绕向他的耳边。他的手,熟练地滑过她身上每一处峰谷,所到之处,都有簇簇的波浪,此起彼伏,小河般欢唱。她想接受他,她想容纳他,她想给予他,愿望在心中嘶哑着挣扎,她在从来没有想象过的无底的深渊里慢慢下沉,任一浪一浪无法忍受的痛楚和甜蜜,将她整个地生吞活剥。"② 但是"我"最终还是犹豫了,选择了唯美、单纯地用心爱下去,而不是用身体相爱。

更具文学性的是《樱花恋》的续篇《又见樱花》:男女主人公继续保持着联系,直到女人的网络账号被取消又得不到丈夫的支持拿到新的账号而失去了联系,又到樱花季节"我"怂恿全家去华盛顿看樱花,在湖边我们再次重逢了,但是出现了滑稽的一幕:原来"他"是丈夫多年前的舍友、老同学。百合写这个续集似乎为唯美的樱花恋画上了一个现实的句号,又更像是叙述了一个寓言:婚姻中女人的婚外恋似乎是得到男人默许的,因为这样的恋情既是对婚内女人的重生也是对婚内男人的解脱,而这样的婚外恋情一旦得不到婚内男人的支持很快就会夭折,女人爱的对象也是男人的同类、兄弟或者影子,他们在现实生活中一样扮演着令自己妻子厌倦的丈夫角色,却在别人的妻子的心里扮演着玉树临风、罗曼蒂克的完美情人。百合两篇唯美的短篇,从一个纯粹的婚外恋故事,升华到一个婚姻寓言,体现了女作家对于婚外恋情的入木三分的认识和刻画。

百合笔下的情爱画廊,都是在自由精神支撑下的女性畅快的存在。在网络自由的写作空间中,她只听从于来自女性生命深处的对情爱的召唤,为女性纯粹内心的反射而写作道德秩序之外的本真文字。在 20 世纪 90 年代的北美华文网络文学的海洋上,她就像一位伫立在船头的女神,终日悠扬地、优雅地高唱着自由爱情的自然、纯真和欢乐。

---

① 百合:《樱花恋》,新语丝电子文库,http://www.xysforum.org/pages2/lili.html。
② 同上。

"个人写作"是早期北美新移民网络写作的标签,网络平台的无限大,个人写作的隐匿性,开拓出新移民网络写作的空间和张力,创造出北美新移民文学新的审美法则,对于我们思考中国当代文学的发展具有启发意义和创新价值。

首先,早期北美华文网络文学的写作主体是理工科背景留学生,他们的知识结构、实用主义哲学、非专业的写作方式,消解了传统纸质文学或者说文人文学的一些规范,又建构出自身的范式。

第二,从文本的构思到文字的起草再到发布到网络平台或者传输到各读者信箱,整个过程都由作者个人完成,不存在媒介把关人的影响,不存在对市场需求的迎合,不存在对意识形态的规避,充分实现了个人的自由表达;不苛求文本的力透纸背,只希望个人的自由倾诉、自由娱乐、自由发展,这种自由的个人化写作,激发了巨大的写作能量,无数网络作品风起云涌,虽然沙石俱下,但是瑕不掩瑜。

第三,"因为自由,文字变得轻薄,也因为自由,写作真正成为一种个人的表达而不是作家的专利。""写作不再具有高高在上的神圣地位",网络写作是由构思到敲击键盘再到形成输送到网络上的作品,整个过程都由"自己"决定,并达到"自我的迷恋、自我的矫情、自我的放大、自我的玩味"[①]。

第四,网络提供的自由写作空间,允许作者卸去文学义务和社会责任,匿名写作,自由出席或消失,一方面减弱了传统文学的"文以载道"功能、社会责任表现及公众审美效果;一方面又以对主体价值的另一种实现,使网络文学的"我"更强调尽情尽兴的能动发挥,在网上实现了某种生活与人生、生命与心灵的直接再现,从而更凸显了文学的表真情、求乐趣的追求。

第三节 开放性写作与文学新变

开放性文学文本的出现,无论是对于北美新移民网络写作的结构形式,还是北美新移民网络写作的文化价值的深化,都有深远的意义。所谓开放性文本,是指北美华文网络文学中出现的,文本的主体作者、读者、

---

① 佚名:《网络写作已成往事》,http://www.civilwind.com/guest/anon83.htm。

人物和评论者四位一体,文本内容关于社区生活和历史的共同想象,文本结构呈无中心发散式,文本创作以纯粹网络社区娱乐为目的网络文学文本。

北美华文网络文学中开放性文本的集体写作模式,与在美国互联网世界 20 世纪 70 年代出现的开放源代码运动模式倡导的模式极其相似,在内容与技术之间存在着同构影响关系。所谓开放源代码运动,是互联网出现以来一直就倡导的一种互联网开放发展的模式。其核心理念是:要开放软件开发和改进的权益。在互联网提供的多种选择的写作模式下,集体创作的开放性文本风景这边独好,其独特的魅力正源自它遵循自由开放机制:集体创作、集体分享,把创造的权力和可能下放到每一个终端,不垄断资源和成果,各自创造、共同分享、不反对商业化运作,怀着"众人拾柴火焰高"的乌托邦的理想,长久地娱乐,在各自由开放圈子里充分带动了活跃的参与和集体的智慧。

网络文学与纸质文学最无可比拟之处就在于它的参与性、自主性和即时交流性。置身网络,每一位想写的人都有自己的园地和读者,每次发帖回帖都是发自内心的火花和交流。20 世纪 90 年代末 21 世纪初北美华文网站中出现集体创作的开放性文学文本,这种集体创作社区传奇的模式,开启了一个网络集体写作的时代。

一 新文体类别:诗歌对吟与小说接龙

开放性文本在北美华文网络文学社区中涌现,就文学体裁而言,开放性文本多见诗歌对吟、小说接龙两种体裁。诗歌对吟和小说接龙等开放性文本的创作内因,《海外诗坛 PK 集》的序言中写得很清楚:"我们从未谋面,我们从未交谈,我们在地球的四面八方……可是我们却在这涌动情感灵思的意象里找到了知音,找到了友伴……我们今天要创作的就是在诗本身的基础上,通过 PK 再将诗组合而成的一幅现代风格的诗画,这幅画会因为我们每个人的视角的不同而富层次感和立体感。这幅作品将蕴涵草根的质朴并具有现代团队合作意识的熠熠风采。"[1]

诗歌对吟,即集体创作诗歌现象,在北美华文网络文学网站中主要有

---

[1] 《海外诗坛 PK 集——滴水成河,积沙成山,和诗成集,合集成书》,http://blog.wenxuecity.com/blogview.php?date=200812&postID=12481。

和韵、和倒韵、和意、捉对、合写等类型。和韵及和倒韵的对诗，如"美华论坛"中一次名为"人云亦云"的网络对诗游戏中，安静作《彩云，乌云，流云》，天端作《聚合，耦合，中和》，心焰作《低云，彩云，流云》，海上云作《问云，云答》；和韵及和意的对诗，如在一次名为"看秋"的对诗游戏中，曲未平写《秋暖》、渭原写《秋深》、是有缘写《秋远》、布鸣写《秋望》、宋一民写《秋空》；还有众人合写一首诗歌，如雨清、诗盗喜裸评、一书生、茉儿、东篱把酒香盈袖、开心豆豆联手合作《忆昔来往初》。①

小说接龙，即集体创作小说现象，北美华文网络文学网站中小说接龙创作较为普遍，短篇、中篇、长篇各种题材的都有。"纵横大地"网站中的短篇小说《九卦人生》由风在吹、秋尘、秋怡、陶江湖、长亭、Windy、Muyu7位作者共同完成全文9章的创作；"美华论坛"的中篇小说《美华庄传奇》由17位文友集体参与创作，故事没有主线，主题只是关于这个社区的虚拟的、玄幻的历史，没有主要人物，人物名字与美华论坛文友名字一一对应，没有固定作者，所有参与者都是作者、读者和人物。"文心社"网站中的长篇小说《跨国红楼梦》，由12位作者在中国古典名著《红楼梦》的架构上，立足海外的工作、生活、婚恋故事，以全新的视角和集体创作手法表现了在西方的语境下华人的生存状态和精神天空。

二 新写作手法：对写、戏拟、续写、仿作

开放性文本的创作出现一些有特色的写作手法：对写、戏拟、续写、仿作等，在社区圈子内把文学创作活动演变成一场充满智慧和趣味的游戏。

所谓对写，即保留主题，针对某一位参与创作者的创作彼此竞赛式写作。如：《美华庄传奇》的读者烟子不满意第一文本的作者瞎子把她写成了小说里面的妹妹，就自己执笔，保持主题，还是围绕美华庄人物瞎子的故事，创作出瞎子失足落水的不光荣的经历。

所谓戏拟，即改变第一文本的主题，但是保留第一文本风格。如：《放手如来之卢新华》就是写卢新华的传奇故事，但保留第一文本风格的

---

① 《海外诗坛 PK 集——滴水成河，积沙成山，和诗成集，合集成书》，http://blog.wenxuecity.com/blogview.php?date=200812&postID=12481。

戏拟。再如:《美华庄传奇》第一文本的读者曾宁,在作者创作第一文本中期,她开始创作《戏说·艾华烟子莲慧落难记》,故事是关于艾华、烟子和莲慧的武侠故事,但风格还是《美华庄传奇》的玄幻风格。

所谓续写,即保留第一文本的主题,在第一文本的各个节点以各种风格延伸扩展创作。续写一般有三类,分别对情节中间环节、人物、故事结局进行续写。

所谓仿作,即模仿第一文本主题和风格进行创作。如:曾宁在瞎子创作《美华庄传奇》的后期,就开始在网上开始创作《四大公子重出江湖》,故事主题也是美华庄人物的传奇故事,风格还是玄幻武侠风格,甚至模仿了《美华庄传奇》。

对写、戏拟、续写、仿作等开放性文本中常见的创作手法,并非前所未见,在纸质文学中也曾出现过,但是通常存在于一个相对独立完整的文学作品与另一个相对独立完整的文学作品之间的创作关系而言,而在开放性文本中,则存在于同一个文本当中,是不同章节、情节的发生和演变的常有手法。

三 开放性文学文本结构

开放性文学文本结构主要体现在两方面:一是作者、读者、人物、评论者四位一体;二是文本之间也实现了多维度生产关系。

文本主体四位一体,即开放性文本中活跃的主体包括作者、读者、批评者和人物,这四者是同一关系又独立互动。如:第一文本的读者刘荒田在 2004 年 12 月 16 日的《美华庄传奇》文本里留言"瞎子,妙极妙极,荒田老人从此无落叶可扫乎?"在这里,作为读者、人物,同时也是评论者的荒田跳出文本与作者瞎子对话。再如,2004 年 12 月 16 日,作者瞎子说:"荒田兄,你要是能满足一个条件,我明天就为你写一集。这决不是为难,而纯粹是剧情需要。条件也简单:给自己找一个情人,限美华庄人氏……除了荒田兄自己挑选外,也欢迎美华庄广大女性同志踊跃报名,更热烈欢迎美华庄广大劳动男性们踊跃推举,哈哈。"[①] 这里,第一文本的作者向读者同时也是人物的刘荒田,以及其他读者提出要求,读者和作

---

① 瞎子:《美华庄传奇》,美华论坛. http://www.meihuausa.com/meihua/bbs/leadbbs/Announce/announce.asp? BoardID = 102&ID = 5252&Ar = 5723&AUpflag = 0&Ap = 9&Aq = 1。

者马上互动起来,台下比台上演得更热闹。

开放性文本的作者、读者、评论者、人物,在创作过程中多向度、全方位地进行交流,而所谓读者、作者、评论者和人物的身份在创作的不同阶段中不断自由转换,从而拓宽了创作的活动空间和审美场域。

文本之间多维度生产,即开放性文本的内容设置总是便于让每个潜在的参与人能够对其设计结构进行改制,便于将其他潜在的参与人把自己独特的生存状态加入进去,鼓励潜在参与人对"第一文本"进行自由演绎,第一文本对后续文本创作如此,后续文本之间也是如此。而且,第一文本的地位是相对的,因为某一个开放性文本的后续文本,很可能由它生产了其他文本,形成另一个开放性文本的第一文本。如:《美华庄传奇》的读者斯芬克斯在阅读了《美华庄传奇》的部分章节之后,于2005年4月13日开始创作《斯芬克斯的预言》。这个后续文本一开始还是关于《美华庄传奇》的一个人物的故事,但是最新文本《斯芬克斯预言之最后独白》已经把情节发展到完全另一个全新的故事。可见,《美华庄传奇》的一个后续文本《斯芬克斯的预言》,在另一个关于斯芬克斯的故事里,已经是第一文本了。因为所有文本的创作都是开放式的,每一个文本都是还包含着"可能性"的未完成的作品,所以"开放性文本"不存在最后一个文本,只有最新文本。

四 开放性文本与北美华文文学的新与变

(一)娱乐性占了首要地位

在文学社区中你来我往的创作应和和联手创作中,呈现出浓重的游戏性,"好玩"是出现频率最高的评论词汇。如"美华论坛"的《美华庄传奇》第一文本作者"瞎子"写完第一章后,读者刘荒田立刻留言"这回有好戏看了,曾宁不会不起而迎战?那么,《美华庄传奇》接龙,高潮迭起可期啦。大家都来接龙,更加好玩。"[①] 再如,"纵横大地"的中篇小说《坛子镇的故事》,很多章节的作者都采用了"接龙故事谁来玩?"作为标题,如跳蚤创作了《接龙游戏谁来玩——坛子镇的故事1》,小园香径创作了《接龙游戏谁来玩——坛子镇的故事2》等;中篇小说《神仙踪迹》

---

① 美华论坛,http://www.meihuausa.com/meihua/bbs/leadbbs/Announce/announce.asp?BoardID=102&ID=5252。

的副标题直接就是"戏说大地"。以文学创作作为娱乐,在创作中获得游戏的简单的快感,是开放写作中很突出的一个现象。

(二) 文学社区的圈子性明显

开放性文本都是出自各个文学网络社区,如《美华庄传奇》的人物原型和故事原型都来自于"旧金山美国华文文艺界协会";《神仙踪迹——戏说大地》的人物原型和故事原型都出自网络社区"纵横大地"。在2004年的《新红楼梦》里,文心社总社长施雨演绎王熙凤,"取之作为一社之长的她在社团里呼风唤雨、调兵遣将、左右逢源的公众形象"[1];后来《跨国红楼梦》里,王熙凤的角色又由《品》杂志总编辑兼文心社旧金山分社长聂崇彬演绎,因其在社团工作中"热情主动,作风果敢泼辣,正是王熙凤的不二人选"[2]。由于作者、读者都在同一个熟悉的华文文学社团里,对这类创作的人物塑造、情节安排、阅读评论都特别融洽和默契,而创作往往围绕社区历史、社区人物展开,社区成员的参与性很高,开放性创作实现了社区成员共同娱乐,对于建构社区融洽关系有积极作用。

(三) 版权模糊,重玩轻商

在北美华文网络上的文学创作极少数可能实现经济收益。一方面在美国文学图书市场上,华文网络文学作为少数族裔的文学,由于语言、文化内涵、内容差异等原因极少引起关注,很难有阅读市场;另一方面在中国图书市场上,开放性文学文本因为著作权集体所有,内容与网络文学社区密切相关,评论、参考资料的阅读趣味与正文阅读趣味并驾齐驱等原因,难以商业化操作。所以北美华文网络文学的开放性文本创作到目前为止,极少作者是为了扬名立言持续创作,最重要的原因还是发泄、娱乐。开放性文本的圈子娱乐特质和不具备实现经济收益的环境,孕育了网络文学社区内部重娱乐、轻经济、"自娱娱人"的文学观,这样的文学观在商业大潮之下的文艺创作而言是独具魅力的,既是对文学艺术本原价值的回归,又在商业刺激之外,为发掘文艺创作持久不断的原动力另辟了新径。

---

[1] 施雨:《开放性文本探讨——网络小说接龙》,《红杉林》2008年。
[2] 同上。

第四节　跨媒体：网纸两栖写作

网纸两栖写作，是20世纪末北美华文网络文学开始出现的跨媒体写作现象：新移民网络作家，一方面坚持在网络媒体上写作和发表文学作品，同时接受纸质媒体的策划编辑、装帧设计、出版发行、营销宣传，开创出融网络自由写作和纸质版权写作于一体的文学新模式。

北美网络文学的繁荣发展，首先引起了北美华文纸质媒体的关注，一些优秀的创作被华文纸质媒体转载、连载；随即，也引起了中国传统媒体的关注与介入。而北美华文网络文学本身，也存在与媒体合作的需求。长期以来，北美华文网络文学，在中国文学读者市场与文学评论中明显缺席；在北美华文网络上写作磨砺了多年的新移民网络作家，还是希望把多年积累的电子文本印成铅字，期望能得到在国内的话语权和文化身份。

1990年代末，越来越多的中国大陆纸质媒体转载和介绍北美华文网络作家，越来越多中国大陆读者阅读到北美华文网络作品。北美华文网络文学进入了中国文学场域的视野，北美华人作家也因此重回中国话语场，如著名的网络作家少君，借中国纸质媒体的宣传推广之力，他在网络自由写作中开创的"自白体"小说成为一种现实主义写作新范式，他和他的创作被写进各种海外华人文学教材。

最初的北美华文网络文学创作者们都是匿名写作，写作只为实现自我的宣泄和快乐，为自己而写，写自己的故事，写自己的体验，写自己的情思，自恋、自娱、自慰。网络作家少君，再三强调自己的早期的网络创作是"手淫文学"，是自己在美国，面对来自学习、工作、金钱、文化、感情方方面面的压力，以网络写作来自我宣泄的通道，当时"我不能不写作，写作使我在与金钱游戏的压抑中得到释放，写作也使我在异域的漂泊中感受到生命的价值所在"[①]。

当北美华文网络写作进入纸质媒体，尤其进入中国主流阅读市场之后，网络写作开始了从私人化到大众化的转向。在商品化过程中，读者的消费需求是重要的风向标，被纸质媒体选择并长期合作的网络作家的作品主题、语言、风格和情节都与纸质媒体预设的读者的口味相适应，转型不

[①] 陈瑞琳：《阅读少君》，http://zhidao.baidu.com/question/89520155.html?si=2。

可避免。如少君曾说:"1998年之后,网络进入我国及台湾地区后,更多的纸质媒体开始联系我,出版我的创作网络作品,拥有了自己的读者群,给我的创作带来了改变,以前我的创作是为自己写,写着玩,很私人化的语言和思路,而现在我写作时我会考虑到我的读者的感受,考虑到我的文字的可读性。"①

当北美网络文学乘着大众媒体的东风进入中国文化消费市场,其文本的精英与大众融合特征尤其明显,体现在:一是主题雅俗共赏;二是文本内容实用性强;三是文本语言平实浅白,填平了雅文学与俗文学之间那条泾渭分明的鸿沟。

如王伯庆的网络创作《新燕山夜话》系列杂文广得网友的好评,引起中国传统媒体的注意,他与之合作采编增删成《十年一觉美国梦》、《改正了也是坏同志》等介绍自己在美国生活的体验和感悟的出版物,后又推出了《成长1+1》及其前传《家有小鬼子》等介绍自家孩子在美国成长受教育的经历,受到中国读者的广泛欢迎。当北美网络文学写作进入中国大陆的文学产品生产链,北美网络作家们,一方面不能不考虑读者的需求,因为文学市场上读者的需要、价值观念、审美标准,成为决定文学作品是否能持续传播的重要依据,另一方面北美新移民网络作家不以文学创作为生,不为稻粱谋就不必完全随波逐流。因此在北美华文网络文学文本中,雅俗融渗的现象就成为最突出的特征。

"粘贴"是后现代艺术的重要特征,是碎片化的后现代对整体统一的现代艺术的解构,是生活艺术化的后现代创作的重要手法。网络的搜索功能,为网络写作提供了便捷的查找和利用资料通道,网络作家在写作时直接切换到搜索功能,网络上显示的相关资料直接粘贴到文本中。而且网络写作篇幅不受限,能无限地容纳所有"粘贴"内容。"粘贴"的写作习惯,网纸两栖作家从纯粹网络写作时期一贯有之,并成为其相比传统的纸质作家写作习惯而言的特色之一。作家的诗性体现在如何把"他山之石"嵌入自家碧玉,在这种大胆的粘贴当中,不自觉地突破了传统意义上文学的框架,自成风格。如少君出版的游记和城市散文的篇幅通常很长,他把每一次游历当作是一回温习人类文化和历史的机遇,总是不惜笔墨地把网上搜集到的关于旅行目的地的资料长篇累牍地粘贴在一起。如《阅读成

---

① 源自笔者对少君的访谈。

都》这篇游记，一篇文章 48000 多字，成都远古以来的历史、地理地貌、城市规划、诗歌典故、美食美酒、景点介绍、男女性情、语言特点这些他山之石经过作家的巧妙摆放，构成了文章的重要部分，并与作家旅途中眼见耳闻的感悟粘为一体，文章内容除了个人抒怀，还有丰富的信息、翔实的数据、如数家珍的史料和典故、耳闻目睹的现场，读来言之有物，有史有情。

詹姆逊在《文化的转向》中指出"后现代文化，特别是当今的大众文化则与市场体系和商品形式具有同谋关系。他们把艺术包装成商品，作为纯粹审美消费实物提供给观众。并且，后现代通过合成的方式使高雅艺术与商业文化之间的界限难以厘定"[①]。可能少君的独特，正是在于他巧妙地结合了网络媒体的传播优势和纸质媒体的市场化运作优势，既保持了网络写作的随性和直白特色，又以精英的敏锐为文本注入深度的精神内涵，以写作的纯粹为文本加入了轻松的审美愉悦，从而打破精英文学、大众文学和商业文学的界限，打造出北美华文文学的出版神话。

少君的城市散文被出版社炒作、在读者市场的热销，成为成功的文化商品。但是，模式化对于北美华文网络文学创作进一步提升，尤其是对作品审美力度、思想深度会造成阻碍。

[①] 詹姆逊：《文化的转向》，胡亚敏等译，中国社会科学出版社 2000 年版。

第七章 消费语境下的大众传媒与海外华文文学

——以虹影为例

虹影已经成为海外华文文学的重要作家，她从 1980 年代开始进入文坛从事先锋诗歌的写作，从 1990 年代移居英国开始创作小说，至今为止，她的创作数量和质量都不可等闲视之，在海内外文坛拥有了不可忽略的影响。但当我们细读虹影的创作历程时，我们会发现她总是绯闻缠身，一系列的文学事件与传媒事件与其创作纠结在一起，使她成为最具有冲击力的海外华文作家。如果仅仅从文学审美本身来理解虹影总有些力不从心，事实上，虹影现象可作为消费语境下的一种文学样本，对其深入理解必须与整个当代文学生产机制、消费机制、媒体炒作等联系起来，否则，我们就会无言以对。因此，我们不妨联系 1990 年代以来的消费语境，以虹影为个案探索大众传媒与海外华文文学如何互动呼应。本章主要试图从媒体角度解读虹影本人及其作品，从评论媒介、纸质媒介、影视媒介、网络媒介几个层面还原与虹影有关的各类文学与传媒事件，以便于理解消费语境下的大众传媒与海外华文文学的关系。

第一节 "媒眼"中的"宠儿"

虹影 1990 年旅居英伦，作为一名移居海外多年的华裔女作家，她没有尝试用英语写作，而一直坚持用母语书写。这也许与虹影一直受大陆文化教育有关。一个中国作家常年在国外用中文写作，却受到国外媒体的广泛关注以及获得各类图书大奖，确实不是一件容易的事情。

一 "墙外开花"

近年来，虹影作品在域外屡获奖项，几部作品陆续进入国外畅销书排行榜，赢得境外媒体的普遍褒奖。其作品曾获得"英国华人诗歌一等奖"、中国台湾《联合报》短篇小说奖、纽约《特尔菲卡》杂志"中国最优秀短篇小说奖"；长篇自传体小说《饥饿的女儿》曾获中国台湾1997联合报读书人最佳图书奖、2004年台湾中学生书评竞赛规定书籍；《K—英国情人》则被英国独立报（Independent）评为2002年Books of the Year十大好书之一。此外，虹影个人也在2005年7月获得有"意大利文化奥斯卡奖"之称的罗马文学奖，该奖项以六年为期，涉及领域包括文化、政治、文学、历史、医学等，影响力覆盖全欧洲。在授奖词上，评委会认为"虹影作品撞击人心，具有不畏世俗的勇敢精神和高超的艺术手法"。这对一名普通作家，尤其是对一名旅居英伦却坚持用中文写作的作家而言，确实是极高的赞誉。因为在当时的获奖名单上，除了意大利本国卓有建树的文化人士，只有两个外国人的名字。一位是那年4月刚刚谢世但获得终身成就奖的教皇保罗二世，另一位是华人作家，她的名字就是虹影。①

这种首先在"墙外开花"的现象并非偶然；虹影作为身居西方社会的中国作家，作品涉及对中国传统文化及中国社会的描写，自然能够满足西方对东方的想象，比较容易引起西方社会的关注。虹影很可能或多或少地受到西方思维影响，在写作过程中自觉或不自觉地"迎合"了西方社会对中国的窥视心理。西方社会市场经济已经经历了百年的发展历史，早已步入成熟期，书籍这类文化作品也早已进入消费领域，按照市场规律运作、发行、营销、流通。因此，西方社会比国内更容易接受这类"专业化小说"，即西方社会更加具备其发展的条件。综上原因，虹影首先在域外得到认可也就不足为奇了。

二 "墙外开花墙里也香"

数年前，陈晓明曾在一篇关于虹影的短文中预言，"虹影是墙外开花，墙里也香"。② 但后来，许多人认为虹影在国内的接受度与知名度不及国外。实际上，虹影在国内媒体界依然相当受欢迎，火爆程度并不亚于

---

① 虹影：《专访虹影：意大利"罗马文学奖"首位华人获奖作家》，《国际先驱导报》2005年7月2日。

② 陈晓明：《墙外开花墙里香》，http://www.roshui.com/nxwx/hongy/hy06.htm。

国外,只是时间稍晚于域外。

2000年虹影被中国权威媒体评为十大人气作家之一;2001年被评为《中国图书商报》十大女作家之首,被称为"脂粉阵里的英雄",被《南方周末》、新浪网等评为2002年和2003年"中国最受争议的作家"。2003年虹影长篇小说《上海王》则被新浪网评为2003年十大中外小说之一。

我们发现,虹影在国内的"火"有几大特点。第一,始终对虹影保持关注度的是大众传媒,这固然和作家本身不易归类的特点有关,但更重要的是虹影作品当中存有一些深层次的原因不被学界认可。第二,围绕虹影的关键词主要是"争议"、"美女作家"等标签,即作品背后的东西,而非作品本身。第三,媒体的评论往往与图书发行量或排行榜有关,即背后联系着消费市场与经济利润。

可见,虹影"墙外开花墙内香"是一个较为特殊的文化现象,它的发生与整个中国社会经济体制的变革,以及国内媒体的发展壮大存有很大的关系。因此,透过媒体批评的火热表层,我们可以发现现象背后隐藏的种种复杂性,拨开这些云雾将有助于我们更加理性地分析作家及其创作。

三 新的评论权威诞生

长期以来,批评家一直掌握着批评话语权,始终处于批评界的核心地位。文学史的经验表明,没有批评家的认可,任何一种文学潮流或写作流派都很难进入文学史的视野。而且,当一部作品推出时,我们往往最先听到批评家的声音。然而,随着现代传媒的兴起,尤其是大众传媒的普及,这种情况有所改变。虹影作品在刚进入大陆以及其后的一段时间内,学界出现了集体"失声"的现象,而与之相反,国内外媒体则率先给予了令人炫目的评语,包括《泰晤士报》、《纽约时报》、《新京报》、《新闻周刊》等各类媒体。

米歇尔·福柯曾说过:"权力制造知识(而且,不仅仅是因为知识为权力服务,权力才鼓励知识,也不仅仅是因为知识有用,权力才使用知识);权力和知识是直接相互连带的。"[1]可见传统批评权威很大程度上在于掌握了相关专业知识。但是培根也说过:"知识的力量不仅取决于其本

---

[1] 米歇尔·福柯:《规训与惩罚》,刘北成、杨远婴译,三联书店1999年版,第29页。

身价值的大小，更取决于它是否被传播以及被传播的深度与广度。"① 在这场"批评话语争夺战"中，媒体的武器主要在于媒介传播的效率及范围，对公共领域事务参与的积极性及透明度，以及背后强大的经济实力支撑。对于作家而言，他们的作品不经媒体发表，就是一堆废纸，似乎就不曾"存在"过。同时，对于深受现代消费模式影响的广大读者群，他们当中许多人都是在接触到大众媒体的宣传后，才去阅读作家原著。有资料显示，2000 年有人曾挑选 100 部中外文学名著做了一次"现代受众了解文学作品的途径调查"，结果表明，有 60.5% 的人先从电视、电影、广播、戏剧等非文字传播渠道了解这些作品。其中有 18.5% 的受众看了影视等媒体之后才会再去看原著，其余的人看了影视和戏剧后，不想再看原著。② 因此，媒体的评论等同于为作家作品打出的广告，它们有助于塑造读者对某种文化现象或作家作品的认同感，它们为这种认同提供了强有力的形象与场景，直接或间接地影响到了消费者的行为。同时，媒体发布机制具有较高的效率，往往能取得"先声夺人"的效果。在公共领域，大众传媒取消了与公众的距离感，让公众通过媒介参与评价、互动，这显然不同于过去将公众置于"导师威严"之下，被剥夺发言或反驳机会的做法。这种透明性的增加会造成大众认为媒体批评更为客观的印象。最后，相对于传统批评而言，媒介背后往往有雄厚的财力支撑，可以举办大型的作品评比活动，给读者树立自身的"权威形象"。

还有一个值得我们注意的现象是，在这场话语争夺战中，尽管媒体与学界的角力依然存在，但双方已出现某种程度的融合。例如，虹影作品已经受到越来越多批评家的关注，如陈晓明、止庵、谢有顺等人都给予了虹影充分的肯定。而某些传统奖项评选也有越来越多媒体的身影出现，如茅盾文学奖评选、鲁迅文学奖评选等等。此外，近年"图书势力榜"的推出，更是体现了这种融合态势，它不但融合了人气榜、品质榜、吸金榜，还协调了专家评委和读者的意见，呈现出平衡性、多元性与包容性。

四　纸质媒体：书籍的包装与营销

出版商的介入加快了文学生产从手工作坊到现代化生产流水线的转

---

① 王慧：《读者、观众和网络漫游者》，载周洪铎《经济传播学总论》，中国纺织工业出版社 2005 年版。

② 孙绍先：《文学艺术与媒介关系研究》，中国社会科学出版社 2006 年版，第 162 页。

变。他们出于最迅速最有效地生产出符合大众文化市场需求的文学消费品的目的，将文学生产从选题到发行分步骤、分环节，进行流水作业。而且他们聘请专业策划人，对各个环节进行系统策划，制造市场热点，重金打造图书市场的"明星"。作家们的作品经过出版社的精品化商业包装后，在图书市场上十分引人注目，这对图书发行量而言，有着重要作用。在这样一个包装图书的时代，出版社一般会在几个方面进行精心策划：一是书籍的命名；二是书籍的装帧版本与插图；三是书籍的宣传话语。在这种情况下，就经常会出现书籍花里胡哨或者充满噱头的书名，甚至与作者本来意愿相左，也在所不惜。此外，出版社还会结合时代热点，适时推出书籍，部分是将一些旧作重新整合。但无一例外的是，这些书籍都有精美的版本、时尚的外观，诱惑着人们的购买欲望。即使书价飙升，也不乏消费者。

从虹影书籍的命名看，在一定程度上反映了上述情况。她最早享誉世界的作品是《饥饿的女儿》，我们很容易联想到为什么饥饿，饥饿是指胃还是性，是生理上的还是心理上的饥饿等等，这就给消费者制造了悬念。再看《K—英国情人》，该书刚开始的版本取名《K》，这势必会引起人们的好奇心，到底K指的是什么。到了《英国情人》时，书名便直接加入了"情人"这样的标签，赚足噱头。而《孔雀的叫喊》从书籍上市开始，就不断有读者在虹影访谈中问到为何取这样的书名，有什么特别的含义，间接证明了消费者的关注度。

虹影的每一本新书，基本上都佐以作者本人各种精美的写真图片，而且往往是脸部特写，使得虹影的眼神深入人心。她的一些散文或中短篇小说集，如《肖邦的左手》、《我与卡夫卡的爱情》、《我们时代的爱情》等，则配有精美的插图。它们与作品内容和情调相称，不仅为文学作品增色，而且增值。《饥饿的女儿》在美、日、意、法、英等多国版本都是一张裸背图，其中意大利版的封面除此以外，还有一张毛主席像。

在虹影长篇小说的封底，往往都有五花八门的评语。这些评语看似杂乱无章，实则经过精心的选择与编排，它们是对文学进行广告般的宣传话语。《纽约时报》评价《饥饿的女儿》是一部"强劲有力的作品。读她的故事，你会发现你进入到一个苦恼灵魂深藏的真相里"[1]。英国《泰晤士

---

[1] 虹影：《饥饿的女儿》，四川文艺出版社2000年版，封底。

报》评价《K》:"虹影对细节有一个优秀小说家的眼光,读到她关于梦想的需要,关于色彩与光明的需要,无人会不感动。"① 新作《上海魔术师》则是众多中国批评家对虹影的评语,李敬泽写道:"虹影由此为中国的现代性开辟了新的想象路径——这种路径不仅穿过昔日上海的大世界,也一直通到这个全球化时代和网络化时代的中国。"② 此外,虹影书籍的宣传语,还透露着某些时代关注热点。如《孔雀的叫喊》宣传话语是"全世界唯一写三峡的小说。是一部贯注生态关怀的寓言。两代人命运的阴差阳错,轮回转世的身份谜团……"③。2003 年被学术界称为"文学的喊叫年",虹影《孔雀的叫喊》、池莉《有了快感你就喊》等作品热销,同时又适逢三峡项目建设的热门话题。同样,《上海之死》的宣传语使用了"中国第一本'旅馆小说',也是中国少见的国际间谍小说。"让作品戴上"第一"的头衔是媒体炒作惯用的伎俩,加上近年来影视界出现的"间谍热"、"反特热",不能不说出版社的宣传包装是经过精心考量的。

如今的图书市场,最吸引人的莫过于高版税、高印数带来的诱惑。在这种利益驱使下,畅销书机制便应运而生。各地的畅销书标准不尽相同,在新加坡一本书能卖 1 万册算畅销,香港则 5000 册即算畅销,大陆通常要达到 20 万至 30 万册,50 万至 200 万册则是超级畅销。虹影也在一次访谈中提到,她的书在各地发行量不一样,有的国家 10 万册就算畅销书④。虽然标准不一样,但是,畅销书机制各地都基本一致,有研究者指出:"畅销书是麦当劳食品,食品本身机械化生产,按最普通的食谱制作,个个看上去质量都是同等的好。"⑤

从选题开始,专业图书策划人便凭借自己对市场需求的判断,寻找适销对路的作品出版。有着金牌策划人之称的"金黎组合"(长江文艺出版社编辑金丽红、黎波)就曾直言:"越有争议的作品往往就越值得出。现代文化有一个突出的特点:时尚、实用。多数人关注的是具备时尚特征的

---

① 虹影:《K》,花山文艺出版社 2002 年版,封底。
② 虹影:《上海魔术师》,上海人民出版社 2006 年版,封底。
③ 虹影:《孔雀的叫喊》,山东文艺出版社 2005 年版,封底。
④ 虹影:《虹影做客人民网情感时空,道女人所未能道》,http://www.people.com.cn/GB/32306/54155/57487/7190022.html。
⑤ 朱华:《当代文学与包装》,载孙绍先《文学艺术与媒介关系研究》,中国社会科学出版社 2006 年版。

现代文化。所以编辑在编辑作品时，就要注意作品内容要有些时尚文化和实用元素。作为畅销书编辑，如果你无法找出好选题，就会被市场淘汰。编辑要了解作品对读者的兴奋点在哪里。出书肯定要找到读者'跳起来的'触摸点。"①

到书籍发布阶段，出版社往往会举办各种形式的读者见面会，犹如各大品牌的发布会，而且作者本人也如明星般出场，有的甚至还采取"书模"走秀的发布方式，造成轰动效应。这些被大众观看、消费的因素，为媒体提供了炒作的素材。

五　影视媒体：文学作品与"梦工厂"的联姻

近年来，文学文本频频"触电"，通过电视、电影等传播媒介扩大读者群，典型的如王朔、王海鸰等，他们受到广泛关注都始于根据他们作品改编的影视剧。根据麦克卢汉的观点："电力媒介使我们的一种功能的感知得到延伸，就像原有的机械媒介一样：轮子是腿脚的延伸，衣服是皮肤的延伸，拼音文字是视觉的延伸。但是，电力媒介功能不止于此。它们使我们的整个中枢神经系统提高和外化，因此使我们的社会和心理生存的一切侧面都发生转化。"② 艺术家的敏锐体现之一便是，他们往往首先发现如何使一种媒介去利用或释放出另一种媒介的威力。因此，文学作品借助电媒，确实比它原本仅仅作为文本的功能扩大许多。而影视行业似乎也在文学作品中发现了巨大的剧本素材宝库，尤其是畅销书籍的加入，更是成为它们票房的保证。现在，即使是好莱坞的大牌明星，也争相在由畅销书改编的剧本中担任角色，确保自己的票房号召力。

这种媒介间的亲密结合，碰撞出耀眼的"火花"。从传媒行业来看，畅销书是一种安全保险形式，是一项高回报低风险的投资，所以他们都愿意花大价钱从作者手中买到作品的改编权，或直接邀请作家本人担任影视编剧。对于广大消费者而言，他们早已习惯了图文式的"浅阅读"，乐意看到光电的加入使得原来的一维画面更加丰富多彩，书面语词也更为贴近现实，更加生动。由此可见，前文提到的大众消费者往往是先接触影视，

---

① 全国侨联：《畅销书是怎样炼成的》，《中华英才》2008 年第 12 期。
② [加] 埃里克·麦克卢汉：《麦克卢汉精粹》，何道宽译，南京大学出版 2000 年版，第 371 页。

再接触文本的现象也就可以理解了,这不能仅仅将原因归咎于当代作家的写作水平。

此外,如今的影视行业已是资本"独舞"的领域,基本都是集团化经营,有专业制片人。如同出版业中策划编辑人的角色,制片人既要负责找到具备好作品的作者,又不能突破预算,保证整个过程运行顺畅。因此,他们往往成为连接创作方和商业方的桥梁。波德里亚就认为,"电视画面是一个元语言,我们所进行的画面消费就是根据这种既具技术性又具传奇性的编码规则切分、过滤、重新诠释了的世界实体。世界所有的物质、文化都被当作成品而受到工业式处理"①。

虹影曾表示自己的作品让影视人手痒,但最初写小说时并未有意凑合什么,只是东西方的影视导演、制片人发现她小说适合影视。在虹影作品的电视剧改编中,最典型的例子便是《上海王》。如今根据虹影小说改编的同名电视剧《上海王》(袁立主演)在各地电视台热播,虹影亲自担任了该剧编剧。《上海王》讲述的是:一个沦落风尘的乡下女孩,落进旧上海黑帮控制的妓院,成为黑帮老大的意中人,几经挣扎,成了小有名气的演员。她在江湖争斗中巧妙周旋,也在情欲与权力的旋涡里挣扎。她成功了,成了以黑帮势力称王称霸的上海王;但她最终得到的,却仍是人性的悲剧。该长篇小说于 2003 年 11 月发行,首印 10 万册,推出后被舆论称为"妓院小说"。但这并不妨碍该剧的热度,调查显示该剧开播后,它连续几周荣登各地电视台黄金时段的收视排行榜榜首。此外她的《饥饿的女儿》也在天津电视台做电视连续剧,虹影对此曾自豪地表示:"还有更多人对我的作品感兴趣,这一点说明我不仅艺术性强,故事就是说的好。"②

在由小说改编的电视节目中,它与观众之间的典型的关系在于想象的愉悦,这种愉悦尤其源于情节的安排与人物的性格塑造。虽然有时同一部作品既可改编成电视,也可以改编成电影,如虹影的《上海之死》,但是这两种媒介在文本选择上还是有着各自的倾向性。与电影相比,电视最重要的特色或许就在于它是一种家用媒体,它是现代都市人日常生活中不可

---

① [法]让·鲍德里亚:《消费社会》,刘成富、全志刚译,南京大学出版社 2008 年版,第 115 页。

② 虹影、新浪主持人:著名作家虹影作客新浪访谈录,http://book.sina.com.cn/2003 - 07 - 23/3/12692.shtml。

或缺的部分,电视内容将更加贴近于生活。麦克卢汉曾指出:"看电影时,你坐在那儿看屏幕,你就是摄影机的镜头。看电视,你则是电视屏幕。你是透视中的消失点,像东方画里的消失点一样。画面在你的内心放映。看电影的时候,你向外进入世界,看电视时,你向内进入自己。"①看电视时,观众基本上是一种解码的过程,这个过程中观众是无意识地阅读或思考电视节目的意义。因此,电视剧文本选择将首选具有传奇性、连续性的故事文本,如《上海王》一个奇女子的人生经历本身便是一部精彩纷呈的连续剧。虹影在回答为何自己只接改编电视剧的活而不参与改编电影时,就说到:"电影对小说原著而言,是减法;电视剧是加法,需要大量的内容填充。"②

虹影有多部小说被改编或将被改编为电影,如《阿难》已在筹拍当中,这也是中国电影界首次与印度宝莱坞合作。该小说时空跨度很大,从印度到中国,从过去到现在,造成一种奇异的效果,非常符合印度宝莱坞歌舞片中光怪陆离的欣赏元素。而小说《绿袖子》本身就是以剧本的形式诞生。最典型的是虹影新作《上海之死》的电影改编,该小说写的是在 20 世纪 40 年代的上海租界,著名演员于堇当时风靡上海,但她却是情报人员,借演出《狐步上海》之机,努力探寻日军偷袭的确切地点。在她身边的人谁可信任?谁是真情、谁是假意?情报与反情报,跨一步与退一步,围绕着这些繁华上海的男男女女,各色扮相,斗智斗狠。2005 年适逢世界反法西斯及中国抗日战争胜利 60 周年,这部谍报题材的小说有一定现实意义。为此,虹影还与上海海润公司合作,卖出该小说改编权,也成立了自己的影视工作室。

相对于电视而言,电影更注重于画面的质感与作品的艺术含量。因此,可以说电影手法与文学手法更为接近,甚至相通,如蒙太奇手法在文本与电影中都有运用。文学与电影甚至会出现同一种潮流,如新写实思潮等。在文本改编的选择倾向性方面,电影文本会倾向选择具有二元性或梦幻性元素的作品。如根据《上海之死》改编的电影《狐步谍影》就涉及敌我双方的斗争,它的惊险性,一方面满足了人们发泄除了应付日常生活

---

① [法]让·鲍德里亚:《消费社会》,刘成富、全志刚译. 南京大学出版社 2008 年版,第 440 页。

② 资料来源《解放日报》,http://www.roshui.com/asp/newswind.asp?id=627。

之外的剩余精力的需要，冲破体验禁区；另一方面则让人们在观赏的实践中，获得与主流文化相一致的道德情感方面的提升。而《阿难》则可迎合人们的感官需要，进入一个光怪陆离的梦幻般的视觉盛宴。

六 网络媒体：文学官司、文学事件的复制、强化、放送

20世纪末，互联网的飞速发展，影响着全球人类的生活方式。这个集电子邮件、数据库和一般通信于一体的系统越来越显示着自己强大的威力，麦克卢汉预言的"地球村"，在网络时代下已经成为了现实。互联网技术的介入，使得"对声音、文本及图像的数字编码，用光纤电缆替代铜线，对数字编码的信息直接传输，以及由此而来的对这种信息的压缩，无线传输频率的范围大幅度拓宽，转接技术的革新，以及其他方面的大量进展，所有这一切已经拓展可传递信息的数量和种类，以至于文化领域中的质变可能即将到来"[1]。

就国内而言，网上写小说早已不是什么新鲜事，早在1991年，互联网上便诞生了第一份中文电子周刊《华夏文摘》，北美留学生作家少君在其中发表了自己的小说，成为中文网络文学的"开山鼻祖"。如今的网络文学已经真正成就了一番"大事业"，2008年7月4日盛大文学有限公司成立，旗下作家包括郭敬明、刘震云、韩寒等。随后，兰晓龙的《我的团长我的团》，严歌苓的《一个女人的史诗》等作品也纷纷与其签约，完成了传统文学作品与网络收费阅读的成功联姻。到目前为止，盛大文学已售出超过百部的原创小说影视改编权[2]。网络出版商与网站共同打造书籍排行榜，制造高点击率，抛出连载、免费等诱饵和灌水充数等伎俩，捧红了一大批网络小说与网络写手。

虹影曾表示要把自己与网络写手区分开来，因为她认为网络写手并不能称为"作家"，但是虹影与网络还是有着紧密的联系。虹影经常做客新浪、搜狐、人民网等诸多网络媒体，接受访谈及网友提问，她自己也直言"网上支持我的人远比平面多。"[3] "不上网的人不是我的朋友。这样说可

---

[1] ［美］马克·波斯特：《第二媒介时代》，范静晔译，南京大学出版社2005年版，第27页。

[2] 《写小说，挣大钱》，《南方人物周刊》2009年8月19日。

[3] 虹影：《虹影做客人民网情感时空，道女人所未能道》，http://www.people.com.cn/GB/32306/54155/57487/7190022.html。

能会得罪我的一大半朋友,互联网是我的一个乐趣,是我看世界的一个窗口。"① 在这些网络访谈中,虹影往往语出惊人发表一些大胆言论,或者是对外界的非议进行辛辣讽刺或回击。总而言之,虹影似乎特别能够适应媒体,擅用媒体为自己造势,她这样喜欢"站出来说话"也正好符合了网络媒体的炒作目的。此外,虹影还在各大网站开通博客,贴出一些未能出版的文字或图片,为读者提供了更为广阔的了解她的空间。因此,虹影也表示自己的生活已离不开电脑和网络。

倘若在网络上搜索与虹影有关的信息,弹出的结果最多的恐怕不是她的作品,而是与她有关的大大小小的官司,因此她也曾被称为"官司作家"。其中最引人注目的莫过于她那场涉及侵犯名人名誉的关于小说《K》的官司,这场官司可谓轰轰烈烈,一下子把虹影推到了风口浪尖。长篇小说《K》写的是英国青年诗人朱利安·贝尔1935年在中国的革命和爱情经历,他是Bloomsbury的二姐妹中范耐莎的儿子,弗吉尼娅·伍尔芙的外甥,以英语文学教授的身份到武汉任教,并爱上校长的妻子林女士。作品中有大量情欲描写,又运用了许多真实姓名,使得同在英国居住的陈小滢女士一怒之下将虹影告上法庭。陈认为,《K》侵犯了她父母陈西滢、凌叔华的名誉权,由于国内并无此先例,开始法院并不受理。其后陈小滢将虹影与几家出版机构一并推上被告席,由此在媒体引起轩然大波。终于在2002年年底,中国吉林省长春市中级法院做出一审判决,认定长篇小说《K》是色情的和诽谤性的,触犯了中华人民共和国法律,法庭要求虹影赔偿10万元,加上原告的全部费用10万元,合并为20万元,并要求被告在一家国家级报纸上发表公开道歉声明。由此,《K》成为了我国由法院宣判禁售的第一部小说。然而事件没有随着法院的判决而就此平息,在有关条款的执行过程中再生变故,焦点在于案件所涉及作品能否以修改后的面貌发表。2003年法院再审《K》案,最终裁决容许《K》改名为《英国情人》,原告先人的名字身份等改过后还可出版,法院也不判决侵害名誉权。虹影做出让步,愿意公开在《作家》杂志上致歉,对于原告花在官司上的高额诉讼费和律师费,愿意补偿8万元,以求一个安静的创作生活。这场官司历时3年多,重要性又涉及日后小说作家的创作自由度

---

① 董惠、虹影:《搅动文坛的"汉字魔女"》,http://www.people.com.cn/GB/channel6/32/20000918/238243.html。

等问题，在整个文学界都实属罕见。

此外，就是虹影《饥饿的女儿》侵权案。这起所谓的"一女二嫁"官司，涉及上海文艺出版社与四川文艺出版社。1998年上海文艺出版了虹影的《十八劫》，2000年四川文艺出版了《饥饿的女儿》，而上海文艺出版社认为这是将《十八劫》改名后的重复出版，对其造成侵权，于是将虹影与四川文艺告上法庭。最后该案以虹影回国应诉，上海文艺最终撤回上诉收场。该案事前的高调与事后的平静形成了鲜明的对比，不得不让人怀疑这又是一起出版社与网络媒体的"合谋"炒作。虹影则将两大出版社比作大磨盘，而她在中间受夹磨，成了出版社钩心斗角的牺牲品。虹影所言是事实，可又未尽其然，毕竟在这些官司背后，她本人并非只有委屈，同时也收获了利益。其一是声名远播，其二是经济利润。她自己曾表示"上海文艺《十八劫》据他们自己说，只发出了3000册，而《饥饿的女儿》一个月的发行近4万册，由于官司，出版社停下来。盗版趁机推出10万册。"①

网络媒体将虹影的官司还原、强化、放送，第一时间呈现于大众面前，使得作家、出版社、媒体都卷入了纷扰的旋涡，虽然有着闹剧的嫌疑，但是这些官司带来的名与利却是真实的存在。

如今的网络充斥着各种各样，或真或假的消息，如何能从巨大的信息量中突围，靠的就是"坏消息"的力量。在这个"娱乐至死"的年代，绯闻远比新闻受关注，恶搞比经典更流行，无聊比一本正经有市场。因此，网络上的一些轰动新闻，往往是人为"制造"出来的。鲍德里亚说："文化和新闻中的伪事件一样，和广告中的伪物品一样，可以根据媒介自身、根据一些参照规则被制造出来。"② 按照鲍德里亚的观点，这些新闻事件也是消费社会中的产品，即如果媒体不炒作，它们便不会发生，即使发生也不会被如此强化。确实，消费社会中每件物品都是复制品，而且假的东西似乎比真的还真，一切都可以照样宣称自己的真实性。菲斯克认为："新闻与虚构之间的差异仅仅是形式的差异。两者都是制造关于社会

---

① 虹影：《饥饿的女儿》，漓江出版社2001年版，第281页。
② [法]让·鲍德里亚：《消费社会》，刘成富、全志刚译，南京大学出版社2008年版，第88页。

关系的意义的推理手段，读者用他们对待虚构文本的自由与不敬对待新闻。"① 因此，网络中传播的新闻，尤其是热点新闻，往往"迎合"了大众娱乐的口味。

　　网上与虹影有关的新闻常与文学事件相关，例如由《K》案引出了五花八门的新闻报道。有的关注名人的私生活，甚至将小说中的人物与真实人物对号入座，吸引读者。有的则热议书中提及的"房中术"，靠所谓"色情"上位，有人还为此做了大量考证，号称房中术是中国科技思想的瑰宝。除此以外，比较突出的还有虹影的"抄袭门"事件。虹影小说《绿袖子》于 2004 年发表，甫一推出，即遭骂名，有评论家指出该书抄袭了法国著名作家杜拉斯的《广岛之恋》。随后在上海举行的《绿袖子》研讨会上，上海大学中文系教授王鸿生等人对虹影的作品进行了不留情面的批评。对此虹影反击道："作品研讨会不谈作品，一开口就是评女作家的长相，用意何在？"② 此后媒体纷纷报道这场"口水仗"，并将其放大为到性别上的对立。后来在多次访谈中虹影也做了反驳："批评家的话，我一向注意听。但是现在有人指责我'抄袭'，这就太岂有此理！难道写战乱年代的异国爱情都是抄袭？按这个逻辑，我可以说《安娜·卡列尼娜》抄袭《包法利夫人》，因为都是女人有婚外恋，结果自杀。我希望指责抄袭的批评家站出来，为自己的话负责。让我们说个清楚。"③

　　至此，我们姑且不评论辩论双方孰对孰错的问题，虹影的小说知名度因此得以提升以及整个事件的炒作过程却是清晰可见。虹影对负面消息的积极回应，也许一方面是为了显示她维权到底的姿态，但另一方面则恐怕是在借新闻媒体的平台为自己作宣传。

第二节　"文眼"中的"弃儿"

　　虹影是传媒的"宠儿"，但是多年以来在文学圈，却没有一个恰当的

---

①　[美] 约翰·菲斯克：《解读大众文化》，杨全强译，南京大学出版社 2006 年版，第 138 页。

②　《女作家与男评论家大打口水仗》，《新京报》2004 年 8 月 27 日，http://www.roshui.com/asp/newswind.asp?id=795。

③　《虹影否认〈绿袖子〉抄袭》，《成都日报》2004 年 8 月 16 日，http://www.roshui.com/asp/newswind.asp?id=787。

位置，甚至有些批评家至今对虹影作品不予以承认。这固然与她作为一名海外华文作家的特殊性有关，由于文化背景的差异以及作品涉及题材的广泛，一时难以找到她的参照系。但是，这种现象背后还有一些更为深层的原因，以致虹影成为文学圈里的"弃儿"。

一　畅销元素与模式化写作

当年《饥饿的女儿》出版时，封底印着某外国评论家的评语，说这本书具有畅销小说的一应要素，如性、凶杀、命运、政治等等。其实不止这部小说如此，虹影许多作品，包括一些类似于短篇小说的散文都具备这些要素。

身体写作是现代文化研究中的一个重要概念，它已经超越了纯粹的肉体内涵，而指向其承载的文化意义。对于女性而言，身体的解放在某种程度上代表着现代化的进程。从波伏娃开始，到现在国内外的众多女性作家，身体都成为她们文本叙事中不可或缺的一环。确切来说，虹影并不算一位"女性作家"，赵毅衡曾写到："虹影不入群，不归类，是 the only one，中国当代文坛有两类女作家：一群称作'私语女作家'，或按年龄称作'（六十年代）新生代'，她们以悄声细语，细致地描写个人体验……另一批是所谓'新新代女作家'，特点是写人生享受，衣食无忧的都市时髦男女的情欲……虹影虽然年龄夹在她们之间，却与这两批女作家完全不一样……"① 确实，虹影作品中的男女地位往往是处于一种平衡状态，而且她的作品题材不囿于女性题材的范畴，她自己也不认同把她归类为女性作家。因此，虹影大胆书写女性身体，很可能是出于消费因素的考量，即以此来增加作品畅销的砝码。

其中最为明显的是小说《K》，在这部小说中有大量露骨的性爱描写，甚至出现极其另类的"房中术"及"鸦片馆"等情节。主人公林和朱利安这段跨国恋情，一开始是朱利安对待女性及东方文化存有一贯以来的偏见，但在以身体为桥梁的沟通中，矛盾慢慢消解进而达到一种融洽状态。虹影并未刻意抬高女性地位或者贬低男性权威，她追求的是一种男女间诗意的和谐。从身体出发，破解东西方文化的阻隔，虽然有一定的效果，但还是未免浅薄。这就如同麦克卢汉所言："性的确是被夸大了，人们把它

---

① 赵毅衡：《惟一者虹影，与她的神》，花山文艺出版社2002年版，附录。

与市场机制联系起来,使它与工业生产的非人格技术挂起钩来。"① 因此,虹影选择从身体的角度来关照文化及显示对人类的终极关怀,未必能获得所有人特别是传统批评家的认同。而小说充斥的这类欲望书写,将大大刺激书籍消费倒是最直接的效果。此外,虹影还有许多中短篇小说如《脏手指·瓶盖子》、《给我玫瑰六里桥》《那年的田野》等都涉及性爱描写,有的甚至可能是同性之恋或者性交易。

虹影作品中还经常涉及"饥饿"。虹影曾直言:"饥饿是我的胎教。"她作品里的"饥饿",不但是极度贫困带来的物质饥饿,更是一种精神饥饿,或是"性饥饿"。《饥饿的女儿》中的"六六",18岁前经历的大饥荒,以及与历史老师的畸形情爱,便是最集中、最充分的体现。虹影就是希望通过塑造这类历经种种"饥饿"磨难的人物,来强调顽强的生存意识以及反叛精神。因此,"六六"最终选择离开,《鸽子广场》中的主人公选择"逃离控制",《归来的女人》也最终选择"出走"。可见,"饥饿"在虹影笔下已具备某种象征意义,在某种程度上超越了一般的欲望书写,这是值得肯定的地方。

虹影有许多作品涉及凶杀,或非正常死亡,或冥冥中的命运,或对未来的不可知。这种安排如《玉米的咒语》里那躲不开的子弹,《给我玫瑰六里桥》中那永远触不到的恋人,他们都最终指向死亡。长篇小说《孔雀的叫喊》则涉及上辈人的误杀,以及轮回转世般的命运安排,把两代人阴差阳错的命运纠结在一起。

这类带有诡异氛围的作品,也许是虹影在努力尝试着不同的写作风格,拓宽自己作品的题材范围。同时,这也可能与虹影的童年阴影有关。虹影曾在一次访谈中谈到:"我一般不太相信命运轮回,但我对鬼神是很敬的,尤其是发生在我自己身上的事情。我会经常做一个梦,我会在我们家的阁楼看到鬼,我会看到我的三哥把我推下去,但是我总是会往上爬,因为我希望往上走。"② 因此,作者偏好这类题材有可能是因为客观因素的影响,主要是对那段犹如梦魇般生活的畏惧心理,使之自然地反映到作品当中。

然而我们也发现,这类作品的主人公往往都是通过种种蛛丝马迹去探

---

① [加]埃里克·麦克卢汉:《麦克卢汉精粹》,何道宽译,南京大学出版社2000年版,第52页。

② 虹影、彭苏:《苦难的女儿:虹影》,《南方人物周刊》2009年12月18日。

寻一个个秘密,如《饥饿的女儿》是18岁前的"我"去探寻自己私生女身份的秘密,而最近的《好儿女花》则是探寻母亲晚年生活的真相以及自身婚姻悲剧的源头。不同的只是作者对这种命运的感知,十年前那部作品反映的更多是叛逆、愤懑与决绝,而随着年岁的增加以及生活阅历的丰富,十年后作者在处理上显得更加宽容、平和、带有反思。但是类似的"探秘"情节一直存在,长篇小说如此,中篇《玄机之桥》、《红蜻蜓》、《岔路上消失的女人》也如此,这就不能不说存有作者主观为之的痕迹。毕竟通过这样的悬疑设计,读者将获得如同阅读侦探小说般惊悚刺激的快感,这与广大读者日常的平淡生活迥异。因此,消费者会乐意购买这类充满悬疑色彩的书籍。

政治,无论在国外还是国内都属于敏感话题,人们常有希望了解政治事件真实情境的愿望。尤其是在过去中国言论还相对封闭的状态下,国外读者更是渴望通过阅读中国作家作品的渠道,窥探中国国内政治的真实状况。

虹影许多作品都设置在某一重大历史背景之下,如"文革"题材就有《饥饿的女儿》、《辣椒式的口红》、《内画》、《蛋黄蛋白》等。《饥饿的女儿》中的"六六"从4岁至14岁这段童年经历,几乎都伴随着"文革"中的物质匮乏、义务劳动、冶炼废钢而度过。《辣椒式的口红》则暗示在那个禁欲的年代下暗暗涌动的燥热与压抑不住的欲望。

其他的政治题材还包括战争,如抗日题材的《一镇千金》、《那年的田野》、《上海之死》、《绿袖子》等。其中《绿袖子》更是上演了一出战火纷飞下可歌可泣的异国恋情故事。而像《孔雀的叫喊》则以因长江三峡工程建造而发生的历史巨变为写作背景。这类作品都带有一定的政治烙印,给读者提供了对于某些事件的政治想象。

这些种类繁多的元素,看似极具个性,却还是组合为不同的模式或范式,这与鲍德里亚认为的"差异的工业化生产"无异。在消费系统中,这些"个性化着的"差异,"无论怎么进行自我区分,实际上都是向某种范例趋同,都是通过对某种抽象范例、某种时尚组合形象的参照来确认自己的身份,并实际上放弃了那只会偶尔出现在与他人及世界的具体对立关系中的一切真实的差别和独特性"①。因此,从消费的角度看虹影这类有

---

① [法]让·鲍德里亚:《消费社会》,刘成富、全志刚译,南京大学出版社2008年版,第71页。

点标新立异的元素，它们并非真正意义上的差异，相反它们是对某种编码的服从，就在寻找自我独特性的行为本身中相互类同。因此，虹影的作品有点像大众工业生产出来的类型电影，它们满足大众心理的愿望，表达社会各种状态或情结，形成以"类"划分的相对固定的系统。这类作品通过不同的模式满足人类永恒的需求和大众心理情结，实际上具有大众文化消费品的精神实质。表面上看，虹影作品拥有审美的陌生感，但综观其写作还是缺少某种艺术上的创新，只是激发了人们阅读的欲望，获得读后的快感和满足。虹影本人也似乎乐于创作这类作品，愿与读者一道体验一场游戏或娱乐，而这也许恰恰成为学者对虹影作品不予以接受的一个重要原因。

以下将以部分作品为例，探讨虹影写作中出现的几种主要模式。

（一）玄机模式

这种模式往往带有悬疑氛围，结构松散，情节开放，有大量心理描写，靠主人公的想象或心理活动推动故事进程，常常有出乎意料或怪异事件发生。最典型的是《玄机之桥》，故事中的主人公莫名的恐惧、欲望、嫉妒，从头至尾都处于一种癫狂的状态，甚至不知道自己到底是谁。又如《翩翩》中描写了杀死丈夫的梦境，但到底哪个是梦境，哪个是现实，小说一直没有点明。《岔路上消失的女人》在一系列争吵后，妻子竟然莫名其妙地失踪，并可能永远也找寻不到。《鹤止步》中虹影自出新意，重写笔记小说，游走于虚实之间，出入古今，也都是为读者营造一种穿越时光的魔幻之感。此外，还有部分散文作品也带有这种模式，如《十字架》、《一夜纸街》、《神交者手记》等。

（二）革命爱情模式

政治与爱情相碰撞，往往能产生巨大的能量，这种模式多少年来一直兴盛不衰。虹影的作品也是如此，有时还带有异国情调，或涉及一些"民族边缘人"，算是与一般革命＋爱情稍稍不同的地方，但大多都逃脱不了政治革命下，男女主人公恋情坎坷发展的范式。如《K》英国诗人远道而来，投身于中国革命，却邂逅了中国女性知识分子，并不可自拔地陷入其中，沉溺于情欲与妄想，充斥着淫猥与忧伤，最后造就了一段旷世痴恋。《绿袖子》则是描写在抗战末期，一个中日混血女子与一名中俄混血少年的爱情，此后更是彼此相逢，又最终错过。《六指》则涉及"文革"背景下的婚姻关系与精神出轨问题。

（三）传奇模式

传奇模式最典型的就是虹影"海上花"系列，即《上海王》、《上海之死》、《上海魔术师》。《上海王》被看作是一个"上海女教父"的传奇经历，同时还有一定的历史根据。昆剧名角筱月桂风尘遍阅的成长经历以及发生于20世纪20年代上海滩的爱恨情仇，足够吸引读者。《上海之死》则依旧继续旧上海繁华颓废的传奇，一个女明星兼女间谍的爱恨情仇，层层逼近的真相，挑战着读者的心智与情感。《上海魔术师》中卖艺人胡兰儿与加里王子间的爱情就带有魔幻色彩。此外，还有《阿难》，作品中的印度异邦风情，主人公神秘的身份，期间还充满犯罪、逃离等情节。这类作品模式除了是畅销书的选择外，更是影视改编的最爱。

二　眼球效应与想象力束缚

（一）自传还是虚构？

众所周知，小说就是一种虚构的文体，虚构是小说的本质，它决定了小说不是对现实的临摹，也不是对现实生活的简单再现，而是人类精神生活的某种可能性的展示。但是熟悉虹影的读者会发现，虹影喜欢把自己的小说定义为她的"自传"。最典型的就是她的第一部长篇小说《饥饿的女儿》，虹影在多次宣传中都表示这是她真实的"长篇自传体小说"，是她"18岁以前经历的事，包括事件发生的顺序、时间、地点，都是当年的真人真事"[1]。在虹影成名后，多家境内外媒体机构还到重庆——虹影故乡，进行实地考察。由于小说中涉及"私生女"的身份问题，涉及肉体与精神的双重饥饿问题，因此吸引了众多关注的目光，人们自然会将"六六"经历的事情放在虹影身上。虹影推出的最新力作《好儿女花》，宣传语便是自传体小说《饥饿的女儿》续篇，书中涉及的"二女侍一夫""自爆家庭隐私"等成为虹影的代名词。可以说，虹影的这种"自传性"宣传是极其成功的。在虹影的多部小说中，她都采取了相似的策略，经常把自己说成是故事的主人公，如"我就是裘利安"、"我就是林"、"筱月桂就是我"等等。即使在引发侵犯名人名誉的官司后，她还在作品扉页上写着"非虚构，对号入座"的标签。

应该说《饥饿的女儿》与《好儿女花》这两部作品，确实存有较为

---

[1] 虹影：《饥饿的女儿》，漓江出版社2001年版，第260页。

明显的生活原型，因为在虹影的多篇散文作品以及访谈录中都有提及这段生活往事，如《奔丧》、《我到三峡走亲戚》等，而且虹影也的确是私生女的身份。但是小说的虚构性决定了它与客观真实并没有什么关系，而是一种主观真实的表现。所谓主观真实，用阿瑟·米勒的话表达，就是在社会现实的外衣之下隐藏着另一个现实，那是一种潜在的存在，它是一种尚未进入大众意识的真实。作家的使命之一便是对这种真实进行勘探与发现。这种内心的真实符合三个重要的维度：一是对时空秩序的破坏与改造，小说不可能与客观真实的时空存在相等的关系，而只是对它的放大或浓缩；二是对公众经验的扩充与改造，好的小说常常立足于公众经验的某一点，将之放大、扩充、改造，使它来源于公众经验，又超越于公众经验；三是对生活常识的破坏与改造，经验与常识是不一样的，常识具有一定的逻辑特质，是对现实逻辑的一种变形处理。可见，虹影宣称的真实"自传小说"，其实都应是虚构的。她这样坚定的肯定，不免有作秀的嫌疑，是为了更好地吸引媒体的关注以及大众的眼球，进而增加作品的发行量。

（二）"我为故事狂"

虹影作品畅销，与她擅长讲故事的天分有很大关系。赵毅衡说她是"一种叙述狂，讲故事时，透出一股狂喜，巴尔特称为'文本欢乐'。"[①]虹影自己也曾说："我永远想让我的人物多遇上点惊奇，多撞上点危险。我的故事有时候读起来只是想讲个好故事，如此而已。我本人却很沉醉：我醉心的，是把玩人的命运，让我的人物变成意念挪动的棋子。"[②] 不可否认，虹影的绝大部分小说，都带有极强的故事性，很容易抓住读者的目光。如她的《饥饿的女儿》就把一个女孩18岁之前的成长经历写得丝丝入扣；《K》则把知识分子的情爱故事写得荡气回肠；《上海王》把一个女人的成功经历写得跌宕起伏；而《绿袖子》则把一对普通恋人的感情写得如泣如诉。对于一名小说作者而言，故事是小说的基本面，作家必须具备熟稔的叙事技能。佛斯特在《小说面面观》里谈道："故事是一些按时间顺序排列的事件的叙述。就故事在小说中的地位而言，它只有一个优点：使读者想要知道下一步将发生什么……故事虽是最低下和简陋的文学

[①] 赵毅衡：《惟一者虹影，与她的神》，花山文艺出版社2002年版，附录。
[②] 虹影：《萧邦的左》，学林出版社2005年版，第175页。

机体,却是小说这种非常复杂机体中的最高要素。"① 如果按照这样的标准,虹影声名确立的基础便是:她很会讲故事,具有那种佛斯特所谓的"使读者悬疑不断、逗引其好奇心的原始才能"。②

然而,故事作为小说叙述的意义单元,并不是小说的最终目的,而只是一种形式手段。任何优秀的小说,其故事中的价值指向都是多元的、丰富的和无限的。对于小说家来讲,会讲故事也仅仅是一个基本前提而已。纳博科夫认为,小说家就是一个讲故事的人、教育家和魔法师,"一个大作家集三者于一身,但魔法师是其中最重要的因素,他之所以成为大作家,得力于此。"③ 因此,从虹影作品看,她与一个小说家之间,确实存有一段距离。虽然虹影作品有着相当的叙事智慧,然而却缺乏思想内涵的丰厚度和深邃度,而这些又恰恰是决定小说艺术价值的关键因素。多层次的思想内涵是小说价值的重要标尺,在虹影众多小说人物中只有"六六"负载着思想内涵的丰富性,她那种爱是通过恨来表达的复杂情感被作者"背面铺粉,注此写彼"的叙事策略刻画得恰到好处。虹影其他作品就欠缺了这种叙事策略与人物思想内涵的完美融合,进而影响到了作品的艺术价值,缺乏让读者产生强烈思想共鸣的震撼力。当然小说的艺术价值创造需要作家通过多方面的努力,包括作家的思考能力、作家内心的文化积淀与知识素养,这也许是虹影需要一直进取的方面。

(三) 想象力的匮乏

正如前文所述,虹影小说题材广泛,涉及历史、政治、未来等领域。因此,许多批评家认为虹影极具想象力,虹影也认为自己有"想象力崇拜"。如"重写海上花"系列、《孔雀的叫喊》、《阿难》等作品都与虹影的生活经历相去甚远。以"上海想象"为例,它们与虹影唯一的联系,仅仅是因为虹影养父的童年是在上海度过而已。因此,这些作品,除了部分有一定史料可查外,依靠的都是作者的想象力。小说的虚构本质,决定了它必须依靠创作主体强劲的想象能力,才能使叙事话语真正进入人类隐秘而广袤的精神领域,自由地展示人类种种可能性的存在状态。真正意义上的文学想象,不只是一种话语表达的方式和手段,而是一种综合性的艺

---

① [英] 佛斯特:《小说面面观》,朱乃长译,中国对外翻译出版公司 2002 年版,第 75 页。
② 同上书,第 61 页。
③ [美] 弗拉基米尔·纳博科夫:《文学讲稿》,申慧辉译,三联书店 2005 年版,第 5 页。

术创造形式或形象的思维活动。它不仅可以自由地挣脱人类理性的种种预设，带着明确的感性化倾向，而且呈现出很强烈的偶然性和无限的可能性，正如卡尔维诺所说："想象力是一种电子机器，它能考虑到一切可能的组合，并且选择适用于某一特殊目的的组合，或者，直截了当地说，那些最有意思、最令人愉快或者最引人入胜的组合。"① 像胡尔福的《佩德罗·巴拉莫》，马尔克斯的《百年孤独》等作品就是想象力驰骋的经典之作。

　　虹影曾经说过："《饥饿的女儿》只是我重要的作品，但不是最好的作品，它是一把可变换的钥匙，掌握得好，可打开我其他的作品。这个小说完全属于照实记录，和其他虚构的短篇长篇相比，我觉得它非常理性，每一句话我都清清楚楚。"② 虹影认为《饥饿的女儿》非常理性，这不假。因为在这部小说中我们看到它蕴涵有想象的需求，并因此将形式赋予想象，使之区别于幻想、白日梦以及其他类型的空想。也就是说，这样恰当的虚构在激活艺术想象的同时，还确保了想象在具体的话语行为中将是一种审美的存在，而不是空洞无果的幻想、胡想、乱想。因此，笔者认为，《饥饿的女儿》就是虹影目前最好的作品。至于像《阿难》、《孔雀的叫喊》、《上海魔术师》等作品，虽然故事讲得好，却总让人觉得有"隔"的感觉。十年后，当虹影新书《好儿女花》面世后，我们发现"离经叛道"的虹影还是回到了她最熟知的地域以及最熟悉的人和事。其中原因也许如张爱玲所谓"最好的材料是你最深知的材料"，但是更主要的原因可能恰恰在于作者想象力还未到位，尽管想象力一直是虹影引以为豪的东西。由于想象力的束缚，使得作品缺乏较强的逻辑支撑，进而缺乏说服力。有些优秀小说虽然故事荒诞不经，但读起来却让人自然地产生信服感，如卡夫卡写格里高里。越是不可信的故事，越需要缜密的逻辑安排与到位的想象力。虹影笔下的阿难、度柳翠等就缺少这样的说服力以及通过有效叙述获得的真实感，这就是想象尚不到位的结果。

　　因此，在真正的创作实践中，艺术想象力就是一种审美创造力，它不仅体现出一个作家的艺术原创能力，而且还体现出他对艺术自由的维护姿

---

① ［意］卡尔维诺：《未来千年文学备忘录》，杨德友译，辽宁教育出版社1997年版，第57页。

② 虹影：《关于海外文学、泰比特测试，以及异国爱情的对话》，选自《阿难》，湖南文艺出版社2002年版，附录。

态。因为想象的最终目标，就是在现实世界或理性能力无法穷尽的地方，重构一种真实人性的世界，甚至使我们发现大江健三郎所谓的"水滴中存有的另一世界"。虹影尝试不同题材的写作，看得出她在想象力方面做出的努力，只是还不够，这也为她日后的创作留下提升的空间。

三 生产效应对文学立场的逼迫

自文化成为产业，对文化作品进行商业化操作以来，利润最大化就已经战胜了文化价值。尤其当文化媒介化后，技术选择的内容就远离了其原初形态而使文化信息本原性丧失，使工具理性战胜价值理性，大众传媒推动大众文化对精英文化的"殖民化"。这种情况下生产的文学作品，越是迎合大众口味，越是具备消遣性、娱乐性就越有市场，获取利润的可能性就越大，对资本的诱惑力也越大。这种情况以文学价值的退却为代价，就犹如经济学所说的"市场失灵"现象。著名传播学者波茨曼表示，高度的理性和秩序，超常的冷静和客观，都已渐行渐远，娱乐时代款款而来，文化生活被重新定义为娱乐的周而复始，一切公共事务形同杂耍，我们在娱乐文化精神的道路上越走越远。

在传媒介入下，叙事的作用发生了某些变化，它在传达文本的过程中变成五个焦点。这五个焦点相互关联，我们可以在任何特定的时间注意任一元素或讨论五个不同元素的各种不同组合，媒体成为其中的"关节点"。关系如图所示：

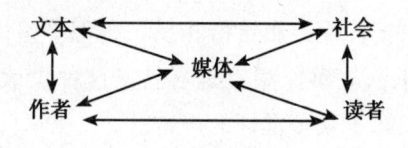

```
文本 ←——————→ 社会
  ↖    ↗↘    ↗
    媒体
  ↙    ↘↗    ↖
作者 ←——————→ 读者
```

（资料来源见注释）[①]

因此，受到媒体、经济因素的影响以及传统阅读方式受到电子化的挤压，作者很可能会选择妥协。这种妥协也许对生存而言是一项聪明的选择，可是这种妥协在成为一种习惯后对文学家和艺术家的影响却是灾难性的，因为一个经济上合理的选择很可能使得艺术上沦为平庸。在这种情况

---

① 图表略有更改，参考自［美］伯格《通俗文化、媒介和日常生活中的叙事》，姚媛译，南京大学出版社2000年版，第17页。

下，作家那种与现实抗衡的勇气将受到贬抑，很可能会将我们所有欲望都投入到浅俗的经济世界，进而丧失心灵的绝对自由，这是所有当代作家都必须警醒的。

米兰·昆德拉曾有过一段著名的"媚俗"论，他说："大众传播媒介的美学意识到必须讨人高兴，和赢得最大多数人的注意，它不可避免地变成媚俗的美学。随着大众传播媒介对我们整个生活的包围和深入，媚俗成为我们日常的美学观与道德观。直到最近的时代，现代主义还意味着反对随波逐流，和对集成思想与媚俗的反叛。然而今天，现代性与大众传播媒介的巨大活力混在一起，做现代派意味着疯狂地努力地出现，随波逐流。比最为随波逐流者更随波逐流。现代性穿上了媚俗的长袍。"[1] 媚俗，与"陈词滥调"等值，虹影的作品不至于此，部分作品还不乏闪光点。但是她的模式化问题以及她的表演型人格，都沦为传统批评家的"把柄"。事实上，虹影也确实难与商业炒作划清界限。

纵观虹影的创作，她的主人公往往都是以"我"作为叙述主语。一开始，这个"我"几乎就是虹影自己，从短篇小说《孤儿小六》到自传体长篇《饥饿的女儿》，再到众多散文如《奔丧》、《我到三峡走亲戚》等都是如此。后来即使寻求改变，但是小说的叙述者仍脱胎不了"我"这个化身，如《女子有行》中从上海出逃至纽约再流落至布拉格中的"我"，《孔雀的叫喊》中那个面临婚姻危机、特立独行的柳璀，《K》中反叛传统的林等。通常而言，大多数作家都会与自己笔下的人物撇清关系，就是不想过于张扬。而虹影恰恰相反，她似乎生怕观众缺乏看点，经常自己"跳出来"承认故事原型就是自己。这种"表演"为虹影积攒了大量的人气，却也招致了众多批评的声音。

鲍德里亚认为，"媚俗的激增，是由工业备份、平民化导致的，在物品层次上，是由借自一切记录（过去的、新兴的、异国的、民间的、未来主义的）的截然不同的符号和'现成'符号的不断无序增加造成的；它在消费社会社会学现实中的基础，便是大众文化。"[2] 可以说，媚俗化的表演是反美学功能的，小说传达思想内涵应该具有"欲露不露"的含

---

[1] [捷] 米兰·昆德拉：《小说的艺术》，孟湄译，三联书店1992年版，第17页。
[2] [法] 让·鲍德里亚：《消费社会》，刘成富、全志刚译，南京大学出版社2008年版，第98页。

蓄性，即海明威所说的"冰山原理"。一部优秀作品应该是叙述者在场，而不是作者本人在场，更不应该直接"跳出来"对作品进行种种阐释。

生产效应对传统文学立场的逼迫，反映到文本上，很多时候表现为文本表现力与感染力的孱弱。所谓艺术表现力，是指小说在审美意蕴传达过程中呈现出来的艺术效果。这种艺术效果包括了阅读的亲和力、感染力和回味性。如何让叙事获得良好的艺术表现力，关键就在于让细节饱满、丰盈，富有生命内在的情趣，让人有一种感情上的"亲和力"。

在虹影目前的作品中，表现力最强的应该还是《饥饿的女儿》，其间真实的情感流露，使得故事人物间复杂的情感关系感人至深。在这部小说中，虹影抓住了多个"敏感"部位，并对此进行了准确的描写。如虹影这样描写"六六"与她生父道别的场面："顺着马路，一直往两路口缆车站走，满天都是焰火，鞭炮炸得轰响。这时我对他说：'我不愿意你再跟着我，我不想再看到你。'他没想到我会说这样的话，脸上表情一下凝结住了，看起来很悲伤，就跟那部外国电影里那些面临沉船，逃脱不掉，注定要死在茫茫大海中的人一样。我不管，我要他做出保证。他保证了，他点头的时候，眼睛没有看着我。"① 这处细节，将"六六"的拒人于千里之外，她内心的孤独，以及对生父的爱与恨都表现得相当到位。而生父的老实形象以及对"六六"的疼爱也跃然纸上。但是，在虹影的其他作品里，很难发现如此饱蘸情感的到位的细节描写。如在《K》中描写鸦片馆那段："朱利安从中国古画上见到过这种姿势，古时皇室或达官贵人家，经常用侍女作性交的垫子，也是激起性欲的方式。他认为只是一种性幻想，不料竟可以是事实。林被垫高，洁白鲜嫩，如剥了壳的鸡蛋，又像一颗粉红的樱桃，他的晕眩添上惊喜，更加激动。"② 类似这样的细节描写，只能说是抓住了大众的敏感性，而非小说本身的敏感性，完全没有精神质感，更谈不上什么"神来之笔"。一部小说，只有在细节处理上丰盈、充实、灵动，具有耐人寻味的叙事质感，而非仅仅为了迎合消费市场，才有可能展示作家独到的审美发现，才能体现创作主体的艺术创造力。

同样，由于细节表现的孱弱，还直接影响到小说的感染力。我们说，一切文学艺术都是创作主体审美表达的需要，这种审美表达的内涵其实就

---

① 虹影：《饥饿的女儿》，四川文艺出版社2000年版，第257页。
② 虹影：《K》，花山文艺出版社2002年版，第119页。

是情感,它是首位的,也是必需的。一个优秀的小说家总是通过有限的故事载体,注入大量的文化、生命、哲学等思索,让故事充分负载起作品的多重题旨,获得审美情趣的升华。而这些目标的实现,都必须依靠情感的共鸣机制。《饥饿的女儿》有一处让人过目不忘的细节便是在"六六"生父死后,她回家探亲的场景。"母亲从枕头下掏出一个手帕,包裹得好好的,递给我。我打开一看,却是一元五元不等的人民币,厚厚的一叠,有的新有的皱有的脏。母亲说,'这五百元钱是他悄悄为你攒下的,他死前交给你的奶奶,让你的奶奶务必交给我,说是给你做陪嫁'。"[1] 为什么作者不写五张百元大钞,而详细描写一叠一元五元的人民币?因为这样写便能将养父的凄惨生活以及对"六六"无私的爱呈现得感人至深。"六六"虽然当时表现得不以为然,但因为有前面的情感积淀,所以才使得她后来特地去看生父的墓成为可能。相比较,虹影其他长篇小说就欠缺了让人产生情感共鸣以及增强可信度的细节,因此也难以获得文学批评家的一致认可。

第三节 "符号化"的虹影

在消费系统里,我们消费的"东西",包括信息、形象等,一定程度上就是对符号的消费。很多时候,这种消费并无特别深刻的文化或社会意义,它只是把作为符号的符号让我们消费而已。消费者与现实世界的关系,有时候也并不是政治或文化层面上的关系,而是纯粹的好奇心指引或无意识的跟风所致。人们也许会认为,自己的购买行为是纯粹的个人行为,但是在这个符号系统里,一旦人们进行消费,那就不是孤立的行为了,此时人们进入了一个全面的编码价值生产交换系统中,在那里,所有的消费者便不由自主地相互牵连了。因此,要想在消费社会中,顺利实现交流的愿望,就必须学会识别一整套的符号系统。而个人倘若想成为公众关注的焦点,也必须拥有一个属于自己的识别符号。

一 "个性"追求与偶像气质

如何制造属于自己的符号,最简单的方法就是塑造"个性",成就偶

---

[1] 虹影:《饥饿的女儿》,四川文艺出版社 2000 年版,第 310 页。

像气质。关注虹影的人，一定会注意到在虹影出现的几乎所有公众场合里，她都会带着自己的标志性形象出场。而这个标志形象并非她的作品，而是一些外在的东西，比如她的穿着、发型等等。虹影的头发一直剪成奇特的形状，一道刘海挂在额前，两颊后的头发横刀剪下，整整齐齐，但一边很长，长得可以挽上一个髻，另一边却很短，垂在耳梢上。虹影还强调，不对称往往显得很平衡，似乎刻意要突出这种"个性"。此外，还有她的衣着打扮。虹影在自己的散文和访谈中，都谈到自己是一个极喜欢讲究穿衣的人，无论是旗袍还是剪裁奇特的休闲衣物都是她的选择。配上眼黛红唇，总让人感觉有点懒散、有点邪，加上她性格直爽，敢言敢论，成就了"虹影风格"。其实个性就等同于差异，在消费社会里，差异就是卖点。倘若要扩大市场就需要不断地繁殖类型、时尚和产品等，从而把消费者吸引到它的惯例和生活方式当中。如果对差异本身以及产生的效应没有恰如其分的评价，而不加理性地将"差异"断定为反抗的标记，就可能只会对推销新的类型和产品有益了。虹影的"个性"追求，包括个性化的造型，个性化的言语等等，使她本人也成为一个符号，这种现象与被称为"麦当娜现象"的情形极其相似，都是一种自我炮制、自我宣传以及重视市场策略的经济文化现象。

而由于一贯以来坚持这种"虹影风格"，她因此也积攒了越来越多的人气，形成偶像气质。这种偶像气质的形成，很大程度上还要依赖受众的认同，而受众的认同往往又带有非理性的性质。美国学者道格拉斯·凯尔纳认为："现代的认同性与个性化、与发展一种有独特个性的自我的过程联系在一起。如果说传统意义上的认同性是属于部族、社团或集体的一种功能的话，那么，在现代，认同性就是创造一种独特个性的功能。"[①] 在消费和媒体化的社会里，认同性已经越来越和时尚、形象的塑造以及个人外观联系在一起，因此每个人都努力寻找代表自己个性的样子、风格，塑造受众对自己的认同性。不能说喜欢虹影的受众仅仅是因为这些外在因素而非作品本身，只是这些外在因素对虹影认同性的塑造确实起到积极的作用。作为一个偶像式的符号，它还具有社会区分以及群体交流的功能，标志着不同的需求等级。这样一来，受众便认为这种一致性的选择代表着自

---

① ［美］道格拉斯·凯尔纳：《媒体文化——介于现代与后现代之间的文化研究、认同性与政治》，丁宁译，商务印书馆2004年版，第395页。

己社会群体的归属方向,如同形成一条能指链:例如,虹影=特立独行=受欢迎=酷。

因此,对虹影的崇拜者而言,与其说是消费一部书籍,不如说是在消费一种意义、一个符号、一种社群认同感。

二 符码化背后的创作危机

虹影作为一个符号进入消费循环系统,力求建立一套"个性化"的编码。这就意味着要从一种建立在自主、性格、自我价值等基础上的个体原则过渡到那套使个体价值变得合理、变幻却又是稳定的编码查询循环原则。鲍德里亚在他的《消费社会》里表明了这样一个论点:现代社会,尤其是发达的资本主义社会出现新的意义结构,它的有效性是基于一种区分的逻辑,这种逻辑并不是对商品使用价值的占有,而是对社会能指的生产和操纵的逻辑,因此只有借助符号学理论才能进行到位分析。这样一来,符号的交换将超越生产的意义,产生巨大力量,它不但是一个新的结构,更是一个新的语言机器。虹影的书写、虹影的外形无一例外都是这种个性化符号的传达,她非常清楚,如今读者的关注点及欣赏点在哪,因此在编码过程中,对一些时尚符号不断吸收、消化。消费社会不是一个意义匮乏的时代,恰恰是意义极大丰盛的时代。要想在信息过剩当中脱颖而出,成功驾驭社会符号,似乎成为一道难题,然而符号本身的区分性质则为解决这道难题提供了捷径。鲍德里亚曾这样描写区分的作用:"作为社会分类和区分过程,物和符号在这里不仅作为对不同意义的区分,按顺序排列于密码之中,而且作为法定的价值排列于社会等级。这里,消费可能是战略分析的对象,在法定的价值(涉及其他社会含义:知识、权力、文化等)分配中,决定着其特殊分量。"[1] 因此,要成为民众偶像的人,往往需要成功地利用这种区分,尤其当媒介新技术成为可能后,大量能指便自由漂浮于交流空间,它们能被广告商凭兴致任意附着于特定商品,加速偶像符号的建立。

一旦成为偶像符号后,那么她就成了被模仿或被消费的对象。因为在符号价值系统中,它的内涵便不再唯一,甚至是可被替换的。读者的阅读

---

[1] [法]让·鲍德里亚:《消费社会》,刘成富、全志刚译,南京大学出版社2008年版,第41页。

行为被看作是优雅、舒适、品位的象征，谈论作者或作品有可能成为时尚化的言语标志，而这背后均联系着庞大的消费领域。这样一来，普通消费者便不只是被物的使用之需控制，还被交换符号的需要控制，他们甚至是无意识地希望获得偶像身上展示的一切符号，她的崇拜者会迅速模仿她身上的"差异点"，包括语言、装扮等。慢慢地，这些"差异点"将变得平常，出现趋同的现象，此时吸收符号的过程又慢慢转变为被符号吸收的过程。这个吸收与被吸收的博弈过程看似矛盾，其实不然，它们之所以可以共存，是因为差异本身并非真正的差异，而是对同一套编码体系的服从，遵循同一套游戏规则。这就如同偶像成为标准款式后，而消费者又能够通过消费手段获取同样的符号以达到标准，那么对差异的崇拜就随着差异的丧失而丧失，曾经的偶像也就成为被符号吸收的牺牲品。

因此，作家们倘若想树立真正独树一帜的风格，并不能仅仅依靠这类外界要素，因为它们都有极易被模仿、最终被符号吸收的危险。对虹影而言，应该在专业技能上不断进取，在写作中精益求精才是树立风格的"立足点"，因为这种差异才能算作真正的差异。单纯依靠吸纳时尚元素，迎合时尚需求，也就只能成就一时流行，难以成为经典。当然，随着时代的发展，社会经济出现了新的变化，适当地吸收新鲜的符号，成就自己的风格，也未尝不可，只是这种吸收应该适度，应该是经过理性思考后的选择。

随着消费市场的深入发展，我们生活的环境，已经被各种各样的符号包围，文化也毫不例外地成为"文化符号"。如今作者从事写作并不仅仅是为了艺术审美的追求，而是把文学写作当成一种谋生的手段。读者阅读也不仅仅是为了接受审美熏陶，同时也为了休闲娱乐、追逐时尚、寻求刺激等各种非理性目的。虹影作为一名"专业小说"作家，自然与这一切联系得更为紧密，因为必须照顾到市场与消费的需求。因此，她很自然地利用大众传媒、消费心理，塑造了一套属于她自己的符号系统，吸引受众。其实不单单是虹影一位作家，在整个当今文坛，越来越多的作家都参与其中，典型的如"80后"作家的出场、崛起。不管传统文学批评家怎样坚持纯文学的传统，虹影这类作家代表的新的文学发展趋势都成为一种倔强的存在。应该说，写作的专业化发展是历史的必然，是内部因素与外部因素共同作用的结果。尽管成为符号本身潜藏着被符号吸收的危险，但是这类符号是通向消费社会的"钥匙"，他们身处的时代要求他们注意个性的塑造与偶像气质的培养，他们也许只是对文学未来的发展显得更为适应而已。

当然，虹影文学作品本身也确实存有许多不足之处。与当下流行趋势接轨是虹影写作的特征，但也正是弊病所在。时尚符号本身是一个动态结构，它代表的是一种正在成长的不完备状态，随时有被其他符号吸收的危险。在艺术上，虹影还尚未找到一种真正代表自己的艺术风格，目前的作品很多还经不起长时间的推敲。对虹影来说，她的创新精神和敢于尝试不同写作风格的勇气都是值得肯定的，只是她未来能不能在不断突破中稳定下来，找到一种新的适合她自己的艺术形式，则有待于虹影的努力，这也是为她赢得在文学圈内位置的关键性因素。

对于当代文学发展而言，21世纪是"一个最好的时代，也是一个最坏的时代"[1]。当下中国无疑已经进入了一个新的历史时期，旧有的问题、困惑尚未解决，我们就被推入了一个新的框架中。这个框架是由市场、媒体、审美共同建造的复杂框架，很久以来作家处于市场化与精英写作的左右冲突中，当代作家的处境尤为艰难。当代作家要思索的是如何在经济大潮的席卷下既能保证生存又能理智地坚持审美艺术，寻找到二者的平衡点。事实证明，随着社会民主化进程，受众的欣赏水平并未下降，只是出现多元化的选择而已，艺术水平较高的书籍依然受到读者的青睐，米兰·昆德拉、余华等作家书籍的畅销就是例证。因此，面对符号的包围，作家与读者要做的不是回避，而是学会如何批判性地理性地使符号为自己服务。

今天的我们，应该跟上时代的步伐，容纳多元，允许各种异己思想的存在，更好地为文学提供有益的资源与发展平台。相信中国当代作家在市场经济浪潮的推动下，通过不懈的努力，最终会找到自身的位置，展现独特的艺术魅力。

第四节　当下语境中的虹影现象及其启迪

"虹影现象"是当代多元文化深入发展的典型代表之一，透过它，我们可以窥见当今的整个文学生态。所谓文学生态，大意是指文学及其所处

---

[1] ［英］狄更斯：《双城记》，张玲、张扬译，上海文艺出版社2003年版，第1页。

的环境，包括文学自身生存、发展、传播、演变的关系。尽管，虹影在文学界还存有诸多争议，批评家也难以对其价值作出准确的评估。但是随着整个文学生产环境的改变，消费市场、各种新媒介的相互影响、相互渗透，"虹影现象"将被作为一个很好的实例得到认识，成为一种客观的文学存在。

我们很难预知未来文学的发展状况，但是从媒介领域日新月异的发展，我们可以大致看到文学发展的未来。媒介在不断地寻求与文化合作的机会，出版界全力打造畅销书籍，影视界继续改编热潮，网络界不断包装网络文学的明星。可以预见，随着媒介技术的继续发展，文学作品将会以更加丰富的形式出现，如有消息已经指出，一种融书籍阅读、电影欣赏和上网浏览于一体的"电子小说"即将在美国出炉。如今娱乐方式多样化已经成为人们生活方式的一部分，阅读也被纳入其中，多种不同媒介的汇聚必将成为未来的发展方向。同时，消费市场的进一步开放，也将为文化多元发展提供更为宽广的舞台，可以肯定的是，未来文学不会消亡，而是在演变中发展。

如今的文学批评已经进入了一个新的历史维度，这个维度不再是过去那种单纯的精英文学。批评家更应清醒地认识到，文学研究将置于一个更为复杂的关系中，文本、经典、性别、身份、资本、生产、消费、传播等等话语都将以"众声喧哗"的姿态进入文学阐释界，同时社会学、经济学、传播学等学科的发展也为当代文学研究打开了新的门户。因此，面对当今文学生态，文学批评不应再局限于"文学是否应该向环境妥协"的问题，而应跳出来，站在更高更广的平台上审视文学，打破过去那种闭合式的文学研究。当然，这里并不是说，要当代文学批评家都成为社会文化问题的公共知识分子。文学作为一门独立的学科，有其特定的学术构成，它的动态发展历程也有着自身的差异性，不可能被其他领域所代替。因此，文学批评即使置身当代社会文化经济的大环境中，也仍要保持自己独立的声音。我们应时刻以批判性的思维作为武器，理性地看待文学界出现的种种热潮，警惕文学媚俗化的发展趋势，唯有如此，才能维护好当代文学发展的环境。

同时需要指出的是，雅文学与俗文学、精英文学与大众文学并没有呈现截然的对立姿态，我们不能将它们割裂开来。当代文学要保持动态的活力和有机的平衡，需要有自身的创作性和系统的开放性。大众文学同样可以从传统文学中汲取养分,而传统文学也可以从大众文学身上借鉴传播经验,从而使得不同文学资源得到有效的配置与整合。总而言之,为了保护与建设良好的生态环境,文学批评应该把握两个原则:一是保持文学的宽容度,允许"百花齐放",允许"百家争鸣",让多学科相互交流、借鉴,让多路写手在文学创作大道上并存;二是文学批评应保持理性批判思维,既对陈旧的规范进行思辨,又对不利于文学生态平衡的种种弊病进行恰如其分的针砭。只有把握好这两个原则,当代文学生态链才能完整、和谐、连续。

可以预见,新形势下类似虹影的作家将越来与越多,他们自身的写作历程为我们展示了 21 世纪文学发展的轨迹。既然文学不会消亡,我们真诚地希望有越来越多的作家接棒奔跑,即使尚未成熟,但毕竟是一段艰苦而漫长的践行。

第八章　传媒在海外华文文学场域的重新定位

一　从理论预想回到文学现场

正如陈平原在《现代文学与大众传媒》中指出的那样，中国学界业有的学术传统非常重视考据与材料的功夫，而熟读细寻文学传媒上承载的文学作品与文学事件，应该说是一条最基本与最重要的获取材料和考据考证的途径。[①] 通过整理、挖掘、阐释，一系列曾被遗忘或疏漏的传媒事实与文学文本被还原聚焦，最终完成建构或重写文学历史的宏大任务。因此，这种本着还原历史真实、重建文学现场的史料性研究试图将充满矛盾与断裂的传媒文本转叙成更为连贯清晰的历史事实。应该说，在海外华文文学研究领域，1980年代以前的学术研究者，就是凭着这种实录精神，以文学史家的毅力和使命感，将深埋在地底下、面临毁绝的大批史料整理出来，呈现出可观可感的文学历史概貌。在这个意义上，方修所编著的《马华文学简史》及《马华新文学大系》功过千秋。这位深谙传媒之道的南洋报界老前辈，用最原始的和最辛苦的抄录方式在早期的华文报刊上成功地抢救出了新马地区的大批作家作品资料，新马地区新文学发展的历史脉络得以立此存照。同样，国内学者陈贤茂等在写作《海外华文文学史》这本作为学科确立标志的文学史著述时，也非常重视文学传媒的作用。在此书中，文学传媒不仅是作品的来源与平台，更是文学史重点梳理与研究的对象。[②] 同时，在写作文学史的过程中，为了获取足够充实的史料，陈先生还创办了《华文文学》这一刊物，把传媒运作与文学史写作融为一体，刊物也成为海外华文文学史的潜文本。方修和陈贤茂等的研究实践，

[①] 陈平原：《现代文学与大众传媒》，新世界出版社2003年版。
[②] 陈贤茂等：《海外华文文学史》，鹭江文学出版社1998年版。

无疑正是有关海外华文文学的历史著述高度依赖传媒的鲜活例证。

应该说，资料的拓展和视野的开阔，对于海外华文文学研究来说仍是首要的和基础的，海外各国已成历史或正在运作的华文传媒正等待我们潜心整理与关注，史料性研究仍有不可取代的地位。然而，上述学者固然重视传媒，也非常清楚传媒与文学历史之间的密切联系，但对传媒的看法并没有超越媒介工具论。对于这一代学者而言，传媒始终是研究者接近文学事实的平台和桥梁，得鱼忘筌，他们所关注的焦点仍然是作家作品，并非传媒本身。但是，传播不是中介的现代传播学理念已经粉碎了这种美好的工具论。我们清楚地意识到，传播媒介与传播过程影响的不止是文学功能的纬度，也建构出不同的文学存在。媒介性是文学的内在因素之一，传媒本身应该成为我们研究的目标与对象，研究传媒就是研究文学的存在方式与特性。因此，自1990年代以来，一种新的媒介研究思维出现在海外华文文学研究场域。借鉴从传播学与社会学角度业已获取的海外华文报刊研究成果，一些文学研究者对境外华文传媒的研究初见成效。如陈嵩杰的《独立前马来西亚报章对文化与文学本土化建设的贡献》[1]、李志的《海外华文报刊对滥觞期海外华文文学建设的贡献》[2]和《境外的新文学园地——五四时期南洋地区文艺副刊〈新国民杂志〉研究》[3]。其中，李志对《新国民杂志》的研究是颇有启迪意义的研究范例，他通过这一传媒文本把摸到了新马地区新文学生长的特点以及现代文学在东南亚的影响方式，可谓以大观小、深入浅出之举。因此，带着问题意识进入文学传媒的整理与重读之中，作为有关海外华文文学传媒研究的新路径，确实具有诱人的前景。

我们希望能够自觉地确立"传媒制造"的理论制高点。重视传媒现场所呈现的历史细节的意义，但更关注的是传媒的具体运作，即传媒以怎样的方式介入到海外华文文学的生产与历史之中。如新近的网络传媒与传统的纸质传媒、影视传媒有着怎样的功能差异，具体的传媒事件怎样进入

---

[1] 陈嵩杰：《独立前马来西亚报章对文化与文学本土化建设的贡献》，硕士学位论文，南京大学，2004年。

[2] 李志：《海外华文报刊对滥觞期海外华文文学建设的贡献》，《学术研究》2002年第10期。

[3] 李志：《境外的新文学园地——五四时期南洋地区文艺副刊〈新国民杂志〉研究》，《中国现代文学研究丛刊》2004年第4期。

文学历史之中等都进入了其研究视野。"汉语传媒与海外华文文学"研究中心自2007年成立以来，已经取得了一系列的研究成果，有望将"海外华文文学与传媒"的命题系统化、理论化[①]。

上述研究都可谓著述文学史的冲动与实践。在这里，文学传媒作为充满了暗流与偶然性的文学现场，成为文学史家自我言说的资源库。研究者们不但精心挑选也重新阐释，使文学历史和文学史观的重建成为可能。

当前已有的各种有关海外华文文学的区域或总体文学史所引发的彼此轻视与责难，不止出现在大陆学者和海外华裔学者之间，也出现在新马等地的代际话语中，除了各自把握的文学史料有所差异之外，更在于各自坚持的史料阐释原则的差异。因此，如果将来重写一部海外华文文学史或者世界华文文学史的话，有必要以文学传媒作为文学历史的第一现场，考察不同地区国家华文传媒所形成的传媒场之复杂性，着力于呈现"传播与交流"的过程及结果（如分析特定作家作品跨文化传播时的意义迁移与文化影响、分析某种文学思潮在汉语文学界的旅行经历等）。

二 研究范式更新的可能性

如果海外华文文学研究中的媒介转向只止于文学史重写这一目标的话，它还不能成为一个真正的问题。因为它尚未引发海外华文文学自身及其研究特殊矛盾的显现与解决，而是停留在中国现当代乃至古代文学研究所持媒介视角的同一层面。那么，"传媒"问题如何将海外华文文学的研究引入新的场域呢？在我看来，它首先让海外华文文学研究者意识到了自己所面临的理论绝境，开始重审自身的研究前提与研究基础。传媒制造意味着我们所命名和圈定的所谓"海外华文文学"也可能是一种想象与建构，我们的研究有可能不过是在传播意识形态设置的篱笆之内徘徊。如果海外华文文学这一研究对象本身就是内地传播媒介及其传播意识形态的产物，是我们和文学传媒共谋制造了它，那么我们怎样面对这样一种动荡不安的幻觉呢？如何理性评价我们已有的研究思路与成果呢？我们还有没有

[①] 相关的硕士论文已有数篇：何华：《多重视域观照下的社会文化产儿——虹影现象研究》，暨南大学，2008年，硕士学位论文；胡家珍：《论少君的创作观念和他的网络文学》，暨南大学，硕士学位论文，2008，杨柳：《〈华文文学〉与台港及海外华文文学在中国大陆的传播》，硕士学位论文，暨南大学，2007，孙雯雯：《新语丝华文网络文学研究》，硕士学位论文，暨南大学，2007年。

必要反复强调海外华文文学的本质特征与独特诗学话语这样的命题呢？由此，在海外华文文学研究中提出媒介问题，其实是提供了一种自我批判和反思的可能性。它将引发的是一种研究思维的突破与创新，我们不再执着于它的诗学本质，而开始思考它的建构过程、方式及意义，即从是什么到怎么样和为什么。

海外学界对大陆学者的海外华文文学研究早有质疑之声；但来自外部围追的功效远远不如自我怀疑的威力。事实上，上述自海德格尔以来认识论的转向，已经深深影响了海外华文文学研究者，或者说，海外华文文学研究中的自我怀疑与批判之声本身就是这一转向的体现与产物。当解构与自我否定的精神成为新一代学者的主要学术思维方式时，海外华文文学研究的自省就开始了。

早在21世纪之初，吴奕锜等青年学者借助《文学报》的威力，树起了反思的大旗，尽管他们的口号也有不当之感，但"文化的华文文学，独立自足的华文文学"[①]的提出却说明他们已经清醒地意识到海外华文文学在中国内地被建构的程度。显然，任何时空都不可能存在"独立自足的华文文学"，它总是被语境化，也就是被文化塑造的华文文学。而"文化的华文文学"这一命题本身尽管颇受争议，但从文化角度来理解海外华文文学的独特性却深入人心。正是在这一层面上，刘登翰先生从方法论高度提出海外华文文学研究的"理论突围"问题时，就非常重视对业已辉煌的华人学知识与方法的借鉴，呼吁建立起有关海外华人的文化诗学[②]。

然而纯粹的文化转向是否可能改变海外华文文学的研究困境呢？事实上，鉴于一种海外华文文学缺乏审美性的潜在偏见，从文化角度去解读海外华文文学的研究不是少了而是太多。如东南亚华文文学研究的诗学话语与理论资源便高度依赖华人学，王庚武对华族整体性神话的解构可谓最时

---

① 吴奕锜等：《华文文学是一种独立自足的存在》，《文艺报》（华馨版）2002年2月26日。
② 刘登翰等有关文化诗学的观点，可散见于以下文章：刘登翰《都是语种惹的祸》，《文艺报》，2002年5月14日；刘登翰：《华文文学研究的理论突围－命名、依据和学科定位——关于华文文学研究的几点思考》，《福建论坛》社科版2002年第5期；刘登翰、刘小新：《关于华文文学几个概念的学术清理》，《文学评论》，2004年第4期；刘登翰：《华文文学研究的瓶颈及多元理论的建构》，《福建论坛》（社科版），2004年11期；刘小新：《从华文文学批评到华人文化诗学》，《福建论坛》（社科版），2004年11期；刘小新、刘登翰：《文化诗学与华文文学批评——关于文化诗学的构想》，《江苏大学学报》（社科版），2005年第3期等。

尚的理论话语，由此文学文本也往往变成演绎华族身份理论与事实的佐证材料。但是，如果文学文本仅仅作为同类问题的有效例证，这种研究的意义又在哪里？也就是说，如果海外华文文学研究仅仅反刍已经形成有关海外华人文化的历史社会结论，这种研究就是重复无效的。此外，在汹涌而来的文化研究潮流中，海外华文文学的文化转向也可能是迷失自我的表征与选择。传媒时代信息传播的广度与速度，使一向唯我独尊的学术空间也变成了一场时尚秀，不断变化的研究方法与理论话语使业有的研究范式不断被质疑与刷新，海外华文文学研究与当下学术走向的一致性虽在情理之中，但令人担忧的是，我们往往忙于追随也止于追随，从离散、空间诗学到传媒研究，直接挪用并未产生新的智慧，我们的研究瓶颈并未得以突破。

或许，饶芃子先生对跨文化与海外华文诗学的建构与探索以及朱崇科近来提出的华文比较文学之概念，应是解决海外华文文学研究困境的有益构想。饶先生早在1990年代中期便倡导将"跨文化和比较方法"作为海外华文文学研究的基本方法①，这是符合海外华文文学生产的实际情况的，但如何落实和具体运作却仍需要有更多成功的研究实践。朱先生的华语比较文学概念无疑是王德威的整体观、王润华的跨界整合等理论资源的具体化，但他在强调新马华文文学本土性前提之下对汉语文学内部差异性与权力关系的解剖，可谓另类的研究思路。

上述理论尝试不妨将之定位为走向比较文化诗学（跨文化诗学）范式的探索之路。尽管各自的理论设想与研究尝试并不完美，却是新研究范式出现的强有力的前奏。因为其理论基点都已从理论预想回到文学现场，强调海外华文文学彼时彼刻、此时此刻的具体性和复杂性。这一研究思路应意味着海外华文文学研究的真正起始。

正是在这一思路之下，传媒问题的意义显现出来。首先，文学传媒作为文学与社会交汇的一个动态场所，它本身就构成了复杂流变的文学现场，保留了更多富有阐释意义的历史细节，为我们把握文学的内部机理提供了可能。其次，在全球文化交流中，传媒空间作为呈现精神冲突和文化对话

---

① 散见饶芃子先生《九十年代海外华文文学研究的思考》，《香港文学》1994年第2期；《海外华文文学与比较文学》，《东南学术》1999年第6期；《拓展海外华文文学的诗学研究》，《文学评论》2003年第1期；《海外华文文学在中国学界的兴起及意义》，《华文文学》2008年第3期。

的接触地带,可以呈现不同文化背景下的华文文学的差异性及其根源,为比较研究搭建了平台。由此传媒研究的意义不但可以在重建海外华文文学研究范式的认识高度上得以确认,也可以在如何将研究范式具体化的操作性可行性层面来确认。具体做法如,不仅在文学文本研究中建立起具有可拓展性的诗学话语,更着重考察诗学话语在不同语境下建构与传播的原因、变异及影响。如此,诸如中国性与世界性、华文后殖民文学,离散叙事,边缘与中心、父子冲突与家园主题等诗学话语就有了重新探究的可能性。

三 创作意义的清理与突围

提出海外华文文学中的传媒问题,其意义归根到底应该与创作有关。

海外华文文学的存在意义,应该在于其所表现的与主流汉语文学抗衡的异质性,而不是共通的汉语美学。就算它只是小写的汉语文学与美学传统,若可不断流淌出清新另类的文学乳汁,其价值就是不可替代的。这样,海外华文文学的存在不仅将有利于汉语文学多样性的保持,更将对世界文学作出重要贡献。这种异质性自然是由作家创造和保持的。无疑,20世纪70年代至80年代的海外华文文学具有独特性,在有关故乡情结、异国情调、文化冲突以及财富幻象的书写中,海外华文文学构筑了一种与主流汉语文学迥异的美学风景。然而90年代之后,海外华文文学独特性神话已遭遇挑战,随着地球村时代的来临,本土与离散、文化冲突与异国风情难以引发美学震撼,若作家仍执着于书写旧的题材与主题,则必定被快速刷新的传媒时代所遗忘。因而海外华文作家如何保持独创性的个人问题正是海外华文文学存在合法性的普遍问题。在此,传媒的重要性再次凸显出来,因为作家独创性的保持实际上是作家在个性书写与社会要求之间如何取得平衡的问题。作为一个读者与作者交流接触沟通的公共领域,作为作家作品最终自我实现和物质转化的重要链条,传媒的重要性正在于协调作家的个性书写与社会要求之间的矛盾,实现文学生产的运转。由于传媒意志对创作走向有着重要的规范与引导作用,作家与传媒的博弈过程与方式也将决定文学的意义走向及生产方式。

对于海外华文文学创作而言,市场与读者问题从来都是一个至关重要的问题。在东南亚地区,华文创作由于得不到政府强有力的支持,其生存空间极为狭窄,"出口"往往是其拓展影响的重要途径。欧美等地的汉语写作更是清晰流向汉语阅读密集的中国内地。

纵向来看，从70年代末到90年代初，传媒主要代表国家意志和主流意识形态实现对创作的引导规范，其中隐含统战思路的专业性刊物发挥着重要作用。海外华文文学进入内地经受了定位为"桥梁或窗口"的刊物之过滤；如《海峡》、《台港文学选刊》到《四海——世界华文文学》①等正是通过删选稿件、栏目设置到征文评奖等一系列编辑手段建构出主流意识形态所能认同的海外华文文学。以《四海》的征文评奖活动为例可见一斑。该刊处在中国文联管辖之下，资源丰富，自1986年以丛刊形式面世以来，曾参与或举办过数次全球性的征文评奖活动，在世界范围内产生了广泛影响，有力地促进了海外华文文学的发展。但其征文评奖活动有鲜明和雷同的主题倾向，那就是"中国意识"。如1989年丛刊参与的"龙年征文比赛"主题为"我心目中的中国"；1996年举办的"四海华文笔汇"征文明确要求"以文学笔法反映当代华人的事业、追求和思想感情、眷念故土情怀和民族传统精神以及中国大陆的山光水色、民俗民情和建设开发"②；1998年承办了由中国文联举办的面向世界华人的"爱我中华"征文比赛；2000年主办的盘房杯世界华文小说奖以"宏扬中华文化"为出发点③；此外，期刊参与的由中央人民广播电台对台部与有关单位合办的第一至九届"海峡情"有奖征文也强调"民族团结、国家统一和文化亲缘"的主题。显然，《四海——世界华文文学》中的海外华文文学除具有地域分布上的世界性之外，还具有作为文化凝聚力的"中国性"特征。

如果说以往传媒代表国家意志而使得海外华文文学的意识形态意义得以凸显，作家个体往往表现出拒绝或合作两种态度的话；那么到了90年代中期后，由于市场与利润的介入，作家与传媒的关系变得更为复杂，有意与无意难辨，顺从与合谋兼有；从虹影与严歌苓等著名海外华文作家的个案中，我们不难看出传媒力量对创作影响的深广度。

近年来，随着整个传媒业本身的变化、发展与媒体的纷纷变革，传媒文化呈现出信息覆盖面广、价值的渗透性和塑形力强等诸多优势。在这样一个激变的媒体环境中，传统主流媒体面临着严峻的挑战而进行大刀阔斧

---

① 《四海》与《世界华文文学》是同一刊物的先后两个名称，故视为一体。
② 《四海》编辑部：《"四海华文笔汇"征文》，《四海》1996年第3期。
③ 正如评奖活动的主要评委与组织者之一，邓友梅先生所言："如今世界几乎是有居民处就有华人，有华人处就有中华文化，其重要组成部分之一就是华文文学"，见《世界华文文学》2000年第1期，第5页。

的改革,特别是在海外,传统报业的兼并现象已是不争的事实。以网络为代表的新媒体改变了人们的阅读方式,催生了一种全新的文学形态——网络文学,它不仅以云蒸霞蔚之势迅速挤占了一大块文学地盘,而且与传统的纸质印刷文学形成了分庭抗礼之势,进而影响到文学发展的总体格局;其次则是以电影、电视、网络游戏等为代表的视觉文化以极短的感性魅力,侵占了以抽象语言为载体的文学空间。

媒体的变革不仅仅是新的媒体的出现,更重要的是其功能的嬗变。传媒已经改变了过去的单一的意识形态宣传功能,堂而皇之地走上了商业化的道路。它要适应市场需求,保证其收(读)视率或发行量,从而获得更大的经济效益,因此也就理所当然地参与了当代文化的创造工程,成为大众文化生产和消费的基本动力、主要载体和重要构成部分,乃至当代社会一个举足轻重的"话语体系"。当我们把"文学"纳入"媒体文化"的范畴,用媒介分析的物质性眼光来考察文学时,不难发现:现代传媒业的每一次发展,如从报刊的兴起,每一次传播业的变革都会随之产生新的文学种类与潮流。大众媒介把作家转换成了生产者,把读者转换成了消费者。文学生产、文学传播、阅读市场构成了当代文学的基本风貌。媒体从社会公众心理出发,对文学也进行筛选和渗透,书刊策划、包装与炒作、影视改编等媒体行为不仅改变了文学的传播方式和流通范围,并且很大程度上左右着文学的生产。经典作家的作品意义不断被挖掘,而非经典作家则适应媒体需要,经过种种"明星式"的包装,成为一种新的"经典"。在很大程度上可以说,文学的经典得助于媒体的商业化操作。

虹影具有自我炒作意识与技法。她喜欢在镜头前"说话":从报刊出版社到网络传媒[1];从积极参与文学官司[2]、接受专访并发表惊人言论[3]到

---

[1] 网络为展现自我建构了广阔空间。虹影在新浪网和人民网上都开设博客,在中华读书网拥有主页"虹影世纪";她还经常上网更新博客,在博客上贴出一些未能出版的图片或文字,发表一些对社会现象及批评的见解,带有明显的炒作性。

[2] 从《饥饿的女儿》官司、到轰轰烈烈的《K》,再到沸沸扬扬的《绿袖子》,虹影始终积极应对,这显示出她维权到底的姿态,更有宣传文本的商业目的。

[3] 虹影接受的各大报社、网站等媒体的访谈录达20多篇,在采访中,她敢于大胆发表自己的见解,回应他人的批评,如别人说她是"美女作家"时,她说:"我觉得我自己虽然年纪大了一点儿,但还是挺美的。据说,现在流行什么美女作家,如果要说美的话,在镜头面前我觉得我是中国女作家里最美的,在美丽这一点上我是决不让人的。"(《虹影:我是中国最美的女作家》,网易社区2003年3月3日)

戏剧化自我①；她毫不避讳地迎合读者和媒体口味，以非常主动的方式与媒体形成了"共谋"与互动。而虹影文本逐渐凸显的故事性与可读性也使其大受传媒青睐。她早期的《玄机之桥》、《脏手指·瓶盖子》《女子有行》等表现出晦涩、非常规、陌生化、玄秘性等先锋特质，不利于大众阅读，近几年《绿袖子》、《上海王》、《上海之死》、《上海魔术师》等颇受欢迎的小说则手法比较老实，文字简练澄净、结构紧凑自然，故事模式从单一到多重、从情节淡化到传奇加爱情，可读性大大增强。这无疑可看作是她靠拢、迎合市场和读者口味之举。总之，作家本人的戏剧化表演加之富含极强故事性与宗教、政治、情爱等刺激性元素的文学文本，使虹影及其文学作品被传媒打造成为具备娱乐性与炒作性的文学商品，最终作家和传媒都获得了丰厚回报，此类海外华文作品的娱乐与商业价值也超越了其审美价值。

　　虹影代表着深谙传媒之道主动出击的作家类型，但另一类作家是不自觉地进入了传媒意志的笼罩之中，其文学创作受到某种文学潮流的无形影响与规范。近几年间，加拿大华裔作家张翎在内地文学评奖和主流刊物的认可中崛起，被称为闯入当代中国文坛的一匹黑马。其小说常出现在《收获》、《十月》、《钟山》、《清明》、《上海文学》等主流文学刊物之上，又多次被《小说月报》、《作家文摘》、《中篇小说选刊》等重要选刊文摘转载、并连续获得内地多项文学奖项与荣誉②。但某种意义上来说，张翎的成功与荣誉正是内地传媒所要求与塑造的。她的小说细腻深情，以女性和个人化叙事代替了男性、大我的宏大叙事，显现出了肉质鲜活的人生与

---

①　所谓戏剧化自我是指"作家将个人生活故事化、戏剧化，打造出自身极具传奇色彩的个人故事，强调自己小说的自传性等行为"。多数人认识虹影从一部《饥饿的女儿》开始，这部作品出版时在封面上打上"长篇自传体小说"的字样，当被问及是宣传还是实情，虹影回答说："这是我18岁以前经历的事。包括事件发生的顺序、时间、地点，都是当年的真人真事。"（虹影、崔卫平访谈《将一种幽岸带到光亮之中》，收入《饥饿的女儿》，漓江出版社2001年版，第260页）出版新书《上海王》时，她在一次读者见面会上谈到作品时，直截了当地表示自己是一个"私生女"，并说《上海王》是她的虚拟自传（《我为爱写作》，《K》，花山文艺出版社2002年版，第4页）。

②　如《女人四十》获得第七届"十月文学奖"、《尘世》被《新民晚报》列为2002年十大文学现象之首，《羊》跃居"2003年度中国小说排行榜"前10名；中篇小说《雁过藻溪》登上中国小说学会2005年度小说排行榜，中篇小说《空巢》获得2006年度"茅台杯"《人民文学》优秀中篇小说奖。

人性的深度，可谓雅俗共赏之作。作品的这种美学特质与自 1980 年代以来渐成主流的海派文学风格颇为一致，正是通过日常生活的、情感的、个人的、新历史主义话语的认可与建构，海派文学引领了汉语文学的时尚与方向。张翎小说的主要市场与读者均在内地，她崛起之时（1990 年代末到 21 世纪初）又正是海派风格由先锋、小众走向主流、大众之时，故作家可能不知不觉地进入了潮流之中。但传媒对张翎的无意识牵引，还是与其对创作的自我定位有关。她曾强调自己的作品是"地地道道的中国小说"①，甚至有意避免了海外华人固有的叙事基调②。这种内在向心力是海外华文作家与内地传媒不自觉合谋的危险所在，若作品意义只能在中国文学之内得以确认，又怎能奢谈海外华文文学？

严歌苓已被称为是海外华文文学中的大树，她的创作总是树立起一个个路标，让人惊喜和追随。这样的光芒不可能离开传媒的聚焦，她实际上也不是与传媒隔绝的人，频频接受各种报刊影视的专访，与出版社、影视制作等传媒持续合作等恐怕也是其创作生活的一部分。但相对虹影的热，严歌苓显得冷静和理性，她明了传媒的威力，但又似乎与传媒保持适当的心理距离，给人的印象是安静的，甚至是有些孤寂的。她说："我不是一个当众有话说的人。我的长处就是写作。"这种内在的沉静其实在于对艺术信念的执著坚守。严歌苓则评价自己说，"我所处的这种位置使我不大容易随着一种潮流去走。中国和美国的文学里都有写一些东西时兴、好卖，也有时髦的思潮。而我会保持一种很冷静的、侧目而视的姿态和眼光，不大可能去追逐文学的'时尚'。"③ "写小说要有一定的责任感和使命感，在动笔之前要想好是不是在每天出版的那么多书中，自己的书一定是必不可少的。如果不是，那无非就是一纸垃圾。"④ 正因为不是有意无意迎合文学潮流，而是着力创造独特的文学叙事与风格，凸显文本的艺术性，此类作家作品反而有可能成为文学的典范，传媒的追宠也随之而来。

---

① 万沐：《开花结果在彼岸——〈北美时报〉记者对加拿大华裔女作家张翎的采访》，《世界华文文学论坛》2005 年第 2 期，第 73 页。

② 张翎小说对中西二元对立主题进行了有意化解与否定，对海外华人生存中的政治、种族、社会问题的处理方式倾向于轻柔温情。

③ 严歌苓：《"寄居"在文学深处》，中国新闻网，www.chinanews.com。2009 年 04 月 09 日。

④ 严歌苓：《给好莱坞编剧的中国女人》，www.sina.com.cn。2006 年 03 月 27 日。

作家与传媒的博弈过程与方式的多样化正显现了海外华文文学产生意义的过程与方式的复杂性。但需要警惕的是，传媒有着无情多变的脸孔，从来都是作家作品被传媒遗忘，而不是相反。因此，创作的突围与海外华文文学独特性的保持，需要作家与传媒保持一种相对疏离的状态与心态。

结　　论

境内外汉语传媒与海外华文文学的交互作用越来越明显、越来越重要；学术界也正在逐步重视对这种交互作用的研究，并有了一些初步的研究成果，如从东南亚华文报刊与华文文学发展的密切关系入手，探讨海外华文报刊与滥觞期海外华文新文学建设之间的历史关系。但对于世界其他地区的汉语传媒和海外华文文学关系的状况描述以及一些相关问题还需要进一步进行系统的研究。而且，随着传媒与文学的共同发展，学术界对境内外传媒与海外华文文学交互作用的研究，必将快速迈进。"华语传媒和海外华文文学"研究的用意，正是试图从各个角度厘清传媒与海外华文文学的关系历史，以新的批评视角来积极介入到传媒时代海外华文文学的生产流程之中，抛砖引玉，希望可以引发海外华文文学界对传媒问题的深度关注与探讨。

后 记

　　21世纪以来，汉语传媒与海外华文文学的关系研究成为华文文学界一个新的学术增长点，2006年，为进一步推动相关研究的深入开展，暨南大学成立了"汉语传媒与海外华文文学研究中心"，并随后被评为广东省人文社科重点研究基地，同年，由我主持的"汉语传媒与海外华文文学关系研究"获准立项为基地重点项目。也正是从这一年开始，我有意识地指导我的博士研究生和硕士研究生开展这方面的个案研究：包括对《台港文学选刊》《四海》等大陆期刊的研究；对《香港文学》《美华文学》等境外期刊的研究；对20世纪90年代以来马来西亚华文报纸副刊的研究；对虹影传播现象的研究；对北美华文网络文学的研究，等等。这些个案研究，为我们从更为宏观的角度思考和研究汉语传媒与海外华文文学的关系提供了一些入口，也为我们从理论层面把握这一课题提供了例证。本书是这些成果的一次集中呈现，代表了我与我的学生们在这一领域的一些思考。

　　如今十年时光一晃而过，那些为查阅资料四处奔波而付出的艰辛却仍让我记忆犹新，当年的学生都已顺利毕业，有的进入社会成为所在行业的奋斗者，有的留在高校视华文文学为他们的志业。这十年，我见证了他们的成长，也欣喜地看到越来越多的同行在推进这一学术领域的进一步发展。

　　本项目在研究过程中，境内外相关文学期刊及报纸副刊和网络媒体的编者、陶然、虹影、黄运基、刘荒田、陈瑞琳、少君、张永修、杨际岚、白舒荣等提供了诸多热情帮助，暨南大学图书馆、国家图书馆等在资料查阅方面也提供了许多方便，在此一并致以诚挚的谢意！

　　本书由王列耀总体设计，课题组成员共同完成，主要撰写人员如下：绪论、第一章、第二章、第八章（颜敏撰写初稿，王列耀修订），第三章（唐雅琴、王列耀），第四章（温明明撰写第一节，王珂、温明明撰写第二节,龙扬志、温明明、陈梦圆、马淑贞撰写第三节,彭贵昌撰写第四节,王列耀撰写第五节),第五章(温明明),第六章(蒙星宇撰写初稿,王列耀修订),第七章(彭妮)。全书由王列耀审读并定稿,颜敏具体参与了整个统稿工作。

王列耀
2016 年 11 月